INTERMEDIATE FINANCIAL ACCOUNTING

中级财务会计

张莉萍 编著

中国统计出版社
China Statistics Press

图书在版编目(CIP)数据

中级财务会计 / 张莉萍编著. —— 北京：中国统计出版社，2021.2
ISBN 978－7－5037－9467－4

Ⅰ.①中… Ⅱ.①张… Ⅲ.①财务会计－高等学校－教材 Ⅳ.①F234.4

中国版本图书馆 CIP 数据核字(2021)第 035791 号

中级财务会计

作　　者/张莉萍
责任编辑/姜　洋
封面设计/李　静
出版发行/中国统计出版社
通信地址/北京市丰台区西三环南路甲 6 号　邮政编码/100073
电　　话/邮购(010)63376909　书店(010)68783171
网　　址/http://www.zgtjcbs.com
印　　刷/河北鑫兆源印刷有限公司
经　　销/新华书店
开　　本/787×1092 mm　1/16
字　　数/570 千字
印　　张/25.25
版　　别/2021 年 2 月第 1 版
版　　次/2021 年 2 月第 1 次印刷
定　　价/75.00 元

版权所有，未经许可，本书的任何部分不得以任何方式在世界任何地区以任何文字翻印、拷贝、仿制或转载。
如有印装差错，由本社发行部调换。

前　言

当前，高等院校财务会计类课程的教学正面临着重大现实问题。由于企业信息化的普及和深入，以记账、报账作为主要工作内容的会计核算岗位正大量消失，以培养学生记账、报账能力作为教学目标、以讲授会计分录和编制记账凭证作为主要教学内容的财务会计类课程，无法再适应社会对高校人才培养的要求。

当前不断变化的内外部环境对企业会计人员提出了新的挑战：一是要面向决策层，提供决策支持；二是要走向业务前端，成为业务人员的合作伙伴。以上工作职责要求会计人员必须做到三个熟悉：一是熟悉所在企业的经济活动，二是熟悉企业会计准则，三是熟悉财务报表之间、财务报表各个项目之间的内在逻辑关系。企业会计人员还必须培养两种能力：一是将经济活动呈现在财务报表中的"写报表"的能力，二是根据财务报表洞察经济活动的"读报表"的能力。

本教材的特色与创新之处与上述实践要求相关，体现在以下三个方面：

第一，力图描述"经济活动"，包括描述资产的运营规律和企业与利益相关者之间的经济关系。

第二，通过作者在近二十年的教学实践中摸索出来的思维工具——"会计等式模板"，来直观地描述财务报表之间的勾稽关系，使经济活动从资产负债表要素、资产负债表项目以及资产负债表科目等多层次得以体现。

第三，通过"会计等式模板"直观地体现不同会计政策、不同会计估计所带来的财务报表结果的差异。

除此以外，作为教材，本书注重对读者的启发和引导。在每章的章首给出一个小案例，引出本章的关键知识点。在行文中，层层深入，并不断引导读者进行前后内容的联系与对比。

本书注重理论联系实际。在课后练习中，配备了"财务报表题"，要求读者根据自己感兴趣的某家公司的财务报表，逐项目细致解读报表上呈现的信息，帮助读者通过财务报表形成对一家公司的直观感受。

2017年财政部修订了收入准则以及金融工具系列准则，公布了新的财务报表格式。本教材在编写中遵循上述规范和要求。

本教材所讲授的内容基于作者近二十年的教学实践，所阐述观点、见解难免有偏颇、疏漏之处，诚恳地希望得到读者的意见和建议。本教材在写作过程中受到了其他一些优秀教材和专业著作的启发，在此一并表示感谢！最后衷心感谢中国统计出版社的编辑，他们以严谨的工作态度和专业能力保证了本书的出版质量。

张莉萍
2020年10月于北京

目　　录

第一章　绪论 …………………………………………………………………… 1

　　第一节　企业、企业的利益相关者与财务报告 ……………………………… 1
　　第二节　企业会计准则 ………………………………………………………… 5
　　第三节　会计信息的质量标准 ………………………………………………… 7
　　第四节　财务报表的基础假设 ………………………………………………… 11
　　第五节　财务报表的逻辑架构 ………………………………………………… 14
　　【本章小结、思考题、练习题】……………………………………………… 30

第二章　财务报表编制过程 …………………………………………………… 32

　　第一节　编制财务报表的逻辑顺序 …………………………………………… 32
　　第二节　会计等式模板 ………………………………………………………… 41
　　【本章小结、思考题、练习题】……………………………………………… 45

第三章　货币资金与短期经营性债权 ………………………………………… 48

　　第一节　货币资金 ……………………………………………………………… 49
　　第二节　应收账款 ……………………………………………………………… 55
　　第三节　应收票据 ……………………………………………………………… 63
　　第四节　其他短期经营性债权 ………………………………………………… 69
　　【本章小结、思考题、练习题】……………………………………………… 71

第四章　存货 …………………………………………………………………… 74

　　第一节　存货概述 ……………………………………………………………… 75
　　第二节　存货的确认与计量 …………………………………………………… 76
　　第三节　存货的账务处理 ……………………………………………………… 86
　　第四节　存货的报告 …………………………………………………………… 100
　　【本章小结、思考题、练习题】……………………………………………… 101

1

第五章　固定资产 ······ 104

- 第一节　固定资产概述 ······ 105
- 第二节　固定资产的确认与初始计量 ······ 106
- 第三节　固定资产的后续计量与处置 ······ 109
- 第四节　固定资产的账务处理 ······ 117
- 第五节　固定资产的报告 ······ 128
- 【本章小结、思考题、练习题】 ······ 129

第六章　无形资产 ······ 134

- 第一节　无形资产的初始确认与计量 ······ 135
- 第二节　无形资产的后续计量与处置 ······ 139
- 第三节　无形资产的账务处理 ······ 142
- 第四节　无形资产的报告 ······ 148
- 【本章小结、思考题、练习题】 ······ 149

第七章　投资性房地产 ······ 152

- 第一节　投资性房地产的初始确认与计量 ······ 153
- 第二节　投资性房地产的后续计量 ······ 154
- 第三节　投资性房地产的转换与处置 ······ 157
- 第四节　投资性房地产的账务处理 ······ 160
- 第五节　投资性房地产的报告 ······ 172
- 【本章小结、思考题、练习题】 ······ 173

第八章　对外投资(一) ······ 179

- 第一节　对外投资概述 ······ 179
- 第二节　交易性金融资产 ······ 184
- 第三节　债权投资 ······ 190
- 第四节　其他投资 ······ 198
- 【本章小结、思考题、练习题】 ······ 202

第九章　对外投资(二) ······ 206

- 第一节　长期股权投资概述 ······ 206

第二节　直接投资形成长期股权投资 …………………………………………… 209
　第三节　受让股权形成长期股权投资 …………………………………………… 215
　第四节　长期股权投资的处置 …………………………………………………… 224
　第五节　长期股权投资的报告 …………………………………………………… 225
　【本章小结、思考题、练习题】 …………………………………………………… 226

第十章　负债 ……………………………………………………………………………… 230
　第一节　负债概述 ………………………………………………………………… 230
　第二节　面向供应商的负债 ……………………………………………………… 234
　第三节　面向员工的负债 ………………………………………………………… 237
　第四节　面向税务部门的负债 …………………………………………………… 244
　第五节　面向债务资本提供方的负债 …………………………………………… 249
　第六节　面向客户的负债 ………………………………………………………… 260
　第七节　其他负债 ………………………………………………………………… 261
　【本章小结、思考题、练习题】 …………………………………………………… 263

第十一章　所有者权益 …………………………………………………………………… 267
　第一节　所有者权益概述 ………………………………………………………… 267
　第二节　投入资本 ………………………………………………………………… 271
　第三节　其他综合收益 …………………………………………………………… 278
　第四节　利润分配与留存收益 …………………………………………………… 279
　【本章小结、思考题、练习题】 …………………………………………………… 285

第十二章　收入费用和利润 ……………………………………………………………… 290
　第一节　收入 ……………………………………………………………………… 290
　第二节　费用 ……………………………………………………………………… 318
　第三节　利润 ……………………………………………………………………… 321
　【本章小结、思考题、练习题】 …………………………………………………… 322

第十三章　财务报告 ……………………………………………………………………… 327
　第一节　资产负债表 ……………………………………………………………… 328
　第二节　所有者权益变动表 ……………………………………………………… 330
　第三节　利润表 …………………………………………………………………… 332

第四节　现金流量表 ··· 334
　　第五节　财务报表附注 ··· 346
　【本章小结、思考题、练习题】··· 348

第十四章　资产负债表日后事项 ··· 353
　　第一节　资产负债表日后事项相关概念 ····································· 354
　　第二节　资产负债表日后调整事项的会计处理 ·························· 357
　　第三节　资产负债表日后非调整事项的会计处理 ······················· 364
　【本章小结、思考题、练习题】··· 365

第十五章　会计政策、会计估计变更和差错更正································· 369
　　第一节　会计政策与会计政策变更 ··· 369
　　第二节　会计估计与会计估计变更·· 381
　　第三节　会计差错更正 ··· 383
　【本章小结、思考题、练习题】··· 387

参考文献 ··· 393

第一章 绪 论

【学习目标】
通过学习本章,你应该:
1. 认识企业与其利益相关者之间的经济关系;
2. 了解制定企业会计准则的意义;
3. 理解会计信息的质量特征;
4. 理解财务报表的基础假设;
5. 掌握四张主要财务报表的含义以及它们之间的勾稽关系。

【引 子】

王先生和大学同学李先生合作开发了一项专利,以此为基础投资成立了一家提供技术服务的甲公司,并聘请王先生的高中同学——毕业于北京大学光华管理学院的薛先生担任公司的总裁。公司除了薛先生以外还有 4 名高级管理人员和 150 名员工。公司最重要的客户是大型国有企业 X 公司。在提供服务的同时,甲公司还为客户更换一种零部件,这些零部件由 Y 公司提供。公司成立以后发展势头良好,成为当地的纳税大户。王先生也被评选为当地的政协委员。近期因拓展业务需要更多的资金,甲公司向银行申请贷款,获准。

一家公司要和方方面面的机构与个人打交道,这些机构与个人就是这家公司的利益相关者。

第一节 企业、企业的利益相关者与财务报告

一、企业与企业的利益相关者

企业是拥有法人资格[①]、以盈利为目的的组织。企业拥有法人资格,是指在法律上它与自然人享有同样的地位,独立享有民事权利,独立承担民事责任。企业还是一个以盈利为目

---

① 本书所指的"企业",如果不特别说明,是指具有法人资格的公司制企业。

标的组织,它将人力、财力、物力等多种生产要素结合起来,通过向社会销售商品、提供劳务或者提供其他服务而获利。

企业的运营过程,是拥有财务资本和人力资本等生产要素的所有者,为谋求自身所拥有的生产要素的保值和增值,而共同订立的一组生产要素使用权交易合约的履行过程(周其仁,1996年)。而生产要素的所有者之所以订立这个合约,是因为多种生产要素互相合作,能充分发挥不同要素的比较优势并形成互补,从而取得比不合作时更大的效益,实现各自要素的最大增值。企业在多种生产要素的合作下,创造出更多的社会财富。这些财富按照合约在不同要素的所有者之间进行分配,从而使各要素在保值的基础上实现增值。不同要素的所有者所拥有的财富不断增加,社会也就不断走向繁荣。

这些生产要素的所有者,称作企业的"利益相关者"。他们向企业投入的生产要素不同,与企业订立的合约不同,取得回报的方式也不同。最基本的利益相关者有四种,包括:所有者、银行、员工和政府。

1. 所有者

所有者是企业财务资本的最基本提供者。公司制企业的所有者也称作"股东"。股东不仅在企业成立之初,为企业提供财务资本,使企业有了经营的物质基础,而且在企业存续的若干年中,股东都不能撤走资本。股东提供的财务资本,企业可以永久使用,除非企业清算。遵照公司法所制定的公司章程约定了股东和企业的权利与义务。

2. 银行

银行也向企业提供财务资本。这部分财务资本是股东提供的资本之外的重要补充。银行提供的财务资本与股东不同,一是有明确的到期日,二是债权人通过获取利息从企业得到回报,而利率是固定的。银行提供的财务资本的到期日、利率水平、利息的支付方式等,都在双方事先遵照合同法所签订的借款协议中作了约定。

3. 员工

员工向企业提供劳动力。如果不能最终与劳动力结合,任何财务资本都不会增值。当然,如果没有财务资本,劳动力也只能在很小的范围内创造数量极为有限的财富。在现代经济生活中,只有将劳动力与财务资本有机地结合起来,才能使两种生产要素提供者的财富共同增长。

员工中有一个特殊的群体,他们在企业的日常生产经营中起着决策、指挥和协调的作用,这个群体就是管理层。由于管理层处于特殊地位,他们相对其他利益相关者享有信息优势。

管理层和普通员工在遵照劳动法等法律法规的前提下,与企业签订劳动报酬合约。在提供劳动力一定的情况下,他们从企业拿走的劳动报酬也是一定的。如果经营年景好,企业也会向管理层和普通员工发放奖金,作为他们创造良好效益的奖励。

4. 政府

政府虽然既不提供财务资本,也不提供人力资本,但是政府作为国家机器的掌控者,它为企业生存发展提供了基本社会环境,比如抵御外来侵略,维护社会稳定等,所以政府应该从企业拿走一部分财富。政府从企业分享财富的过程就是企业的纳税过程。税法以及相关条例和实施细则可以看作是政府与企业签订的合约。

企业的经营环境是复杂的、不确定的，外部受到政治、法律、经济周期、竞争对手等因素的影响，内部受到管理水平、人员素质等因素的影响，所以财务资本、人力资本等各种生产要素结合在一起所创造的财富在规模上也是不确定的。这些财富，按照合约在各生产要素的提供者之间分配。银行、员工、政府拿走的财富，金额是固定或者相对确定的，剩余的部分留给了股东。从这个意义上说，银行、员工、政府的性质相同，他们都是企业的债权人，不承担企业的经营风险。企业的经营风险由股东承担，股东和企业的生存发展最为休戚与共。

即便如此，股东也不可以把企业的财产物资视同个人享有的财富而随意支配。"股东"和"企业"是各自独立的法律主体。股东投入的财产物资，企业享有"法定财产权"，具体包括对这些财务物资的占有权、使用权、处置权以及受益权。而股东只能依据公司法的规定，因投入资本而享有"股权"。股权包括三种权利：第一种，企业正常经营时的分配红利权；第二种，企业清算时的分配剩余财产权；第三种，因为拥有以上两种具有"剩余"性质的权利而拥有的经营决策表决权[①]。

企业与各种利益相关者的经济关系如表1-1所示。

表1-1 企业与各种利益相关者的经济关系

利益相关者类型	利益相关者付出的代价	利益相关者获取的回报	利益相关者与企业的合约
股东	投入永久性财务资本	分红，分配剩余财产，经营权	遵照公司法制定的公司章程
银行	投入有限期财务资本	收到利息，收回本金	遵照合同法签订的借款协议
员工	投入时间和精力	得到薪酬以及社会保险等劳动保障	遵照劳动法等法律法规签订的劳动报酬合约
政府（税务部门）	提供稳定的外部环境	获得税收收入	税法以及相关条例和实施细则

二、向利益相关者披露信息是企业的重要任务

企业的现状与发展牵动着利益相关者，所有的利益相关者都想从企业的发展状态中预计未来，从而做出决策。

1. 股东关注企业的获利能力

企业在一定期间内创造的财富中，扣除被银行、员工和政府拿去的部分，剩余的部分叫作"利润"，归股东所有。股东希望企业获利越多越好。股东投入的资本是永久性的，是企业永久的利益相关者。所以股东不仅关注企业当前的获利能力，而且还关注企业未来长期的获利能力。

2. 银行关注企业的偿债能力

银行关注企业的资金周转是否通畅，到期是否有足够的现金支付本金与利息。

3. 员工关注企业提供的机会和待遇

---

① 关于股权的三种权利，在第八章有详细阐述。

员工关注企业是否能为自己提供挖掘个人潜能的空间以及提高个人待遇的机会。在发达国家,代表全体员工根本利益的组织是工会。工会的力量很强大,它关注企业的发展状况,并与股东利益的代表者谈判,以提高全体员工在企业创造的财富中分享的比例,改善员工的工作环境。

4. 政府作为征税人关注企业的经营状况与交税情况

按照税法规定,企业应该缴纳多少税负,取决于经营规模和获利情况。政府关注企业的经营状况,关注企业缴纳的税负情况。

5. 供应商和客户关注自身利益能否得到保障

在上述基本利益相关者之外,供应商和客户如果与企业发生交易后不能立即钱货两清,那么也成为企业的利益相关者。供应商向企业供货后,关注货款是否能够及时收回。客户如果提前向企业付款,就会关注是否能够得到相关的货物或劳务。他们自然也会关注企业的财务状况。

利益相关者对企业的状况如此关注,就要求企业必须采用适当途径向他们披露信息。这些利益相关者对企业信息的需求,有一定差异。股东和银行这些外部人需要了解有助于判断企业价值和企业经营风险的信息,政府则需要了解企业的经营模式、发生哪些应税行为以及应交多少税金,供应商关心企业的现金流,客户关心相关资产或服务的保障程度。这些信息,有些是不可量化的信息,比如企业的经营模式、应税行为;有些是可以用货币度量的信息,比如利润额、税额;而有些是用货币之外其他度量工具度量的信息,比如产品销售量。提供这些信息,企业需要花费大量成本。

三、财务报告是信息披露最重要的途径

财务报告是向利益相关者提供经营信息最基本的途径。

财务报告包括财务报表以及附注,所提供的信息以会计信息为主。所谓会计信息,是以货币作为计量工具,将企业的经营行为予以量化的信息。以货币作为计量工具,其显著优势在于,它在最大程度上将企业的经营行为予以量化,使得各种财产与权利、义务与责任都得以度量,从而实现了财产与权利、义务与责任在各自领域内的可加性。打个比方,我们无法直接比较一台发电机组与一条汽车生产线,但是如果我们用货币来分别度量这两种设备,比如购置它们的成本,或者它们一年生产的产品的货币价值,就可以将它们进行比较。用货币进行度量,我们就能计算一家企业各种经济资源的总和,比如将发电机组和汽车生产线加总,并能与另一家企业相比较。

企业最重要的利益相关者是提供了长期财务资本的股东和银行,特别是最终承担经营风险的股东。企业无论采用什么商业模式,无论从事产品制造、商品交易还是提供服务,都离不开财务资本。为此,企业提供的信息主要满足股东和银行的需要。而他们作为企业的外部人,在进行投资决策时,需要对不同行业、同一行业的不同企业、同一企业的不同时期进行比较。比如,他们从"一汽大众"得到的信息要能够与从"大唐发电"得到的信息相对比。

为此,财务报告成为企业对外提供信息最重要的途径。

税务部门所需要的更为详细的税务信息,不是体现在财务报告中,而是反映在企业的纳

税申报单上。这些信息是在财务报告基础上，根据税法规定进行必要调整后生成的。

管理层不仅以员工身份关注企业的会计信息，而且还要从自身岗位职责出发，制定企业发展的长远规划和短期计划，于是就需要获得与企业经营状况有关的更为详尽的信息。既包括营业收入、利润总额、现金流量这些财务信息，也包括销售量、采购量、员工数量这些非财务信息。

由此可见，财务报告是企业提供信息最基本的途径，使用面很广。

需要提及的是，目前在实务中，无论是财务信息、税务信息还是企业内部管理需要的非财务信息，主要通过SAP、ORACLE等品牌的信息系统或企业自行研发的信息系统生成。这类系统在各个业务端口获取信息之后进行加工，生成财务报告、纳税申报单和企业内部各层级管理人员需要的各类信息。

第二节 企业会计准则

企业是利益相关者们互利合作的场所，于是大家必须事先共同制定规则，并在合作过程中严格遵守这些规则，否则就会出现一方伤害其他方利益的情况。比如管理层把股东投入的资本作为企业实现的利润，提升自己的经营业绩，或者管理层和股东串通起来，把银行投入的资本尽快当作利润瓜分掉，然后宣告破产，使债权人血本无归，等等。企业会计准则就是促进企业健康发展的行为规则的重要组成部分。除此以外，会计法、公司法、证券法等法律，也是这套行为规则不可缺少的部分。

企业会计准则是一套行业技术标准。它所具备的社会功能，简单地说，就是定性、定量地确定了生产要素所有者的投入，即资本的存量；定性、定量地确定了企业将各生产要素协调起来以后新创造的财富，即资本的增量；确定了与资本存量、资本增量相关的信息如何向股东和债权人报告。一言以蔽之，企业会计准则解决了如何将企业经营活动的结果以货币量化，如何向股东和债权人报告其投入资本的保值、增值。

一、企业会计准则的变迁体现了不同时代利益相关者的关系

我们按照企业会计准则所反映的企业利益相关者之间的关系，将中华人民共和国成立后企业会计准则的发展过程分为两个时期。

（一）第一个时期：对外报告以会计等式"资金来源＝资金占用"为基本框架

这一时期从1956年完成公有制改造开始，到1993年6月30日结束。我们把这一时期再以1979年中国共产党十一届三中全会作为分水岭，分为改革开放前和改革开放后两个时期。

改革开放前，虽然中国政治、经济又经历了若干不同时期，但是从现代企业制度角度看，有着共同特点：基本经济成分主要是国有；政府通过财政拨款向企业注资，并直接管理企业；生产什么、生产多少，都由政府管理部门说了算；产品也由政府统购包销；企业生产消耗的补偿要上交给政府；企业维持生产所需要的资金要政府再次下拨。企业仅相当于政府下属的一个生产车间，没有法人财产权，也没有经营自主权。当时流行的一个说法"打酱油的钱不能买醋"，就形象地描述了企业经营决策权的缺失。

在这种体制下,政府是会计信息唯一使用者。于是企业向政府进行财务报告时,以"资金来源＝资金占用"作为基本平衡关系,编制资金平衡表。其中"资金来源"反映政府的资本投入,"资金占用"反映投入资本所形成的具体资产状态。为了反映企业发生消耗的补偿情况,还要根据政府的财务规定,分别提取折旧基金、大修理基金、福利基金等补偿基金,并定期上交。

改革开放后,允许私有经济存在,除了政府,自然人也可以投资办企业。即使政府投资的国有企业,也改变了过去由政府拨款的单一投资模式,可以向银行贷款。同时政府逐步简政放权,企业自主经营权慢慢扩大,并逐步过渡到自负盈亏、自我积累、自我发展,国有企业的所有权和经营权有所分离。特别是1992年,八家股份有限公司在深圳上市,标志着具有现代企业制度的企业正式成立。在这种大背景下,会计信息的使用者就变得丰富起来。除了提供永久性资本的政府、民间人士,还包括提供债权性资本的银行以及进行企业内部决策的管理者。"资金来源＝资金占用"的会计等式已经无法满足需要,提取三项补偿基金并上交政府也无必要。原先的会计规范已经不再适用,到了必须废止的时候了。

(二)第二个时期:对外报告以会计等式"资产＝负债＋所有者权益"为基本框架

这一时期从1993年7月1日开始至今。

1993年7月1日,财政部此前制定并颁布的《企业会计准则》正式开始实施。新的财务会计规范以会计等式"资产＝负债＋所有者权益"为基本平衡关系,编制资产负债表。该会计等式的左边反映作为法人单位的企业所拥有的经济资源:这些经济资源是什么,有多少;会计等式的右边反映对这些经济资源有要求权的利益相关者——股东以及银行、员工、政府等各类债权人享有的经济利益。新的会计等式相比原先的会计等式,所反映的资源提供者要丰富得多,既包括权益资本的提供者、债权资本的提供者,还包括与企业存在经济利益关系的员工、政府、供应商和客户等。

为了反映企业作为独立法人在一定期间内通过经营管理活动所创造的财富,设置了利润表。

二、现行企业会计准则体系

现行企业会计准则,是2006年2月15日由中华人民共和国财政部(以下简称"财政部")颁布的《中国企业会计准则(Chinese Accounting Standards)》,简称"CAS2006"。这是一套会计规范体系,其内容在不断丰富发展,截至2017年7月,包括一个基本会计准则、42个具体会计准则和相关应用指南以及12个专家工作组解释意见。

基本会计准则给出了财务报告体系的概念框架,它确定了财务报告的目标、财务报告所提供信息的质量标准、编制基础、财务报表的组成、财务报表要素确认、计量的基本原则。本章第三、四两节阐述的就是基本会计准则的内容。

具体会计准则的编号与名称见表1—2。

42项具体会计准则分为三大类,即通用会计交易和事项的确认和计量准则(第1—4号、6—9号、11—24号、28—29号、38—40号、42号),通用财务报告和披露准则(第30—37号和41号),以及特殊行业准则(第5、10、25—27号)。

表 1－2　具体会计准则编号与名称

第 1 号——存货	第 22 号——金融工具确认和计量
第 2 号——长期股权投资	第 23 号——金融资产转移
第 3 号——投资性房地产	第 24 号——套期保值
第 4 号——固定资产	第 25 号——原保险合同
第 5 号——生物资产	第 26 号——再保险合同
第 6 号——无形资产	第 27 号——石油天然气开采
第 7 号——非货币性资产交换	第 28 号——会计政策、会计估计变更与差错更正
第 8 号——资产减值	第 29 号——资产负债表日后事项
第 9 号——职工薪酬	第 30 号——财务报表列报
第 10 号——企业年金基金	第 31 号——现金流量表
第 11 号——股份支付	第 32 号——中期财务报告
第 12 号——债务重组	第 33 号——合并财务报表
第 13 号——或有事项	第 34 号——每股收益
第 14 号——收入	第 35 号——分部报告
第 15 号——建造合同	第 36 号——关联方披露
第 16 号——政府补助	第 37 号——金融工具列报
第 17 号——借款费用	第 38 号——首次执行企业会计准则
第 18 号——所得税	第 39 号——公允价值计量
第 19 号——外币折算	第 40 号——合营安排
第 20 号——企业合并	第 41 号——在其他主体中权益的披露
第 21 号——租赁	第 42 号——持有待售的非流动资产、处置组和终止经营

专家工作组解释意见是对企业会计准则使用过程中出现的具体问题给出的操作规范。随着经济生活的复杂化、多样化，专家工作组不断根据新出现的问题推出相应的解释意见。

本书从第三章开始所阐述的对各类经济活动的确认、计量、账务处理与报告，都遵循相应的具体会计准则。

第三节　会计信息的质量标准

财务报告所反映的会计信息向企业外部的利益相关者提供，就如同企业对外部提供产品一样，应该达到一定的质量标准。《企业会计准则——基本准则》（以下简称《基本会计准则》）详细规定了会计信息应达到的质量标准。这些质量标准共包括八项：可靠性、相关性、可理解性、可比性、实质重于形式、重要性、谨慎性和及时性。

一、可靠性

《基本会计准则》这样定义可靠性："企业应当以实际发生的交易或者事项为依据进行会

计确认、计量和报告,如实反映符合确认和计量要求的各项财务报表要素及其他相关信息,保证会计信息真实可靠、内容完整。"

这里,"交易"指企业与利益相关者之间的经济活动,"事项"指企业内部的经济活动。

上述可靠性隐含着三层含义。

第一,以实际发生的交易或者事项为依据进行确认和计量,如实反映经济活动引起的资产、负债、所有者权益、收入、费用和利润的变化,不得虚构业务,不得提前确认未来发生的业务的财务结果。

第二,在重要性和成本效益原则前提下,完整反映企业交易和事项,不得遗漏。

第三,当不得不对交易或事项产生的影响进行估计和判断时,要本着中立原则,不偏向利益相关者任何一方。具体地说,当交易或事项的结果不是直接通过具有可验证性的单据体现,而是需要会计人员估计和判断时,会计人员的处理要合法合规;如果相关法规并没有对该交易或事项的处理做出规定,会计人员要以中立为原则,不使财务报告的结果有利于利益相关者的某一方而损害其他方。

可靠性是会计信息的灵魂。会计信息如果不可靠,从表层看,会误导利益相关者,造成股东和债权人的决策失误,造成政府税收流失;从深层看,会严重影响资本市场的发展,最终影响整个社会的经济发展。一家上市公司提供了虚假会计信息,只是导致这家公司成千上万股东的利益受到侵害。而如果会计信息失真是上市公司的普遍现象,那么就会使投资人对整个资本市场失去信心,资本市场筹集资本、实现资源有效配置的功能就会丧失。

二、相关性

《基本会计准则》这样定义相关性:"企业提供的会计信息应当与财务报告使用者的经济决策需要相关,有助于财务报告使用者对企业过去、现在或者未来的情况做出评价或者预测。"

相关性也可以通俗地理解为"有用性"。企业外部的股东和银行,作为企业的投资者,要了解企业的财务状况、经营情况以及现金流量情况。股东想要知道,企业在过去一个时期里获利能力如何,是否有足够的现金返还红利;股东还想知道,这样的获利能力,可持续性如何。银行想要知道,企业有哪些债务;将来自己的债权到期时,企业是否手头有足够的现金加以偿还。会计信息要努力回答这些问题。

企业对外报送的财务报告,在报告的内容、格式、报告金额计量属性的选择等方面,都要有信息含量,以增加会计信息的相关性。

三、可理解性

《基本会计准则》这样定义可理解性:"企业提供的会计信息应当清晰明了,便于财务报告使用者理解和使用。也就是说,会计信息对于具有一定专业知识的人来说能够理解,并能从中获取有价值的信息。"

财务报告是具有一定技术含量的专业报告,其报告的形式是标准化的。隔行如隔山,尽管不同行业、不同企业的报表的样式是一致的,其反映的内容却因为企业经营状况的不同而存在显著差别。如果财务报告以专业性强为借口,披着标准化报告的外衣,故意含糊其词,对应该介绍清楚的情况故意不介绍,能够讲明的事实有意不讲明,即使具备了会计专业知识的人,如果不深入企业内部进行调查分析也无法知道事实的真相,那么这样的财务报告就违背了会计信息可理解性的要求。

四、可比性

《基本会计准则》规定,"企业提供的会计信息应当具有可比性。同一企业不同时期发生的相同或者相似的交易或者事项,应当采用一致的会计政策,不得随意变更。确需变更的,应当在附注中说明。不同企业发生的相同或者相似的交易或者事项,应当采用规定的会计政策,确保会计信息口径一致、相互可比。"

可比性包括两个方面。一方面是指外部信息使用者取得不同企业的财务报告加以比较时,这些信息应该具备横向可比性;另一方面是指外部信息使用者取得同一企业的不同期间的财务报告,以便根据历史资料对企业的未来价值进行预测时,这些信息应当具有纵向可比性。

会计信息之所以有时候不可比,是因为对相同的经济活动采用了不同的会计政策。会计政策,简单地说就是会计处理方法。不同的会计处理方法,就是看待问题的不同视角。相同的交易或事项,采用不同的会计处理方法,会得到不一样的结果。

下面举例说明。

某企业从 2020 年 9 月 10 日开始,连续三天分别以每股 10 元、10.2 元和 10.4 元购买了一家上市公司股票 10 万股、20 万股和 20 万股,几天以后,又以每股 11 元出售该公司股票 20 万股。若不考虑手续费、印花税,该企业此次出售股票赚了多少?

该企业出售股票的所得是一定的,计 220 万元。但是究竟赚了多少,则取决于如何计算出售成本。理论上,至少有三种方法来计算出售成本。第一种方法称为"先进先出法",它假设最先买进的股票先卖出了;第二种方法称为"后进后出法",它假设最后买进的股票先卖出了;第三种方法称为"加权平均法",它把手头持有股票的单位平均购进成本作为单位平均出售成本。于是就有三种结果,见表 1—3。

表 1—3　不同会计处理方法的结果比较

项　　目	先进先出法	后进先出法	加权平均法
出售所得	11 元/股×20 万股=220 万元	11 元/股×20 万股=220 万元	11 元/股×20 万股=220 万元
出售成本	10 元/股×10 万股+10.2 元/股×10 万股=202 万元	10.4 元/股×20 万股=208 万元	10.24 元/股*×20 万股=204.8 万元
赚取的利润	18 万	12 万	15.2 万
股票的结存金额	310 万	304 万	307.2 万

*：10.24 元/股=(10 元/股×10 万股+10.2 元/股×20 万股+10.4 元/股×20 万股)/50 万股。

从上面的例子看出,如果某家企业对同样的交易或事项,这一个期间和上一个期间采用不同的会计处理方法,利润额、结存资产额都会不同。所以《基本会计准则》要求企业在不同期间采用相同的会计处理方法,如果确实因客观原因变更会计处理方法的,必须在财务报表附注中加以说明。《基本会计准则》还要求,金额影响重大的会计处理方法发生变更,企业应以新的会计处理方法调整报表中的前期数据,以保证财务报表中所呈现的数据在前后期具有一致性。

如果处于不同行业的企业对同样的交易或事项,采用不同的会计处理方法,也会在企业与企业之间出现利润与结存资产的结果不相同的现象。但是不同行业的经营模式不同,应该允许企业在一定的范围内,根据自身情况选用更为适当的会计处理方法。在会计处理方法的选择上,企业的空间究竟有多大,由企业会计准则规定。

五、实质重于形式

《基本会计准则》规定:"企业应当按照交易或者事项的经济实质进行会计确认、计量和报告,不应仅以交易或者事项的法律形式为依据。"

有些交易或事项如果分别从法律和经济两个角度看,结果不一样。《基本会计准则》要求企业在反映经济活动时,更注重经济活动的实质,而不是其法律形式。

比如,有的航空公司从租赁公司租赁飞机使用,租赁期很长,长到几乎就是飞机的使用年限。从法律角度看,航空公司与租赁公司签订的是租赁合同,转移的是飞机的使用权。从经济角度看,航空公司以支付租金的形式,取得了飞机所能带来的几乎全部好处,这与分期付款购买飞机几乎没有差别。航空公司在反映这项经济活动时,应关注其经济实质,视同从租赁方买下了飞机。

六、重要性

《基本会计准则》规定:"企业提供的会计信息应当反映与企业财务状况、经营成果和现金流量等有关的所有重要交易或者事项。"

判断交易或事项是否重要的定性标准是,对这些交易或事项进行会计处理所形成的会计信息,是否对外部投资者的决策产生重要影响。但判断具体一笔交易或事项重要与否,准则并没有给出统一的量化标准,在很大程度上取决于会计人员的职业判断。

对重要的交易或事项加以反映,并不意味着不重要的交易和事项可以不报告。这是因为,第一,管理层受外部人委托经营资本,需要将受托经营的结果完整地报告,包括那些不重要的交易和事项所带来的影响;第二,一笔交易和事项究竟是否重要,有时很难判断。会计实务中的做法是,能够清楚地判断这是一笔重要的交易或事项时,就采用严格的会计处理程序,否则就采用简略程序。

七、谨慎性

《基本会计准则》规定:"企业对结果不确定的经济活动进行处理时,保持应有的谨慎,不高估资产或者收益,也不低估负债或者费用。"

谨慎性的意思是企业面临坏消息时,马上把这个坏消息的结果反映在报表中,即使这个坏消息背后的经济活动将来才会发生;而当企业面临好消息时,不进行任何处理,只有当好消息背后的经济活动将来真正发生时才会在报表中反映。谨慎性使得会计人员在面临性质不同的不确定事件时,采取了两种不同的态度:当有坏消息时,视同不利的经济后果已经发生;当面临好消息时,只有当有利的经济后果真正发生时才予以会计处理。

提供"谨慎"的会计信息的合理性在于,债务到期时,只要企业的资产价值不少于到期的债务值,债权人就不会遭受损失,资产价值高于债务金额的部分对债权人来说没有任何意义。

八、及时性

《基本会计准则》规定:"企业对于已经发生的交易或者事项,应当及时进行会计确认、计量和报告,不得提前或者延后。"

外部信息使用者所处的决策环境,风险与机遇并存。要抓住机遇,或者规避风险,必须及时得到有关信息。如果企业的会计信息报送不及时,就会给投资者造成损失。

根据及时性原则,企业会计人员应该及时搜集已经发生的交易或事项的信息,并且及时进行会计处理,编制财务报告,及时对外报送。

中国证券监督管理委员会对上市公司公布财务报告的时间要求是,年度报告最晚在次年的四月三十号之前公布,半年度报告最晚在当年的八月三十一日之前公布。

上述会计信息质量要求,有些是相互冲突的。可靠性是会计信息的灵魂,但是相关性、谨慎性和及时性都会在一定程度上损害可靠性。在特定情况下,不得不放弃可靠性来保证相关性、谨慎性和及时性。读者在后续章节中会逐渐接触到这些特定情形,并发现在这些情形下,放弃可靠性来保证其他信息要求是必要的。

第四节 财务报表的基础假设[①]

企业已经发生的交易或事项的结果,以货币度量后通过财务报表以及附注向外部投资者提供。企业编制财务报表,以会计主体、持续经营、会计分期和币值稳定作为基础性假设。

一、会计主体假设

会计主体是指编制财务报表的特定单位或组织。这一假设确定了财务报表所反映的交易或事项的空间范围,确定了什么是"我"的,什么是"非我"的。会计主体假设冠以"假设"一词其实并不十分贴切。"假设"是一种假定,意指特定的假想条件成立,同时也承认这一条件实际上可能并不满足。"会计主体假设"并非一种假定,而是一种意识,它强调财务报表反映的是特定空间范围内的事情,尤其强调了这个空间范围与利益相关者之间的界限,特别是与股东的界限。有些国家称之为"会计主体概念"可能更为贴切。

会计主体在多数情况下能清楚地界定其范围,划分清楚与利益相关者的界限。但是在有些情况下就变得困难,比如家庭经营的洗染店,如果店主一家就住在经营场所里,那么一个月里发生的水电费,就很难区分多少是洗染店发生的,多少是店主一家生活消费的。

会计主体可以是具有法人资格的企业,也可以是企业下属的部门或机构,还可以是由一个管理团队所管理的多个企业的联合体——企业集团。无论会计主体所反映的空间范围有多大,当这个主体外部的利益相关者关心自身在这个主体的利益时,就要求这个主体提供财务报表。

[①] 大部分会计教材将其称为"会计的基本假设"。

本书阐述的是以企业法人作为会计主体的财务报表的确认、计量、账务处理和报告问题。

二、持续经营假设

持续经营假设的基本含义是,在可以预见的未来,企业会按照既定的目标持续经营下去,不会停业,也不会大规模削减业务。

持续经营假设的意义在于,它一方面提供了在外部投资人投入资本这一个时点上,资本量化的依据,另一方面又提供了一个时期以后企业新创造的财富量化的依据。

既然企业不会破产,外部投资人投入资本的具体表现形式——资产,就会按照既定的用途使用,企业欠债权人的债务也会按照原先的约定偿还,那么企业就可以采用历史成本对股东和债权人投入的资本以及这些资本的具体表现形式——资产进行量化,比如股东投入了一批存货,当时存货的价值50万元,同时企业所创造的财富,也以扣掉所消耗的资产的历史成本来计算,比如把股东投入的存货卖掉,售价60万元,那么这一活动创造的价值就以60万元扣减当初存货的价值50万元来计算。

持续经营只是个假设,任何一个企业都不可能永生。企业如果经营不善,不能再持续下去,或者公司章程所规定的营业期限已经届满而所有股东又不愿意继续经营,或者由于违规经营被依法责令关闭,等等,就要进行清算。这时就要按照现有市场价格对企业的资产和债务进行计量。计量结果与历史成本相比,可能会存在很大差异。比如服装生产企业正处在流水线上没有加工完毕的服装,如果假定企业是持续经营的,这些未完工的服装预期会经过进一步加工后做成成品卖出去,那么未完工的服装就以外购原材料成本加上加工成本计量。可是如果企业面临破产,那么这些未完工的服装就要按照市场价格计量,这种做到一半什么也不是的东西就很不值钱。

持续经营假设是否满足,显著地影响财务报告的计量,所以企业会计准则对企业是否满足持续经营假设格外关注。《企业会计准则第30号——财务报表列报》(以下简称《财务报表列报准则》)第四条规定:"企业应当以持续经营为基础,根据实际发生的交易和事项,按照《企业会计准则——基本准则》和其他各项会计准则的规定进行确认和计量,在此基础上编制财务报表。"

三、会计分期假设

会计分期假设以持续经营假设为前提。企业的经营活动是持续的,外部人不能等到企业清算,而是在企业经营过程中就需要不断了解资本存量和资本增量信息,于是有必要将企业持续不断的经营过程人为划分为前后连贯、长短相同的期间。企业既要提供在会计期末这一时点上资本存量的信息,也要提供在会计期间内资本增量的信息。

会计期间分为年度和中期。中期是指短于一个完整会计年度的期间。在我国,《中华人民共和国会计法》(以下简称《会计法》)规定所有企业的会计年度与公历年度一致。在西方国家,大部分企业的会计年度与公历年度一致,也有一些企业不一致。比如迪斯尼主题公园以9月30日作为一个会计年度的结束,而一些百货公司则定为1月31日。这些时点都是每年营业的淡季。在营业淡季结束一个会计年度,会方便会计人员年终结算账目和准备财务报告。

会计分期虽然保证了会计信息的及时性,但是它也带来新的问题。因为经营活动不可能恰好到会计期末结束,所以会计人员不得不对正在进行的经营活动在会计期末的结果做出估计和判断。而不同会计人员做出的会计估计与判断并非完全相同,有时很难说清谁对谁错,从而影响了会计信息的可靠性。比如当期生产100件产品,共消耗料、工、费5 000元,会计期末只有60件产品完工,这就需要将5 000元生产费用在完工的60件和未完工的40件之间进行分配。不同的分配方法会产生不同的结果。又比如企业正在使用的一台取得成本为100万元能工作若干年的机器,对这台机器使用寿命估计10年或者15年,所计算的每年折旧费用就会不同。这种期末要进行的会计估计和判断还有很多。读完本书,有些读者可能会情不自禁地发出感叹:会计分期真是"麻烦的制造者"!

四、币值稳定假设[①]

币值稳定假设是指作为度量工具的货币的价值是稳定的,即货币的购买力是稳定的。

会计信息因为以货币作为计量工具度量经济活动的规模,使得看起来不可比的各种财产物资,具备了可比性、可加性。基于持续经营假设,为了保证会计信息的可靠性而采用历史成本进行计量,这样长期为企业服务的资产以及外部投资人所提供的长期资本,多年来一直以当初形成时的金额反映。以后期间形成的资产和资本与以前期间形成的资产和资本在金额上要具有可加性,理论上必然假定币值稳定。

然而币值不稳定是更常见的经济现象。如表1-4列示了从2004年始到2013年止,工业品购进价格年环比指数。表中各年的数据都是假设前一年价格指数为100,该年的价格相比前一年的百分比。从表中看出,有的年份环比指数比100低些,比如2009年、2012年、2013年,说明这三年的工业品购进价格相比前一年下降。有的年份环比指数比100高一些,比如表中的其他年份,说明这些年的工业品购进价格相比前一年上升。表中没有哪一年的价格指数是100。这些数据说明币值不稳定是常态。

表1-4 工业品购进价格年环比指数

年 份	2004	2005	2006	2007	2008	2009	2010	2011	2012	2013
工业品购进价格指数	111.4	108.3	106.0	104.4	110.5	92.1	109.6	109.1	98.2	98.0

资料来源:《中国统计年鉴》工业生产者购进价格指数。

为了解决币值不稳定所带来的计量扭曲,理论上有必要将不同时点的计量结果调整为同一时点的币值。比如按照当期相比基期的物价上涨指数,将当期的货币计量结果调整为基期币值下的数值。但是由于币值波动是常态,上述调整程序,不仅工作量非常大,而且处理结果的可靠性不足。目前国际通行的做法是,除非持续发生严重通货膨胀[②],否则不做调整。于是,人们实际看到的财务报表数据,其实是前后不严格一致的度量工具度量的混合体。

持续经营、会计分期以及币值稳定三个假设,是企业财务报表编制的基础性假设。如果没有这三个假设,就没有连续地、分期地向外部投资人提供会计信息的逻辑基础。

---

① 很多教材将相关的假设称为"货币计量"假设。
② 一般通货膨胀率超过两位数时,被认为是"严重通货膨胀"。例如,表1-4中的年环比指数超过110。

第五节　财务报表的逻辑架构

财务报表包括资产负债表、利润表、现金流量表和所有者权益变动表。

在四张财务报表中,资产负债表反映了全部利益相关者在会计期末这个时点上所享有的经济利益,其反映的信息与所有利益相关者相关。所有者权益变动表是特别地为承担了最大经营风险的股东设置的,反映了股东在一个会计期间内享有的经济利益的变化。利润表反映了一个会计期间内,由管理层组织管理各生产要素而创造的财富中属于股东的那一部分即当期损益,用以评价管理层的经营业绩;利润表还反映了一个会计期间内资本市场等企业外部因素对股东权益的影响。现金流量表反映了企业的经济资源中,一种最能迅速转化为其他经济资源以及最能迅速满足各利益相关者当下要求的资源——现金,在一个会计期间内的增减变动情况,它体现了企业资源的流动性。

这四张报表,从报表的作用看,按照资产负债表、利润表、现金流量表和所有者权益变动表的顺序排列,但是从逻辑关系上,它们之间的顺序应该是资产负债表、所有者权益变动表、利润表和现金流量表。以下按照逻辑顺序展开阐述。

一、资产负债表

资产负债表是反映企业在会计期末这一时点上财务状况的报表。"会计期末"又称为"资产负债表日",在我国,是指每年、每半年、每季度或每月的最后一天。而"财务状况",是指企业在资产负债表日的资产、负债和所有者权益状况。表1-5是某股份有限公司2019年12月31日的资产负债表。

表1-5　资产负债表

2019年12月31日

编制单位:××股份有限公司　　　　　　　　　　　　　　　单位:千元　币种:人民币

资　产	期末余额	期初余额	负债和所有者权益	期末余额	期初余额
流动资产:			流动负债:		
货币资金	1,701,855	1,159,200	短期借款	14,890,000	6,440,000
交易性金融资产	—	—	应付票据	—	—
应收票据		37,828	应付账款	1,074,232	987,231
应收账款	1,025,298	1,111,260	预收款项	—	—
预付款项	37,557	60,346	合同负债	16,911	19,260
应收股利	2,601,227	2,079,448	应付职工薪酬	8,444	5,666
应收利息	51,707	15,981	应交税费	52,558	78,519
其他应收款	666,698	724,635	应付利息	272,345	578,150
存货	306,244	317,702	应付股利	320,067	6,398
合同资产	—	—	其他应付款	689,152	757,852
一年内到期的非流动资产	1,354,830	110,000	一年内到期的非流动负债	287,568	8,667,018
其他流动资产	1,930,426	2,782,517	其他流动负债	41,229	11,055,669
流动资产合计	9,675,842	8,398,917	流动负债合计	17,652,506	28,595,763

表 1-5 续表

资产	期末余额	期初余额	负债和所有者权益	期末余额	期初余额
非流动资产：			非流动负债：		
债权投资	640,000	1,373,000	长期借款	6,474,041	6,727,999
其他债权投资	—	—	应付债券	8,973,801	8,966,309
长期应收款	—	—	租赁负债	48,288	
长期股权投资	69,725,176	63,065,999	长期应付款	—	
其他权益工具投资	429,855	476,214	长期应付职工薪酬		
其他非流动金融资产	4,079,552	4,117,650	递延收益	300,455	403,165
投资性房地产	185,658	193,942	递延所得税负债	209,072	218,596
固定资产	9,099,113	9,539,225	其他非流动负债		
在建工程	5,186,269	5,218,775	非流动负债合计	16,005,657	16,316,069
无形资产	750,606	708,100	负债合计	33,658,163	44,911,832
开发支出	—	—	所有者权益：		
商誉	33,561	33,561	股本	18,506,711	18,506,711
长期待摊费用	44,017	21,580	其他权益工具	22,935,045	5,000,000
递延所得税资产	2,735,495	2,735,495	其中：优先股	—	
其他非流动资产	229,015	185,585	永续债	22,935,045	
非流动资产合计	93,138,317	87,669,126	资本公积	10,191,041	10,186,586
			其他综合收益	−260,765	−259,075
			专项储备	347,947	259,672
			盈余公积	15,852,547	13,728,237
			未分配利润	1,583,470	3,734,080
			所有者权益合计	69,155,996	51,156,211
资产合计	102,814,159	96,068,043	负债和所有者权益合计	102,814,159	96,068,043

表中有三个基本要素：资产、负债和所有者权益。

(一)资产

1. 资产的性质

《基本会计准则》规定："资产是企业过去的交易或者事项形成的、由企业拥有或者控制的、预期会给企业带来经济利益的资源。"资产包括货币资金、各种应收款项、存货、固定资产、无形资产、投资性房地产以及各种对外投资等。

"预期会给企业带来经济利益"是资产的本质特征，意思是：在资产负债表日展望未来，资产能够直接或者间接导致现金流入。

"由企业拥有或者控制"，强调了企业拥有着资产的所有权或者控制权，从而能受益于资产所产生的经济利益。企业一般情况下拥有资产的所有权，特殊情况下虽然不拥有所有权，但是拥有控制权，比如航空公司租入的飞机租期很长，几乎相当于飞机的使用年限。尽管航空公司与租赁公司签订的是租赁合同而非采购合同，只拥有这些飞机的使用权而非所有权，但是因为航空公司在租赁期内享有了这些飞机所带来的全部或大部分经济利益，从而拥有了它的控制权。这样的飞机也属于企业的资产。

"企业过去的交易或者事项形成"，是指企业通过已经发生的购买、生产、建造行为或者其他交易或事项，拥有或者控制了资产。已经发生的交易或事项，为资产的计量提供了客观依据,保证了会计信息的可靠性。预期未来发生的交易或事项,尽管可能在未来给企业带来经济利益,但是因为交易或事项并未实际发生,而未来产生的经济利益也只能估计,从而没有值得信赖的计量依据,所提供的会计信息不可靠,所以就不能认定为企业的资产。

2. 资产的分类

既然资产的本质是直接或间接导致现金流入,即变现,那么对不同性质的资产加以区分的标准就是变现时间的长短以及变现的方式。

资产变现时间的长短,称作"资产的流动性"。以此为标准,资产可以划分为流动资产和非流动资产两大类。《财务报表列报准则》规定,资产满足下列条件之一的,应当归类为流动资产:

①预计在一个正常营业周期①中变现、出售或耗用;

②主要为交易目的而持有;

③预计在资产负债表日起一年内变现;

④自资产负债表日起一年内,交换其他资产或清偿负债的能力不受限制的现金或现金等价物。

凡是不满足上述条件的,划归为非流动资产。

从表1—5看到,该公司2019年12月31日的流动资产为9 675 842千元,非流动资产为93 138 317千元,资产总额为两个金额的合计数102 814 159千元。

资产的进一步分类取决于其变现方式。资产变现的方式有很多种,货币资金本身就是现金,应收账款通过从客户那里收回款项而变现,存货通过出售或者耗用而变现,固定资产通过长期提供生产经营的场所和其他生产经营条件而间接变现,等。

资产的变现方式除了与资产本身的物理化学性能有关以外,更重要的是管理层持有资产的意图。同样是房屋建筑物,如果持有的目的是将其出售,从购买方得到现金,那么就划归为存货;如果持有的目的是自用,为企业生产经营提供场所,那么就划归为固定资产;如果持有的目的是出租,那么就划归为投资性房地产。在后续章节我们还会看到,只是由于管理者持有意图不同,持有的股权带来经济利益的方式就会不同,从而成为交易性金融资产、其他权益工具投资、长期股权投资等不同类别的资产。

资产负债表中的资产具有显著的时点特征。随着生产经营活动的不断进行,资产的规模、分布都在发生变化。资产负债表捕捉到了在会计期末这一时点上,资产的规模和分布状态。

(二) 负债

1. 负债的性质

负债又称作"债权人权益"。《基本会计准则》规定:"负债是指企业过去的交易或者事项形成的、预期会导致经济利益流出企业的现时义务。"负债包括短期借款、长期借款、应付债券、应付账款、应付职工薪酬、应交税费、应付利息等。

"预期会导致经济利益流出企业"是负债的本质特征。负债意味着,站在资产负债表日展望未来,企业必须在未来某一个与债权人约定的时间,将现金支付给对方。而要偿还债

---

① 所谓"正常营业周期",是指企业从付出现金用以购买资产起到出售资产而收回现金止的期间,也就是从现金支付给供应商至现金从客户那里收回的期间。

务,届时必须有足够的现金。这既要求当下有足够多的资产,同时又要求这些资产到时能顺利地变现。

而负债定义中"由企业过去的交易或者事项形成的现实义务"这一限定条件,则是为了确保负债的计量足够可靠。因为只有已经发生的交易或事项,才能提供可靠的计量凭据。未来的交易或事项尽管也可能会导致未来流出经济利益,但是因为交易或事项没有实际发生,其结果无法可靠计量,所以未来的交易或事项形成的义务不确认为负债。

2. 负债的分类

负债既然代表企业未来经济利益的流出,那么负债的划分标准就是未来经济利益流出的时间以及债权人的种类。

经济利益流出的时间长短称作"负债的流动性"。以负债流动性为标准,负债可以划分为流动负债和非流动负债两大类。我国《企业会计准则第 30 号——财务报表列报》规定,负债满足下列条件之一的,应当归类为流动负债:

①预计在一个正常营业周期中清偿;
②主要为交易目的而持有;
③自资产负债表日起一年内到期应予以清偿;
④企业无权自主地将清偿推迟至资产负债表日后一年以上。

凡是不满足上述条件的负债归类为非流动负债。

从表 1—5 看到,该公司 2019 年 12 月 31 日的流动负债为 17 652 506 千元,非流动负债为 16 005 657 千元,负债总额为两个金额的合计数 33 658 163 千元。

资产和负债分别按照流动性分类,可以帮助流动负债的债权人判断企业短期负债的偿债能力,因为流动负债主要靠流动资产来偿还。从表 1—5 看到,该公司的流动资产小于流动负债,未来一年内变现的资产不足以偿还要到期的债务。

负债根据债权人的不同种类继续细分。

债权人是股东之外的利益相关者,包括向企业提供有限期财务资本的银行、提供劳务的员工、提供稳定经营环境的政府,还包括没有与企业完成购销业务结算的供应商和客户。这些债权人的共同特点是,从企业得到的利益是固定的或确定的,除非企业破产,否则不承受经营失败的风险。

债权人与资产负债表中负债项目的对应关系如表 1—6 所示。

表 1—6 债权人与负债项目的对应关系

债权人	负债项目
银行	短期借款、长期借款、应付利息
社会公众*	应付债券、应付利息
企业员工	应付职工薪酬
政府税务部门	应交税费、递延所得税负债
供应商	应付账款、应付票据、长期应付款
客户	合同负债

*:如果企业通过向社会公众发行债券来举债,那么社会公众就和银行一样,为企业提供有偿债务资本,成为债权人。

资产负债表的负债项目反映了在资产负债表日,企业与股东之外几乎全部利益相关者的关系。如果有哪一类利益相关者没有在报表的负债部分体现出来,那是因为企业与它的利益关系在会计期末之前就已经解除了。

与资产一样,资产负债表中的负债也具有显著的时点特征。随着生产经营活动的不断进行,企业与债权人之间的金额也在不断发生变化。资产负债表捕捉到了在会计期末这一时点上负债的规模和分布状态。

(三)所有者权益

1. 所有者权益的性质

《基本会计准则》规定:"所有者权益是指企业资产扣除负债后由所有者享有的剩余权益。"公司制企业的所有者权益又称为"股东权益"。

无论是银行、企业员工、政府税务部门、供应商还是客户,他们在企业享有的权益,分别根据相应的契约认定和计算。这些契约包括企业与银行之间的借贷合同、与员工之间的用工合同或政府人力资源管理办法的相关规定、与供应商和客户之间的购销合同、与政府税务部门之间的税法及相关条例和实施细则,等等。在资产负债表日,他们享有权益的金额是确定的,而来自企业外部环境和内部经营管理所带来的不确定性由股东承担了。所以,所有者权益是全部资产带来的经济利益扣除债权人享有的权益之后的剩余权益。

2. 所有者权益的分类

所有者权益根据形成原因,至少分为两类。一类是股东投入到企业的部分,称作"投入资本",另一类是企业管理层协调管理各生产要素所新创造的财富中属于股东而且仍然留存在企业的部分,称作"留存收益"。

特殊原因会形成第三类所有者权益——其他综合收益。它不是股东投入的,与企业的经营管理活动也没有关系,是资本市场等企业外部因素带来的所有者权益的变化。

公司制企业所有者权益的细分与公司法有关,投入资本再分类为"实收资本"和"资本公积",留存收益再分类为"盈余公积"和"未分配利润"。具体分类方式将在第十一章"所有者权益"中讲述。

(四)会计等式

资产负债表中的资产,是外部人投入资本后,通过企业的进行生产经营管理活动,在资产负债表日所呈现的资源的分布状态以及规模。而资产负债表中的负债,体现了企业与债权人发生经济关系后,在资产负债表日债权人所享有的权益。资产负债表中的所有者权益,体现了股东投入资本以后,在资产负债表日股东所享有的权益。所以在资产负债表日,企业的资产要么由股东享有,要么由债权人享有,资产总额等于负债总额与所有者权益总额的合计数,即

$$资产总额=负债总额+所有者权益总额$$

这就是会计等式。

从表1—5看出,2019年12月31日,该公司资产总额等于102 814 159千元,等于负债总额33 658 163千元和所有者权益总额69 155 996千元的合计数。

会计等式反映了一种看待问题的方式——"一分钱两面看":对企业经济资源的存量,既反映资源存在的状态,又反映股东和债权人对这些资源所享有的权利。会计等式巧妙地把

同一事物两个不同方面分别反映在会计等式的两边。这种精妙的安排向股东和债权人提供了丰富的信息,使他们不仅能了解自己在资产负债表日所享有的权益,而且能通过企业资源的分布状态及不同资源的规模,预测企业未来的经营状况,从而更好地预测自己所享有权益的保障程度。这种安排还有一个更大的好处,那就是等式左边的资产信息和等式右边的权益信息彼此牵制,一旦信息处理错误,会计等式不平衡本身就发出了信号。会计人员记账所采用的专业记账方法——借贷记账法,就是充分利用这种"两面看"的思维方式,以会计等式为逻辑基础,让财务报表的数据处理成为一套结构精巧且能实现自动平衡的系统,从而在技术上保证了会计信息的可靠性[①]。

可以说,在技术层面,会计等式是整个财务报表体系的核心。

这种既看资产又看权益的方式,既适用于静态,也适用于动态。

1. 静态会计等式

上述会计等式描述的是资产负债表日,资产与负债和所有者权益之间的静态平衡关系,是静态会计等式。

静态地看,会计等式的左边报告了在某一个时点,企业拥有什么类型的资产以及每类资产的存量多少,会计等式的右边报告了在同一时点上哪类利益相关者对这些资产拥有权利,以及拥有多少。资产负债表就是一个静态的、并且是细化的会计等式。它详细地报告了各类资产、负债和所有者权益在资产负债表日的金额,反映出了资产总额与负债总额及所有者权益总额之间的等量关系。

需要注意的是,静态的会计等式并不意味着特定的负债或特定的所有者权益就要指向特定的资产。我们无法指出企业的资产中,究竟哪些资产属于债权人,又有哪些资产属于股东。无论是股东还是债权人,无论当初他们投入企业的资本呈现什么资产形态,是货币资金、存货、固定资产还是其他什么资产,一旦进入企业,企业便拥有了这些资产的法人财产权,即使用权、受益权、支配权和处置权。这些资产根据企业经营管理的方式进入资金循环链条中,其形态随着生产经营活动的不断进行而不断发生转化,比如用货币资金买来了原材料,原材料经过加工形成产成品,出售产成品形成应收账款,等等。在某一时点上,资源的状态既取决于当初投资人投入的状态,在更大程度上还取决于管理层为满足运营需要对经济资源进行的分布。假如是产品制造企业,管理层会动用大量现金购置机器设备,还要花一部分现金购入原材料等,固定资产占企业资产总额的比重较大;假如是商品流通企业,管理层会把大量现金购入待售商品,再花一部分现金租用卖场等,则存货占资产总额的比重较大。资产负债表上的资产,体现了在资产负债表日这一时点,企业的资产总额以及各类资产的分布状态。债权人只能按照合同约定,在将来确定的时间拿走确定金额的资产,通常是现金。股东则根据公司章程行使自己的权利,获得属于自己的那一部分。所以,静态的会计等式体现的是,在某一时点,在那么大的资产规模中,究竟有多少金额属于债权人,又有多少金额属于股东;它不体现等式右边具体的权益项目和等式左边具体资产项目的对应关系。

---

① 最早提出会计等式概念的是意大利文艺复兴时期著名的数学家帕乔利。在他的著作《数学大全》的第三章"簿记论"中,他提出了"一人所有财物=其人所有权之总值",并且以此为基础规定了借贷记账法的记账规则,为现代会计学账务处理系统的发展做出了奠基性贡献。

2. 动态会计等式

采用"一分钱两面看"的方式看待企业发生的每一笔交易或事项,就会发现任何交易或事项发生以后,都会对企业资产、负债、所有者权益中的一项或多项造成影响。根据资产、负债、所有者权益受到的影响,将这些交易或事项分为九种基本业务类型,见表1-7。

表1-7 影响会计等式的九种基本业务类型

类别	资产	=	负债	+	所有者权益
第一类	增加	=		+	增加
第二类	增加	=	增加	+	
第三类	减少	=		+	减少
第四类	减少	=	减少	+	
第五类	增加、减少	=		+	
第六类		=	增加	+	减少
第七类		=	减少	+	增加
第八类		=	增加、减少	+	
第九类		=		+	增加、减少

上述九类交易或事项所造成的影响,尽管各有特点,但都具有一个共同特征,那就是对资产影响的金额始终等于对负债和所有者权益影响的金额总和。即:

$$\Delta 资产 = \Delta 负债 + \Delta 所有者权益$$

这就是动态的会计等式。

正是因为动态会计等式的存在,才使得企业不仅在成立之初会计等式存在,而且在企业存续的任何一个时点,即使不是资产负债表日,静态会计等式仍然存在。资产负债表只是描述了在资产负债表日这个特定时点,资产与负债和所有者权益之间的平衡关系而已。所以静态会计等式是一个"恒等式"。

在后续章节中,我们将用静态会计等式即资产负债表描述企业的财务状况,用以动态会计等式构建的会计等式模板描述企业财务状况的变动情况。

考虑到股东和银行这些外部人对企业财务情况的关注点,我们把动态会计等式中所有者权益的变动加以详细描述,就形成了所有者权益变动表;把动态会计等式中货币资金的变动加以详细描述,就形成了现金流量表。当然我们还可以把诸如固定资产、无形资产、长(短)期借款等,资产负债表中任何一个项目的变动情况加以描述,形成相应报表,只要这种报表反映的信息对股东和银行是重要的。

二、所有者权益变动表

所有者权益变动表是反映一个会计期间内,所有者权益增减变动情况的报表。它揭示了两个资产负债表日之间引起资产负债表中所有者权益变化的原因。表1-8就是某股份有限公司2019年度的所有者权益变动表。

我国会计实务中的所有者权益变动表是比较式报表,报告了本期和上期两个期间的数。

表 1－8 所有者权益变动表

2019 年度

编制单位：××股份有限公司　　　　　　　　　　　　　　　　　　　　　　　　　　　本期数　　　　　　　　　　　　　　　　　　　　　　　　　　　　　单位：千元　币种：人民币

项　　　　目	股本	其他权益工具		资本公积	其他综合收益	专项储备	盈余公积	未分配利润	所有者权益合计
		优先股	永续债						
一、上年末余额	18,506,711		5,000,000	10,186,586	−259,075	259,672	13,728,237	3,734,080	51,156,211
加：会计政策变更									
前期差错更正									
其他									
二、本年年初余额	18,506,711		5,000,000	10,186,586	−259,075	259,672	13,728,237	3,734,080	51,156,211
三、本年度增减变动额（减少以"－"号填列）			17,935,045	4,455	−1,690	88,275	2,124,310	−2,150,610	17,999,785
（一）综合收益总额					−1,690			2,409,001	2,407,311
（二）所有者投入资本或减少资本			17,935,045						17,935,045
1. 所有者投入的普通股									
2. 其他权益工具持有者投入资本			17,935,045						17,935,045
（三）利润分配							2,124,310	−3,974,981	−1,850,671
1. 提取盈余公积							2,124,310	−2,124,310	
2. 对股东的分配								−1,850,671	−1,850,671
（四）所有者权益内部结转									
1. 资本公积转增股本									
2. 盈余公积转增股本									
3. 其他综合收益结转留存收益									
4. 盈余公积补亏									
（五）专项储备						88,275			88,275
1. 本期提取						88,275			88,275
2. 本期使用									
（六）其他				4,455				−584,630	−580,175
四、本年末余额	18,506,711		22,935,045	10,191,041	−260,765	347,947	15,852,547	1,583,470	69,155,996

表1-8 续表

上期数

项目	股本	其他权益工具 优先股	其他权益工具 永续债	资本公积	其他综合收益	专项储备	盈余公积	未分配利润	所有者权益合计
一、上年年末余额	13,310,038			9,922,854	−26,817	279,512	11,869,717	3,147,077	38,502,381
加：会计政策变更					−94,376			464,393	370,017
前期差错更正									
其他									
二、本年年初余额	13,310,038			9,922,854	−121,193	279,512	11,869,717	3,611,470	38,872,398
三、本年度增减变动额（减少以"−"号填列）	5,196,673		5,000,000	263,732	−137,882	−19,840	1,858,520	122,610	12,283,813
（一）综合收益总额					−137,882			3,770,472	3,632,590
（二）所有者投入资本或减少资本	5,196,673		5,000,000	8,132,663					18,329,336
1. 所有者投入的普通股	5,196,673			8,132,663					
2. 其他权益工具持有者投入资本			5,000,000						5,000,000
（三）利润分配							1,858,520	−3,524,124	−1,665,604
1. 提取盈余公积							1,858,520	−1,858,520	
2. 对股东的分配								−1,665,604	−1,665,604
（四）所有者权益内部结转									
1. 资本公积转增股本									
2. 盈余公积转增资本									
3. 其他综合收益结转留存收益									
4. 盈余公积补亏									
（五）专项储备						−19,840			−19,840
1. 本期提取						19,840			19,840
2. 本期使用				−7,868,931				−123,738	−7,992,669
（六）其他									
四、本年年末余额	18,506,711		5,000,000	10,186,586	−259,075	259,672	13,728,237	3,734,080	51,156,211

所有者权益变动表的本期数与本期资产负债表的期初和期末数之间存在勾稽关系[①]。

表1-8"本期数"的"二、本年年初余额"行显示了各个所有者权益项目的金额:"实收资本(或股本)"为 18 506 711 千元,"其他权益工具"为 5 000 000 千元,"资本公积"为 10 186 586 千元,"其他综合收益"为 -259 075 千元,"专项储备"为 259 672 千元,"盈余公积"为 13 728 237 千元,"未分配利润"为 3 734 080 千元,"所有者权益合计"为 51 156 211 千元。这些正是表1-5资产负债表各个所有者权益项目的期初数。

表1-8"本期数"的"四、本年年末余额"行显示了各个所有者权益项目的金额:"实收资本(或股本)"为 18 506 711 千元,"其他权益工具"为 22 935 045 千元,"资本公积"为 10 191 041 千元,"其他综合收益"为 -260 765 千元,"专项储备"为 347 947 千元,"盈余公积"为 15 852 547 千元,"未分配利润"为 1 583 470 千元,"所有者权益合计"为 69 155 996 千元。这些正是表1-5资产负债表各个所有者权益项目的期末数。

所有者权益变动表的核心内容在"三、本年度增减变动额"。其中"(一)综合收益总额"是最活跃的变动因素,而"(二)所有者投入资本或减少资本"和"(四)所有者权益内部结转"多数企业若干年才发生一次,"(三)利润分配"一年发生一次或两次。表中"(五)专项储备"是火力发电、炼钢、化工等对安全生产要求比较高的企业所特有的。

"综合收益总额"影响了所有者权益的两个项目,一是"未分配利润",二是"其他综合收益"。见表1-8的本期数,这两个金额分别是 2 409 001 千元和 -1 690 千元,合计为 2 407 311 千元。对这两个(尤其是"未分配利润")受到活跃因素影响的项目,所有者权益变动表只报告了金额,没有报告细节。细节在利润表报告。

三、利润表

利润表是反映一个会计期间企业经营成果的报表。它报告了一个会计期间内,企业所有者权益中"未分配利润"和"其他综合收益"是如何发生变化的。

表1-9就是某股份有限公司2019年度的利润表。

表1-9 利润表

2019年度

编制单位:××股份有限公司　　　　　　　　　　　　　　　　单位:千元　币种:人民币

项　　目	本期发生额	上期发生额
一、营业收入	10,444,835	10,197,887
减:营业成本	9,281,818	9,190,924
税金及附加	230,015	210,781
销售费用		
管理费用	650,527	529,353
研发费用		1,013
财务费用	1,543,592	1,871,963

---

① 当然,所有者权益变动表的上期数与上期资产负债表的期初和期末数之间亦存在勾稽关系。

表1-9 续表

项　　目	本期发生额	上期发生额
其中:利息费用	1,540,914	1,814,344
利息收入	18,816	25,667
信用减值损失	420,951	24,618
资产减值损失	926,772	83,220
加:其他收益	113,925	162,808
投资收益(损失以"－"填列)	5,493,215	5,148,670
其中:对联营企业和合营企业的投资收益	1,552,740	1,349,036
公允价值变动收益(损失以"－"填列)	−38,098	242,147
资产处置收益(损失以"－"填列)	1,433	
二、营业利润(亏损以"－"号填列)	2,961,635	3,839,640
加:营业外收入	17,627	30,622
减:营业外支出	579,786	28,126
三、利润总额(亏损总额以"－"号填列)	2,399,476	3,842,136
减:所得税费用	−9,525	71,664
四、净利润(净亏损以"－"号填列)	2,409,001	3,770,472
五、其他综合收益的税后净额	−1,690	−137,882
(一)不能重分类进损益的其他综合收益	−46,539	−108,740
1.重新计量设定受益计划变动额		
2.其他权益工具投资公允价值变动	−46,539	−108,740
3.权益法下不能转损益的其他综合收益		
4.其他		
(二)将重分类进损益的其他综合收益	44,669	−29,142
1.其他债权投资公允价值变动		
2.权益法下可转损益的其他综合收益	44,669	−29,142
3.其他		
六、综合收益总额	2,407,311	3,632,590

我国会计实务中的利润表是比较式报表,报告了本期发生额和上期发生额两个期间的数。

(一)利润表的构成

利润表由三部分构成。

第一部分也称作"损益表",从"一、营业收入"开始到"四、净利润"结束。它反映了企业经济管理活动中日常活动和非日常活动对"未分配利润"造成的影响。见表1-9"本期发生额"的"四、净利润",金额为 2 409 001 千元,正是前述所有者权益变动表中本期数"综合收益总额"行的"未分配利润"列填报的数。损益表是评价企业经营业绩最重要的依据,也影响了企业的股票在资本市场上的价格。在实际工作中,损益表是最经常使用的报表。

第二部分称作"其他综合收益",见表1-9中的"本期发生额"的"五、其他综合收益的税后净额"①。该金额为-1 690千元,正是前述所有者权益变动表中本期数"综合收益总额"行的"其他综合收益"列填报的数。这部分反映了企业管理层意图、能力和效果之外由资本市场或其他外部因素导致的所有者权益的变化。其他综合收益不能用来评价管理层的业绩,但是其中有一部分将来会转为损益,从而也成为股价变动的影响因素。

第三部分是净利润与其他综合收益之和,称为"综合收益总额"。它综合反映了股东投入资本和返还红利等股东自身因素之外其他因素带来的股东权益总额的变化。见表1-9"本期发生额"的"六、综合收益总额",金额为2 407 311千元,与前述所有者权益变动表中本期数的"综合收益总额"行的"所有者权益合计"列填报的金额一致②。

包含了"其他综合收益"的利润表,称作"综合收益表",可能更为贴切。

(二)损益表的要素

在利润表的三个组成部分中,损益表是最重要的。损益表包含了三个要素:收入、费用和利润。

1. 收入

《基本会计准则》规定:"收入是指企业在日常活动中形成的、会导致所有者权益增加的、与所有者投入资本无关的经济利益的总流入。"

收入具有三个重要特征。

第一个特征:收入带来的经济利益增加了所有者权益。带来收入的交易,会同时产生资产、负债以及所有者权益的变化。比如销售商品,会带来货币资金或者应收账款这些资产,同时对所有者权益产生了影响,增加的所有者权益就是"收入"。如果企业从客户预收货款,收到货币资金的同时,产生了面向客户的负债,当向该客户销售商品时,这项负债解除,同时所有者权益增加了,增加的这部分所有者权益就是"收入"。所以,产生收入就意味着增加了所有者权益,同时会带来资产的增加或者负债的减少,或者两者兼而有之。

第二个特征:收入的产生与股东投入资本无关。收入虽然增加了所有者权益,但是与收入相关的交易是与客户而非股东进行的,收入并不增加投入资本。

第三个特征:收入是企业在日常活动中形成的。收入带来的经济利益与企业经营管理活动有关,它是影响管理层业绩的一个正面因素,它增加了"未分配利润"。

实质上,收入是企业对客户销售商品、提供劳务,从客户那里取得的经济利益。取得收入是企业生存发展的必要条件。

需要注意的是,与企业经营管理活动有关的、但是偶然发生的交易或事项,虽然也增加了未分配利润,而且也与股东投入的资本无关,但其结果并不是收入,而是"计入当期损益的利得"。比如企业罚款所得,就会形成这种利得。这种利得虽然会影响经营成果,但是评价管理层业绩的时候,这一因素并不重要,因为它所反映的交易或事项并不是企业的核心业务。在损益表中,无论是收入还是"计入当期损益的利得",都要报告,这样才能全面反映交易和事项的结果。为了便于财务报表使用者通过损益表预测企业未来盈余,"计入当期损益

---

① "其他综合收益的税后净额"考虑到了所得税的影响,本书不做阐述。后文为方便表达,将该项目简称为"其他综合收益"。

② 利润表"上期发生额"的上述项目与所有者权益变动的"上期数"的对应项目亦存在相同的勾稽关系。

的利得"要与收入分开报告。在我国会计实务中,收入以"营业收入"项目报告,而计入当期损益的利得则以"营业外收入"项目报告。

2. 费用

费用是指企业在日常活动中发生的、会导致所有者权益减少的、与股东分配利润无关的经济利益的总流出。

费用是与收入相对应的概念,也具有三个特征。

第一个特征:费用所流出的经济利益减少了所有者权益。费用是影响所有者权益的一种因素。

第二个特征:费用的产生与向股东分配利润无关。费用虽然减少了所有者权益,但是与费用相关的交易或事项并不是与股东进行的,而是与其他利益相关者进行的。

第三个特征:费用是企业在日常活动中形成的。费用与企业经营管理活动有关,它是评价管理层业绩的一个负面因素。

实质上,费用既包括与收入有直接因果关系的所出售商品或所提供劳务的成本,也包括与收入关联度不那么高的各种费用。比如各种税金及附加,广告费、展览费、运输费等销售费用,为了维持管理机构的运营而发生的管理费用,为了研发项目的开展所发生的研发费用,为了筹集资本而发生的财务费用,还有所得税费用,等等。

费用是影响管理层业绩的一个负面因素。管理层努力的方向是,在保持收入不变的情况降低费用,或者在保持费用不变的情况下提高收入,或更常见的,在收入与费用都增加的情况下,使收入的增长幅度大于费用的增长幅度。

与企业经营管理活动有关的、但是偶然发生的交易或事项,如果减少了未分配利润,同时与向股东分配利润无关,不属于费用,而属于"计入当期损益的损失"。比如企业固定资产报废损失。"计入当期损益的损失"影响经营成果,但是由于不具有预测性,需要与费用分开报告,在损益表中报告在"营业外支出"项目下。

3. 利润

利润是收入扣减各项费用、再加上"计入当期损益的利得"减去"计入当期损益的损失"之后的净额。它是一个会计期间内,在管理层的努力下所有者权益中未分配利润的净增长额。

为了向财务报表使用者提供更多用于评价业绩和盈余预测的信息,三个不同层次的利润项目列报在损益表中,分别是"营业利润""利润总额"和"净利润",如表1-9。"营业利润"反映了企业核心业务带来的经营成果,"利润总额"是核心业务与偶然发生的交易或事项共同产生的经营成果,而"净利润"是在利润总额的基础上扣除政府征去的所得税之后的净成果。

四、现金流量表

现金是企业流动性最强、最容易转换成其他资产,最能在当下满足利益相关者要求的资产,所以也是最能体现企业是否陷入生存困境的资产。现金流量表是反映一个会计期间内现金增减变动情况的报表。现金流量表中的"现金",除了货币资金还包括现金等价物。现金等价物是指企业持有的期限短、流动性强、易于转换为已知金额现金、价值变动风险很小的投资。通常三个月内到期的国债投资被认为是现金等价物。很少企业有现金等价物。如果不考虑现金等价物,现金流量表也可称作"货币资金变动表"。

现金的存量在资产负债表中报告,而现金的变动量则在现金流量表中报告。两张报表存在勾稽关系。

表1-10就是某股份有限公司2019年度的现金流量表。

表1-10 现金流量表

2019年度

编制单位:××股份有限公司　　　　　　　　　　　　　　单位:千元　币种:人民币

项　目	本期发生额	上期发生额
一、经营活动产生的现金流量		
销售商品、提供劳务收到的现金	11,848,078	12,236,931
收到的税费返还	8,931	3,981
收到的其他与经营活动有关的现金	310,365	733,935
经营活动现金流入合计	12,167,374	12,974,847
购买商品、接受劳务支付的现金	8,353,660	8,200,886
支付给职工以及为职工支付的现金	1,451,215	1,297,180
支付的各项税费	771,322	810,274
支付的其他与经营活动有关的现金	375,728	780,542
经营活动现金流出小计	10,951,925	11,088,882
经营活动产生现金流量净额	1,215,449	1,885,965
二、投资活动产生的现金流量		
收回投资所收到的现金	2,409,200	3,766,110
取得投资收益所收到的现金	4,546,147	3,202,201
处置固定资产、无形资产和其他长期资产所收回的现金净额	2,135	
处置其他营业单位收到的现金净额		81,043
收到的其他与投资活动有关的现金	270,114	
投资活动现金流入小计	7,227,596	7,049,354
购建固定资产、无形资产和其他长期资产所支付的现金	479,868	301,113
投资所支付的现金	9,416,432	27,993,880
取得其他营业单位支付的现金净额	344	51,101
支付的其他与投资活动有关的现金		
投资活动现金流出小计	9,896,644	28,346,094
投资活动产生的现金流量净额	-2,669,048	-21,296,740
三、筹资活动产生的现金流量		
吸收投资所收到的现金	18,000,000	18,356,715
取得借款所收到的现金	47,044,459	54,708,360
收到的其他与筹资活动有关的现金	339,019	
筹资活动现金流入小计	65,383,478	73,065,075
偿还债务所支付的现金	58,244,820	49,400,000
分配股利、利润或偿付利息支付的现金	4,140,828	3,806,460
支付的其他与筹资活动有关的现金	1,001,665	
筹资活动现金流出小计	63,387,313	53,206,460
筹资活动产生的现金流量净额	1,996,165	19,858,615
四、汇率变动对现金的影响	89	-51,163
五、现金及现金等价物净增加额	542,655	396,677
加:期初现金及现金等价物余额	1,159,200	762,523
六、期末现金及现金等价物余额	1,701,855	1,159,200

我国会计实务中的现金流量表是比较式报表,报告了本期发生额和上期发生额两个期间的数。表1-10中该公司没有现金等价物,其现金流量表就是"货币资金变动表"。表中"本期发生额"一栏报告的是2019年度的金额。该栏倒数第二行"期初现金及现金等价物余额"报告的金额是1 159 200千元,正是当期资产负债表"货币资金"项目的期初余额;该栏倒数第一行"期末现金及现金等价物余额"报告的金额是1 701 855千元,正是当期资产负债表"货币资金"项目的期末余额①。

报告现金流量信息,不仅为了说明在过去的一个会计期间内,现金从哪里来,到哪里去,还要有助于外部人预测未来的现金流量。现金流量表按照现金流转的规律,将现金流量分为三类予以报告,分别是"经营活动产生的现金流量""投资活动产生的现金流量"和"筹资活动产生的现金流量"。其中,"筹资活动产生的现金流量"所体现的现金流转规律与企业所处的资本市场、货币市场有关,"投资活动产生的现金流量"所体现的现金流转规律与企业所处的行业以及企业发展的成熟度有关,"经营活动产生的现金流量"则体现了企业与客户、供应商、员工、政府以及其他利益相关者之间的日常现金交易,现金流转规律不同于前述两种活动。

此外,如果企业持有外币,汇率变动对折合成记账本位币的金额也会造成影响。这一影响报告在现金流量表的"汇率变动对现金的影响"。

五、四张主要财务报表之间的勾稽关系

资产负债表、所有者权益变动表与现金流量表之间存在的勾稽关系,如图1-1所示意。

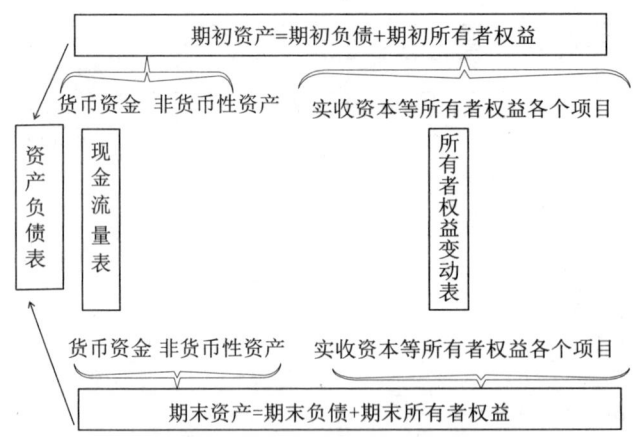

图1-1 资产负债表与所有者权益变动和现金流量表之间的勾稽关系

从逻辑上分析,在上述三张财务报表中,资产负债表是基础,其他报表是为了满足股东和银行决策的需要而对资产负债表中重要项目,包括货币资金和所有者权益在一个期间内的变化情况做出的更为具体的报告。

现金流量表反映了期初期末两个资产负债表日之间,资产中最活跃的因素——货币资

---

① 现金流量表中"上期发生额"与上期资产负债表的对应项目亦存在相同的勾稽关系。

金是如何增减变化的。现金流量表报告的期初期末现金的金额,应该分别与期初期末两个资产负债表日资产负债表中"货币资金"项目报告的金额一致,除非存在现金等价物。

所有者权益变动表反映了承担最大经营风险的股东,其享有的权益的变化情况。所有者权益变动表中所报告的期初期末所有者权益各项目的金额,应该与期初期末两个资产负债表日资产负债表中报告的所有者权益各项目的金额一致。

所有者权益变动表中,最活跃的变动项目是"未分配利润"和"其他综合收益"。但是在所有者权益变动表中只报告了变动金额,没有报告变动原因。变动原因由利润表来报告。图 1-2 就反映了所有者权益变动表和利润表之间的勾稽关系。从图 1-2 看到,利润表中的损益表详细报告了"未分配利润"的变动原因,"其他综合收益"详细报告了"其他综合收益"变动的原因。我们看到,利润表中的损益表虽然在四张财务报表的逻辑框架中偏于一隅,但是由于它反映了企业的经营能力,体现了管理层的经营业绩,能够影响股票的价格,同时也能够用以预测企业未来的获利能力,所以特别受到关注。在实际工作中它与资产负债表一起成为使用频度最高的报表。

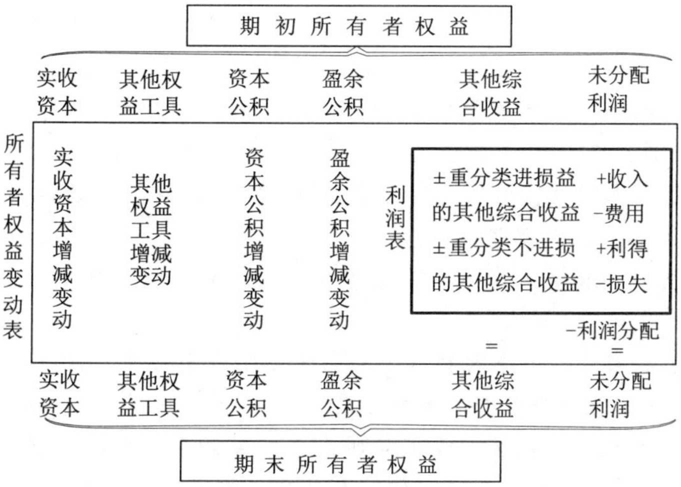

图 1-2 所有者权益变动表与利润表之间的勾稽关系

从逻辑上看,针对货币资金之外任意一种资产的增减变化,都应该编制像现金流量表一样的"××资产流量表";针对股东以外任何一种利益相关者所享有权益的变化,也都应该编制像所有者权益变动表一样的"××利益相关者权益变动表"。实务中考虑到这些报表的实用价值不那么大,没有把它们单独作为一张表醒目地对外报告,而是与其他众多信息一起放在财务报表附注了。

如果随着社会的发展,资产负债表中其他项目在两个资产负债表日之间的增减变化,成为影响外部投资决策的重要信息,那么这个项目的增减变化就可能编制成主表对外报告。那时的财务报表,可能不是四张,而是更多。

六、财务报表附注

财务报表附注是对在资产负债表、利润表、现金流量表和所有者权益变动表等报表中列报项目的文字描述或明细资料,以及对未能在这些报表中列报项目的说明。具体包括对遵循持续经营假设的声明、财务报表中各重要项目所使用的会计政策或会计估计、报表中重要项目期初期末增减变动情况以及报表无法反映的重要交易或事项的概述。财务报表附注对外部投资者详细解读财务报表、预测企业未来具有重要意义。

【本章小结】

本章介绍了企业对外进行财务报告的经济原因——为了向外部股东和债权人提供决策所需要的信息;介绍了企业会计准则产生的原因——为了保证对外报告的会计信息的质量;介绍了《基本会计准则》所规定的对外报告的会计信息应满足的八个质量标准以及会计信息的载体——财务报表的四个基础性假设;最后通过阐述四张主要财务报表各自报告的内容以及它们之间的勾稽关系,说明了财务报表的逻辑架构。

【思考题】

1. 企业为什么要对外报送财务报告?财务报告的组成是什么?
2. 会计信息应该满足哪些质量标准?会计信息的可靠性标准该如何理解?会计信息的相关性该如何理解?有人说,可靠性与相关性不能两全,你认为呢?
3. 会计有哪些基本假设?为什么要有这些假设?有了这些假设,我们利用财务报告分析企业的经济活动时,要注意哪些问题?
4. 资产负债表的基本要素是什么?资产、负债、所有者权益分别该如何理解?会计等式的两边具有一一对应关系吗?
5. 引起所有者权益变动的原因有哪些?你认为在这些影响因素中,哪种最值得外部人关注?所有者权益变动表与资产负债表的关系怎样?
6. 利润表的基本要素是什么?收入与所有者权益的关系怎样?费用与所有者权益的关系怎样?利润表与所有者权益变动表的关系怎样?收入与利得的差别在哪里?费用与损失的差别在哪里?
7. 现金流量表的基本要素是什么?现金流量表与资产负债表的关系怎样?
8. 利用四张报表的勾稽关系,找出表1—5、表1—8、表1—9、表1—10之间的勾稽关系。
9. 一个学生问:"企业成立之初,会计等式是成立的,这我能理解,企业的资产要么来自股东,要么来自银行,资产总额一定等于负债总额加所有者权益总额。可是,一个会计期间结束后,为什么资产总额仍然等于负债总额加所有者权益总额呢?还有,在会计期间内,资产总额怎么也会等于负债总额加所有者权益总额呢?"你怎么回答这位同学的问题?

【练习题】

财务报表题

1. 你所关注的上市公司,前十大股东有哪些?有银行提供贷款吗?

2. 你所关注的上市公司,最近一年年度财务报告中,期末资产总额与负债和所有者权益总额有什么数量关系?与期初相比,期末资产总额、负债总额以及所有者权益总额分别增加还是减少?利润表中报告的当期净利润,与上期相比增加还是减少?

3. 在你所关注的上市公司财务报告中,找出四张主表之间的勾稽关系。

第二章

财务报表编制过程

【学习目标】

通过学习本章,你应该:
1. 理解会计确认、计量、账务处理与报告的含义;
2. 掌握资产、负债、所有者权益、收入、费用和利润的确认条件;
3. 理解五种计量属性;
4. 初步认识会计等式模板。

【引　子】

张君是公司的老总,五年前他创办了自己的公司。

现在公司的业务已经基本走上了正轨,他感觉到自己应该把注意力从业务拓展转移到公司重大事务的管理上。特别是,他最近发现,现在已经五月份了,但公司去年收到的一笔业务款还没有入账呢,那个项目虽然还没有完成,但是对方早已经把钱划到公司账上了;公司交税的金额与报表上利润的数字也不匹配;还有,前不久主管销售的副总经理说去年的业务量增长了两倍多,但是利润只增加了不到一倍,不知道原因是什么?还有⋯⋯

张君决定找会计主管谈一谈,问问为什么已经从客户那里收到了钱却没有收入?为什么交的所得税与公司利润不匹配?为什么销售额增长这么高,而利润却没有同步增长?其实,张君心里还有个想法,他想了解:报表上的数字是真的吗?老是听别人说会计造假的事情,如果老总们想知道报表上的数字是否是真实的,怎么在企业的账本上查?早就听人说,做企业要懂会计,现在看来我确实需要好好补一补这门课了。

——摘自《会计学》(陆正飞等,2016 年)

第一节　编制财务报表的逻辑顺序

财务报表编制的逻辑顺序依次是财务报表要素的确认、计量、账务处理以及财务报表要素的报告。

一、财务报表要素的确认

企业对已经发生的交易或事项进行识别、分析与判断,以明确它们是否会导致资产、负债、所有者权益发生变化,或者是否会导致收入、费用产生,从而确定这些交易或事项的结果是否纳入财务报表,这一过程称为"确认"。

"确认",要以企业会计准则为依据。《基本会计准则》规定了资产、负债、收入、费用的一般确认条件,而各具体会计准则规定了具体资产、负债项目的确认条件以及不同类型的收入、各种费用的确认条件。

交易或事项发生以后,只有符合企业会计准则规定的确认条件,才能在财务报表中将交易或事项的财务结果反映出来,所以"确认"决定了财务报表要素受影响的时间。什么时候确认,什么时候纳入财务报表。

与"确认"相反的会计程序是"终止确认"。终止确认仅针对资产负债表项目而言。终止确认是指原先纳入资产负债表报告的资产、负债和所有者权益项目,由于资产的处置、债务的清偿等而不再满足确认条件,从而不继续在资产负债表中报告。

(一)资产的确认条件

资产的本质是,未来能够导致经济利益流入企业的经济资源。并非所有的经济资源都能够确认为资产。企业《基本会计准则》规定:"符合资产定义的资源,在同时满足以下条件时,确认为资产:第一,与该资源有关的经济利益很可能流入企业;第二,该资源的成本或者价值能够可靠地计量。"其中第一个确认条件是指,会计人员判断经济资源所导致的未来经济利益流入企业的可能性很高,属于"很可能"级别。如果没有达到这一级别就确认资产,会虚增资产,从而违背了会计信息"谨慎性"要求。第二个条件是指,能够找到适当的计量属性:或者是资产的取得成本,或者是资产未来带来的经济利益。如果第二个条件不满足,就违背了会计信息"可靠性"要求。

有些时候,对企业非常重要的经济资源由于不能满足上述第二个条件,而不能确认为资产,不能纳入财务报表体系对外报告。比如营销网络。营销网络一旦形成,对客户的渗透力就大大增强,带来的利益大于每个营销点单独经营而形成的利益总和。"营销网络"这一资源是由营销网点量变所引起的质变,尽管单个营销点的资产都可以计量,但是形成"营销网络"的成本却很难计量。又比如企业文化。在建设企业文化的过程中进行培训、宣传活动、联谊活动时发生各种支出,因为很难认定发生这些支出时未来"很可能"流入经济利益,所以不能确认资产。当企业日积月累形成了一定的企业文化时,这种经济资源的成本很难计量。

(二)负债的确认条件

负债的实质是导致未来经济利益流出企业的现实义务。但并非所有的现实义务都是负债。企业《基本会计准则》规定:"符合负债定义的义务,在同时满足以下条件时,确认为负债:第一,与该义务有关的经济利益很可能流出企业;第二,未来流出的经济利益的金额能够可靠地计量。"

有些时候对企业未来产生很大负面影响的因素,因为不能满足负债的确认条件而无法在资产负债表中反映。比如,严重污染环境的企业将来可能会被巨额罚款或被要求巨额赔偿。这些企业的利益相关者,至少包括所有者,将来可能会面临巨大损失。此时,如果没有相关法律机构或者行政机构对其做出处罚判决或决定,就不能形成企业的现实义务,因不满足负债确认的第一个条件而不能确认为资产负债表中的负债。又比如,企业如果侵害了其他企业利益而被对方起诉,那么在法院做出最终判决之前,由于企业将要承担的赔偿义务或者将要面临的处罚金额不能可靠计量,不满足负债确认的第二个条件而不能确认为负债(在法院裁定之前,如果律师能对赔偿金额做出可靠估计,可以确认预计负债)。

(三)所有者权益的确认条件

《基本会计准则》和各项具体会计准则都没有规定所有者权益的确认条件,这是因为所有者权益作为剩余权益,其确认依赖于资产和负债的确认。根据会计等式,交易或事项发生以后,如果资产增加了(或者减少了)而负债不受影响,那么所有者权益肯定增加了(或者减少了);如果负债增加了(或者减少了)而资产不受影响,那么所有者权益肯定减少了(或者增加了)。

但是收入和费用除外。收入和费用这两个因素分别引起了所有者权益的正向和负向变化。因为这两个因素与企业经营者业绩有关,为了可靠、科学地反映经营业绩,《基本会计准则》以及各项具体会计准则明确规定了其确认条件。

(四)收入与费用的确认条件

如前文所述,所有者权益的确认依赖于资产和负债的确认。但是当涉及损益时,企业会计准则规定了收入和费用的确认条件,由此而确认相应的资产和负债。企业会计准则之所以这样做,是因为如果收入、费用不单独定义,企业管理层的业绩就和所有者的投入、撤资、分红混为一体了,所有者对管理层进行业绩评价就无从谈起,所有者也无法利用过去的经营成果预测管理层未来的业绩,从而无法评估自己所持有权益的价值。在企业会计准则出现之前,美国历史上就曾发生过将股东投入的资本作为收入的事件。

关于收入的确认,《基本会计准则》规定:"收入只有在经济利益很可能流入从而导致企业资产增加或者负债减少、且经济利益的流入额能够可靠计量时才能予以确认。"按照该项规定,确认收入要满足以下两个条件,一个是经济利益很可能流入,另一个是经济利益流入的金额能够可靠计量。从字面上看,收入的确认条件与资产的确认条件几乎完全相同,但是收入所描述的享有经济利益的主体与资产所描述的不同。资产的确认条件解决了"企业"这一法人单位同时也是各种利益相关者的集合体的经济资源是否流入的问题,而收入的确认条件解决了"企业的股东"这一企业特定利益相关者在该企业所享有的经济利益是否增加的问题。与收入相关的经济利益流入,可能导致企业资产的增加,也可能导致企业负债的减少,但是一定导致所有者权益增加。比如,从银行取得借款与向客户销售取得现金,这两笔交易都会确认现金资产,但是只有后者才会确认收入。

关于费用的确认,《基本会计准则》规定:"费用只有在经济利益很可能流出从而导致企业资产减少或者负债增加、且经济利益的流出额能够可靠计量时才能予以确认。"按照该项规定,费用的确认也要满足两个条件:一是经济利益很可能流出;二是流出经济利益的金额能够可靠计量。从字面上看,费用的确认条件与负债的确认条件相同。但是"负债"所导致的经济利益流出,是站在"企业"角度;而"费用"所导致的经济利益流出,是站在"企业的股东"角度。

(五) 利润

利润的确认主要取决于收入和费用的确认,也取决于利得和损失的确认。

(六) 权责发生制

权责发生制,又称应计制,是指企业在确认当期收入和费用时,以应收应付为标准,即:凡是本期应该获得的收入,无论相应款项是否已经收到,都作为本期的收入确认,凡是本期应该承担的费用,无论款项是否已经支付,都作为本期的费用确认;凡是不应当归属于本期的收入或费用,即使本期已经收到或者支付款项,都不确认为本期的收入或费用。也就是说,权责发生制在确认收入或费用时,不以相应款项流入或者流出的时间作为确认收入和费用的时间,而是以"本期应该获得"或者"本期应该承担"作为收入和费用的确认依据。

所谓"本期应该获得",是指本期付出了取得收入应该付出的努力。比如某企业与一位客户经过长期艰苦的谈判后终于签署了销售协议,并向对方发出了商品。对方资信状况良好,预计按照协议约定在下一年初支付款项没有问题。那么应该在本期发出商品以后确认收入,尽管此时现金并未流入。

"本期应该承担",是指本期由于此项费用而受益。比如某企业当年购入商品1 000件,购入成本100元/件,支付现金100 000元,出售给客户600件,售价每件120元/件。那么企业为了当期受益付出了多大代价,就有多少确认为费用。该企业当期为了取得72 000元收入付出了60 000元代价,这60 000元就是费用。

费用与收入存在因果关系。费用是"因",收入是"果"。费用与收入的这种关系又称作"配比"。在哪个期间确认了收入,必然在哪个期间将那些为了取得收入而付出的代价确认为费用。

与权责发生制相对应的是收付实现制,也叫现金制,它以现金流入流出的时间作为确认收入和费用的时间。相比权责发生制,收付实现制在确认收入和费用时,判断标准简单、明确。

以权责发生制为基础确认收入和费用,相比于收付实现制,评价和激励企业管理层更为科学。一笔销售,协议的达成与相应商品和劳务的提供才是大费周折的,而现金的流入仅仅是水到渠成的事。所以权责发生制规定,哪一期间管理层付出了努力,就在哪一期间确认收入,而无论现金是否流入。而在确认费用时,也以当期受益从而"当期应该承担"为原则。这样确认费用,管理层就有了控制费用的动力。

用权责发生制作为判断收入和费用时间归属的基本原则,在评价管理层业绩方面较收付实现制更为科学,但是权责发生制也会产生相应问题。一是由于当期利润额并不相应产生现金净流入额,企业可能会因为利润额较高但现金流入不足,而面临无钱缴纳企业所得税和支付现金股利的窘境。二是由于利润表不能体现企业经营努力所创造的现金情况,还要另外编制现金流量表。三是确认收入和费用时,要进行职业判断。不同的人判断的结果可能会有差异,于是收入和费用的确认就有了一定的弹性,这就会影响会计信息的可靠性。

尽管权责发生制有这样或那样的问题,但是由于它在科学评价管理层业绩方面占据着绝对优势,而且所产生的相应问题可以通过一定途径在一定程度上得以解决,于是企业会计准则还是规定,企业应以权责发生制为基础确认收入和费用。

二、财务报表要素的计量

交易或事项发生以后，以货币度量相应资产、负债、所有者权益受到的影响，称作计量。计量有多种属性。比如，某汽车经销商以5万元单价从汽车制造商购入10台小汽车准备出售，这种小汽车的市场销售价格为6万元。那么这10台小汽车至少有两种计量属性，一种以购入成本5万元/台计量，另一种以售价6万元/台计量。

《基本会计准则》规定了五种计量属性，分别是历史成本、重置成本、可变现净值、现值和公允价值。各项具体会计准则规定了具体资产、负债允许采用的计量属性。

(一)历史成本

历史成本，又称为实际成本，是指取得或制造某项财产物资时所实际支付的现金或者其他等价物。在历史成本计量下，资产按照其购置时支付的现金或者现金等价物的金额，或者按照购置资产时所付出的对价的公允价值计量；负债按照其因承担现时义务而实际收到的款项或者资产的金额，或者承担现时义务的合同金额，或者按照日常活动中为偿还负债预期需要支付的现金或者现金等价物的金额计量。

在上述例子中，小汽车以购入成本5万元/台计量，采用的就是历史成本计量属性。历史成本计量属性最大的优点是——可靠。因为相关的交易或事项已经发生，资产的取得成本以及因承担义务而实际收到的款项的金额有书面材料加以佐证。

(二)重置成本

重置成本又称现行成本，是指按照当前市场条件，重新取得同样一项资产所需支付的现金或现金等价物金额。在重置成本计量下，资产按照现在购买相同或者相似资产所需支付的现金或者现金等价物的金额计量；负债按照现在偿付该项债务所需支付的现金或者现金等价物的金额计量。

(三)可变现净值

可变现净值，就是处置资产所产生的净现金流入。在可变现净值计量下，资产按照其正常对外销售所能收到现金或者现金等价物的金额扣减该资产至完工时估计将要发生的成本、估计的销售费用以及相关税费后的金额计量。

上述例子中，如果小汽车售价6万元/辆，而每卖出一辆，平均还要承担1000元的销售费用，那么5.9万/台就是小汽车的可变现净值。因为没有实际发生销售活动，采用可变现净值不如采用历史成本可靠。

(四)现值

现值是指对未来现金流量以恰当的折现率进行折现后的价值，是考虑货币时间价值因素的一种计量属性。在现值计量下，资产按照预计从其持续使用和最终处置中所产生的未来净现金流入量的折现金额计量，负债按照预计期限内需要偿还的未来净现金流出量的折现金额计量。

假如出租汽车公司以5万元/辆购入了小汽车用于出租，通常这样的汽车能使用六年，假设每年流入现金4万元，同期利率是7%，那么这辆小汽车的现值就是六年里每年4万元现金的折现值之和，即19.066万元。

采用现值计量，对资产而言，不仅要对未来产生现金流入的时间、金额进行估计，而且折现率的选择也有很大弹性;对负债而言,虽然未来产生现金流出的时间、金额是确定的,但是所选择的折现率不同,计量结果也不同。所以,采用现值这一计量属性,计量结果具有较大不确定性。

(五)公允价值

《企业会计准则第39号——公允价值计量》对"公允价值"的定义是:"公允价值,是指市场参与者在计量日发生的有序交易中,出售一项资产所能收到或者转移一项负债所需支付的价格。"

定义中的"市场参与者",是指相互独立、熟悉情况并且有能力自愿进行相关资产和负债交换的买方和卖方;"有序交易"是指在计量日之前一段时期内相关资产和负债具有惯常市场活动的交易,而不是清算交易。

从资产角度看,上述五种计量属性可以划分为两大类,第一大类包括历史成本和重置成本两种计量属性,它反映资产的取得成本,第二大类包括可变现净值、现值和公允价值三种计量属性,它反映资产未来带来的经济利益。

三、财务报表要素的账务处理

交易或事项发生以后,采用会计特有的方式将其结果记录下来,这一过程称为"账务处理"。与确认和计量不同,确认和计量是在会计人员头脑中进行职业判断的过程,而"账务处理"是一个连续的会计信息处理过程,操作性很强。为了使"账务处理"的结果在程序上可靠,要采用科学的记录方法——借贷记账法。为了使"账务处理"的结果最终服务于财务报表的编制,同时也为企业管理层提供更加具体的会计信息,要根据财务报表中各报表要素的具体类别以及企业内部管理的需要,设置会计科目。

(一)采用借贷记账法记账

借贷记账法是目前唯一在世界范围内通行的记账方法,15世纪从意大利兴起之后逐渐传遍全世界,并且经久不衰。它的记账规则制定得非常巧妙,从而使记录财务报表要素增减变动的账簿体系成为一套自动平衡体系,而这套体系一旦失衡,就提示记账有错误。因为这种记账方法有很强的纠偏能力,能满足人们对账簿记录准确性的要求,所以相比其他记账方法,比如增减记账法、收付记账法等具备更顽强的生命力。

借贷记账法是以"借""贷"二字作为记账符号的复式记账方法。其中"借""贷"二字已经完全脱离其字面含义,仅仅是两个表达相互对立意义的符号,就像"黑"与"白","+"与"-"。借贷记账法的记账规则是:

资产增加记为"借",减少记为"贷";

负债和所有者权益增加记为"贷",减少记为"借";

产生收入记为"贷",产生费用记为"借"。

这套记账法则看上去似乎很乱,其实非常有规律。以"资产增加记为'借'"这一规则为核心,那么资产减少必然记为"贷";负债和所有者权益处于会计等式的另一边,增加必然记为"贷",而减少当然要记"借"。产生收入意味着所有者权益增加了,而产生费用则意味着所有者权益减少了,所以产生收入记为"贷",产生费用记为"借"。

这套记账规则的巧妙之处在于,无论发生什么交易或事项,都遵循"有借必有贷,借贷必相等"的规律。下面做个解释。

按照交易或事项对资产负债和所有者权益造成的影响,可以分为九种基本业务类型,见表1—7。

按照借贷记账法的记账规则记录这九类基本业务,结果见表2—1。

表2—1　用借贷记账法记录九类基本业务

类　别	资产	=	负债	+	所有者权益
第一类	增加(借)	=		+	增加(贷)
第二类	增加(借)	=	增加(贷)	+	
第三类	减少(贷)	=		+	减少(借)
第四类	减少(贷)	=	减少(借)	+	
第五类	增加(借)、减少(贷)	=		+	
第六类		=	增加(贷)	+	减少(借)
第七类		=	减少(借)	+	增加(贷)
第八类		=	增加(贷)、减少(借)	+	
第九类		=		+	增加(贷)、减少(借)

表2—1说明当每一类交易或事项发生以后,按照借贷记账法的规则记录资产、负债和所有者权益的增减变化时,都遵循"有借必有贷,借贷必相等"的规律。如果一笔交易或事项发生以后,会计人员记账时发现借方、贷方发生额不相等,或者会计期末,将资产类要素的期末余额(在借方)与负债和所有者权益类要素的期末余额(在贷方)加总后不相等,就说明记账有错误。

(二)设置会计科目

对财务报表要素进行细分,每一类别称为一个会计科目。

企业设置会计科目,既要考虑财务报表中报表要素的具体分类,也要考虑内部管理的需要。理论上讲,会计科目的设置完全是企业内部的事情,科目名称、使用方法由企业自行决定,只要对外报告时按照统一的财务报表格式组织各会计科目中记录的信息就可以了(企业会计准则只规定每个财务报表要素的确认、计量与报告而不规定如何记录,就是这个原因)。可是长期以来,我国企业会计人员习惯了按照政府统一规定的会计科目体系记账,于是在CAS2006颁布以后,财政部又编写了《企业会计准则——应用指南》(以下简称《准则应用指南》),提供了会计科目设置指引。表2—2就是《准则应用指南》提供的一般工商企业会计科目表。企业对日常事务按照该指引设置会计科目,完成记录工作,同时也可以在不违反企业会计准则确认、计量和报告规定的前提下,根据本单位的实际情况自行增设、分拆、合并会计科目。

表2—2中的会计科目分为五大类:资产类科目(编号第一位是"1"),负债类科目(编号第一位是"2"),所有者权益类科目(编号第一位是"4"),成本类科目(编号第一位是"5")和损益类科目(编号第一位是"6")。

资产类、负债类和所有者权益类科目分别记录资产、负债和所有者权益的增减变化。

表2-2 主要会计科目表

编号	会计科目名称	编号	会计科目名称	编号	会计科目名称
1001	库存现金	1602	累计折旧	4002	资本公积
1002	银行存款	1603	固定资产减值准备	4101	盈余公积
1012	其他货币资金	1604	在建工程	4103	本年利润
1101	交易性金融资产	1605	工程物资	4104	利润分配
1121	应收票据	1606	固定资产清理	4301	其他综合收益
1122	应收账款	1702	累计摊销	5001	生产成本
1123	预付账款	1703	无形资产减值准备	5101	制造费用
1131	应收股利	1711	商誉	5201	合同取得成本
1132	应收利息	1801	长期待摊费用	5202	合同履约成本
1221	其他应收款	1811	递延所得税资产	5301	研发支出
1231	坏账准备	1901	待处理财产损溢	5401	合同结算
1301	合同资产	2001	短期借款	6001	主营业务收入
1401	材料采购	2101	交易性金融负债	6051	其他业务收入
1402	在途物资	2201	应付票据	6061	汇兑损益
1403	原材料	2202	应付账款	6071	资产处置收益
1404	材料成本差异	2203	预收账款	6081	其他收益
1405	库存商品	2204	合同负债	6101	公允价值变动损益
1406	发出商品	2211	应付职工薪酬	6111	投资收益
1408	委托加工物资	2221	应交税费	6301	营业外收入
1411	周转材料	2231	应付利息	6401	主营业务成本
1471	存货跌价准备	2232	应付股利	6402	其他业务成本
1501	债权投资	2241	其他应付款	6403	税金及附加
1502	债权投资减值准备	2401	递延收益	6601	销售费用
1503	其他债权投资	2501	长期借款	6602	管理费用
1511	长期股权投资	2502	应付债券	6603	财务费用
1512	长期股权投资减值准备	2701	长期应付款	6604	研发费用
1513	其他权益工具投资	2702	未确认融资费用	6701	资产减值损失
1521	投资性房地产	2711	专项应付款	6702	信用减值损失
1531	长期应收款	2801	预计负债	6711	营业外支出
1532	未实现融资收益	2901	递延所得税负债	6801	所得税费用
1601	固定资产	4001	实收资本	6901	以前年度损益调整

成本类科目是一类特殊的资产类科目,用于记录需要生产、建造才能达到预计使用状态的资产的生产、建造成本。

损益类科目是一类特殊的所有者权益类科目,记录的是与业绩有关的未分配利润的发生额。从逻辑上看,记录各类与损益有关的交易没有必要设置损益类科目,直接记录在所有者权益类的"利润分配——未分配利润"二级科目就可以了。比如发生销售收入,记入"利润分配——未分配利润"的贷方,发生销售成本,记入"利润分配——未分配利润"的借方,等等。而在实务中,之所以在所有者权益类科目之外特别设置损益类科目,是因为损益表项目很多,所报告的内容丰富,只有单独为损益表的每个项目设置会计科目,才能方便归集各项目所需要的数据。比如"营业收入"项目的数据在"主营业务收入"和"其他业务收入"两个科目中归集,"营业成本"项目的数据在"主营业务成本"和"其他业务成本"两个科目中归集,其他项目的数据均在同名的科目中归集。损益类各个科目归集当期与相应损益表项目有关的金额后,任务就完成了,于是各个科目的发生额就转入"本年利润"科目,然后再转入所有者权益类的"利润分配——未分配利润"二级科目。从下年开始,各损益类科目记录下年的发生额,其金额不受上一年发生额的影响。从这个意义上讲,损益类科目可以看作"利润分配——未分配利润"二级科目下的明细科目。

总而言之,上述五类会计科目,本质上涵盖了资产负债表的三个要素:资产、负债和所有者权益。资产类、负债类和所有者权益类三类科目对应反映资产、负债和所有者权益项目。成本类科目是特殊的资产类科目,用以归集资产的成本。损益类科目是特殊的所有者权益类科目,用以归集损益表各个项目所要报告的内容。

企业还可以根据内部管理需要,在会计科目下逐级设置明细科目,以便更加细致地反映财务报表要素的变化。比如在"应收账款"下根据客户设置明细科目,在"原材料"下根据材料类别设置明细科目,在"主营业务收入"下根据产品类别设置明细科目,等等。有明细科目的会计科目称为"一级"科目。比如"应收账款""原材料""主营业务收入"都是一级科目。

(三)账务处理的过程

账务处理是具体的操作过程,主要包括以下环节:

第一,根据原始凭证编制记账凭证。记账凭证的主要内容就是会计分录,包括有关会计科目的名称、金额、借贷方向等。编制会计分录是对确认和计量的书面表达:什么时候记,记在哪里,金额多少。

第二,将记账凭证中的记录登记到分类账中,这一过程称为"过账"。

第三,期末先结出各损益类科目的当期发生额,并结转回资产负债表科目:"利润分配——未分配利润"科目,然后再结出各资产负债表科目的当期发生额和期末余额。这一过程称作"结账"。结账后各损益类科目的发生额是编制利润表的数据来源,各资产负债表科目的余额是编制资产负债表的数据来源。

以上第二和第三个环节针对所有的经济活动,操作过程都是相同的,只是涉及的科目不同而已。所以在后续讲解中,关于账务处理,主要体现为第一个环节中会计分录的编制。

四、财务报表要素的报告

在资产负债表日,将账务处理的结果按照一定要求整理成财务报表,并对报表中重要项目或特别项目进行详细文字说明,附在财务报表后形成附注,一并对企业外部人员报送的过程,称为"报告"。

报表直接面向外部信息使用者进行,所以报表的内容、格式、途径都要满足外部信息使用者的需要。

(一)依据会计科目的记录编制财务报表

会计科目的设置在满足对外报告要求的同时,还要满足企业内部管理要求,所以会计科目与财务报表项目不是一一对应的。对外报告时,需要把会计科目中记录的金额按照财务报表项目重新整理。比如与资产负债表"货币资金"项目相关的会计科目有"库存现金""银行存款"和"其他货币资金",对外报告时需要把这三个会计科目的期末余额加总列报在"货币资金"项目中。

(二)撰写财务报表附注

撰写财务报表附注,内容包括阐明财务报表的基础性假设,披露报表各项目所采用的会计政策,对重要或特别项目进行文字说明,等等。

(三)对外报告

对外报告是指按照规定途径报送财务报表。上市公司要按照证券监督管理委员会的要求,将财务报告作为定期报告的一部分报送证券监督管理委员会,并且在媒体上公开。非上市公司要按照股东的要求或上级主管部门的要求进行报送。

第二节 会计等式模板

本书以细化的、动态的会计等式作为模板,来描述交易和事项发生以后,如何在财务报表中呈现交易和事项的结果。

一、会计等式模板的理论基础

图1—1和图1—2显示了四张主要财务报表之间的勾稽关系:期初期末两个时点的资产负债表是基本框架,现金流量表描述了资产负债表中货币资金在当期的增减变化(假如没有现金等价物),所有者权益变动表描述了资产负债表中各项所有者权益在当期的增减变化,利润表细致描述了当期所有者权益变动表中"未分配利润"和"其他综合收益"的变化原因。

所以,当我们去记录资产负债表中各个资产、负债、所有者权益项目的增减变化时,同时也就记录了现金流量表、所有者权益变动表和利润表的各个项目的金额。资产负债表本身就是一个细化的会计等式,所以要表述资产负债表各个项目的增减变化,最直观的方式就是动态的会计等式,即

$$\Delta 资产 = \Delta 负债 + \Delta 所有者权益$$

二、会计等式模板的层次结构

根据不同的教学需要,可以建立起不同层次的会计等式模板。

(一)第一层次:资产负债表要素层次

在这一个层次,交易和事项发生以后,仅体现对资产负债表中资产、负债和所有者权益这三个报表要素的影响。这一层次可以帮助初学者理解资产、负债和所有者权益的含义,明白一笔交易和事项发生后,究竟是哪几个报表要素发生变化了。

(二)第二层次:资产负债表项目层次

这一个层次是在上一个层次的基础上,将资产负债表要素细化为资产负债表项目。这一个层次可以帮助读者理解交易和事项发生以后,资产负债表哪些项目受到影响了。

在资产负债表中,如果所有者权益发生变化了,分析是股东的因素,还是企业经营活动的因素,或者是资本市场等外部环境的因素,从而确定是"实收资本"和"资本公积"的变化,还是"未分配利润"的变化,或者是"其他综合收益"的变化。企业经营活动引起的未分配利润的变化,还会影响损益表。

在资产负债表中,如果货币资金发生了变化,那么要进一步分析现金流量表的哪个项目发生了变化。在用会计等式模板描述现金流量表项目受到的影响时,由于现金流量表项目的文字较多,放进模板里会过于臃肿,所以本书从第三章到第十二章使用该模板讲解业务时,就把现金流量表项目的影响暂且忽略了。在第十三章的第四节"现金流量表"中讲解表中每个项目的含义时,会对照以前各章节所涉及的货币资金业务,再次进行分析。

资产负债表项目层次,适用于非会计、财务管理专业的读者学习财务会计学课程。

(三)第三层次:资产负债表科目层次

这一层次将第二个层次中的资产负债表项目进一步细化为资产类、负债类和所有者权益类会计科目。

如上一节讲述会计科目时所阐述的,成本类科目其实是特殊的资产类科目,损益类科目其实是特殊的所有者权益类科目。损益类科目与所有者权益中的"未分配利润"项目存在直接对应关系。该类科目记录了经营管理活动带来的"未分配利润"项目的增减变化。

使用第三个层次的会计等式模板,能够帮助读者认识每个资产负债表项目所对应的资产负债表科目,同时根据科目所属性质和增减变化,快速编制会计分录。

(四)第四层次:资产负债表明细科目层次

这一层次是在第三个层次的基础上将会计科目进一步细化为明细科目而得到的。

第三、第四个层次的会计等式模板,适用于会计、财务管理专业的读者。因为模板中提供了与资产负债表项目对应的会计科目以及明细科目的名称,会计、财务管理专业的读者有必要细化到会计科目以及明细科目层次了解交易和事项的结果,同时会计、财务管理专业的读者应具备编制会计分录的能力。

本书主要采用第三、四层次的会计等式模板。

三、会计等式模板在教学中的作用

在教学过程中,会计等式模板能起到以下作用:

第一,直观地呈现一笔交易和事项当期对四张财务报表产生的影响。这个模板不必通过会计科目以及会计分录,就能将某一交易和事项的结果在财务报表上呈现出来。这样我们就能通过系统性训练,建立起各类交易和事项与财务报表之间的联系,熟练以后,还能通过财务报表透视企业发生的交易和事项。这种技能,正是决策所需要的。

第二,能直观地呈现资产负债表项目和有关会计科目的对应关系,能方便地确定记账符号,快速编制会计分录。

第三,能直观地呈现一笔持续产生后果的交易和事项连续多年对四张财务报表的影响。

第四,便于比较不同会计处理方法对四张财务报表的影响。

下面举一例说明。

张三投资成立一家网店。投入资本10 000元,存入银行。当期购进库存商品6 000元,已经支付4 000元，还有2 000元货款未付。当期出售存货，出售成本5 000元，取得收入5 500元，款项尚未收到。第二个会计期间，该家网店收回上期应收款5 500元，支付上期欠款2 000元。以上经济活动通过会计等式模板描述出来，如表2—3。

表2—3 会计等式模板描述

单位：元

资产负债表要素	资产			=	负债	+	所有者权益	
资产负债表项目	货币资金	应收账款	存货	=	应付账款	+	实收资本	未分配利润
资产负债表科目	银行存款	应收账款	库存商品	=	应付账款	+	实收资本	利润分配
接受资本	+10 000			=		+	+10 000	
购买存货	-4 000		+6 000	=	+2 000	+		
确认销售收入，结转销售成本		+5 500		=		+		+5 500（"主营业务收入"科目）
			-5 000	=		+		-5 000（"主营业务成本"科目）
第一期期末余额	6 000	5 500	1 000	=	2 000	+	10 000	500
收回应收账款	+5 500	-5 500		=		+		
支付应付账款	-2 000			=	-2 000	+		
第二期期末余额	9 500	0	1 000	=	0	+	10 000	500

通过表2—3，我们直观地看到这些业务发生以后四张财务报表受到的影响。

表中显示，第一期期末资产负债表中，"货币资金"项目6 000元，"应收账款"项目5 500元，"存货"项目1 000元，资产总额12 500元；"应付账款"项目2 000元，"实收资本"项目10 000元，"未分配利润"项目500元，负债总额和所有者权益总额合计12 500元；资产总额等于负债和所有者权益总额之和。

表中显示，第一个会计期间所有者权益变动表中，所有者投入资本导致"实收资本"项目增加10 000元，当期损益导致"未分配利润"项目增加500元，期末"实收资本"项目余额10 000元，"未分配利润"项目余额500元，与期末资产负债表所有者权益各个项目金额一致。

表中显示，第一个会计期间利润表中，"营业收入"项目（对应的科目名称是"主营业务收入"）发生额5 500元，"营业成本"（对应的科目名称是"主营业务成本"）项目发生额5 000元，利润500元，与所有者权益变动表中当期损益所影响的"未分配利润"金额一致。

表中显示，第一个会计期间现金流量表中，现金流入10 000元，现金流出4 000元，期末货币资金额余额6 000元，与期末资产负债表"货币资金"项目金额一致。

第一个会计期间，资产负债表、所有者权益变动表、利润表和现金流量表之间的勾稽关系存在。

参照表2—3编制会计分录。

(1)接受资本时,会计分录为:
借:银行存款　　10 000
　　贷:实收资本　　10 000
(2)购买存货时,会计分录为:
借:库存商品　　6 000
　　贷:银行存款　　4 000
　　　　应付账款　　2 000
(3)销售商品确认收入并结转成本,会计分录为:
借:应收账款　　　　5 500
　　贷:主营业务收入　　5 500
借:主营业务成本　　5 000
　　贷:库存商品　　　　5 000

表2—3显示,第二个会计期末,资产负债表的"货币资金"项目9 500元,"存货"项目1 000元,资产总额10 500元,"实收资本"项目10 000元,"未分配利润"项目500元,负债总额和所有者权益总额合计数10 500元,与资产总额一致。

表中显示,第二个会计期间的所有者权益变动表、利润表不受影响。

表中显示,第二个会计期间的现金流量表中,现金流入5 500元,又流出2 000元,当期现金净流入3 500元,期末货币资金额余额9 500元,与第二期期末资产负债表"货币资金"项目金额一致。

当期第二个会计期间,资产负债表、所有者权益变动表、利润表和现金流量表之间的勾稽关系存在。

纵观两个会计期间,股东投入资本10 000元,累计产生收益500元。此时,货币资金还有9 500元,另有存货1 000元。

(1)收到应收款时,会计分录为:
借:应收账款　　5 500
　　贷:银行存款　　5 500
(2)支付应付款时,会计分录为:
借:应付账款　　2 000
　　贷:银行存款　　2 000

以上所给例子前后期业务关联度不大,仅起到示意作用。在后续章节读者会看到,在考察复杂业务对前后各期造成的连续影响时,这个模板的教学效果非常显著。

后续章节还会通过会计等式模板比较不同会计政策对四张报表产生的影响,见表4—1、表4—2和表4—3。

本书采用资产负债表科目层次和资产负债表明细科目层次的会计等式模板。在描述损益时,在会计等式模板中列出的是相关损益类科目的名称,而非损益表中项目的名称。好在除了两个损益类项目,其他项目的名称与损益类科目名称是一致的。这两个损益类项目,一是"营业收入"项目,其对应的是"主营业务收入"和"其他业务收入"科目,二是"营业成本"项目,其对应的是"主营业务成本"和"其他业务成本"科目。

本书后续各章节,将分别按照资产负债表和利润表各项目,以财务报表编制的逻辑顺序,讲述一笔交易或事项发生以后,如何进行财务报表要素的确认、计量、账务处理与报告。本书每一章对有关报表项目展开讲解时,先对报表项目所要描述的经济活动做一般分析,接着介绍《基本会计准则》所规定的"确认"条件和所采用的"计量"属性,然后在"账务处理"部分,通过会计等式模板建立资产负债表要素、项目和科目之间的对应关系,通过相关要素、项目和科目的增减变动来反映经济活动。另外,每章都单列一节"××的报告"或在一节里单列"××的报告",来描述相关经济活动在四张财务报表中的报告,并总结会计科目与财务报表项目的对应关系。

【本章小结】

本章介绍了财务报表生成的逻辑顺序:确认、计量、账务处理与报告,并建立了会计等式模板。

本章介绍了《基本会计准则》所规定的资产、负债、收入和费用等的确认条件,介绍了计量资产和负债的五种计量属性,介绍了账务处理所采用的记账方法、会计科目和程序以及财务报告的工作内容。

本章介绍了会计等式模板的理论基础、层次结构和在教学中的作用。会计等式模板以会计等式为理论基础,作为一种思维工具,直观地描述了资产负债表要素、资产负债表项目和资产负债表科目之间的从属关系,直观地描述了四张主要财务报表之间的勾稽关系,从资产负债表要素、资产负债表项目和资产负债表科目等层次来描述经济活动。借助会计等式模板,能理解财务会计课程中的诸多重点和难点。

【思考题】

1. 什么是确认?资产、负债、收入、费用的确认条件各是什么?为什么上述要素在确认时,必须要求"金额能够可靠计量"?
2. 什么是权责发生制?相比收付实现制,它有什么优势?
3. 什么是计量?计量属性有哪几种?
4. 什么是借贷记账法?为什么这种记账方法几百年来在全世界范围内拥有强大生命力?
5. 什么是会计科目?会计科目分为哪几类?为什么说"成本类"会计科目是特殊的资产类科目;"损益类"会计科目是特殊的所有者权益类科目?
6. 会计等式模板的理论基础是什么?

【练习题】

(一)单项选择题

1. 下列项目中,符合资产定义的是(   )。

A. 购入的某项专利权　　　　　B. 经营租入的设备
C. 待处理的财产损失　　　　　D. 计划购买的某项设备

2. 下列项目中,使负债增加的是( )。
A. 发行公司债券　　　　　　　B. 用银行存款购买公司债券
C. 发行股票　　　　　　　　　D. 支付现金股利

3. 资产按照购置时所付出的对价的公允价值计量,其会计计量属性是( )。
A. 重置成本　　　　　　　　　B. 可变现净值
C. 历史成本　　　　　　　　　D. 公允价值

4. 资产按照其正常对外销售所能收到的现金或者现金等价物的金额扣减该资产至完工时估计将要发生的成本、估计的销售费用以及相关税费后的金额计量。其会计计量属性是( )。
A. 重置成本　　　　　　　　　B. 可变现净值
C. 历史成本　　　　　　　　　D. 公允价值

5. 资产按照预计从其持续使用和最终处置中所产生的未来净现金流入量的折现金额计量。其会计计量属性是( )。
A. 重置成本　　　　　　　　　B. 可变现净值
C. 历史成本　　　　　　　　　D. 公允价值
E. 现值

6. 关于收入,下列说法中错误的是( )。
A. 收入是指企业在日常活动中形成的、会导致所有者权益增加的、与所有者投入资本无关的经济利益的总流入
B. 收入只有在经济利益很可能流入从而导致企业资产增加或者负债减少,且经济利益的流入额能够可靠计量时才能予以确认
C. 符合收入定义和收入确认的条件,应当列入利润表
D. 收入是指企业在日常活动中形成的、会导致所有者权益或负债增加的、与所有者投入资本无关的经济利益的总流入

7. 关于费用,下列说法中错误的是( )。
A. 费用是指企业在日常活动中发生的、会导致所有者权益减少的、与向所有者分配利润无关的经济利益的总流出
B. 费用只有在经济利益很可能流出从而导致企业资产减少或者负债增加,且经济利益的流出额能够可靠计量时才能予以确认
C. 企业发生的交易或者事项导致其承担了一项负债而又不确认为一项资产的,应当在发生时确认为费用,计入当期损益
D. 符合费用定义和费用确认的条件,应当列入利润表

8. 关于损失,下列说法中正确的是( )。
A. 损失是指企业日常活动所发生的、会导致所有者权益减少的、与向所有者分配利润无关的经济利益的流出
B. 损失是指企业非日常活动所发生的、会导致所有者权益减少的、与向所有者分配利润无关的经济利益的流出

C. 不能计入当期损益

D. 损失只能导致资产减少,对负债无影响

(二)会计等式模板训练题

张三开了一家名为"不操心"的家政公司。投入资本 50 000 元,存入银行。购入一台割草机,成本 35 000 元,支付给供应商 20 000 元,余款未付。割草机是公司的固定资产。购入打扫用工具,作为存货,购入成本 1 000 元。后偿还 500 元给割草机的供应商。当期提供家政服务收入 18 000 元,收到款项 17 000 元,还有 1 000 元未收。支付水费电、员工的薪酬等各项费用共 12 000 元,已用现金支付。割草机折旧 350 元。向张三返还利润 2 000 元,用现金支付。

用会计等式模板描述这些业务。

这个期间结束后,资产负债表各项目的金额是多少?所有者权益变动表呢?利润表和现金流量表情况又怎样?

第三章

货币资金与短期经营性债权

【学习目标】

通过学习本章,你应该:

1. 掌握与货币资金有关的账务处理与报告;
2. 了解形成应收账款的原因,掌握财务报表中"应收账款"项目的确认、计量、账务处理与报告;
3. 掌握计提坏账准备的个别计提法与账龄分析法,掌握坏账准备的账务处理与报告;
4. 了解形成应收票据的原因,掌握一般应收票据业务的计量、账务处理与报告,掌握与应收票据贴现有关的账务处理与报告;
5. 了解形成预付款项的原因,掌握与预付款项有关的确认、计量、账务处理与报告;
6. 了解形成其他应收款的原因,掌握与其他应收款有关的确认、计量、账务处理与报告。

【引 子】

探路者(股票代码:300005)于2020年8月26日发布公告称,为真实和完整地反映公司截至2020年6月30日的财务状况、资产价值及经营成果,基于谨慎性原则,对公司的各类资产进行了全面检查和减值测试。其中对应收账款计提信用减值准备4,922.25万元,对其他应收款计提信用减值准备440.09万元。因计提上述两项信用减值准备而产生的信用减值损失,占公司2019年度归属于母公司净利润的47.42%。

公告在解释计提减值准备的合理性时称,受疫情影响,截至2020年6月30日加盟商在疫情期间的经营受到了不同程度的不利影响。计提减值准备后,公司2020年半年度财务报表能够更加公允地反映截至2020年半年度的财务状况、资产价值及经营成果,有助于向投资者提供更加真实、可靠、准确的会计信息。

第一节 货币资金

一、货币资金的性质

货币资金是指企业在生产经营过程中以货币形态存在的资产。

货币资金是流动性最强的资产,常被人们形象地比喻为企业的血液。企业无论规模大小,手头都或多或少地持有货币资金。无论是产品制造企业、商品流通企业还是对外提供服务的企业,都要用货币资金支付工资、缴纳税款、偿还借款、支付利息、支付股利。除此之外,商品流通企业还要用货币资金购买商品,产品制造企业还要用货币资金购买原材料、购置机器设备、建造厂房等。

货币资金最原始的来源是企业成立之初股东的投入,向银行借款则是重要补充。而企业能否正常运转,关键看其创造货币资金的能力,即能否向客户提供有用的产品或者劳务,并且及时从客户那里收回款项。企业在一定会计期间内货币资金的流动方向、流动金额等信息,反映了企业资金运转的情况,能在一定程度上体现企业的发展是否健康,因此是重要的会计信息,必须对外报告。企业会计准则规定,货币资金在会计期末的结余情况要在资产负债表中报告,而在一定期间内的增减变动情况则在现金流量表中报告。

二、货币资金的构成

企业出于内部管理的需要,将货币资金按照存放地点和用途主要分为三类:库存现金、银行存款和其他货币资金。

(一)库存现金

库存现金是指存放于企业财会部门,由出纳保管的货币资金。库存现金容易被盗、被挪用,因此安全性差。企业以库存现金形式存放的货币资金,只用于零星开支,占企业货币资金总量的比例很低。

(二)银行存款

银行存款,是指企业存放在银行或其他金融机构的货币资金。企业要在银行或其他金融机构开户,就必须预留财务主管人员和出纳的印鉴。企业日常经营活动所发生的各种支出,比如支付购货款、工资、税款、偿还银行债务,以及从客户那里收回款项等,都要通过银行转账方式进行。通过银行转账方式进行结算,相比用库存现金进行结算的优势在于,一方面,通过银行转账方式进行结算,没有现钞在物理位置上的转移,更加安全;另一方面,每收到或支付一笔资金,都会产生相关单据,银行和企业各保留一份,更加方便管理。银行存款占企业货币资金总额很大部分。

常用的银行转账结算方式有:支票、汇兑、委托收款、托收承付、银行本票、银行汇票、信用卡、信用证、商业汇票等。

在银行开设账户的单位可以从银行取得支票簿。付款时开户企业不直接向收款单位支付现金,而是签发和移交支票。支票是通知付款单位的开户行从付款单位的账户中支付款项给持票人的凭证。收款单位取得支票后,填制进账单,连同支票送存银行。收款单位的银行根据支票,通知付款单位的银行划拨款项,并将该款项存入收款单位的账户。这样,款项就以支票作为媒介,从付款人的账户转移到了收款人的账户。所以,企业向收款方签发支票意味着自己银行存款减少了,企业从付款方取得支票就意味着自己银行存款增加了。

汇兑是付款人委托银行将自己账户中的款项汇给收款人的转账结算方式。

委托收款是收款人委托银行向付款人收取款项的结算方式。

托收承付是指"收款人委托收款,付款人承诺付款"。在这种结算方式下,收款人在向身处异地的付款人发货后,根据与付款人签订的购销合同,委托银行向付款人收取款项,付款人在收到货物核对无误后向银行承诺付款。

采用银行本票、银行汇票、信用卡、信用证等转账结算方式,会产生另外一种货币资金——其他货币资金,这部分内容将在下文介绍;而采用商业汇票则会产生应收票据,将会在本章第二节介绍。

无论哪种转账结算方式,都具备共同的特点:通过银行完成款项在付款人和收款人之间的转移。不同的结算方式,只是适用的场合或提供的附加功能有所不同罢了。

(三) 其他货币资金

其他货币资金,是指存放地点和用途与库存现金和银行存款不同的货币资金,主要包括外埠存款、银行汇票存款、银行本票存款、信用卡存款、信用证存款、存出投资款等。

外埠存款是企业到外地进行临时或零星采购,汇往采购地银行开立采购专户的款项。企业汇出款项时,须填写汇款委托书,加盖"采购资金"字样;汇入银行对于汇入的采购款项,按照汇款单位开立采购专户。采购专户一旦开设,只付款不收款,付完后清户。采购专户开设以后至存款支付完毕之前,就形成了一笔外埠存款。

银行本票存款是企业取得银行本票以后形成的货币资金。银行本票是由银行签发的承诺自己在见票时无条件支付确定金额给收款人或者持票人的票据。企业申请办理银行本票时,先将与本票面额相等的款项送存银行,然后由银行签发银行本票。企业取得银行本票,就取得了一笔可以用以支付的资金。所以,企业申请办理银行本票,就是把自己银行存款中的一笔金额转化成等额的其他货币资金。

银行汇票存款是企业取得银行汇票以后形成的货币资金。银行汇票是企业将款项交存出票银行,由出票银行签发的、由其在见票时按照企业与销售方实际结算金额无条件支付款项给收款人或持票人的票据。银行汇票可以用于异地结算,比银行本票使用更灵活。

信用卡存款是企业存放在信用卡里的资金。信用卡是由银行或信用卡公司依照用户的资信程度发给持卡人的一种卡片。持卡人可以持信用卡支付,并且可以透支。透支是指实际支付额超过信用卡中的存款额,相当于向银行短期借款。在银行规定的时间、额度内透支的,不支付利息。

信用证存款是付款人为了申请取得信用证而存放在申请开证银行的款项。信用证是用于国际贸易结算的一种凭证,是国际贸易的最终付款人(进口商)向银行提出申请,由银行对收款人(出口商)发出的、承诺收款人在交来符合信用证条款规定的汇票和单据时,以银行作为第一付款人付款的保证文件。

存出投资款是企业为了进行证券投资而存放在证券经纪公司的款项。企业在证券市场上买卖证券而产生的资金支付与收入,都通过在证券经纪公司开设的账户进行。随着近年互联网的发展,银行与证券经纪公司之间开通了"银证通"业务,企业的资金在银行账户与证券经纪公司账户之间的划拨可以瞬时完成,所以企业可以不长期保留存出投资款。

其他货币资金如果支付之后仍有剩余,可以方便地化转成银行存款。

三、货币资金的确认与计量

在所有的资产中,货币资金的确认与计量是最容易的。库存现金自不必说,银行存款和其他货币资金,只要取得了相关单据就可以确认,并且根据单据上的金额进行计量。比如,企业销售货物,从购货方取得支票以后送存银行,银行出具的回单就表明企业取得了一笔银行存款;又比如企业到银行办理银行汇票手续,取得了银行汇票,就表明增加了一笔其他货币资金。

四、货币资金的账务处理

货币资金是企业流动性最强的资产,同时也是最容易被挪用的资产,所以货币资金的账务处理除了满足对外报告的要求之外,还旨在保证货币资金的安全。

对货币资金进行账务处理的岗位有两个:会计和出纳。会计和出纳进行账务处理的分工不同,工作目标也不相同。会计的工作目标体现在两个方面,一是对外报告,定期报告货币资金的流向、金额以及结余情况;二是对出纳的记录进行控制,一旦出纳出现记账差错或舞弊行为,能及时发现。出纳的工作目标,是按照时间顺序逐笔记录货币资金的流入和流出,保证每笔资金都有账可查,为企业内部资金管理提供基础资料。

资产负债表中的"货币资金"项目,是通过资产类的"库存现金""银行存款"以及"其他货币资金"三个会计科目予以记录的。由会计人员负责登记相关总分类账,对所有涉及货币资金变化的交易,进行总分类核算。为了方便期末编制现金流量表,会计人员还要在平时根据现金流量表中"经营活动产生的现金流量""投资活动产生的现金流量"以及"筹资活动产生的现金流量"等大类项目及其下属各小类项目的报告要求,对当期货币资金的流入和流出进行分类记录,期末再对各类别的发生额进行汇总,这样就能得到现金流量表中各项目的报告数。现金流量表编制的具体内容将在第十三章"财务报告"的第四节"现金流量表"讲述。

出纳是货币资金的直接管理人,负责保管库存现金和支票簿、到银行提取现金等,企业设置"库存现金""银行存款"以及"其他货币资金"三个日记账,由出纳逐笔序时登记。

(一)库存现金的账务处理

当发生库存现金的收入和支出业务时,会计人员按照相关的原始凭证,编制现金收款凭证或者现金付款凭证,并且登记"库存现金"科目以及所对应的其他科目。

当发生库存现金的收入和支出业务时,出纳根据现金收款或现金付款凭证,按照时间顺序登记在"库存现金"日记账中。每日终了,出纳计算当日的库存现金收入合计金额、支出合计金额以及结余额,并将结余额与实际库存额核对,做到账款相符。一旦账款不符,马上查明原因,进行处理。

(二)银行存款的账务处理

银行存款的账务处理原理与库存现金相同,会计和出纳的岗位职责与库存现金也类似。所不同的,一是会计科目的名称不同,二是银行存款是委托银行保管的资产,银行定期向企业提供对账单,由会计将银行对账单和出纳登记的银行存款日记账逐笔核对。如果排除了企业和银行因为入账时间不同而造成的记账差异外,仍然有差异,说明有一方记账出错了。

【例3—1】 甲公司签发支票一张,金额为1 000元,支付办公用品支出。

用会计等式模板描述上述经济活动,如表3—1。

表3—1 会计等式模板描述

单位:元

资产负债表要素	资产	=	负债	+	所有者权益
资产负债表项目	货币资金	=		+	未分配利润
资产负债表科目	银行存款	=		+	利润分配
支付管理费	-1 000	=		+	-1 000(管理费用)

由表3—1我们看出,上述业务对财务报表的影响是:资产负债表的"货币资金"项目和"未分配利润"项目同时减少了1 000元;当期所有者权益变动表中,"未分配利润"项目减少了1 000元;当期利润表中"管理费用"项目增加了1 000元,"净利润"项目减少了1 000元;当期现金流量表中有现金流出1 000元。

本书后续例题都将进行类似分析,旨在帮助读者逐步将经济活动即交易或事项与财务报表项目联系起来,从而进一步掌握通过财务报表透视经济活动的能力。

借助于表2—1的原理,根据会计等式模板,可以快速确定会计分录如下:

借:管理费用　　1 000
　　贷:银行存款　　　1 000

【例3—2】 甲公司收到银行的收款通知,之前赊销货物给乙公司的款项10万元收到。

用会计等式模板描述上述经济活动见表3—2。

表3—2 会计等式模板描述

单位:万元

资产负债表要素	资产		=	负债	+	所有者权益
资产负债表项目	货币资金	应收账款	=		+	
资产负债表科目	银行存款	应收账款	=		+	
收回应收款	+10	-10	=		+	

我们由表3—2看出,资产负债表的"货币资金"项目增加了10万元,"应收账款"项目减少了10万元;当期所有者权益变动表和利润表不受影响;当期现金流量表中有现金流入10万元。

甲公司收回应收款的会计分录如下:

借:银行存款　　　　　　　100 000
　　贷:应收账款——乙公司　　　100 000

(三)其他货币资金的账务处理

其他货币资金的账务处理原理与银行存款、库存现金相同。所不同的是,企业应根据货币资金存放的地点设置明细科目,比如"外埠存款""银行本票存款""银行汇票存款"等,进行明细核算。

【例3-3】 甲公司申请办理银行汇票,将银行存款12 000元转为银行汇票存款。

用会计等式模板描述上述经济活动见表3-3。

表3-3 会计等式模板描述

单位:元

资产负债表要素	资产		=	负债	+	所有者权益
资产负债表项目	货币资金		=		+	
资产负债表科目	银行存款	其他货币资金	=		+	
资产负债表明细科目	略	银行汇票存款	=		+	
办理银行汇票	-12 000	+12 000	=		+	

我们由表3-3看出,"货币资金"项目金额不变,报表其他项目均不受影响。从报表层面看,上述业务没有对外报告的意义。

但是货币资金的结构发生变化了,会计科目层面把这种变化反映了出来。"银行存款"科目金额减少了,"其他货币资金"科目金额增加了,要贷记"银行存款"科目,借记"其他货币资金"科目。这种记录能满足企业内部的管理要求。读者可以从这个例子看到,会计科目的记录不仅为了满足对外报告的需要,而且能满足企业内部管理的要求。

甲公司办理银行汇票的会计分录如下:

借:其他货币资金——银行汇票存款　　12 000
　　贷:银行存款　　　　　　　　　　　　　12 000

【例3-4】 甲公司用上述银行汇票支付了设备款12 000元。

用会计等式模板描述上述经济活动见表3-4。

表3-4 会计等式模板描述

单位:元

资产负债表要素	资产		=	负债	+	所有者权益
资产负债表项目	货币资金	固定资产	=		+	
资产负债表科目	其他货币资金	固定资产	=		+	
资产负债表明细科目	银行汇票存款	略	=		+	
购置固定资产	-12 000	+12 000	=		+	

由表3-4看出,资产负债表"固定资产"项目增加12000元,"货币资金"项目等量减少,资产总额不变,同时负债和所有者权益总额不变;当期所有者权益变动表和利润表不受影响;当期现金流量表中现金流量减少。

甲公司用银行汇票购买设备的会计分录如下:

借:固定资产　　　　　　　　　　　　　12 000
　　贷:其他货币资金——银行汇票存款　　12 000

五、备用金制度及备用金的账务处理

备用金是指财会部门为满足企业内部各业务部门和职工日常零星开支需要,而暂付给有关部门和人员使用的备用现金。

按照企业内部货币资金管理的要求,各业务部门使用货币资金时,通常应先填写借款申请,领用支票或现金,等付款以后再提交相关发票向财会部门报销。企业如果经常发生小额零星开支,按照这种先借款后报销的工作程序,效率会很低。如果建立备用金制度,业务部门和人员根据业务量的大小,领用了一笔备用金,平时发生支出时,直接从备用金开支,定期或者等备用金将要用完时再到财会部门补足,就会大大减少工作量。

备用金通常实行定额管理制度。其工作程序是:财会部门根据业务部门和人员的实际工作需要,核定备用金定额并据此拨付备用金;一个时期以后,业务部门和人员用掉多少现金,财会部门拨补多少,以保持业务部门和人员手头持有的现金等于备用金定额;只有在取消备用金制度或调换备用金的使用人员时,财会部门才从业务部门和人员那里收回备用金。

备用金既然是企业财会部门存放在各业务部门和人员那里的现金,尽管各业务部门和人员领取备用金时办理了借款手续,但是由于各业务部门和人员在行政关系上隶属于企业,且他们领取的备用金都将用于企业的日常支出,而非个人用途,那么这个借款手续并没有改变备用金是企业自有现金的实质,如果必要,财会部门可以随时取消备用金,抽回现金。所以备用金也是企业可用以支付的货币资金,性质上与库存现金没有差别。

【例3-5】 甲公司采用备用金定额管理制度。2020年10月初,财会部门分别拨给人事部门、营销部门备用金2万元和15万元,规定每个月月底补充备用金。2020年10月份,人事部门支出1.5万,营销部门支出12万。月底补足各部门备用金。

上述两笔经济活动用会计等式模板描述的结果见表3-5。

表3-5 会计等式模板描述

单位:元

资产负债表要素	资产		=	负债	+	所有者权益	
资产负债表项目	货币资金		=		+	未分配利润	
资产负债表科目	库存现金	备用金	=		+	利润分配	
资产负债表明细科目		人事	营销	=		+	未利润分配	
2020年10月初发放备用金	-170 000	+20 000	+150 000	=		+		
2020年10月底各业务部门产生支出	-135 000			=		+	-15 000（管理费用）	-120 000（销售费用）

2020年10月初,给各部门分配备用金时,由表3-5看出,在资产负债表项目层面"货币资金"项目以及其他报表项目均不受影响。

但是货币资金的结构发生变化了,从财务部门的库存现金变成各部门的备用金。会计科目要记录这些变化,以满足内部管理的需要。所以尽管只是现金发生了物理位置的转移,从财务部门移交给了各部门,但是要另外设置"备用金"科目记录放在各部门的现金。"备用金"科目是资产类科目,在借方登记各部门备用金的领取金额,在贷方登记各部门备用金的核销金额,期末余额在借方,表示各部门手头持有的备用金。根据各部门分别设置明细账。

甲公司支付备用金的会计分录如下：

借：备用金——人事部门　　　　20 000
　　　　——营销部门　　　　150 000
　贷：库存现金　　　　　　　　170 000

2020年10月底,各部门凭借发生支出时取得的发票到财会部门报销,财会部门给各部门补足备用金。需要提醒读者的是,我们是站在企业层面而非各部门层面看待这笔业务的。对企业而言,根据各部门提供的发票,确认发生了支出135 000元,分别属于管理费用15 000元和销售费用120 000元,记入利润表的"管理费用"项目和"销售费用"项目。见表3-5。

"管理费用"项目通过"管理费用"科目予以记录,"销售费用"项目通过"销售费用"科目予以记录,会计分录如下：

借：管理费用　　　　　　　　15 000
　　销售费用　　　　　　　　120 000
　贷：库存现金　　　　　　　　135 000

六、货币资金的报告

与货币资金有关的会计信息应在资产负债表和现金流量表中列报。

会计期末,企业应将货币资金的余额在资产负债表资产部分的"货币资金"项目下报告。该项目的金额是"库存现金""银行存款""其他货币资金"三个总分类科目期末借方余额的合计数。如果有备用金,那么"备用金"总分类科目的期末借方余额也应包括在"货币资金"项目内。

会计期末,企业应将货币资金的当期发生额,按照现金流量表的类别报告在现金流量表内。

会计期末,企业还应将货币资金的构成情况在财务报表附注中披露。

第二节　应收账款

企业在日常经营活动中因为向客户赊销而形成的债权,往往在一年或超过一年的一个营业周期以内就能收回货款,使债权得以求偿,所以称作"短期经营性债权"。此外,企业因预先支付货款给供应商而形成的债权,以及非交易原因形成的短期债权,如应收的罚款、应收回的押金等,也属于短期经营性债权。本节和第三节分别阐述日常经营活动形成的短期经营性债权——应收账款和应收票据,第四节阐述其他短期经营性债权,包括预付款项和其他应收款。

一、应收账款概述

应收账款是企业因销售商品、提供劳务,预计在一年或超过一年的一个营业周期内从客户那里收回的款项。

赊销是应收账款形成的必要条件。处于买方市场的企业，为了争夺或留住客户，往往通过先销售（或提供劳务）、后收款的赊销方式扩大销售量，以扩大或者保持市场份额。这样的企业应收账款频繁产生，应收账款余额占流动资产的比例也比较大。超市、百货公司等零售商，通常采用一手交钱、一手交货的现销方式销售商品，而少数处于卖方市场的企业，则先收款、后销售。后两种企业不会产生应收账款，除非同时伴有赊销方式。

二、应收账款的确认与计量

应收账款不同于货币资金，货币资金有相应的单据证明它的存在以及金额，而应收账款是企业享有的从客户那里收取款项的权利。这种权利何时产生、金额多少，回答这些问题要比回答货币资金的相应问题复杂得多。

（一）应收账款的确认

当客户承诺无条件付款时，企业确认应收账款。

（二）应收账款的计量

应收账款的金额是企业销售商品、提供劳务应向客户收取的金额。通常情况下，双方签署的购销合同明确记载了这一金额。但是由于现金折扣的存在，应收账款的计量面临着一定的选择。

现金折扣是指企业为了鼓励客户尽快支付货款，对于在较短时期内还款的客户给予的优惠。现金折扣一般以"折扣/付款期限"表示，例如，"2/10,1/20,n/30"，表示客户享受的信用期最长为30天，如在10天之内还款，则享受2％的折扣；如在10天以后20天以内还款，则享受1％的折扣；如在20天以后信用期之内还款，则不享受折扣。企业提供现金折扣的意图是加速货款回笼。根据折扣率计算的年化利率通常大大高于同期银行利率，所以购货方如果有闲置资金，就愿意在折扣期内付款，以获取高于银行存款利息的资金收益。

在企业给客户提供现金折扣的情况下，应收账款的计量至少面临着两种选择。

一种是按照不扣除现金折扣的金额计量，称作"总额法"。应收账款按照总额法计量，其隐含的意思是，客户不在折扣期内付款是合理的；如果客户在折扣期内付款享受了折扣，那么企业从客户那里融通了资金，企业少得到的部分正是融资所承担的成本。如上例中，按照总额法计量，隐含的意思是，企业认为客户从交易结束后的第21天至30天付款是合理的，如果客户第10天就付了款，企业少得到交易金额的2％，是提前取得资金所支付的成本。

另一种是按照扣除最大现金折扣的金额计量，称作"净额法"。应收账款按照净额法计量，其隐含的意思是，客户享受最大现金折扣是合理的；如果客户因为没有及时付款而错过了折扣，企业多得的部分，是企业借款给客户而收取的利息收益。如上例中，客户在10天之内付款是合理的，企业理应仅得到原定交易金额的98％；如果客户在第21天付款，企业多收回交易金额的2％，是借钱给客户11天所得到的利息收益。

企业提供现金折扣的本意是加速货币回笼，折扣率也高于银行利率，客户也愿意提前付款享受折扣，所以用净额法更能反映企业的意图以及经济活动的结果。不过我国企业会计规范要求企业采用总额法，这是因为销售收入和应收账款的入账金额与发票金额一致，会计信息的可验证性相比净额法更强。

顺便提及的是，商业折扣虽然也是一种销售方提供给购货方的折扣，但是这种折扣不影响应收账款的计量。商业折扣是企业根据市场情况或购货方的购货数量,以低于商品标价的金额出售商品所扣减的部分。比如,购货方购进数量超过一定数量时,按照售价的八折成交,所扣除售价的20%就是商业折扣。企业利用商业折扣,在商品标价不变的情况下,能根据具体情况灵活确定与客户的实际成交价格。应收账款的金额由实际成交价格决定,与商品的标价以及商业折扣无关。

三、应收账款的账务处理

为了反映资产负债表中"应收账款"项目的变化,要设置"应收账款"一级科目。"应收账款"科目属于资产类科目。当销售商品或提供劳务而应该向客户收取款项时,记在本科目的借方;从客户收回款项时,记在本科目的贷方;本科目的期末余额在借方,表示应向客户收回的款项。为了向企业的信用部门提供客户欠款、还款的详细信息,还应根据客户设置明细科目。

当企业向客户销售商品时,收取的款项一般包括三个部分:销货款、增值税销项税额以及代客户垫付的运杂费。

【例3—6】 甲公司、乙公司均是增值税一般纳税人,甲公司向乙公司销售A商品。该商品的应税税率为13%。甲公司向乙公司报价A商品3 200元/件(含税),经双方协商降为3 180元/件(含税)。乙公司购买100件。甲公司开具的发票注明商品交易总额为318 000元,金额为281 415.92元,税额为36 584.08元。双方在购销合同中约定,现金折扣条件为"1/20,n/40",折扣率以发票总额为基础计算。甲公司现金折扣采用总额法处理。

甲公司销售货物后,如果满足了销售收入的确认条件,用会计等式模板描述的结果见表3—6。

表3—6 会计等式模板描述

单位:元

资产负债表要素	资产	=	负债	+	所有者权益
资产负债表项目	应收账款	=	应交税费	+	未分配利润
资产负债表科目	应收账款	=	应交税费	+	利润分配
资产负债表明细科目	乙公司	=	应交增值税	+	未分配利润
取得销售收入	+318 000	=	+36 584.08	+	+281 415.92(主营业务收入)

对外销售时,资产负债表"应收账款"项目增加了318 000元,"应交税费"项目增加了36 584.08元,"未分配利润"项目增加了281 415.92元。当期所有者权益变动表中,"未分配利润"项目增加281 415.92元。当期利润表中"营业收入"项目有281 415.92元,"净利润"增加281 415.92元。当期现金流量表不受影响。

"营业收入"项目下设置"主营业务收入"科目和"其他业务收入"科目,其中"主营业务收入"科目记录存货的销售收入。

甲公司取得销售收入的会计分录如下:

借:应收账款——乙公司　　　　　　　　　　318 000
　　贷:主营业务收入　　　　　　　　　　　　281 415.92
　　　　应交税费——应交增值税(销项税额)　　36 584.08

【例 3—7】 承例 3—6。19 天以后，乙公司支付款项，因享受 3 180 元的现金折扣，实际支付款项 314 820 元。

乙公司少支付的 3 180 元，是甲公司提前收到款项所付出的代价，记入利润表的"财务费用"项目。"财务费用"项目通过损益类的"财务费用"科目记录。

上述经济活动用会计等式模板描述的结果见表 3—7。

表 3—7 会计等式模板描述

单位：元

资产负债表要素	资产		=	负债	+	所有者权益
资产负债表项目	货币资金	应收账款	=		+	未分配利润
资产负债表科目	银行存款	应收账款	=		+	利润分配
资产负债表明细科目	略	乙公司	=		+	未分配利润
在折扣期内收回货款	+314 820	−318 000	=		+	−3 180（财务费用）

资产负债表的"货币资金"项目增加 314 820 元，"应收账款"项目减少 318 000 元，"未分配利润"项目减少 3 180 元。所有者权益变动表中，"未分配利润"项目减少了 3 180 元；当期利润表中"财务费用"项目有 3 180 元，"净利润"减少了 3 180 元。当期现金流量表中产生现金流入 314 820 元。

甲公司收到款项后的会计分录如下：

借：银行存款　　　　　　　　　　314 820
　　财务费用　　　　　　　　　　 3 180
　　贷：应收账款——乙公司　　　　　　　318 000

如果两笔业务是在一个会计期间内完成的，把例 3—6 和例 3—7 放在一起用会计等式模板描述，见表 3—8。我们就能看到一笔销售业务从销售到收款整个过程对财务报表的影响：期末资产负债表中"货币资金"项目增加 314 820 元，"应交税费"项目增加 36 584.08 元，"未分配利润"项目增加 278 235.92 元。所有者权益变动表中，"未分配利润"项目增加 278 235.92 元；利润表中"营业收入"项目有 281 415.92，"财务费用"项目有 3 180 元，"净利润"项目增加了 278 235.92 元；当期现金流量表中有现金流入 314 820 元。

表 3—8 会计等式模板描述

单位：元

资产负债表要素	资产		=	负债	+	所有者权益	
资产负债表项目	货币资金	应收账款	=	应交税费	+	未分配利润	
资产负债表科目	银行存款	应收账款	=	应交税费	+	利润分配	
资产负债表明细科目	略	乙公司	=	应交增值税	+	未分配利润	
						主营业务收入	财务费用
取得销售收入		+318 000	=	+36 584.08	+	+281 415.92	
在折扣期内收回货款	+314 820	−318 000	=		+		−3 180
累计发生额	+314 820	0	=	+36 584.08	+	+281 415.92	−3 180

在上述分析基础上进一步延伸,如果改变现金折扣条件,比如给予更优惠的折扣,则会产生更多的财务费用和更少的现金流入。

四、坏账与坏账准备

收不回来的应收账款称作"坏账"。如果发生坏账,企业的应收账款会减少。通常,当债务人死亡、破产,或者应收账款超过三年,就认为应收账款收不回来了,发生了坏账。

坏账发生的原因,从企业管理的角度看,是信用扩张,对资信情况不好的客户进行了赊销;从会计处理的角度看,是确认收入过于乐观,与收入相关的经济利益收回的可能性不大、确认条件没有完全满足就确认了收入。但是即使进行了较为严格的信用管理,同时收入确认时也较为谨慎,也不能完全避免坏账,因为客户的资信状况可能会在交易后因种种缘由发生恶化。

坏账减少了应收账款,这一损失要由股东承担。由于发生坏账与企业经营管理水平有关,所以坏账损失要计入利润表中与损益有关的"信用减值损失"项目。

(一)直接转销法

在认定应收账款收不回来从而确认坏账的同时,确认坏账损失,是一种朴素、直观的处理方法。这种方法因为直接冲销了收不回来的应收账款,所以被称作"直接转销法"。

【例 3—8】 甲公司前期向乙公司销售,应收回账款 1 000 000 元,乙公司因财务状况不好,拖欠多年不还。最终乙公司破产清算,甲公司仅收回了 200 000 元,其余部分无法收回。

甲公司应收回 100 万元的款项只收回了 20 万元,收不回来的 80 万元成了坏账,带来了坏账损失。坏账损失反映在"信用减值损失"项目上。

用会计等式模板描述如表 3—9。

表 3—9 会计等式模板描述

单位:万元

资产负债表要素	资产		=	负债	+	所有者权益
资产负债表项目	货币资金	应收账款	=		+	未分配利润
资产负债表科目	银行存款	应收账款	=		+	利润分配
资产负债明细科目	略	乙公司	=		+	未分配利润
之前重要项目的余额		100	=		+	
收回应收款	+20	−20	=		+	
		−80	=		+	−80(信用减值损失)

"信用减值损失"项目通过"信用减值损失"科目予以记录,该科目属于损益类科目。

甲公司仅收回 200 000 元应收账款的会计分录如下:

借:银行存款　　　　　　　　　200 000
　　贷:应收账款——乙公司　　　　200 000
借:信用减值损失　　　　　　　800 000

贷:应收账款——乙公司　　　　　800 000

　　直接转销法的优点是符合一般逻辑,容易理解。但是这种做法违反了会计信息的谨慎性。作为对外报告会计信息的最为重要、最为系统的文件,财务报告应该揭示企业的经营风险,不仅要进行事后报告,更要做到事先预警。具体到财务报表各要素的确认方面,如果发生了结果尚不确定的交易和事项,要做到高估负债和费用,低估资产和收入。在直接转销法下,坏账损失直到实际发生坏账时才予以确认,而产生坏账损失的风险却早在应收账款形成时就已经蕴含了。这样做,无论是资产中的应收账款,还是所有者权益中的未分配利润,都存在水分。

(二)备抵法

　　与直接转销法相比,更为科学的方法是备抵法。该方法在每个会计期末,对所持有的应收账款余额进行分析,估计未来可能发生坏账的金额。如果估计未来会发生坏账,就冲减应收账款。但是由于我们并不主动放弃哪位客户的应收账款,而仅仅是为了对外报告时不虚计资产,所以我们并不直接冲减"应收账款"科目的金额,而是设置用于备抵的"坏账准备"科目来登记未来发生坏账的金额。"备抵法"的名称也由此而来。

　　备抵法下所设置的"坏账准备"科目,性质上属于资产类科目。由于它是对应收账款的减少部分进行记录,所以当估计应收账款中会产生坏账即资产减少时,贷记"坏账准备"科目,当真正发生坏账即使用备抵时,借记"坏账准备"科目,该科目期末余额在贷方,表示期末应收账款余额中估计的坏账金额。

　　如例3-8中,如果当初甲公司销售给乙公司之后就估计到了未来80万元损失,那么这件事的发展过程用会计等式模板描述如表3-10。

表3-10　会计等式模板描述

单位:万元

资产负债表要素	资产			=	负债	+	所有者权益
资产负债表项目	货币资金	应收账款		=		+	未分配利润
资产负债表科目	银行存款	应收账款	坏账准备	=		+	利润分配
资产负债表明细科目	略	乙公司	略	=		+	未分配利润
之前重要项目的余额		100		=		+	
销售之后期末估计坏账时			−80	=		+	−80（信用减值损失）
收回应收款时	+20	−100	+80	=		+	

　　期末估计坏账时,"应收账款"项目减少了80万元,对外报告的金额为20万元,"未分配利润"项目减少了80万元,所有者权益变动表中"未分配利润"减少了80万元,利润表中有80万元"信用减值损失",现金流量表不受影响。

　　甲公司期末估计坏账的会计分录如下:
　　借:信用减值损失　　　　　800 000
　　　贷:坏账准备　　　　　　　　800 000

　　收回应收账款时,由于此前应收账款这项资产的价值已经降低到20万元,收回20万元银行存款没有产生任何损失。

甲公司收回应收账款的会计分录如下：

借：银行存款　　　　　200 000
　　坏账准备　　　　　800 000
　　贷：应收账款　　　　　　100 000

比较表3-10和表3-9会发现在备抵法下，一方面应收账款中的水分挤掉了，另一方面提前确认了损失。备抵法揭示了应收账款存在的风险。

（三）备抵法下坏账的估计

备抵法能保持会计信息的谨慎性，所以是我国企业会计准则以及国际会计准则规定必须采用的方法。但是备抵法下，坏账的金额是估计的，这不可避免地导致会计信息存在人为估计的因素，并由此而带来其他一系列问题。所以坏账的估计方法一定要具备科学性，并且在企业会计准则中加以规范。

我国企业会计准则关于坏账的估计方法，可以概括为以下两点：

一是对单项金额重大的应收账款，单独分析判断发生坏账的可能性，这种方法称作"个别计提法"；

二是对单项金额不重大以及单项金额虽然重大但是经单独分析判断没有发生坏账的应收账款，按照应收账款的账龄分类，分别估计发生坏账的可能性，这种方法称作"账龄分析法"。

"账龄"是指超过信用期还没有收回来的应收账款在超过信用期之后的挂账时间。通常账龄越长，发生坏账的可能性越大。企业可以参照过去的经验，对不同账龄的应收账款设定不同的估计比例。

【例3-9】 甲公司于2019年初成立。2019年末，"应收账款"科目余额为1 000万元，其中单项金额重大的应收账款有一笔，金额为100万元，估计未来只能收回90万元。其余为单项金额不重大的应收账款，其中账龄为1~6个月的应收账款400万元，按照同行业其他企业的经验，估计发生坏账的比例为0.5%；账龄为7~12个月的应收账款500万元，按照同行业其他企业的经验，估计发生坏账的比例为0.8%。2020年，实际发生坏账12万元。2020年末，由于当年度赊销形成应收账款以及款项回笼收回应收账款，导致应收账款发生变化，期末"应收账款"余额为1 200万元，都是单项金额不重大的应收账款。其中账龄为1~6个月的应收账款800万元，账龄为7~12个月的应收账款400万元，按照账龄估计坏账的比例没有发生变化。

2019年末，在1 000万元"应收账款"科目余额中，估计有坏账16万元（10万+400万×0.5%+500万×0.8%），"应收账款"项目对外报告金额应为984万元。

2020年，实际发生坏账12万元时，使用已经计提的坏账准备，使用后坏账准备还有4万元。

2020年末，"应收账款"科目余额1 200万元（由于2020年度继续赊销，继续收款，所以相比2019年末余额会有变化）中估计有坏账7.2万元（800万×0.5%+400万×0.8%），"应收账款"项目对外报告金额应为1 192.8万元，而此前"坏账准备"仍有余额4万元尚未使用，所以继续计提3.2万元。

甲公司上述三笔经济活动用会计等式模板描述如表3-11。

表 3－11　会计等式模板描述

单位:万元

资产负债表要素	资　　产		＝	负债	＋	所有者权益
资产负债表项目	应收账款		＝		＋	未分配利润
资产负债表科目	应收账款	坏账准备	＝		＋	利润分配
资产负债表明细科目	略	略	＝		＋	未分配利润
2019 年末计提坏账之前重要的余额	1 000	0	＝		＋	
2019 年末计提坏账准备		－16	＝		＋	－16(信用减值损失)
2020 年度发生坏账	－12	＋12	＝		＋	
2020 年末计提坏账准备之前重要的余额	1 200	－4	＝		＋	
2020 年末计提坏账准备		－3.2	＝		＋	－3.2(信用减值损失)

(1)从表 3－11 看出,2019 年末计提坏账准备,2019 年资产负债表中"应收账款"项目减少 16 万元,对外报告的金额为 984 万元,"未分配利润"项目减少 16 万元;所有者权益变动表中,"未分配利润"项目减少 16 万元;利润表中产生"信用减值损失"16 万元,"净利润"相应减少 16 万元;现金流量表不受影响。

编制会计分录如下:

借:信用减值损失　　　　　160 000
　　贷:坏账准备　　　　　　　　160 000

(2)2020 年,实际发生坏账 12 万元,"应收账款"以及报表的其他项目均不受影响。

编制会计分录如下:

借:坏账准备　　　　　　　120 000
　　贷:应收账款　　　　　　　　120 000

(3)2020 年末,由于此时"应收账款"项目有余额 1 196 万元(通过"应收账款"科目借方余额 1 200 万元和"坏账准备"科目贷方余额体现出来),而对外报告的金额应为 1 192.8 万元,所以继续冲减资产 3.2 万元,资产负债表和所有者权益变动表的"未分配利润"项目均减少 3.2 万元,同时在利润表中确认"信用减值损失"3.2 万元,现金流量表不受影响。

编制会计分录如下:

借:信用减值损失　　　　　32 000
　　贷:坏账准备　　　　　　　　32 000

五、应收账款的报告

应收账款在资产负债表中的"应收账款"项目列报,金额为"应收账款"科目期末余额在借方的明细科目余额合计数减去"坏账准备"科目的贷方余额的差额。如例 3－9 中,2019 年应收账款的列报金额为 984 万(1 000 万－16 万),2020 年列报金额为 1 192.8 万元(1 200 万－7.2 万),即应收账款余额中扣除掉所估计水分之后的净值。

企业主要客户的欠款情况、单项金额重大的应收账款情况以及应收账款账龄分布情况,在财务报表附注中披露。

第三节 应收票据

企业向客户销售商品、提供劳务,如果客户以商业汇票的形式向企业承诺未来一定时间内支付款项,企业就形成了一笔经营性短期债权,这种债权就是应收票据。

一、商业汇票概述

商业汇票是指收款人或付款人签发,由承兑人承兑,并于到期日向收款人或被背书人支付款项的票据。商业汇票的签发基础是票据上的收款人和票据上的付款人之间的购销合同。票据上的收款人是销售方,票据上的付款人是购进方。

商业汇票与支票、银行本票以及银行汇票一样,都属于票据,可用以支付,都受到我国《票据法》的保护。后三种票据,票据上的付款人都是银行,所以都具备很高的支付能力。企业持有这三类票据到银行办理进账手续,票据上的款项能很快进入企业的账户中,所以会计人员都会在办理完进账手续之后确认银行存款。

而商业汇票不同。商业汇票具有以下特点。

(1)商业汇票从签发之日起至到期日止时间较长,我国《票据法》规定最长可达六个月。票据到期之前,票据上的收款人无法得到票据上的款项,所以持有商品汇票,拥有的是一笔短期债权,这种债权称作"应收票据"。应收票据的流动性低于货币资金。

(2)商业汇票签发之后,必须经过银行或票据上的付款人在票据上允诺支付,即"承兑",才能生效。根据承兑人的不同,商业汇票可以分为银行承兑汇票和商业承兑汇票两类。经过银行承兑的商业汇票称为"银行承兑汇票",经过票据上的付款人承兑的商业汇票称为"商业承兑汇票"。银行承兑汇票的第一付款人是银行,支付能力大大高于商业承兑汇票。实务中,购货方究竟采用哪种商业汇票向销货方支付,由双方协商确定。

(3)有的商业汇票带有利息。

如果商业汇票注明了利率,那就说明这张商业汇票是带息汇票。利息通过下面的公式计算:

$$商业汇票的利息金额 = 票据的面值 \times 票面利率 \times 票据的期限$$

其中,票据的面值是指票据上注明的金额,通常等于销售方和购进方之间的交易额;票面利率是指票据上注明的利率,通常按年计算;票据的期限是指从出票日到票据到期日之间的期间。比如一张面值为 50 000 元的商业汇票,票面利率为 3%,票据签发日为 2021 年 3 月 5 日,到期日为 2021 年 9 月 5 日,那么票据到期时,票据上的利息金额就是 50 000×3% ×6/12 =750 元,付款人支付给票据上的收款人的总额等于 50 750 元。

(4)商业汇票能贴现和背书转让。

商业汇票由于期限长,票据上的收款人在持票期间如果急需资金,可以将票据贴现给银行。所谓"贴现",是指票据收款人将未到期的票据移交给银行,由银行将票据的到期值扣除贴现日至票据到期日的贴现息后,将余额支付给票据收款人。

商业汇票还可以背书转让给票据收款人和票据付款人之外的第三方。"背书"是由票据收款人在汇票背面写上将票据权利转让给第三方的文句,盖上自己的法人章、财务章等,并将汇票交付给第三方的行为。票据转让方称作"背书人",第三方称作"被背书人"。票据背书后,被背书人成为票据上新的收款人。商业汇票背书转让的价格由背书人和被背书人协商确定。商业汇票可以多次背书转让。

因为票据具有上述流通性,所以应收票据的流动性大于应收账款。

(5)商业汇票具有追索权。

贴现银行从票据收款人那里取得票据后,在票据到期时(通常在票据到期日十天前)向票据上的付款人(即承兑人)求偿票据款。如果票据付款人到期不能还款,那么贴现银行拥有向贴现票据的企业求偿票据到期金额的权利,这种权利称为"追索权"。同样,票据转让之后,被背书人也具有向背书人追索的权利。所以"贴现"或"转让",并不能帮助票据上的最初收款人将票据上付款人无力付款的风险转移给贴现银行或被背书人,其实质是一种票据收款人将商业汇票做质押的借款行为。

票据到期后,原销售企业与购进方之间由票据约定的债权债务关系取消。如果购进方没有能力支付票据款,双方因购销业务而形成的债权债务关系就仍然存续。于是,销售企业的"应收票据"债权就变成了"应收账款"债权。

二、应收票据的确认与计量

当企业取得经过银行或付款方承兑的商业汇票时,确认应收票据。

无论商业汇票是否计息,应收票据均按照票据面值计量。

期末,应收票据与应收账款一样,要根据债务人的资信状况计提坏账准备。

三、应收票据的账务处理

为了反映资产负债表中"应收票据"项目,企业设置"应收票据"一级科目,并且下设"银行承兑汇票"和"商业承兑汇票"两个二级科目,根据债务人设置明细科目。当企业取得商业汇票时,登记在"应收票据"科目的借方,当商业汇票到期时,登记在"应收票据"科目的贷方,期末余额在借方。为了加强对商业汇票的管理,企业还应设置"应收票据备查簿",逐笔登记商业汇票的种类、编号、票据签发日、票据到期日、票面金额、承兑人情况;若票据已经拿到银行贴现,还应登记贴现日、贴现银行、贴现率等情况。

需要注意的是,只有在商业汇票到期时,应收票据才终止确认。在商业汇票到期前,如果将其背书转让或者贴现,尽管汇票已经移交出去,但是由于商业汇票的新持有人具有追索权,款项收不回来的风险仍然没有转移出去,背书或贴现本质上是质押借款行为,所以对"应收票据"科目不作任何处理。

【例3-10】 甲公司和乙公司均为增值税一般纳税人,甲公司向乙公司销售A货物,其适用税率为13%,增值税专用发票注明发票总额为113万元,其中金额100万元,税额13万元。乙公司签发一张面值为113万元、六个月后到期的由自己承兑的商业汇票给甲公司。

上述经济活动用会计等式模板描述的结果见表3-12。

表 3-12 会计等式模板描述

单位:万元

资产负债表要素	资产	=	负债	+	所有者权益
资产负债表项目	应收票据	=	应交税费	+	未分配利润
资产负债表科目	应收票据	=	应交税费	+	利润分配
资产负债表明细科目	略	=	应交增值税	+	未分配利润
确认销售收入	+113	=	+13	+	+100(主营业务收入)

由表 3-12 看出,资产负债表的"应收票据"项目增加 113 万元,"应交税费"项目增加 13 万元,"未分配利润"项目增加 100 万元。当期所有者权益变动表中,"未分配利润"项目增加 100 万元。利润表中"营业收入"项目有 100 万元,"净利润"增加 100 万元。现金流量表不受影响。

甲公司收到该商业汇票时所做会计分录如下:

借:应收票据　　　　　　　　　　　　1 130 000
　　贷:主营业务收入　　　　　　　　　　　1 000 000
　　　　应交税费——应交增值税(销项税额)　　130 000

【例 3-11】 承例 3-10。甲公司六个月后所持有的面值为 113 万元商业汇票到期,甲公司到银行办理入账手续,乙公司如约付款。

上述经济活动用会计等式模板描述的结果见表 3-13。

表 3-13 会计等式模板描述

单位:万元

资产负债表要素	资产		=	负债	+	所有者权益
资产负债表项目	货币资金	应收票据	=		+	
资产负债表科目	银行存款	应收票据	=		+	
票据到期收回货款	+113	-113	=		+	

期末资产负债表中,"货币资金"增加 113 万元,"应收票据"减少 113 万元,资产总额不变,负债和所有者权益也不发生变化。当期所有者权益变动表和利润表不受影响,当期现金流入 113 万元。

甲公司编制会计分录如下:

借:银行存款　　1 130 000
　　贷:应收票据　　1 130 000

【例 3-12】 承例 3-10。甲公司将所持有的面值为 113 万的商业汇票在汇票到期前 180 天贴现,贴现率为 5%。

企业贴现票据,就是向银行借款,应支付利息。因贴现而支付的利息称为"贴现息"。贴现息按照下述公式计算:

$$贴现息＝票据到期值×贴现率×贴现期$$

其中,票据到期值是指票据到期后持有票据的人从票据上获得的金额,不带息票据的到期值是票据的面值,带息票据的到期值是票据的面值加上票面利息。

贴现率是利率的一种变形,它以一个期间终了的金额为基础计算利息,而非普通利率那样,以一个期间开始的金额为基础计算利息。

贴现期是指从贴现日开始至票据到期日结束的期间,它是贴现企业占用银行资金的时间。

$$企业从银行得到的款项＝票据的到期值－贴现息$$

票据的到期值扣除贴现息后的金额,是企业以商业汇票作质押从银行借款取得的现金金额,也就是借款的本金额。

此例中,

贴现息 $= 1\ 130\ 000 \times 5\% \times 180/360 = 28\ 250$(元)

贴现后企业取得银行存款 $= 1\ 130\ 000 - 28\ 250 = 1\ 101\ 750$(元)

上述经济活动用会计等式模板描述的结果见表3—14。

表3—14 会计等式模板描述

单位:元

资产负债表要素	资产	=	负债	+	所有者权益
资产负债表项目	货币资金	=	短期借款	+	
资产负债表科目	银行存款	=	短期借款	+	
贴现票据时	+1 101 750	=	+1 101 750	+	

当期资产负债表中"货币资金"和"短期借款"等额增加1 101 750元,所有者权益不变,当期所有者权益变动表不受影响,利润表不受影响,当期产生现金流入1 101 750元。

甲公司编制会计分录如下:

借:银行存款　　　　1 101 750
　　贷:短期借款　　　　1 101 750

票据到期后,可能有两种情形,一种是贴现银行从票据的付款人乙公司那里如数取得票据款,企业与银行之间的借贷关系也因此解除;另一种是乙公司未按时付款,贴现银行转而向甲公司追索,甲公司偿还票据的到期值给银行。

【例3—13】 承例3—12。甲公司贴现给银行的票据到期后,贴现银行从票据的付款人乙公司那里如数取得票据款1 130 000元。

票据到期,贴现银行从票据的付款人那里取得票据款,对甲公司而言,欠银行的债务就此得以偿还;同时由于票据到期,甲公司与乙公司票据上的债权债务关系也得以解除,甲公司应终止确认应收票据;应收票据的到期值与贴现时从银行取得的借款之间的差额,是甲公司在贴现期应承担的借款成本,记入利润表的"财务费用"项目。

甲公司上述经济活动用会计等式模板描述的结果见表3—15。

表 3—15　会计等式模板描述

单位:元

资产负债表要素	资产	=	负债	+	所有者权益
资产负债表项目	应收票据	=	短期借款	+	未分配利润
资产负债表科目	应收票据	=	短期借款	+	利润分配
贴现票据到期,付款方正常付款	-1 130 000	=	-1 101 750	+	-28 250(财务费用)

甲公司编制会计分录如下：
借：短期借款　　1 101 750
　　财务费用　　　28 250
　　贷：应收票据　　1 130 000

用会计等式模板把例 3—10、例 3—12、例 3—13 这三笔业务放在一起描述,可以完整看到销售取得商业汇票、商业汇票贴现、票据付款方正常付款后,销售方甲公司财务报表受到的影响。

见表 3—16。

表 3—16　会计等式模板描述

单位:元

资产负债表要素	资产		=	负债		+	所有者权益	
资产负债表项目	货币资金	应收票据	=	应交税费	短期借款	+	未分配利润	
资产负债表科目	银行存款	应收票据	=	应交税费	短期借款	+	利润分配	
资产负债表明细科目	略	略	=	应交增值税	略	+	未分配利润	
							主营业务收入	财务费用
取得销售收入时		+1 130 000	=	+130 000		+	+1 000 000	
贴现票据时	+1 101 750		=		+1 101 750	+		
票据到期付款方正常付款		-1 130 000	=		-1 101 750	+		-28 250
累计发生额	+1 101 750	0	=	+130 000	0	+	+1 000 000	-28 250

从表 3—16 可以看出,资产负债表中,"货币资金"项目增加了 1 101 750 元,"应交税费"项目增加了 130 000 元,"未分配利润"项目增加了 971 750 元。当期所有者权益变动表中,"未分配利润"项目增加 971 750 元,当期利润表中,"营业收入"项目有 1 000 000 元,"财务费用"项目有 28 250 元。当期现金流量表中有现金流入 1 101 750 元。

销售方的现金流入之所以要比票据金额 1 130 000 元少,是因为贴现产生了利息支出。利息支出带来的好处是,在票据到期前就取得了现金。

这一系列交易中,另外两方的情形是,票据付款方按期付款,丝毫不受销售方贴现票据的影响。而银行融通资金给销售方,并据此获得 28 250 元的好处。

【例 3—14】 承例 3—12。甲公司贴现给银行的票据到期后,乙公司未按时付款,贴现银行转而向甲公司追索 1 101 000 元。

票据到期,由于乙公司没有偿还票据上款项,贴现银行转而向甲公司追索,甲公司按票据到期值付款给贴现银行;同时甲公司与乙公司之间由票据产生的债权债务关系虽然解除,但是因购销合同而产生的债权债务关系仍然存续。

上述经济活动用会计等式模板描述的结果见表3-17。

表3-17 会计等式模板描述

单位:元

资产负债表要素	资产			=	负债	+	所有者权益
资产负债表项目	货币资金	应收票据	应收账款	=	短期借款	+	未分配利润
资产负债表科目	银行存款	应收票据	应收账款	=	短期借款	+	利润分配
甲公司支付票据款给贴现银行	-1 130 000			=	-1 101 750	+	-28 250(财务费用)
		-1 130 000	+1 130 000	=		+	

根据表3-17可以看出,期末资产负债表中,"货币资金"减少1 130 000元,"应收票据"减少1 130 000元,"应收账款"增加1 130 000元。"短期借款"减少1 101 750元,"未分配利润"减少28 250元。当期所有者权益变动表中,"未分配利润"减少28 250元;利润表中"财务费用"有28 250元,"净利润"减少28 250元。当期现金流量表中有现金流出1 101 000元。

甲公司编制会计分录如下:

借:短期借款　　　1 101 750
　　财务费用　　　　28 250
　　　贷:银行存款　　　　1 130 000
借:应收账款　　　1 130 000
　　　贷:应收票据　　　　1 130 000

如果把例3-10、例3-12和例3-14这三笔经济活动放在一起描述,可以完整看到销售取得商业汇票、商业汇票贴现以及因票据付款方无法正常付款而由作为销售方(贴现方)的甲公司向银行支付票据款后,甲公司财务报表受到的影响。

用会计等式模板描述的结果见表3-18。

表3-18 会计等式模板描述

单位:元

资产负债表要素	资产			=	负债		+	所有者权益	
资产负债表项目	货币资金	应收票据	应收账款	=	应交税费	短期借款	+	未分配利润	
资产负债表科目	银行存款	应收票据	应收账款	=	应交税费	短期借款	+	利润分配	
资产负债表明细科目	略	略	乙公司	=	应交增值税	略	+	未分配利润	
								主营业务收入	财务费用
取得销售收入时		+1 130 000		=	+130 000		+	+1 000 000	
贴现票据时	+1 101 750			=		+1 101 750	+		
向银行支付票据到期值	-1 130 000	-1 130 000	+1 130 000	=		-1 101 750	+		-28 250
累计发生额	-28 250	0	+1 130 000	=	+130 000	0	+	+1 000 000	-28 250

将表3—18和表3—16相比可以看出,两种情形下,销售方营业收入、财务费用、应交税费的结果是相同的。在票据付款方不能够按期付款时,销售方的应收账款仍然处于待收状态,影响了现金流。

四、应收票据的报告

应收票据在资产负债表中的"应收票据"项目下列报,金额为"应收票据"一级科目的期末借方余额。因为应收票据以票据作为债权债务关系的凭据,可以背书和贴现,流动性大于应收账款,所以"应收票据"项目列报在"应收账款"项目之前。

当期应收票据的增减变化情况,以及期末应收票据中银行承兑汇票和商业承兑汇票的金额,在财务报表附注中披露。

第四节 其他短期经营性债权

其他短期经营性债权包括预付款项和其他应收款。

一、预付款项

预付款项是企业按照购销合同或劳务合同的规定,预先支付给供货方或者劳务提供方的款项。预付款项使企业的资金暂时被供货方或者劳务提供方所占用,是企业向供应商提供的一种商业信用。在工业企业的原材料供应紧张或者商品流通企业的货源供应紧张的情况下,通常采用预付款项方式以较好地保证供应。

资产负债表中的"预付款项"项目,设置"预付账款"科目予以记录。该科目属于资产类科目,当企业向供货方或者劳务的提供方预先支付款项时,所支付款项的金额记入该科目的借方;当企业从供货方或者劳务的提供方取得货物或者接受劳务时,应支付的金额记入该科目的贷方。该科目期末若有余额在借方,表示企业预付的款项。该科目按照债务人设置明细科目。

【例3—15】 甲公司向乙公司预付20 000元购进A材料。款项支付半个月后,甲公司收到乙公司发来的货物,发票注明总额11 300,其中金额10 000元,税额1 300元。

甲公司上述经济活动用会计等式模板描述的结果见表3—19。

表3—19 会计等式模板描述

单位:元

资产负债表要素	资产			=	负债	+	所有者权益
资产负债表项目	货币资金	预付款项	存货	=	应交税费	+	
资产负债表科目	银行存款	预付账款	原材料	=	应交税费	+	
资产负债表明细科目	略	乙公司	A材料	=	应交增值税	+	
预付款项	−20 000	+20 000		=		+	
用预付款采购		−11 300	+10 000	=	−1 300	+	
累计发生额	−20 000	+8 700	+10 000	=	−1 300	+	

期末资产负债表中,"货币资金"减少了20 000元,"存货"增加了10 000元,"预付款项"增加了8 300元,"应交税费"减少了1 300元。

甲公司预先支付款项的会计分录如下：

借：预付账款——乙公司　　　20 000
　　贷：银行存款　　　　　　　　　　20 000

甲公司收到原材料的会计分录如下：

借：原材料——A材料　　　　　　　　10 000
　　应交税费——应交增值税（进项税额）　1 300
　　贷：预付账款——乙公司　　　　　　　　11 300

如果购入存货时,应该支付给供应商的金额大于原先预付的金额,多出的部分就是"应付",就要在负债类的"应付账款"项目反映了。在会计科目层次,仍然可以记录在"预付账款"科目里,只是这时候余额在贷方。比如例3—15中,如果预付金额为10 000元,购货金额为11 300元,此时在"预付账款"科目就会出现贷方余额1 300元,它的含义是企业应该向供应商支付1 300元欠款,属于"应付账款"。

期末,预付款项与应收账款一样,要根据债务人的资信状况计提坏账准备。

二、其他应收款

其他应收款指企业因非主要经营活动而形成的应收款项,包括应向职工收取的出差暂借的差旅费,应收的各种赔款、罚款,应向职工收取的各种代垫款等。其他应收款反映的是企业非主要的经营活动,所以该项目金额通常不大。

企业在资产负债表的"其他应收款"项目反映相关业务,设置"其他应收款"科目进行记录。该科目属于资产类科目,当企业形成相应债权时,在该科目的借方登记;当收回款项时,在该科目的贷方登记,期末余额在借方,表示各种非主要经营活动所形成的债权。

【例3—16】　甲公司职工张三出差暂借差旅费3 000元。张三出差返回后,持金额为2 900元的有效凭证报销,并将余款100元返还。

甲公司财会部门将3 000元借给张三时,形成了一笔面向张三的短期债权,记入"其他应收款"项目;当张三出差回来,交还100元现金和2 900元有效凭证时,该债权解除。

甲公司上述经济活动用会计等式模板描述如表3—20。

表3—20　会计等式模板描述

单位:元

资产负债表要素	资	产	=	负债	+	所有者权益
资产负债表项目	货币资金	其他应收款	=		+	未分配利润
资产负债表科目	库存现金	其他应收款	=		+	利润分配
资产负债表明细科目		张三	=		+	未分配利润
出借差旅费	−3 000	+3 000	=		+	
报销差旅费	+100	−3 000	=		+	−2 900（管理费用）
累计发生额	−2 900	0	=		+	−2 900（管理费用）

甲公司向张三支付款项时,编制会计分录如下:
借:其他应收款——张三　　　3 000
　　贷:库存现金　　　　　　　　　3 000
当张三持有效凭证报销并返还剩余现金时,甲公司编制会计分录如下:
借:库存现金　　　　　　　　100
　　管理费用等　　　　　　　2 900
　　贷:其他应收款——张三　　　　3 000
期末,其他应收款与应收账款一样,要根据债务人的资信状况计提坏账准备。

【本章小结】

本章介绍了与货币资金有关的确认、计量、账务处理与报告,介绍了经营活动中形成的各种短期债权。

本章介绍了应收账款的确认、取得应收账款时的计量以及期末通过计提坏账准备所进行的再次计量,介绍了应收账款的账务处理和报告。本章介绍了应收票据的确认、计量、转让和贴现以及相应的账务处理和报告。本章还介绍了其他应收款和预付款项形成的原因以及相应的账务处理与报告。

【思考题】

1. 作为企业重要的经济资源,货币资金有什么特点?
2. 从企业内部管理角度看,货币资金如何构成?
3. 为什么会计岗位登记货币资金总分类账户的同时,出纳岗位还要登记日记账?与货币资金有关的总分类账户(科目)有哪些?
4. 货币资金如何报告?
5. 哪些交易和事项形成应收账款?为什么说应收账款的确认取决于收入的确认?
6. 什么是商业折扣?什么是现金折扣?现金折扣下的总价法和净价法分别该如何进行账务处理?
7. 什么是坏账?直接转销法和备抵法各有什么特点?
8. 什么是个别计提法和账龄分析法?
9. 备抵法下如何进行账务处理?
10. 应收账款如何报告?
11. 什么是商业汇票?商业汇票如何分类?
12. 哪些交易和事项产生应收票据?应收票据业务如何进行账务处理?
13. 为什么说应收票据贴现是融资行为?
14. 应收票据贴现时,贴现息如何计算?
15. 应收票据贴现如何进行账务处理?
16. 贴现后的票据到期,如何进行账务处理?

17. 哪些交易和事项产生其他应收款？如何进行账务处理和报告？

18. 哪些交易和事项产生预付款项？如何进行账务处理和报告？

【练习题】

(一)单项选择题

1. 企业在进行现金清查时,查出现金溢余,并将溢余数记入"待处理财产损溢"科目。后经进一步核查,无法查明原因,经批准后,对该现金溢余正确的账务处理方法是( )。

　　A. 将其从"待处理财产损溢"科目转入"管理费用"科目

　　B. 将其从"待处理财产损溢"科目转入"营业外收入"科目

　　C. 将其从"待处理财产损溢"科目转入"其他应付款"科目

　　D. 将其从"待处理财产损溢"科目转入"其他应收款"科目

2. 企业现金清查中,经检查仍无法查明原因的现金短款,经批准后应计入( )。

　　A. 财务费用　　　　　　　　B. 管理费用

　　C. 销售费用　　　　　　　　D. 营业外支出

3. 下列各项中,不通过"其他货币资金"科目进行账务处理的是( )。

　　A. 信用证存款　　　　　　　B. 银行汇票存款

　　C. 存出保证金　　　　　　　D. 银行本票存款

(二)计算及账务处理题

1. 甲公司销售甲产品一批,价目表价格为100万元(含税),该商品应税税率为增值税率13%。甲公司向客户B提供的商业折扣为10%,现金折扣条件为:2/10,1/20,n/30。现金折扣以交易总额为基础。客户B于第15天付款。

　　要求:按总价法编制甲公司销售和收款时的会计分录并用会计等式模板加以描述。

2. 某公司无单笔金额重大的应收账款。2019年初"坏账准备"有贷方余额10万元,2019年度没有发生与坏账有关的业务。2019年末应收账款余额为200万元,根据账龄分析法估计其中有12万元将来无法收回。2020年初确认有5万元应收账款因债务人破产而收不回来,核销相应的应收账款账户。2020年末应收账额余额300万元,估计其中有15万元将来收不回来。

　　要求:编制2019年末计提坏账准备、2020年发生坏账和2020年末计提坏账准备的会计分录并用会计等式模板加以描述。

3. 某公司2020年10月10日采用商业汇票结算方式销售产品一批,交易总额45.2万元,该商品的应税增值税率为13%。产品已发出,当日收到商业汇票一张,期限为60天。票据到期时,有如下两种情形:

　　第一种情形:对方支付票据款;

　　第二种情形:对方无力支付票据款。

　　要求:编制该公司销售产品和票据到期两种情形下的会计分录并用会计等式模板加以描述。

4. 某公司2020年11月1日销售产品一批,交易总额23.4万元,该产品增值税应税税率为13%。发出产品后,收到商业承兑汇票一张,期限6个月。该汇票不带利息。该公司提前3个月贴现,贴现率4%。票据到期日,有如下两种情形:

第一种情形:付款单位支付资金;

第二种情形:付款单位无资金支付。银行向该公司追索票据款,该公司支付票据款。

要求:编制该公司销售产品、票据贴现和票据到期日在上述两种情形下的账务处理并用会计等式模板加以描述。

(三)财务报表题

1."你的"公司应收账款、应收票据在公司期末资产余额中占比情况怎样?期初期末余额变化情况怎样?

2."你的"公司应收票据期末余额中,有多少商业承兑汇票,有多少银行承兑汇票?

3."你的"公司其他应收款与同行业其他企业相比,是大体相当还是特别高?如果特别高,留意该项资产的组成。

4."你的"公司预付款项期末余额在公司期末资产余额中占比情况怎样?期初期末余额变化情况怎样?

5."你的"公司当期计提了坏账准备还是结转或转回了坏账准备?为什么会发生这些情况?对当期利润影响怎样?

第四章

存　货

【学习目标】

通过学习本章,你应该:

1. 掌握存货的含义,了解不同行业存货的特点;
2. 掌握不同方式下取得存货的初始计量方法;
3. 熟悉发出存货的计价方法,掌握各种计价方法对资产负债表和利润表的影响;
4. 理解可变现净值的含义,掌握期末计提存货跌价准备的账务处理与报告;
5. 掌握实际成本法和计划成本法两种方法下存货的账务处理与报告。

【引　子】

X女士新装修了一套房子,她准备为新居添置一些漂亮时尚的日常生活用品。一天她带着儿子小敏去了附近一家大型商场并看中了一个非常独特漂亮的杯子,标价为80元一个。X女士很想买一对回去,可是营业员告诉她现在商场里只有这一个了,以后会不会再进货很难说。X女士虽然有些失望但还是很高兴地将最后一个杯子带回了家。过了几个月,X女士再去这家商场,发现货架上有一个一模一样的杯子,标价90元一个。于是X女士又买了一个带回家。有一天X女士在清理房间的时候不小心打破了一个杯子。她很心疼地说:"真倒霉,今天损失了90元。"旁边的小敏听到了,说:"不对,是80元。"X女士说:"是90元,前几天刚买的。""可是你又怎么知道你摔的是前几天买的那个,而不是我们上次买的80元那个?"小敏坚持说。是啊,两个杯子一模一样,谁又能分得清楚摔坏的到底是哪个?

事实上,在企业里也存在同样的问题。产品制造企业成批次地生产一模一样的产品,不同批次的产品成本会有差别。在销售的时候,根本分不清卖出的究竟是哪个批次的产品,那又该如何确定卖出商品的成本呢?

——摘自《会计学》(陆正飞等,2016年)

第一节 存货概述

一、存货的性质

《企业会计准则第1号——存货》（以下简称《存货准则》）规定："存货是指企业在日常活动中持有以备出售的产成品或商品、处在生产过程中的在产品、在生产过程或提供劳务过程中耗用的材料和物料等。"

存货为企业带来经济利益的方式与前一章所讲的应收项目显著不同。它在未来不太长的时间内，通过出售给客户或者在为客户提供服务时被消耗掉，企业从客户那里得到货币资金或者形成了经营性债权而带来经济利益。可以说，正是因为向客户提供了存货或者提供消耗了存货的服务，在赊销模式下，才有了前一章所讲的应收账款或应收票据。

二、存货的分类

（一）产品制造企业存货的分类

1. 按照在生产加工流程中所处的位置，存货分为原材料、在产品、半成品、产成品和周转材料。

原材料是指企业在生产过程中经加工改变其形态或性质、并构成产品主要实体的各种原料及主要材料、辅助材料、外购半成品（外购件）、修理用备件等。

在产品是指企业正在制造尚未完工的生产物，包括正在各个生产工序加工的产品和已经加工完毕但尚未检验或已经检验但尚未办理入库手续的产品。

半成品是指经过一定生产过程并已经检验合格交付半成品仓库保管，但尚未制造完成为产成品，仍需进一步加工的中间产品。

产成品是指企业已经完成全部生产过程并验收入库，可以作为商品对外销售或者可以按照合同规定的条件送交客户的产品。

周转材料是指企业能够多次使用、逐渐转移其价值，但是在使用中仍保持原有形态、不确认为固定资产的资产，包括包装物和低值易耗品。

2. 按照存放的地理位置，存货分为库存存货、在产品存货、在途存货和委托加工存货。

库存存货是指已经验收入库的各种原材料、半成品、产成品和周转材料。

在产品存货是指正处于各生产工序进行加工或者已经加工完毕但是尚未检验或者已经检验但是尚未办理入库手续的存货。在产品加工完毕经检验合格办理入库手续以后就成为库存存货。

在途存货是指按照与供货单位的约定，该存货已经属于企业，但是尚在运输途中或者虽然已经运抵企业但是尚未办理验收入库手续的存货。在途存货运抵企业办理验收入库手续以后就成为库存存货。

委托加工物资是指委托外单位加工的材料和半成品。委托加工物资加工完成收回，办理验收入库手续后就成为库存存货。

（二）商品流通企业存货的分类

商品流通企业不经过生产过程，直接将购入的存货对外出售，存货分类较为简单，主要包括库存商品和周转材料两类。其中库存商品是指外购的以及委托加工的、已经完成验收入库的可以用于销售的商品。

(三)其他行业存货的分类

其他行业的存货主要包括对外提供服务时所消耗的物料用品以及办公用品、家具用具等具有周转材料性质的存货。而提供咨询服务以及提供其他形式劳务的企业,则存在没有实物形态的存货。这些企业在对外提供服务或者劳务过程中,如果消耗了经济资源,比如材料、人工,而且预计未来会因此从客户那里取得经济利益,那么当消耗经济资源时,因为未来能带来与存货相同的经济利益,且历史成本能够可靠计量,于是就形成了存货。这类存货的特点是没有实物形态,不可点数。本章后续讨论的都是有实物形态的存货。

以上这些资产,除周转材料外,要么持有以供出售,比如产品制造企业的产成品、半成品和商品流通企业的商品;要么经过加工后出售,比如产品制造企业的原材料、在产品等;要么对外提供服务时被消耗掉;它们都体现了存货的特征。而周转材料从给企业带来经济利益的方式看,更接近于固定资产,只是因为价值太低,才归入存货类,以简化实物管理和会计处理。

三、存货的流转过程

存货进入企业后不停地进行流转。

产品制造企业购进的原材料入库一段时间后进入生产加工流程,形成在产品;在产品经过进一步加工形成产成品,有的企业形成半成品;产成品或半成品经验收合格后进入产成品库或半成品库,准备对外出售。需要进一步加工成产成品的半成品再次进入生产加工流程,直至完工,经过验收后形成产成品入库,准备对外出售。在此过程中,并非一批原材料直到加工完毕成为产成品、实现一次完整的加工过程后,企业才会再次购进原材料,而是随着第一批材料进入生产过程,不断地有第二批、第三批材料购进并且陆续进入生产过程。原材料、在产品、半成品和产成品,从加工过程看它们前后连续,但是就某一时点看,它们是同时存在的,即资产负债表日,企业会同时拥有这些存货。

商品流通企业购进的商品,在仓库以及货架上停留或长或短的一段时间后被销售出去,然后再有新的商品购进。存货流转环节相比产品制造企业简单,流转速度也比产品制造企业更快。

因为存货是不断流转的,所以两个资产负债表日,同一类存货的结存数量、结存单价往往不同。

按照报表要素的确认、计量、记录与报告这一逻辑顺序,本章第二节讲述存货的确认与计量,其中包括存货的初始确认、初始计量、存货发出的计量和存货的期末计量;第三节讲述存货的账务处理,包括相关科目的设置以及各类与存货有关的交易或事项的记录;第四节讲述存货的报告,包括存货在财务报表中的列报以及在财务报表附注中的披露。

第二节 存货的确认与计量

一、存货的初始确认

任何类型的资产都必须同时具备"相关的经济利益能够流入"和"成本能够可靠计量"这

两个条件才能确认。存货的确认除了满足资产确认的上述两个一般条件之外,相关经济利益的流入形式还应满足存货的特点,即在未来不太长的时间内通过出售给客户或者在为客户提供服务时被消耗掉,使得企业能够从客户那里得到货币资金或者形成对客户的经营性债权。

所以,确认存货要同时满足以下三个条件。其中前两个条件是资产确认的一般条件,第三个条件是存货确认的特有条件。

条件一:与该资源有关的经济利益能够流入企业。

预期未来能够带来经济利益是资产的本质特征。确认资产的关键,首先是确认有关经济资源未来是否能够带来经济利益。通常,拥有资源的所有权即表明有关的经济利益能够流入企业,而无论它所处的地理位置。所以,在途物资、委托加工物资虽然没有存放在企业里,但也是企业的资产。发票是经济资源所有权的法律凭证。谁取得了发票,从法律上讲,谁就拥有了经济资源的所有权。

但是会计信息要求"经济实质重于法律形式"。经济资源的意义在于未来能够带来经济利益(当然,与经济利益相伴随的还有风险,比如资产变质、毁损等)。有些情况下,由于合同的特别约定,经济资源法定所有权的转移和经济资源报酬和风险的转移并不完全一致。此时,要以经济资源报酬和风险的转移而非发票的移交作为判断经济利益是否能够流入的标准。例如在对外贸易中,如果双方约定目的地交货,那么直到货物运到买方指定的地点并交给买方,货物上的报酬和风险才转移给买方,在此之前,即使买方取得了货物的发票,也不能确定该货物未来能带来经济利益。类似地,如果双方约定起运地交货,那么只要卖方将货物移交给运输方,货物上的风险和报酬就转移给买方,而无论此时买方是否取得发票。

条件二:该经济资源的成本能够可靠计量。

成本能够可靠计量是资产确认的另一项基本条件。一项资产要在资产负债表中报告,首先必须能够计量;其次,必须能够可靠计量,否则就无法保证会计信息的可靠性;最后,在初始确认时就必须保证成本能够可靠计量,因为资产的初始计量都采用历史成本计量属性。确定资产的成本能够可靠计量必须有确凿证据,比如发票等。如果成本不能可靠计量,即使断定其未来能够流入经济利益,也不能确认为资产。

条件三:该经济资源流入经济利益的方式符合存货的特征。

一项资产要将其确认为存货,而非其他类型的资产,取决于这项资产带来经济利益的方式是否符合存货的特征。存货是企业持有以被出售的或者持有以备耗用的资产,所以与存货有关的经济利益一般是通过签订销售合同并从购货方处最终获得现金这一方式带来的。如果企业持有某项财产物资的意图是将其对外销售,那么就将其确认为存货。例如,房地产开发商将新开发的楼盘全部用于对外销售,那么这些楼盘就应被确认为存货;如果部分楼盘用于办公或者对外出租,那么这些楼盘就不能被确认为存货,而应该被确认为其他资产了。

二、存货的初始计量

初始计量,是指取得资产时对资产的计量。与初始计量相对应,还有后续计量。无论是初始计量还是后续计量,都要采用一定的计量属性,以满足会计信息的质量要求。

存货以及其他所有资产的初始计量,都采用历史成本。历史成本就是取得或制造某项财产物资时所实际支付的现金或者现金等价物。因为取得或制造财产物资时能取得可靠证据以表明财产物资的取得成本和制造成本,所以与历史成本之外的其他四种计量属性相比,历史成本最具有可验证性,因而也是最可靠的。

存货与应收项目不同的是通常具有实物形态,能够点数。所以对存货进行计量包括两个方面,一是要采用实物计量单位确定存货的数量,二是要确定单位存货的货币金额,即单价。数量和单价同时确定以后才能完成存货的计量。

存货通常的取得方式包括:外购、自行生产以及其他方式等。不同方式取得的存货,成本构成不一样。

(一)以外购方式取得存货成本的确定

以外购方式取得的存货主要包括产品制造企业外购的原材料、辅助材料、商品流通企业外购的商品以及产品制造企业和商品流通企业外购的周转材料等。外购存货的成本又称作采购成本,是所购入的存货从采购到入库前所发生的全部支出,包括购买价款、运输费、装卸费、保险费以及其他可直接归属于存货采购的支出。

商品流通企业存货的购进活动比较频繁,在实务中为了减少会计处理的工作量,通常将一个会计期间内发生的运输费、装卸费、保险费以及其他可直接归属于存货采购的支出,不区分存货的类别先进行归集,期末再将当期的这些支出分摊到当期已经销售的商品和期末结存的商品上。已经销售的商品所分摊的采购支出,与商品的成本一起计入主营业务成本;结存的存货所分摊的采购支出,归入结存存货的成本。

在第三章我们已经讲过,在商品交易中,销售方为了鼓励购货方尽快付款,会给购货方提供现金折扣,销售方以不扣除现金折扣的总价作为销售收入额和应收账款额。对购货方而言,如果销售方也就是供应商提供了现金折扣,也要按照不扣除现金折扣的金额确定购进成本。如果购进后因为在折扣期内支付了货款从而享受了折扣,所享受的折扣视作融通资金得当而产生的利益,增加企业的财务收益。如果供应商提供了商业折扣,那么交易双方按照扣除商业折扣后的金额作为交易额,企业并不反映商业折扣的金额。

(二)以加工方式取得存货成本的确定

产品制造企业多数存货是自己加工形成的,包括在产品、半成品和产成品,有时甚至包括周转材料。这些存货的成本由采购成本和加工成本两部分组成。采购成本指这些存货所耗用的原材料的采购成本,加工成本指在原材料的基础上进行加工形成现有存货的成本。

加工成本由直接人工成本和所分配的制造费用组成。其中直接人工成本是直接从事产品生产的工人的职工薪酬。制造费用是企业为产品制造所发生的不能直接归属于某一类具体产品的支出,包括固定资产折旧费、机物料消耗费、劳动保护费、企业生产部门(如生产车间)发生的办公费、水电费、管理人员的薪酬、季节性和修理期间的停工损失等。存货加工成本的确定,在《成本会计学》教材中有详细讲述。

(三)以其他方式取得存货成本的确定

除了外购和自己生产之外,企业还可以通过其他途径取得存货。不过相关的交易和事项发生的频率比较低,以这些方式取得存货并非主流。

1. 接受所有者投入存货

所有者以投入存货的形式向企业投资时,存货价值的高低决定了所有者投入资本的多少。存货的价值是通过一定的价值评估程序,最终由企业的投资各方协商确定的。所以,企业以这种方式取得存货时,以投资合同或协议所确定的金额作为存货的初始金额。如果在特殊情况下,投资协议确定的价格不公允,那么所有者投入的存货应以该存货的公允价值作为初始成本。

2. 采用非货币性资产交换取得存货

当企业用自己的非货币性资产与其他企业的非货币性资产进行交换时,所取得的存货,其成本确定比较复杂,具体处理方式由《企业会计准则第7号——非货币性资产交换》进行规范,本书不展开。

3. 通过债务重组取得存货

债务重组取得存货是指企业在特殊情况下与债务人协商,允许债务人以非现金形式偿还债务时所取得的存货。以这种方式取得的存货,具体处理方式由《企业会计准则第12号——债务重组》进行规范,本书不展开。

4. 企业合并取得存货

企业合并是企业通过取得其他企业足够的所有权份额,而将其他企业纳入本企业的控制之下。企业合并取得的存货就是在这种情形下,企业从被合并企业那里取得的存货。这种存货的处理方式由《企业会计准则第20号——企业合并》进行规范,本书不展开。

5. 盘盈存货

盘盈存货是指企业在盘点财产的过程中所发现的分类账上没有记录的存货。这类存货因为没有当初取得时的原始资料,其历史成本无从获得,所以就用一种替代历史成本的计量属性——重置成本作为初始金额。

三、发出存货的计量

发出存货包括将库存商品销售出去、将库存原材料和半成品从仓库提出进行加工以及将库存周转材料投入使用。

每一种存货的发出,计量均包括两个方面:一是确定发出存货的数量,二是确定发出存货的单价。

(一)发出存货数量的确定

当期期末与期初存货数量之间的关系是:

  当期期初结存存货的数量+当期取得存货的数量
=当期发出存货的数量+当期期末结存存货的数量

其中,当期期初结存存货的数量就是上期期末结存存货的数量,而当期取得的存货数量在每次取得存货时都登记在分类账上,两者相加就是本期可供发出存货的数量。在确定本期发出存货和结存存货的数量时,有两种方式:实地盘存制和账面盘存制。

1. 实地盘存制

采用实地盘存制,平时仅登记存货的取得,不登记存货的发出,通过定期盘点得出结存存货的数量,然后倒挤算出发出存货的数量。这种方式又被称为"定期盘存制"。

实地盘存制由于平时不登记发出存货的数量,所以工作量比较小,但是如果发生了失窃等非正常减少存货的现象,就无法通过账面记录发现。这种方法适用于单位价值低、发出存货数量频繁的存货。

2. 账面盘存制

采用账面盘存制,平时既要登记存货的取得,又要登记存货的发出,结存存货的数量随时能够从账面上直接计算得到。这种方式也被称为"永续盘存制"。

采用账面盘存制,虽然从账面上能得到结存存货的数量,但这只是存货的应结存数量,存货实际结存数量还是要通过实地盘点取得。如果账面的应结存数量与实地盘点得到的结存数量不相符,要将账面上的数量调整为实际结存数量,以保证财务报告的真实性。但是对账实两者不相符的原因要深入调查,杜绝管理漏洞。这种方式相比实地盘存制,能发现非正常出库现象,管理比较到位,适用于单位价值较高的存货或者不频繁发出的存货。

实地盘存制和账面盘存制,不仅是用来确定发出存货数量,并进而确定发出存货成本和结存存货成本的两种不同的方式,更是两种不同的管理方式。

(二)发出存货单价的确定

发出存货单价的确定比较复杂,这是因为同一种存货批次不同,单位购进成本或者单位生产成本很可能不同。目前《存货准则》允许采用四种方法:先进先出法、移动加权平均法、综合加权平均法和个别计价法来确定发出存货的单价。

1. 先进先出法

先进先出法是以"先取得的存货先发出"的实物流转假设为前提,确定发出存货单价的一种计价方式。采用这种方法,发出存货时以目前账面上先取得的存货的单位成本作为发出单价。如果目前账面上最先入库的一批存货的数量低于所要发出存货的数量,就继续采用第二批入库存货的单位成本,依次类推。先进先出法只是一种确定发出存货单价的方法,这并不意味着在进行存货实物流转时也一定做到先进先出。

先进先出法既适用于实地盘存制,也适用于永续盘存制。

与先进先出法相对应,还有一种计价方法,称作"后进先出法"。后进先出法是以"后取得的存货先发出"的实物流转假设为前提,对发出存货进行计价。采用这种方法,发出存货时,以账面上目前最后取得的存货的单位成本作为发出存货的单价,如果最后一批存货的数量不足,就以次后一批存货的单位成本作为发出存货的单价,以此类推。采用后进先出法,并不一定要求企业的实物流转也做到后进先出。

我国企业会计准则和国际会计准则目前都不允许企业采用后进先出法。但是这种方法却有显著的教学意义。

2. 综合加权平均法

综合加权平均法是指以当期期初存货数量与当期全部进货数量之和作为权数来计算本期可供发出存货的平均单价的一种计价方法,通常的计算期限为一个月。

综合加权平均法既适用于实地盘存制,也适用于永续盘存制。

3. 移动加权平均法

移动加权平均法是指在每次进货后都计算当前所持有存货的加权平均单价,据此确定以后发出存货单价的一种计价方法。这种方法在每次进货后都要重新计算加权平均单价,在下次进货之前所发出的存货,均按照这一单价确定发出存货的单价。因为每次取得存货后都要重新计算加权平均单价,所以称作"移动加权平均法"。

以上这三种方法适用于批次不同、单位取得成本不同、但是无论从功能还是外观都没有任何差异的存货。企业一旦决定采用某种计价方法,就要在财务报表附注中加以说明,并且一旦确定,就不能随意变更。

4. 个别认定法

个别认定法是指能够在分别辨认存货的批次的情况下,按每一批存货的实际进价确定发出存货的成本和期末结存存货成本。采用这种方法要求企业对每一批存货的品种规格、入账时间、单位成本和存放地点都要作详细记录,以便为确定发出存货的成本提供依据。

随着社会需求的差异化,生产变得小批量,多批次,发出的存货存在着明显差异,采用个别认定法的情形会越来越多。

个别认定法将发出存货的成本与存货的实物流转联系起来,形式上看似乎更加符合企业经营活动的实际情况。但是对于"一模一样"的存货,这一批次和那一批次除了单位取得成本以外,其他方面并无区别,如果采用个别认定法,当同种商品多次购入的单价不同时,管理层就可以随意选择发出单位成本较高或较低的存货,以达到当期的利润目标。所以这种方法只适用于不能替代使用的存货、为特定项目专门购入或制造的存货。

(三)通货膨胀下各种计价方法对报表的影响

这里之所以考虑通货膨胀,是因为通货膨胀是经济生活中最常见的情形,尽管有时也会出现通货紧缩。通货膨胀是我们此处分析问题的背景,并不由此推翻币值稳定假设。

下面通过一个简单模型说明不同计价方法对财务报表的影响。

假设企业分三次购进存货各一件,购进成本分别为10元、12元、14元(以下均不考虑增值税),之后在第一个会计期间出售一件存货,售价20元。第二个会计期间又出售剩余的两件存货,每件售价20元。这些业务分别用先进先出法、后进先出法和综合加权平均法,通过会计等式模板描述在表4-1、表4-2和表4-3中。这三张表仅列示到报表项目层次,没有列示科目,目的是让读者从报表项目层次关注不同计价方法对报表的影响。

表4-1 先进先出法对财务报表的影响

单位:元

资产负债表要素	资产		=	负债	+	所有者权益
资产负债表项目	货币资金	存货	=		+	未分配利润
第一次购进	-10	+10	=		+	
第二次购进	-12	+12	=		+	
第三次购进	-14	+14	=		+	
第一个期间出售	+20		=		+	+20(营业收入)
		-10	=		+	-10(营业成本)
第一个期末结存	-16	26	=		+	10
第二个期间出售	+40		=		+	+40(营业收入)
		-26	=		+	-26(营业成本)
累计发生额	+24	0	=		+	+24

表4-2 后进先出法对财务报表的影响

单位:元

资产负债表要素	资产		=	负债	+	所有者权益
资产负债表项目	货币资金	存货	=		+	未分配利润
第一次购进	−10	+10	=		+	
第二次购进	−12	+12	=		+	
第三次购进	−14	+14	=		+	
第一个期间出售	+20		=		+	+20(营业收入)
		−14	=		+	−14(营业成本)
第一个期末结存	−16	22	=		+	6
第二个期间出售	+40		=		+	+40(营业收入)
		−22	=		+	−22(营业成本)
累计发生额	+24	0	=		+	+24

表4-3 综合加权平均法对财务报表的影响

单位:元

资产负债表要素	资产		=	负债	+	所有者权益
资产负债表项目	货币资金	存货	=		+	未分配利润
第一次购进	−10	+10	=		+	
第二次购进	−12	+12	=		+	
第三次购进	−14	+14	=		+	
第一个期间出售	+20		=		+	+20(营业收入)
		−12	=		+	−12(营业成本)
第一个期末结存	−16	24	=		+	8
第二个期间出售	+40		=		+	+40(营业收入)
		−24	=		+	−24(营业成本)
累计发生额	+24	0	=		+	+24

在第一个会计期间销售时,无论采用哪种方法,销售收入和所得现金都是20元。销售成本在先进先出法、后进先出法和加权平均法下,分别为10元、14元和12元,利润分别为10元、6元和8元,结存存货分别为26元、22元和24元。

在第二个期间出售剩余存货时,无论采用哪种方法,销售收入和所得现金都是40元。销售成本在先进先出法、后进先出法和加权平均法下,分别为26元、22元和24元,利润分别为14元、18元和16元。

最终,在三种方法下,到第二期的期末,资产负债表"货币资金"均增加了24元,"存货"变动额均为零,"未分配利润"均增加了24元。

从购进到销售完所有存货这一跨越两个会计期间的完整业务过程看,三种方法对企业最终财务结果的影响是相同的:"货币资金"增加24元,"未分配利润"增加24元,"营业收入"合计60元,"营业成本"合计36元。现金流量表中有现金流入60元,现金流出36元。

以下具体分析不同方法对财务报表产生的影响。

先进先出法下,由于总是以先购进的存货的单位成本作为发出存货的单价,资产负债表中结存存货的成本总额就是以比较接近资产负债表日的单价计算的,所以有关结存存货的信息质量比较高;而利润表中与收入相配比的营业成本是以较早期的单位成本计算的,毛利额不仅受企业获利能力的影响,也受通货膨胀的影响,有关毛利的信息质量不高。

后进先出法下,由于总是把后购进的存货的单位成本作为发出存货的单价,资产负债表中结存存货的成本总额就是以离资产负债表日最远的单价计算的,所以有关结存存货的信息质量比较差。相比先进先出法,结存存货的金额比较低。而利润表中与收入相配比的营业成本是以最接近资产负债表日的单位成本计算的,毛利反映了企业的获利能力,几乎不受通货膨胀的影响,有关毛利的信息质量比较高。相比先进先出法,毛利额也比较低。

从企业整个生命周期看,企业最终是要把结存的存货全部出售的,所以到企业的后期,采用后进先出法计算的毛利会比采用先进先出法计算的高。而整个生命周期内企业获取的毛利总额,并不受计价方法的影响,如前例,三种计价方法下,利润表均显示两个期间毛利的合计数为24元。这一结论还可以从现金流角度来阐释:无论采用哪种计价方法,在企业的生命周期内,取得存货所支付的现金总额是确定的,如前例36元,出售存货所收回的现金总额也是确定的,如前例60元,从而所获取的毛利总额是确定的。不同计价方法,只是影响了这一毛利总额在各个期间的分配而已。如前例,在先进先出法、后进先出法和综合加权平均法下,毛利在两个期间的分配分别为10元和14元、6元和18元、8元和16元。

从这一点上,读者可以进一步体会"会计分期"假设对财务报表带来的深刻影响。同时读者也会发现,通过采用不同会计处理方法来调节盈余,是有时效的。不同的会计处理方法带来的损益差异仅在资产存续期内存在。无论采用什么会计处理方法,当处置资产之后,殊途同归。

如果采用后进先出法计算企业纳税所得额,由于前期计算的应纳税所得额较低,后期计算的应纳税所得额较高,就能获得延迟纳税的好处。这是我国企业所得税法不允许采用后进先出法计算应纳税所得额的原因。

采用综合加权平均法和移动加权平均法,资产负债表和利润表所受到的影响,居于先进先出法和后进先出法之间。

(四)后进先出法被现行准则取消的原因

无论是我国现行企业会计准则,还是国际会计准则,都取消了后进先出法。其中的原因主要有以下两个。

一是在资产负债表质量和利润表质量不能同时满足时,现行准则更强调资产负债表质量。而后进先出法下资产负债表提供的信息质量不高,尽管它提供了较高质量的利润表。现行准则之所以更强调资产负债表质量,是因为资产负债表反映了企业的未来,其提供的信息具有更强的预测性,从而具有更强的相关性;而利润表主要是对过去已经发生的交易或事项的结果予以反映,预测性较弱。

二是在后进先出法下,当某期发出存货的数量显著高于取得存货的数量时,可能会动用很早以前就积累的单位成本,这就显著降低了本期发出存货的平均成本,从而使当期利润出现"井喷"现象,制造当期获利能力显著提高的假象。

无论采用以上哪种计价方法,发出存货的成本都遵循了"历史成本"原则。

四、期末存货的计量

在会计期间内,企业的存货不断流转,到了期末,总有一部分结存下来,留待下一个会计期间继续加工或者出售。在本节第三部分"发出存货的计量",读者已经看到结存存货的成本与发出存货的成本同时确定下来了。现在我们继续分析"期末存货的计量"问题,是因为之前所确定的结存存货的成本属于历史成本。期末以历史成本对外报告,在有些情况下,没有满足会计信息的质量要求——谨慎性。

（一）期末存货计量的方法

在持续经营假设下,为了保证会计信息的可靠性,资产的期末计量通常采用历史成本计量属性,即以结存存货当初的取得成本作为期末对外报告的金额。但是,当企业的外部环境发生重大不利变化,使得存货未来带来的经济利益低于存货的取得成本时,再采用历史成本进行计量就会使存货虚计,从而高估资产。这时为了保证会计信息的谨慎性,就必须改变计量属性,以存货未来能够带来的经济利益对存货进行再次计量。本书第二章阐述了《基本会计准则》所规定的五种计量属性:历史成本、重置成本、可变现净值、现值和公允价值。在这些计量属性中,计量资产未来产生经济利益的属性有三种:可变现净值、现值和公允价值。这三种计量属性简而言之,可变现净值是当下出售资产所带来的经济利益;现值是资产持续使用,未来所产生经济利益的折现值;公允价值是资产目前在活跃市场上的价格。因为存货是用于出售的,所以"可变现净值"这一计量属性描述了存货未来带来的经济利益。

概括起来,存货期末所采用的计量方法是"成本与可变现净值孰低":当结存存货的历史成本低于可变现净值时,以历史成本计量;反之,以其可变现净值计量。

期末,如果前期造成存货减值的不利因素已经消失,期末存货的可变现净值相比以前就会提高;如果造成存货减值的不利因素继续恶化,那么期末存货的可变现净值相比以前就会下降。无论存货可变现净值如何变化,期末计量结存的存货时,都遵循"成本与可变现净值孰低"原则。

（二）期末存货可变现净值的确定

《存货准则》对"可变现净值"的定义是,存货的可变现净值就是指日常活动中,存货的估计售价减去至完工时估计将要发生的成本、估计的销售费用和相关税费后的净额。这里"日常活动"是指企业处于持续经营中,而不是面临清算。

企业持有存货的目的不同,存货的可变现净值也不同。以下分别"待售存货"和"需要加工的存货",确定存货的可变现净值。

1. 期末待售存货可变现净值的确定

待售存货直接用于出售,包括商品流通企业的商品和产品制造企业的产成品以及用于出售的原材料和半成品。在正常生产经营中,待售存货的可变现净值,是该存货的估计售价减去估计销售时发生的销售费用和相关税费后的差额。

(1) 估计售价的确定

期末为执行合同而持有的存货,估计售价以合同价格计算。如果期末持有存货的数量多于合同订购数量,那么超出的存货的估计售价以一般销售价格计算。

比如,企业期末持有 A 类存货 1 000 件,生产成本 100 元/件。其中 600 件已经签订了销售合同,合同约定售价 120 元/件,市场售价 122 元/件。期末 1 000 件 A 类存货的估计售价为 120 800(120×600+122×400)元。

(2) 估计销售费用和估计相关税费的确定

估计销售费用是估计未来销售存货时发生的运输费、装卸费、保险费等销售费用。估计相关税费是估计未来销售时发生的流转税及附加于流转税的城市维护建设税和教育费附加。如果"估计售价"是含增值税的售价,那么所要扣除的"相关税费"还要包括增值税。如果增值税一般纳税人在确定售价时以不含增值税的金额计算,那么要扣除的"相关税费"中就不包含增值税了。

2. 期末需要加工的存货的可变现净值的确定

需要加工的存货是指需要加工后才能出售的存货,包括原材料、在产品、半成品等。这些存货由于需要继续加工至完成后才能出售,所以它产生的经济利益是估计加工完成后出售给客户所产生的现金净流入,扣除自目前状态始到加工完成至可销售状态止所估计发生的成本。正如准则所规定,需要加工的存货的可变现净值是加工完成至可出售状态时的估计售价减去至完工时估计将要发生的成本、估计的销售费用以及相关税费后的净额。

【例 4-1】 某企业期末持有 A 材料 100 吨,单位成本 1.1 万元/吨,用于生产 B 产品。每件 B 产品耗用 A 材料 2 吨。期末 A 材料的估计售价为 1.1 万/吨(不含增值税),估计销售费用 0.1 万/吨;B 产品的估计售价为 4 万/件(不含税),估计销售费用 0.2 万/件,将 A 材料加工成 B 产品还需继续发生支出 1 万元。

本例中期末确定 A 材料的可变现净值时,应以其未来带来经济利益的方式为依据。企业持有 A 材料是为了生产 B 产品,而不是为了销售,所以应当以 B 产品的估计售价、而不是 A 材料的估计售价为基础计算 A 材料的可变现净值。

单位 A 材料的可变现净值=(B 产品的估计售价-B 产品的估计销售费用-至完工时
将要发生的成本)/单位 B 产品耗用的 A 材料数量
=(4-0.2-1)/2
=1.4(万元/吨)

单位 A 材料的可变现净值高于单位历史成本,所以 A 材料期末继续以历史成本计量。

在确定存货的可变现净值时,由于并没有实际发生交易,影响可变现净值金额的因素都是估计出来的。为了保证可变现净值的可靠性,确定存货的可变现净值时必须有确凿证据。这些证据包括:与产成品或商品相同或类似的市场销售价格或者销货方提供的销售资料,企业的生产成本资料等。

(三) 存货减值金额的确定

当存货的可变现净值低于存货的历史成本时,存货发生了减值。减值金额等于存货的历史成本与可变现净值之差。

计算存货的减值金额时,分别按照单个存货项目、存货类别以及全部存货计算,结果可能会有很大差别。

【例 4-2】 表 4-4 列报了某商品流通企业 2019 年末分别按照单个商品项目、商品类别以及全部商品计算的存货减值金额。

表 4-4 期末各类商品的成本与可变现净值

单位：元

商品	数量	成本		2019 年末可变现净值		成本与可变现净值的差额
		单价	总额	单价	总额	
第一类						
A 商品	150	12	1 800	9	1 350	450
B 商品	300	9	2 700	6	1 800	900
C 商品	450	7	3 150	5	2 250	900
第一类小计						2 250
第二类						
D 商品	180	12	2 160	15	2 700	－540
E 商品	165	10	1 650	8	1 320	330
第二类小计						－210
第三类						
F 商品	1 500	15	22 500	16	24 000	－1 500
第三类小计						－1 500
合计						540

根据表 4-4，如果按照单个存货项目计算减值金额，A、B、C、E 四种商品发生了减值，减值总额为 2 580 元。如果按照存货类别计算减值金额，只有第一类存货发生了减值，金额为 2 250 元。如果按照全部存货计算，那么减值金额只有 540 元。可见，计算减值金额的存货范围越大，内部相互抵消的作用也就越大，计算出来的减值金额也就越少。在三种计算方法中，按照单个存货项目计算减值金额能充分挤出资产中的水分。

存货准则规定，通常按照单个存货项目计算减值金额；对于数量繁多，单价较低的存货，可以按照存货类别计算减值金额；处于在同一地区生产和销售的产品系列中、具有相同或类似的最终用途或目的、彼此之间无法分开计量的存货，可以合并计算减值金额。

第三节 存货的账务处理

存货的账务处理解决的是存货取得、发出与期末再次计量，在财务报表项目和会计科目两个层次的呈现问题。本书不详细讲述产品制造企业在生产过程中发生的不同加工程度的存货的流转所产生的账务处理问题，这类问题在《成本会计学》教材中讲述。

存货的账务处理既是为了满足对外报告的需要，为编制财务报表提供数据来源，同时也由于存货管理是企业物资管理的重要方面，账务处理还要满足企业内部物资管理的需要。

采用以历史成本为基础的"实际成本法"对存货进行账务处理,是对外报告的基本需要。而对于同时有多种存货频繁流转的产品制造业,在历史成本计量的基本要求下,在实际工作中,为了简化内部账务处理工作以及方便企业内部管理,产生了不同于"实际成本法"的存货核算方法——"计划成本法"。本节先介绍"实际成本法"下的账务处理,然后介绍"计划成本法"下的账务处理。

一、报表项目与科目设置

资产负债表上与存货相关的报表项目是"存货"。在实际成本法下,在"存货"项目下设置以下会计科目。

1. "在途物资"科目

该科目属于资产类科目,反映企业已经购入但是尚未验收入库的在途材料、在途商品的采购成本。企业购入材料、商品,按应计入材料、商品采购成本的金额,借记本科目;所购材料、商品到达企业并验收入库时,贷记本科目;期末该科目余额在借方,表示企业已经购入但是尚未验收入库的在途材料、在途商品的采购成本。该科目按照供应单位和物资品种设置明细科目。

2. "原材料"科目

该科目属于资产类科目,反映企业库存的各种材料,包括原料及主要材料、辅助材料、外购半成品、修理用备件、包装材料、燃料等的实际成本。材料验收入库时,按其实际成本借记本科目;生产经营领用材料时,贷记本科目。期末该科目有借方余额,表示库存材料的实际成本。该科目按照材料的保管地点、材料的类别、品种和规格设置明细科目。

3. "库存商品"科目

该科目属于资产类科目,反映企业库存的各种商品的实际成本,包括库存产成品、外购商品、存放在卖场准备出售的商品、发出展览的商品以及寄存在外的商品等。生产完工验收入库产成品、外购验收入库商品时,以产成品、商品的实际成本借记该科目;产成品或商品对外销售时,以其实际成本贷记该科目。该科目的期末余额在借方,反映企业库存商品的实际成本。该科目按照库存商品的种类、品种和规格设置明细科目。

4. "发出商品"科目

该科目属于资产类科目,反映企业未满足销售收入确认条件但是已经发出商品的实际成本。当企业发出商品而又未满足销售收入的确认条件时,以商品的实际成本借记该科目;当发出的商品满足了销售收入的确认条件时,或者发出的商品被退回时,贷记该科目;该科目期末有借方余额,表示发出商品的实际成本。按照购货单位、商品类别和品种设置明细科目。

5. "生产成本"科目

该科目从用途方面讲,属于成本类科目,用于计算产品的生产成本;从性质方面讲,属于资产类科目。当企业进行产品生产时,所消耗的直接材料、直接人工以及所分配的制造费用的金额,记入该科目的借方;当产品完工验收入库时,完工产品的成本记入该科目的贷方。期末该科目余额在借方,表示未完工的产品所消耗的直接材料、直接人工以及所分配的制造费用的金额,即未完工产品的成本。

6. "委托加工物资"科目

该科目属于资产类科目,反映委托外单位加工的各种材料、商品等物资的实际成本。委托外单位加工物资时,或者对已经委托加工的物资支付加工费、运杂费时,按照实际成本借记本科目,收回加工物资时,按照实际成本贷记本科目。期末该科目有余额在借方,表示委托外单位加工尚未完成的物资的实际成本。

二、取得存货的账务处理

(一)外购存货的账务处理

外购存货包括外购原材料、库存商品、周转材料等。外购存货的成本包括买价、运杂费等,对增值税一般纳税人而言,买价中不包括应支付的增值税额。当企业收到供应商开具的发票,确认存货已经购进,但是货物尚未入库时,先记入"在途物资"科目。等货物收到,由仓库验收入库后,再从"在途物资"科目转入"原材料""库存商品"或"周转材料"科目。如果收到发票确认购进时,货物已经同时验收入库,就直接记入"原材料""库存商品"或"周转材料"科目。如果支付货款时享受了供应商提供的现金折扣,那么所享受的现金折扣属于财务收益,贷记"财务费用"科目。

【例4-3】 甲、乙公司都是增值税一般纳税人,甲公司从乙公司购进A材料一批,计100公斤。A材料的应税税率为13%。乙公司对A材料的报价是2 260元/公斤(含增值税),向甲公司提供九折优惠,同时提供的现金折扣条件是1/20,0.5/40,n/60。双方商定,现金折扣条件以交易总额为计算依据。甲公司所取得的增值税专用发票上注明"金额"180 000元,"税额"23 400元,发票总额合计203 400元。材料已经验收入库。甲公司另外向运输部门支付1 000元运杂费,其中82.57元计入进项税额,917.43元计入材料成本。19天以后,甲公司按照享受的现金折扣向乙公司支付款项总额201 366元。

甲公司上述经济活动用会计等式模板描述的结果见表4-5。

表4-5 会计等式模板描述

单位:元

资产负债表要素	资产		=	负债		+	所有者权益
资产负债表项目	货币资金	存货	=	应付账款	应交税费	+	未分配利润
资产负债表科目	银行存款	原材料	=	应付账款	应交税费	+	利润分配
资产负债表明细科目	略	A材料	=	乙公司	应交增值税	+	未分配利润
购入材料并入库		+180 000	=	+203 400	-23 400		
向运输部门支付运杂费	-1 000	+917.43	=		-82.57	+	
在折扣期内付款	-201 366		=	-203 400		+	+2 034(财务费用)
累计发生额	-202 366	+180 917.43	=	0	-23 482.57	+	+2 034(财务费用)

(1)甲公司购入的A材料验收入库时,编制会计分录如下:

借:原材料——A材料　　　　　　　　　180 000
　　应交税费——应交增值税(进项税额)　23 400
　　贷:应付账款——乙公司　　　　　　　　　　203 400

(2)甲公司向运输部门支付运杂费时,编制会计分录如下:

借:原材料——A 材料　　　　　　　　　917.43
　　应交税费——应交增值税(进项税额)　 82.57
　　贷:银行存款　　　　　　　　　　　　1 000

(3)甲公司 19 天以后向乙公司支付款项时,编制会计分录如下:

借:应付账款——乙公司　　　　　　　203 400
　　贷:银行存款　　　　　　　　　　　201 366
　　　　财务费用　　　　　　　　　　　 2 034

从表 4-5 最后一行看出,甲公司用 202 366 元购入了 180 917.43 元的 A 材料,形成了进项税额 23 482.57 元,取得了 2 034 元的财务收益。

【例 4-4】 甲、丙公司都是增值税的一般纳税人。甲公司从丙公司购进 B 商品一批,共 1 000 公斤,单位售价 1 695 元/公斤(含增值税)。甲公司取得了增值税专用发票,发票上注明"金额"1 500 000 元,"税额"195 000 元,发票总额合计 1 695 000 元,但是货物还未到达。三天以后货物运抵并验收入库。又过了两天甲公司向丙公司支付款项。

甲公司上述经济活动用会计等式模板描述的结果见表 4-6。

表 4-6　会计等式模板描述

单位:元

资产负债表要素	资产			=	负债		+	所有者权益
资产负债表项目	货币资金	存货		=	应付账款	应交税费	+	未分配利润
资产负债表科目	银行存款	在途物资	库存商品	=	应付账款	应交税费	+	利润分配
资产负债表明细科目	略	B 商品	B 商品	=	丙公司	应交增值税	+	未分配利润
购进商品取得发票		+1 500 000		=	+1 695 000	-195 000	+	
商品入库		-1 500 000	+1 500 000	=			+	
支付款项	-1 695 000			=	-1 695 000		+	
累计发生额	-1 695 000	0	+1 500 000	=	0	-195 000	+	

(1)甲公司取得发票时,编制会计分录如下:

借:在途物资——B 商品　　　　　　　1 500 000
　　应交税费——应交增值税(进项税额)　195 000
　　贷:应付账款　　　　　　　　　　　1 695 000

(2)甲公司收到货物后,编制会计分录如下:

借:库存商品——B 商品　　　1 500 000
　　贷:在途物资——B 商品　　 1 500 000

(3)甲公司向丙公司支付款项后,编制会计分录如下:

借:应付账款——乙公司　　　1 695 000
　　贷:银行存款　　　　　　 1 695 000

(二)接受投资者投入存货的账务处理

企业接受投资人投入存货以后,一方面存货增加了,另一方面所有者权益增加了。此时既要考虑存货的入账问题,还要考虑所有者权益的入账问题。

接受投资的企业从投资人那里接受存货的同时,还取得了对方根据税法规定所开具的增值税专用发票。经投资各方协商确定的存货价值就是发票总额。发票总额在增值税专用发票上被拆分为两部分,其中,"金额"就是接受投资的企业存货的成本,记入"原材料""库存商品"等科目;"税额"就是其进项税额,记入"应交税费——应交增值税(进项税额)"科目。

我们可以换个视角看这个问题:接受投资的企业接受了投资人投入的与发票总额等额的货币资金,然后又用这笔资金从投资人那里购入了存货。

接受投资的企业在确认存货和增值税进项税额的同时,所有者权益中的投入资本增加了。而投入资本又包括"实收资本"和"资本公积"两部分。增加的投入资本中,究竟有多少增加了实收资本,又有多少增加了资本公积,由投资者投入时各方协商确定的该投资者在"实收资本"中占有的份额而定。其中详细缘由,将在第十一章"所有者权益"中讲述。

【例4-5】 甲公司是新成立的企业,接受投资者乙公司以若干台设备进行投资。甲公司取得该设备作为库存商品。双方都是增值税一般纳税人。乙公司向甲公司投资的设备的账面价值为1 200 000元。乙公司与甲公司的其他投资方协议认可的价值为1 300 000元。乙公司向甲公司开具增值税专用发票。发票上注明"金额"为1 150 442元,"税额"为145 558元。

乙公司向甲公司投资总额为1 300 000元。甲公司在获得的这一利益中,有1 150 442元存货,还有149 558元增值税进项税额。

甲公司接受乙公司投资的设备以及同时取得的增值税专用发票后,用会计等式模板描述的结果见表4-7。

表4-7 会计等式模板描述

单位:元

资产负债表要素	资产	=	负债	+	所有者权益
资产负债表项目	存货	=	应交税费	+	实收资本
资产负债表科目	库存商品	=	应交税费	+	实收资本
资产负债表明细科目	略	=	应交增值税	+	乙公司
接受投资者投入存货	+1 150 442	=	-149 558	+	+1 300 000

甲公司接受投资者投入存货时,编制会计分录如下:

借:库存商品　　　　　　　　　　　　　1 150 442
　　应交税费——应交增值税(进项税额)　149 558
　贷:实收资本——乙公司　　　　　　　　1 300 000

(三)加工生产的存货的账务处理

本书不阐述加工生产的存货的账务处理,有兴趣的读者可以阅读《成本会计学》。

三、发出存货的账务处理

(一)存货正常发出的账务处理

存货的盘存制度以及发出存货的计价方法决定了发出存货账务处理的时点。

如果采用定期盘存制,因为只有在期末才能根据结存存货的数量倒挤得到发出存货的数量,发出存货的账务处理只有期末盘点了存货之后才能进行,而无论采用什么计价方法。如果采用永续盘存制,究竟是在发出存货时进行账务处理,还是等到期末再进行处理,与存货的计价方法有关:若采用综合加权平均法,发出存货的平均单价只有等到月末才能确定下来,账务处理也只能留待月末再做;若采用先进先出法、移动加权平均法或个别计价法,在发出存货时就能进行账务处理。

根据发出存货的用途,将其成本计入相应的损益类科目或资产类科目:如果存货用于销售,发出存货的成本计入损益类的"主营业务成本"或"其他业务成本"科目;如果用于产品生产,计入成本类(即资产类)的"生产成本"科目;如果用于管理部门,计入损益类的"管理费用"科目,等等。

【例 4-6】 甲公司是产品制造企业。发出存货的计价采用综合加权平均法,某月底计算出 A 材料的加权平均单价为 102 元/公斤,当月 A 材料的用途如表 4-8。

表 4-8　A 材料成本分配表

用途	数量(公斤)	单价(元/公斤)	金额(元)
丙产品耗用	250	102	25 500
丁产品耗用	150	102	15 300
基建部门耗用	100	102	10 200
管理部门耗用	50	102	5 100
合计	550	102	56 100

甲公司月底分配所消耗材料的成本时,用会计等式模板描述的结果见表 4-9。

表 4-9　会计等式模板描述

单位:元

资产负债表要素	资产			=	负债	+	所有者权益
资产负债表项目	存货		在建工程	=		+	未分配利润
资产负债表科目	原材料	生产成本	在建工程	=		+	利润分配
资产负债表科目明细	A 材料	丙产品　丁产品	略	=		+	未利润分配
月末对消耗的材料进行账务处理	-56 100	+25 500　+15 300	+10 200	=		+	-5 100(管理费用)

甲公司月底分配所消耗材料的成本时,编制会计分录如下:
　　借:生产成本——丙产品　　25 500
　　　　　　　——丁产品　　15 300
　　　　在建工程　　　　　　10 200
　　　　管理费用　　　　　　 5 100
　　　贷:原材料——A 材料　　　　56 100

(二)存货盘亏或毁损的账务处理

存货发生的盘亏或毁损,应作为待处理财产损溢进行核算。按照管理权限报经批准后,

根据造成存货盘亏或毁损的原因,分别以下情况进行处理:

1. 属于计量差错和管理不善等原因造成的存货短缺,应先扣除残料价值、可以收回的保险赔偿和过失人赔偿,然后将净损失记入"管理费用"科目。

2. 属于自然灾害等非常原因造成的存货毁损,应先扣除处置收入(如残料价值)、可以收回的保险赔偿和过失人赔偿,然后将净损失记入"营业外支出"科目。

当存货盘亏或毁损时,编制会计分录如下:

借:待处理财产损溢
　　贷:原材料等

报经批准处理盘亏或毁损后,根据处理结果,编制会计分录如下:

借:管理费用(或:营业外支出、其他应收款等)
　　贷:待处理财产损溢

四、存货期末再次计量的账务处理

会计期末,企业基于谨慎原则,对所持有的存货进行再次计量时,如果发现存货的可变现净值等于或大于存货的成本,那么不做任何账务处理;如果发现前者小于后者,就要将存货的账面金额从成本调低到可变现净值,使得期末存货以可变现净值计量。

在资产负债表项目层次,将存货的成本调低到可变现净值后,存货的金额一定减少。但是在会计科目层次,理论上有两种调整方法。一种是直接在有关存货科目比如"库存商品""原材料"科目上做冲减记录,另一种是保持这些科目的账面金额(即历史成本)不动,另外设置备抵科目记录调减额。第二种方法称作"备抵法",这种方法使得"库存商品""原材料"科目始终保留历史成本金额,在以后期间比较成本与可变现净值时,有参照物。实务中采用这一方法。

备抵法下需设置"存货跌价准备"科目。期末,如果存货发生减值,将减值金额记入该科目的贷方。这一操作常被称作"计提存货跌价准备"。下一个期间发出存货时,发出部分在此之前所计提的跌价准备同时从该科目转出,记入借方。这一操作被称作"存货跌价准备的结转"。期末,如果过去导致存货减值的不利因素已经消失,可变现净值得以提高,从而导致减值金额减小或者不存在减值,那么减值金额变小的部分记在该科目的借方。这一操作称作"存货跌价准备的转回"。期末"存货跌价准备"科目若有余额一定在贷方,表示存货的可变现净值低于其历史成本的金额。视企业存货跌价准备计提的范围,该科目按照单个存货项目或存货的类别设置明细科目。

"计提存货跌价准备"和"存货跌价准备的转回"都在期末完成,"存货跌价准备的结转"在发出存货时完成。

存货跌价带来的损失计入利润表中与损益有关的"资产减值损失"项目,在该项目下设置损益类的"资产减值损失"科目。

【例 4—7】 承例 4—2。某商品流通企业甲公司 2019 年末按照单个存货项目计提跌价准备。假设之前该企业"存货跌价准备"科目无余额。2020 年度,出售所有 A 商品。2020 年末,B 商品的单位可变现净值继续下降至 5 元/件,可变现净值总额为 1 500 元;C 商品由于市场情况变好,单位可变现净值回升至 5.6 元/件,可变现净值总额为 2 520 元。

(1)2019 年末计提存货跌价准备,用会计等式模板描述的结果见表 4—10。

表4—10 会计等式模板描述

单位：元

资产负债表要素	资产				—	负债	+	所有者权益
资产负债表项目	存货				=		+	未分配利润
资产负债表科目	存货跌价准备				=		+	利润分配
资产负债表明细科目	A商品	B商品	C商品	E商品	=		+	未分配利润
2019年末	－450	－900	－900	－330	=		+	－2 580（资产减值损失）

甲公司2019年末计提存货跌价准备时，编制会计分录如下：

借：资产减值损失　　　　　　　　　2 580
　　贷：存货跌价准备——A商品　　　450
　　　　　　　　　　——B商品　　　900
　　　　　　　　　　——C商品　　　900
　　　　　　　　　　——E商品　　　330

2019年末资产负债表中，"存货"项目减少2 580元，同时"未分配利润"项目减少2 580元。当期所有者权益变动表中，"未分配利润"项目减少2 580元，当期利润表中，"资产减值损失"项目为2 580元，净利润因此减少了2 580元。当期现金流量表不受影响。

(2)2020年度，该企业将所有的A商品出售，结转A商品成本，同时将A商品计提的跌价准备同库存商品一道结转，计入"营业成本"项目。

为了帮助读者理解整个过程，假设2020年度将A商品出售，售价为1 300元（不含增值税）。用会计等式模板描述2019年度购进、2019年末计提减值准备和2020年度出售的业务，见表4—11。从表中看到，从购进到出售，最终亏损了500元：一方面"货币资金"项目减少了500元，另一方面"未分配利润"项目减少了500元。而过程是，2019年末有资产减值损失450元，2020年度有50元的资产处置损失。由此看出，通过在2019年末计提减值准备，把2020年度产生的损失提前确认了。

表4—11 会计等式模板描述

单位：元

资产负债表要素	资产			=	负债	+	所有者权益
资产负债表项目	货币资金	存货		=		+	未分配利润
资产负债表科目	银行存款	库存商品	存货跌价准备	=		+	利润分配
资产负债表明细科目	略	A商品	A商品	=		+	未分配利润
2019年度购进A商品	－1 800	＋1 800		=		+	
2019年末计提跌价准备			－450	=		+	－450（资产减值损失）
2020年度销售A商品		－1 800	＋450	=		+	－1 350（主营业务成本）
	＋1 300			=		+	＋1 300（主营业务收入）
累计发生额	－500	0	0	=		+	－500

甲公司 2020 年度结转 A 商品成本的会计分录如下：

借：主营业务成本　　　　　　　1 800
　　贷：库存商品——A 商品　　　　　1 800

同时将与 A 商品有关的存货跌价准备一并转出：

借：存货跌价准备——A 商品　　　450
　　贷：主营业务成本　　　　　　　　450

上述两笔分录合成一笔是：

借：主营业务成本　　　　　　　1 350
　　存货跌价准备——A 商品　　　 450
　　贷：库存商品——A 商品　　　　　1 800

(3) 2020 年末，B 商品的单位可变现净值继续下降至 5 元/件，可变现净值总额为 1 500 元，与历史成本相比跌价 1 200 元。原先已经计提 900 元，现在继续计提 300 元。

2020 年末与 B 商品有关的处理结果用会计等式模板描述见表 4-12 中的"2020 年末计提跌价准备"行。

表 4-12　会计等式模板描述

单位：元

资产负债表要素	资产			=	负债	+	所有者权益
资产负债表项目	货币资金	存货		=		+	未分配利润
资产负债表科目	银行存款	库存商品	存货跌价准备	=		+	利润分配
资产负债表明细科目	略	B 商品	B 商品	=		+	未利润分配
2019 年度购进 A 商品	-2 700	+2 700		=		+	
2019 年末计提跌价准备			-900	=		+	-900（资产减值损失）
2020 年末继续计提跌价准备			-300	=		+	-300（资产减值损失）
累计发生额	-2 700	+2 700	-1 200	=		+	-1 200

甲公司 2020 年末继续计提 B 商品的跌价准备的会计分录如下：

借：资产减值损失　　　　　　　　300
　　贷：存货跌价准备——B 商品　　　300

从表 4-12 看出，从 2019 年度购入 B 商品以后，B 商品持续跌价，2019 年、2020 年连续两年计提跌价准备，到 2020 年末，B 商品对外报告的金额为 1 500 元，比原先成本低了 1 200 元，造成的损失反映在连续两年的利润表中，分别为 900 元和 300 元，总计损失 1 200 元。所以到了 2020 年末，未分配利润累计减少了 1 200 元。

(4) 2020 年末，C 商品由于市场情况变好，单位可变现净值回升至 5.6 元/件，可变现净值总额为 2 520 元，而成本为 3 150 元，此时应计提跌价准备 630 元。此前已经计提 900 元，于是转回多计提的 270 元。

2020 年末转回多计提的跌价准备，见表 4-13 的"2020 年末转回以前期间计提的跌价准备"行。

表4-13 会计等式模板描述

单位:元

资产负债表要素	资产			=	负债	+	所有者权益
资产负债表项目	货币资金	存货		=		+	未分配利润
资产负债表科目	银行存款	库存商品	存货跌价准备	=		+	利润分配
资产负债表明细科目	略	C商品	C商品	=		+	未利润分配
2019年度购进A商品	-3 150	+3 150		=		+	
2019年末计提跌价准备			-900	=		+	-900(资产减值损失)
2020年末转回以前期间计提的跌价准备			+270	=		+	+270(资产减值损失)
累计发生额	-3 150	+3 150	-630	=		+	-630

甲公司2020年末转回C商品以前期间多计提的跌价准备的会计分录如下：

借：存货跌价准备——C商品　　270
　　贷：资产减值损失　　　　　　　270

从表4-13看出,从2019年度支付3 150元购入C商品以后,C商品的可变现净值于2019年末先跌到2 250元,于是计提了900元的跌价准备,确认了900元的资产减值损失。到2020年末又回升到2 520元,但是仍然比成本低630元,于是有且需要跌价准备630元,原先多提270元,于是转回多提的部分。从累计发生额看,资产累计减少了630元,于是未分配利润累计减少了630元。

(5)2020年末,E商品的单位可变现净值回升至11元/件,可变现净值总额为1 815元,高于历史成本。此时E商品应以历史成本计量,此前已经计提的330元存货跌价准备全部转回。

2020年末转回多计提的跌价准备,见表4-14中的"2020年末转回以前期间计提的跌价准备"行。

表4-14 会计等式模板描述

单位:元

资产负债表要素	资产			=	负债	+	所有者权益
资产负债表项目	货币资金	存货		=		+	未分配利润
资产负债表科目	银行存款	库存商品	存货跌价准备	=		+	利润分配
资产负债表明细科目	略	E商品	E商品	=		+	未利润分配
2019年度购进A商品	-1 650	+1 650		=		+	
2019年计提跌价准备			-330	=		+	-330(资产减值损失)
2020年末转回以前期间计提的跌价准备			+330	=		+	+330(资产减值损失)
累计发生额	-1 650	+1 650	0	=		+	0

甲公司2020年末转回以前期间计提的跌价准备,会计分录如下:
借:存货跌价准备——E商品　　330
　　贷:资产减值损失　　　　　　330

从表4-14看出,E商品经历先跌后涨的变化。2020年末,E商品对外报告的金额仍然是历史成本,其他项目相比购入时没有任何变化。

从上例看出,在计提了存货跌价准备以后的下一个会计期末,当可变现净值与历史成本的差距相比原先扩大时,要继续计提存货跌价准备;缩小时,要转回存货跌价准备,但是转回的金额以已经计提的存货跌价准备为限。总而言之,在任何一个期末,每一类存货的账面价值即对外报告金额,都要遵循"成本与可变现净值孰低"原则。

上例中,假设B、C、E三种商品在2019年购入后没有再购入,也没有销售,历史成本始终保持不变,以便读者看到可变现净值与历史成本之间的差距在缩小或扩大后该如何处理。实务中,商品的历史成本由于当期不断购入和销售,相比上一期间很可能会发生变化。但是无论历史成本、可变现净值怎样发生变化,期末每类存货总有历史成本,也总有可变现净值,对外报告时均以"成本与可变现净值孰低"为计量原则,相应实施"计提存货跌价准备"或者"存货跌价准备转回"的操作。

存货跌价准备的计提以及后续可能的转回,客观上提供了企业在不同期间转移利润的机会。例如,如果2020年业绩良好,故意多计提B商品的跌价准备,降低2020年的利润,如果2021年业绩不好,在2021年末再转回多提的部分,就会增加2021年的利润。这种操作有以丰补歉的效果。为了防止企业在丰年进行"秘密准备",《存货准则》强调,确定存货可变现净值时,要有客观依据;如果要转回以前期间计提的存货跌价准备,转回的条件是造成以前期间可变现净值降低的因素已经消失或者减弱,而不是当期具有升高可变现净值的其他因素。

五、计划成本法

计划成本法是指企业在会计科目里记录存货的收入、发出和结余时,均按预先制定的(单位)计划成本计价,同时将存货的实际成本与计划成本的差额进行记录,期末再将发出存货的计划成本调整为实际成本的一种记录存货增减变化的方法。

这种方法有三个好处。

第一,简化了发出存货的计价问题,发出存货时按照单位计划成本计量。计划成本与实际成本的差异到期末时再予以调整,期末对外报告的存货金额仍然是实际成本。对外报告的金额与综合加权平均法一致。

第二,相比综合加权平均法,在月末之前就能为企业管理者提供与生产有关的信息,虽然这些信息仍然按照计划成本计量,但是已经比较接近于实际成本了。

第三,确定计划成本本身就确定了管理标准,有利于企业进行成本控制。

产品制造企业既可以在原材料取得环节采用计划成本法,也可以同时在产成品入库环节采用计划成本法。以下仅介绍原材料取得环节计划成本法的使用。

(一)报表项目与科目设置

在计划成本法下,仍然通过资产类的"存货"项目报告存货,但是下设的会计科目与实际成本法有差别。以下仅给出与原材料有关的会计科目的设置。

1."原材料"科目

该科目借方登记得到的原材料的计划成本,贷方登记使用的原材料的计划成本,期末该科目的余额在借方,反映结存的原材料的计划成本。该科目按照原材料的品种设置明细科目。

2."材料采购"科目

该科目属于资产类科目,反映企业采用计划成本进行材料日常核算而购入材料的实际成本。企业购入材料时,将发票所载明的材料价款、运杂费等应计入材料采购成本的金额记在本科目的借方;当材料验收入库时,将验收入库的材料的实际成本记在本科目的贷方;期末该科目余额在借方,表示企业已经购入尚未验收入库的在途材料的采购成本。该科目按照供应单位和物资品种设置明细科目。

3."材料成本差异"科目

本科目属于资产类科目,反映企业采用计划成本法进行日常核算的材料计划成本与实际成本的差额。材料验收入库时,若其实际成本大于计划成本,称为"超支差异",差异额记入该科目的借方,若其实际成本小于计划成本,称为"节约差异",差异额记入该科目的贷方。期末该科目的余额若在借方,表明期末结存的材料存在超支差异,若在贷方,表明期末结存的材料存在节约差异,所以该科目是"原材料"科目的附加备抵科目。

(二)账务处理

计划成本法的基本账务处理程序是:

第一,购入的原材料无论是否入库,均要先通过"材料采购"科目记录其实际成本。

第二,材料入库后,以材料的计划成本转入"原材料"科目。如果实际成本大于计划成本,产生了超支差异,记入"材料成本差异"科目的借方;如果产生了节约差异,记入"材料成本差异"科目的贷方。

第三,平时发出材料时,根据计划单价和发出材料的数量,确定发出材料的计划成本,记入"原材料"科目的贷方和"生产成本"科目的借方。

第四,月末计算本月材料成本差异率,进而计算本月发出材料应分摊的材料成本差异额,从而将本月记入"生产成本"的材料的计划成本调整为实际成本。

财务处理程序如图4—1。

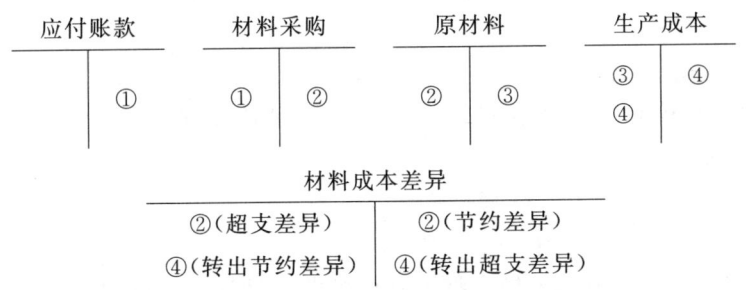

图4—1 计划成本法下会计科目之间关系示意图

【例4—8】 甲公司原材料采用计划成本法进行账务处理,A类材料的计划成本为12元/公斤。2020年1月份A类材料明细账的期初余额为56 000元,"材料成本差异"科目对应的明细科目期初余额为借方4 500元。

(1)1月10日购进 A 类材料 1 500 公斤,材料款 15 000 元,增值税额 1 950 元,款项未付。另支付运输费 500 元,其中计入增值税进项税额 41.29 元,计入采购成本 458.71 元。

编制会计分录如下:

借:材料采购——A 类材料　　　　　　　　15 458.71
　　应交税费——应交增值税(进项税额)　　 1 991.29
　　贷:应付账款　　　　　　　　　　　　　16 950
　　　　银行存款　　　　　　　　　　　　　　　500

(2)1月11日,10日购进的 A 类材料 1 500 公斤验收入库,实际成本 15 458.71 元,计划成本 18 000 元。

编制会计分录如下:

借:原材料——A 类材料　　　　　　　　　18 000
　　贷:材料采购——A 类材料　　　　　　　15 458.71
　　　　材料成本差异——A 类材料　　　　　 2 541.29

(3)1月15日车间领用 A 类材料 2 000 公斤,计划成本 24 000 元。

编制会计分录如下:

借:生产成本　　　　　　　　24 000
　　贷:原材料——A 类材料　　24 000

(4)1月20日购进 A 类材料 2 000 公斤,支付材料款 26 000 元,增值税额 3 380 元,另支付运输费 1 000 元,其中计入增值税进项税额 82.57 元,计入采购成本 917.43 元。

编制会计分录如下:

借:材料采购——A 类材料　　　　　　　　26 917.43
　　应交税费——应交增值税(进项税额)　　 3 462.57
　　贷:银行存款　　　　　　　　　　　　　30 380

(5)1月22日,20日购进的 A 类材料 2 000 公斤验收入库,实际成本 26 917.43 元,计划成本 24 000 元。

编制会计分录如下:

借:原材料——A 类材料　　　　　　　　　24 000
　　材料成本差异——A 类材料　　　　　　　 2 917.43
　　贷:材料采购——A 类材料　　　　　　　26 917.43

(6)1月25日车间领用 A 类材料 2 000 公斤,计划成本 24 000 元。

编制会计分录如下:

借:生产成本　　　　　　　　24 000
　　贷:原材料——A 类材料　　24 000

1月末,根据本月材料成本差异率将本月可供发出材料形成的材料成本差异额,在发出材料和结存材料之间进行分配。本月材料成本差异率的计算公式如下:

$$本月材料成本差异率 = \frac{本月可供发出材料形成的材料成本差异额}{本月可供发出材料的计划成本}$$

其中,

本月可供发出材料形成的材料成本差异额
＝月初结存材料的成本差异＋本月购进材料的成本差异
本月可供发出材料的计划成本
＝月初结存材料的计划成本＋本月购进材料的计划成本
于是，
本月已发出材料应分摊的材料成本差异额
＝本月已发出材料的计划成本×本月材料成本差异率
月末结存材料应分摊的材料成本差异额
＝本月可供发出材料形成的材料成本差异额－本月已发出材料应分摊的材料成本差异额
本例中，
本月 A 类材料成本差异率＝（4 500－2 541.29＋2 917.43）/（56 000＋18 000＋24 000）
＝4.98%

本月 A 类材料成本差异率为正数，表明本月可供发出 A 类材料产生了超支差异，即可供发出 A 类材料的实际成本大于计划成本。

本月已发出 A 类材料应分摊的材料成本差异额＝48 000×4.98%＝2 390.40(元)

甲公司将本月已发 A 类材料的计划成本调增为实际成本的会计分录如下：

借：生产成本　　　　　　　　　　　　2 390.40
　　贷：材料成本差异——A 类材料　　　 2 390.40

甲公司上述经济活动用会计等式模板描述的结果见表 4－15。

表 4－15　会计等式模板描述

单位：元

资产负债表要素	资产					＝	负债		＋	所有者权益
资产负债表项目	货币资金	存货				＝	应付账款	应交税费	＋	
资产负债表科目	银行存款	材料采购	原材料	材料成本差异	生产成本	＝	应付账款	应交税费	＋	
资产负债表明细科目	略	A 类材料	A 类材料	A 类材料	略	＝	略	应交增值税	＋	
期初重要项目的余额			56 000	4 500		＝			＋	
购进材料时	－500	＋15 458.71				＝	＋16 950	－1 991.29	＋	
材料入库时		－15 458.71	＋18 000	－2 541.29		＝			＋	
生产部门领用材料时			－24 000		＋24 000	＝			＋	
购进材料时	－30 380	＋26 917.43				＝		－3 462.57	＋	
材料入库时		－26 917.43	＋24 000	＋2 917.43		＝			＋	
生产部门领用材料时			－24 000		＋24 000	＝			＋	
月底分摊材料成本差异				－2 390.40	＋2 390.40	＝			＋	
期末重要项目的余额			50 000	2 485.74		＝			＋	

根据表 4－15，我们深入分析 A 类材料的账面情况。期初"原材料"科目余额为 56 000 元，"材料成本差异"科目期初为借方余额 4 500 元，A 类材料的账面价值即实际成本，为两

个科目的余额之和 60 500 元。期末"原材料"科目余额为 50 000 元,"材料成本差异"科目期末为借方余额 2 485.74 元,此时 A 类材料的账面价值即实际成本为 52 485.74 元。如果 A 类材料没有计提跌价准备,这一金额就是对外报告的金额。

如果本月材料成本差异率为负数,表明本月可供发出材料形成了节约差异,将发出材料的计划成本调减为实际成本时,所作分录与上述分录方向相反。进行账务处理后,"材料成本差异"科目余额仍在贷方,成为"原材料"科目的备抵科目。对外报告时,原材料的实际成本为"原材料"科目与"材料成本差异"科目余额之差。

企业完工入库的产成品,也可以采用计划成本法进行处理。在计划成本法下,按照完工入库产品的单位计划生产成本和完工入库数量计算完工入库产品的计划生产成本,并登记在"库存商品"科目。同时设置"产品成本差异"科目,反映完工入库产品的实际生产成本与计划生产成本的差额。平时销售库存商品时,按照库存商品的计划生产成本记录销售存货的成本,期末计算已售库存商品应分摊的产品成本差异额,并将本期已售库存商品的计划生产成本调整为实际生产成本。

需要强调的是,计划成本法是在会计科目层次进行的处理方法,在财务报表层次,计划成本法的结果与实际成本法下的综合加权平均法没有区别。

第四节 存货的报告

一、存货的列报

期末结存的存货在资产负债表中的"存货"项目下列报。如果以实际成本法进行账务处理,该项目以"在途物资""原材料""生产成本""库存商品""发出商品""委托加工物资""周转材料"等所有存货类科目的期末余额的合计数列报。如果采用计划成本法进行账务处理,则以"材料采购""材料成本差异""原材料""生产成本""库存商品""发出商品""委托加工物资""周转材料"等所有存货类科目的期末余额的合计数列报。无论采用哪种方法,如果计提了存货跌价准备,则要在上述合计数的基础上扣除"存货跌价准备"科目的余额。

本期已出售存货的成本在利润表的"营业成本"项目下列报。

二、存货的披露

在财务报表附注中还要披露存货的以下信息:
(1)各类存货的期初和期末账面价值;
(2)发出存货采用的计价方法;
(3)存货可变现净值的确定依据,存货跌价准备的计提方法;
(4)当期计提的存货跌价准备的金额,当期转回的存货跌价准备的金额,以及计提和转回的有关情况;
等等。

【本章小结】

本章介绍了存货的确认、计量、账务处理与报告。

存货是指企业在日常活动中持有以备出售的产成品或商品、处在生产过程中的在产品、在生产过程或提供劳务过程中耗用的材料和物料等。本章介绍了不同类型的企业持有存货的种类差异,介绍了不同取得方式下存货历史成本的构成。本章还介绍了发出存货的计价方法,并且对比分析了先进先出法和后进先出法对财务报表的影响,分析了后进先出法被取消的原因。本章还介绍了可变现净值的概念以及期末存货跌价准备的计提。最后分别介绍了实际成本法和计划成本法下存货的账务处理与报告。

【思考题】

1. 什么是存货?存货带来经济利益的方式有什么特点?为什么在资产负债表上,存货位于应收票据、应收账款之后?
2. 产品制造企业主要有哪些存货?商品流通企业呢?
3. 存货的确认条件是什么?
4. 存货初始计量(即取得存货时的计量)采用什么计量属性?
5. 《存货准则》规定发出存货有哪些计价方法?为什么后进先出法被取消了?
6. 既然已经采用一定计价方法确定了期末存货的成本,为什么期末还要进行存货的再次计量?期末存货再次计量时,采用的方法是什么?
7. 待售存货和加工后出售的存货,可变现净值分别如何确定?
8. 在实际成本法下,如何进行存货取得、存货发出、期末存货再次计量的账务处理?
9. 在计划成本法下,如何进行存货取得、存货发出、期末存货再次计量的账务处理?
10. 期末存货如何报告?

【练习题】

(一)单项选择题

1. 下列各项支出中,一般纳税企业不计入存货成本的是( )。
   A. 购入存货时发生的增值税进项税额
   B. 购买存货发生的装卸费
   C. 购买存货而发生的运输费用
   D. 购买存货而支付的进口关税

2. 企业发生的原材料盘亏或毁损损失中,不应作为管理费用列支的是( )。
   A. 自然灾害造成的毁损净损失
   B. 保管中发生的定额内自然损耗
   C. 收发计量造成的盘亏损失

D. 管理不善造成的盘亏损失

3. 某企业原材料采用计划成本核算,2021年1月原材料科目期初余额为100 000元,材料成本差异科目期初借方余额为2 000元,1月10日购入材料一批,取得增值税专用发票注明货款200 000元,增值税34 000元,该批材料的计划成本为194 000元,材料已经到货,货款已经支付;1月20日又购入该材料一批,计划成本为150 000元,材料已经入库,但是发票等结算单据月末仍未到达,企业于期末将其按照计划成本估计入账。计算该材料当月材料成本差异率为( )。

  A. 2.04% B. 2% C. 1.8% D. 2.72%

4. 某企业是一般纳税人,2020年6月初原材料科目期初余额为8 000元,材料成本差异科目期初借方余额为160元,本月购入材料一批,计划成本为300 000元,实际成本为306 000元;本月发出材料计划成本为200 000元,则该企业2020年6月末结存存货的实际成本为( )元。

  A. 108 000 B. 110 160 C. 105 840 D. 142 560

5. 企业某种存货的期初实际成本为200万元,期初"存货跌价准备"账户贷方余额2.5万元,本期购入该种存货实际成本45万元,领用150万元,期末估计库存该种存货的可变现净值为91万元。则本期应计提存货跌价准备额为( )万元。

  A. 1.5 B. 2.5 C. 4 D. 9

6. 某企业2019年12月31日存货的账面余额为20 000元,预计可变现净值为19 000元。2020年12月31日存货的账面余额仍为20 000元,预计可变现净值为21 000元。则2020年末应冲减的存货跌价准备为( )元。

  A. 1 000 B. 2 000 C. 9 000 D. 3 000

7. 2020年12月31日,大海公司库存A材料的账面价值(成本)为400万元,市场购买价格(不含增值税)为380万元,假设不发生其他购买费用,用A材料生产的甲产品的可变现净值为600万元,甲产品的成本为590万元。2020年12月31日该批A材料的账面价值应为( )万元。

  A. 380 B. 600 C. 400 D. 590

(二)计算及账务处理题

1. 某企业月初A材料结存金额500元,结存数量250公斤;本月5日和20日分别购进甲材料200公斤,单价分别为2.1元和2.3元;本月10日和25日分别领用300公斤A材料。

要求:根据上述资料采用先进先出法和移动平均法计算A材料期末结存金额。

2. 某企业存货核算采用实际成本法,发出存货采用月末一次加权平均法。

月初"原材料"账户结存单价199元/件,结存数量100件,"在途物资"账户结存单价200元/件,结存数量20件。本月发生下列业务:

(1)上月在途材料入库;

(2)购买原材料单价226元/件(含增值税),购买数量200件,增值税率13%,已入库,已付款;

(3)发出原材料300件;

(4)购买原材料单价 228.26 元/件(含增值税),购买数量 200 件,增值税率 13%,已经付款,货已到;

(5)发出原材料 150 件用于产品生产;

(6)接受投资者 A 投入一批存货,数量 500 件,投资各方协商确定的价款为 113 000 元(含增值税,税率 13%),不考虑其他税费。

要求:用会计等式模板描述以上经济活动并编制有关会计分录。

3. 北方公司期末存货采用成本与可变现净值孰低法计价。2019 年 9 月 26 日北方公司与南方公司签订销售合同:由北方公司于 2020 年 3 月 6 日向南方公司销售电子设备 10 000 台,每台 1.5 万元。2019 年 12 月 31 日北方公司库存电子设备 13 000 台,单位成本 1.4 万元。2019 年 12 月 31 日市场销售价格为每台 1.4 万元,预计销售费用均为每台 0.1 万元。北方公司于 2020 年 3 月 6 日向南方公司销售电子设备 10 000 台,每台 1.5 万元。北方公司于 2020 年 4 月 6 日销售电子设备 100 台,市场销售价格为每台 1.2 万元。货款均已收到。以上所有售价均不含增值税。

要求:用会计等式模板描述以上经济活动并编制有关会计分录。

4. 某企业存货核算采用计划成本法。A 类原材料的计划单价为 200 元/件。

月初"原材料"A 明细账户的结存数量为 100 件,"材料成本差异"账户借方余额为 300 元,"材料采购"账户余额为 4 000 元,数量为 20 件。本月发生下列业务:

(1)上月在途材料入库;

(2)购买原材料 200 件,单价 229.39 元/件(含增值税),增值税率 13%,已经入库,已付款;

(3)发出材料 250 件用于产品生产;

(4)购买原材料价款 200 件,单价 230.52 元/件(含增值税),增值税率 13%,已经付款,货已到;

(5)发出材料 250 件用于产品生产;

(6)月末计算材料成本差异率,结转发出材料应负担的成本差异。

要求:用会计等式模板描述以上经济活动并编制有关会计分录。

(三)财务报表题

1."你的"公司存货由哪些项目构成,金额怎样?期末存货余额占总资产余额的比例如何?期初期末余额如何变化?推测这些变化背后公司可能发生的经济活动。

2."你的"公司发出存货采用什么计价方法?

3."你的"公司在最近一年度计提存货跌价准备了吗?当期有跌价准备转回吗?

第五章

固定资产

【学习目标】

通过学习本章,你应该:

1. 掌握固定资产的含义,了解不同行业固定资产的特点;
2. 掌握不同方式下取得固定资产的初始计量方法;
3. 掌握折旧的概念,掌握影响每年折旧额的因素,熟悉折旧的计算方法,掌握折旧的账务处理与报告;
4. 了解固定资产后续资本化支出和费用化支出的含义,掌握其账务处理与报告;
5. 理解可收回金额的含义,掌握期末计提固定资产减值准备的账务处理与报告;
6. 掌握固定资产清理的账务处理与报告。

【引 子】

2020年8月25日,宁波太平鸟时尚服饰股份有限公司(股票代码:603877)公布了《关于调整新购建房屋建筑物和装修折旧年限的公告》。公告称,自2020年7月1日开始,将公司总部办公大楼房屋建筑物折旧年限调整确定为40年、装修折旧年限调整确定为10年。

公告解释了调整此类固定资产折旧年限的原因。公司原先规定房屋建筑物折旧年限为20年,装修折旧年限为5年。而上述折旧年限是在公司房屋建筑物主要为工厂制造和仓储物流等生产性用房的情况下确定的。公司新购建的总部办公大楼在建筑及装修设计标准、施工技术标准等方面均明显优于公司原生产性用房,原执行的折旧年限已不能合理反映公司此类固定资产的实际使用情况。为使此类固定资产折旧年限与其实际使用情况和经济耐用年限相适应,使公司财务信息更为客观,才做出上述调整总部办公大楼折旧年限的决定。

公告还称,此次会计估计变更不会对公司已披露的财务报表产生影响。总部办公大楼房屋建筑物及装修按新折旧年限,预计2020年7~12月产生折旧费用约2,300万元,2021年及以后期间每年预计产生折旧费用约4,600万元。

第一节　固定资产概述

资产是未来能够带来经济利益的经济资源,这些经济资源持续为企业带来经济利益的时间有长有短。如果在未来一年或者超过一年的一个营业周期内带来经济利益,这样的资产就称作"流动资产",否则就称作"非流动资产"。此前,第三章所讲的货币资金与经营性短期债权以及第四章所讲的存货,都属于流动资产。从本章开始到第七章,讲述的都是长期资产,包括固定资产、无形资产和投资性房地产。本章讲述固定资产。

固定资产是耐久性资产,能够持续地在较长时期内发挥作用,并且在使用中始终保持其原有实物形态。例如,房屋建筑物能为生产经营提供安全、舒适的空间,各种设备能完成生产经营所需要的机器化、自动化作业,通信设备能完成企业内外部的信息沟通,运输工具能完成货物和人员的空间转移。这些资产在短则几年、长则几十年的时间内持续为企业服务,而且在使用中实物形态不发生改变,它们都属于企业的固定资产。

我国《企业会计准则第4号——固定资产》(以下简称《固定资产准则》)对固定资产的定义是:"固定资产,是指同时具有下列特征的有形资产:第一,为生产商品、提供劳务、出租或经营管理而持有的;第二,使用寿命超过一个会计年度。"

固定资产具有以下特征。

第一,固定资产是有实物形态的资产,看得见、摸得着,能够用某种实物计量单位加以计量,在为企业带来经济利益的过程中,外在形态基本保持不变。

第二,固定资产或者为企业对外销售商品、提供劳务带来物质条件,比如产品制造企业直接用于生产产品的厂房和机器设备,商品流通企业用作卖场的房屋建筑物,采掘企业用于开采矿产资源的挖掘机,仓储企业用于提供储存服务的库房和货架,运输企业用于提供运输服务的运输工具,等等;或者为企业经营管理提供必要条件,比如各类型企业的职能部门使用的房屋建筑物、运输工具以及通信设备等;或者通过出租带来经济利益,比如出租公司用于出租的汽车,产品制造企业出租的闲置设备。总之,固定资产通过企业自身的经营管理带来经济利益,是为了"持续使用",而不是为了"一次出售"。这是固定资产与存货的本质区别。

第三,固定资产是耐久性资产,为企业服务的期限超过一个会计年度。

固定资产的服务期限较长,长于一年。比如,房屋建筑物的服务期限为20~60年,机器设备的服务期限为3~20年,电子设备的服务期限为2~3年,运输工具的服务期限为4~10年。

但是耐久性资产并非一定是固定资产。例如,房地产开发商开发的商品房,汽车制造企业生产的汽车,工程机械制造公司生产的工程用机械设备等,都是耐久性的。但是对生产这些产品的企业而言,这些资产都不是"自用"的,而是"出售"的,它们是存货,而非固定资产。作为耐久性资产的房屋建筑物,如果既不自用,也不出售,而是为了出租,那就是另一类资产——投资性房地产了。投资性房地产将在第七章讲述。

固定资产在不同的行业中发挥作用的程度不同。表5-1例举了固定资产在不同行业所占资产总额的比重。

表 5-1　不同行业固定资产占资产总额的比重

公司名称	所属行业	固定资产金额（百万元）	资产总额（百万元）	固定资产占总资产比例（%）
中国工商银行	金融企业	244,902	30,109,436	0.81
苏宁易购	商品流通企业	17,807	236,855	7.52
中国石化	制造企业	622,423	1,755,071	35.46
大唐发电	制造企业	179,422	282,120	63.60

资料来源：根据 2019 年度上市公司年度报告整理。

由表 5-1 可知，固定资产在不同行业的企业中所占总资产比重大不相同。它是制造业等资本密集型行业的核心资产。有兴趣的读者可以仔细研究金融企业、商品流通企业的资产负债表，看看它们的核心资产究竟是什么，并深入体会不同的资产结构所呈现出的商业模式的差异。

固定资产按照为企业带来经济利益的方式，大体分为以下类别：
(1) 房屋建筑物
(2) 通用设备
(3) 专用设备
(4) 运输设备
(5) 工具及器具等其他固定资产

固定资产的详细分类，与企业所从事的具体生产经营活动有关，不同行业、不同企业有一定区别。实务中，各企业根据《固定资产准则》所规定的固定资产定义，确定自己的固定资产确认标准，并编制固定资产目录。纳入固定资产名录的资产，一旦取得后，企业就要建立固定资产卡片，详细记载该项资产的供应商、取得时间等，以便进行后续实物管理。

理论上，拥有所有权的土地也是一类固定资产。但是在我国土地归国家所有，企业通常只拥有土地的使用权。这类拥有使用权的土地属于无形资产，不属于固定资产。

第二节　固定资产的确认与初始计量

一、固定资产的确认

《固定资产准则》规定，固定资产的确认标准为：与该固定资产有关的经济利益很可能流入企业，该固定资产的成本能够可靠计量。

任何类型的资产都必须同时具备"相关的经济利益能够流入"和"成本能够可靠计量"这两个条件才能确认。固定资产的确认除了满足资产确认的上述两个一般条件之外，还必须符合固定资产的定义：首先，资产必须具有实物形态；其次在超过一个会计年度的期间内，为企业生产商品、提供劳务、出租或者经营管理创造物质基础。

《固定资产准则》并没有明确规定固定资产的价值判断标准，该标准由各企业自行确定。于是，同样的经济资源，不同的企业也可能会从各自管理成本角度出发，将其确认为不同的资产。例如,一台会议室使用的空调,规模较小的企业可能将其确认为固定资产;规模较大的企业,比如电网公司,考虑到这种金额水平的资产项目很多,按照低值易耗品进行管理更符合成本效益原则,会将其确认为低值易耗品。同样的经济资源在不同规模的企业里确认为不同的资产,表面上看使得会计信息的可比性受到了影响,但实质上使得企业会计政策的选择空间更大,从而使得会计信息的相关性可能会更高。若会计规范制定统一的价值标准,强制所有的企业将某类资产确认为固定资产,反而不能真实反映企业状况的差异。

二、固定资产的初始计量

固定资产的初始计量是指新取得固定资产时的计量。为了保证会计信息的可靠性,固定资产的初始计量与存货的初始计量一样,都采用历史成本计量属性。固定资产的取得方式不同,历史成本的确定方式也不相同。

(一)外购固定资产的成本

外购固定资产的成本,包括固定资产的购买价款、相关税费以及其他一切使固定资产达到预计可使用状态所发生的合理的、必要的支出。至于相关税费,对于购入以后不需要安装马上就能投入使用的固定资产,包括运输费、装卸费、保险费等;对于购入以后需要安装的固定资产,在此基础上还要包括安装费和专业人员服务费等。另外,作为一般纳税人,为购买固定资产支付给供应商的增值税,以及支付给运输商的运输费中包含的增值税,都属于进项税额,不计入固定资产的购入成本。

【例5-1】 2020年1月1日,甲公司购入一台不需要安装的设备,取得的增值税专用发票上注明交易总额为226万元,其中金额为200万元,增值税额为26万元。另外向供应商支付运输费总额为2 000元,其中税额为165.14元,运输成本为834.86元。甲公司是一般纳税人,假定不考虑其他相关税费。

该项固定资产的初始计量金额=2 000 000+834.86=200 834.86(元)

【例5-2】 2020年1月1日,甲公司购入一台需要安装的机器设备,取得的增值税专用发票上注明交易总额为113万元,其中金额为100万元,增值税额为13万元,另外向运输商支付了运输费2 000元,其中165.14元计入增值税额,运输成本1 834.86元。安装设备时,领用本公司原材料一批,成本1万元,另外向安装该设备的本公司安装工人支付工资5 000元。甲公司是一般纳税人。

该项固定资产的初始计量金额=1 000 000+1 834.86+10 000+5 000=1 016 834.86(元)

(二)自行建造固定资产的成本

自行建造的固定资产是指,企业利用自己的人力、物力、财力建造的固定资产,或者委托其他方按照自己的要求建造的固定资产。上述两种方式分别称为"自营建造"和"出包"。

企业以自营方式建造固定资产,是指企业自行组织工程物资采购、自行组织施工人员进行施工。以自营方式建造的固定资产的成本,包括建造期间内发生的全部合理必要的支出,如直接材料、直接人工以及与建造该项资产相关的共同性费用(类似于产品生产的制造费用)。如果建造固定资产向银行借款,那么所借款项在固定资产达到预定可使用状态之前发生的借款利息,也要计入该固定资产的成本中。

实务中,采用自营方式建造固定资产的情况比较少见,多数情况下采用出包方式。在出包方式下,企业通过招标方式将工程项目出包给承包商,由承包商组织工程项目施工。出包企业要与承包商签订建造合同。出包企业是建造合同的甲方,通常称为"建设单位",负责筹集资金和组织管理工程建设,而承包商是建造合同的乙方,负责建造安装等施工任务。

企业以出包方式建造固定资产,其成本由建造该项固定资产达到预定可使用状态前所发生的合理的必要的支出构成,主要包括建筑工程支出和安装工程支出。这些支出由承包商核算,出包企业按照合同规定的结算方式和工程进度定期与承包商办理工程价款结算。结算的工程价款计入在建固定资产成本。如果出包企业同时建设多个项目,这些项目共同发生的管理费、可行性研究费、临时设施费、公证费、监理费、应负担的税金、利息费,不能单独计入某项在建固定资产的成本,而应由所建造的全部固定资产共同负担。所以对某个建造固定资产项目而言,其成本包括以工程价款形式支付给承包商的建筑工程支出、安装工程支出,还包括所分担的共同性费用。

需要注意的是,企业建造房屋建筑物作为固定资产时,为了取得土地使用权而付出的成本,属于无形资产的成本,不构成固定资产的成本。

(三)接受投资者投入固定资产的成本

接受投资者投入的固定资产,与接受投资者投入的存货一样,都要通过一定的价值评估程序确定其价值,再由投资各方以评估确定的价值为基础,协商确定该项资产的价值。所以接受投资者投入的固定资产,以投资各方协商确定的价值作为初始计量金额。

投资企业如果是一般纳税人,按照税法规定以该资产对外投资要开具增值税专用发票,那么接受投资的企业取得固定资产的同时,就取得了增值税专用发票,它所接受投资的金额就被拆分为两部分,一部分是"金额",即所取得的固定资产的成本,另一部分是"税额",即增值税进项税额。

【例5—3】 甲、乙公司都是增值税一般纳税人。甲公司接受投资方乙公司投入的设备一台。该设备由甲公司的投资各方协商确定的价值为100万元。乙公司开具的增值税专用发票上注明交易总额为100万元,其中金额为884 955元,税额为115 045万元。

甲公司接受投资得到的设备的初始计量金额=884 955(元)

(四)附有弃置义务的固定资产的成本

有些行业的固定资产,如核电站的核发电设施、石油开采业的海上钻井平台等,在使用寿命期满时,要按照政府的环境保护要求进行适当处理,如核设施要深埋;海上钻井拆掉平台以后,要恢复周围海域的生态。与其他固定资产不同的是,这些固定资产在弃置时,要发生大量的弃置支出。企业使用这类固定资产所承担的成本,除了资产的建造成本,还包括弃置成本。

弃置成本虽然是固定资产成本的一部分,但是取得固定资产时,该项支出尚未发生,其金额尚不确定。要对弃置成本进行计量,只能估计若干年后弃置固定资产时发生的支出额,并将该支出额按照一定的折现率折成现值,以该现值作为弃置成本。所以,附有弃置义务的固定资产,其取得成本是一般意义上的取得成本,再加上未来弃置固定资产所发生支出的估计额的折现值。

【例5—4】 某石油开采公司一台海上钻井平台,造价60亿,预计10年以后该地区石油开采完毕时,为了恢复因设置钻井平台而影响的生态要发生支出6 000万元,折现率为5%。

该公司海上钻井平台的初始计量金额＝6 000 000 000＋60 000 000/(1＋5％)^{10}
＝6 036 834 800(元)

第三节　固定资产的后续计量与处置

固定资产的后续计量是指在固定资产服务期间内对固定资产进行的计量,包括计提折旧、确定资本化的后续支出以及确定固定资产减值三个方面。

一、固定资产计提折旧

(一)固定资产折旧的定义

折旧是指在固定资产的使用寿命内,按照确定的方法对应计折旧额进行的系统分摊。

计提折旧的逻辑基础是权责发生制。根据权责发生制,费用的确认时间和金额应该与相应的收入配比:收入在哪个期间确认,费用就在同一期间确认;哪个期间收入的金额多,同一期间费用的金额也应该多。既然固定资产是使用年限超过一年的有形资产,并且除了拥有所有权的土地以外,其余固定资产的使用寿命有限,那么因固定资产而产生的支出就应该分摊在至少两个会计年度内,形成折旧费用;而且哪个年度固定资产带来的经济利益多,哪个年度分配的费用额就多。总而言之,计提折旧的目的,就是将取得固定资产的成本以某种合理的方式分配到使用寿命内的各会计期间内,实现各会计期间收入和费用的恰当配比。对于产品制造企业,尤其是固定资产占资产总额比重达 2/3 甚至更高的企业,如何计提折旧,对当期利润影响很大。

折旧是从固定资产开始使用的第一个会计期末计提的,一直到固定资产使用期满或者报废毁损为止。它是在固定资产持续使用过程中于每个会计期末实施的程序,而并非在若干年后固定资产报废时对其过去已经服务的年限所应分配的折旧费用进行确认和计量。

(二)影响固定资产年折旧额的因素

影响固定资产年折旧额的因素主要有以下四个。

1. 固定资产原价

固定资产原价,指固定资产初始计量金额。在其他影响因素不变的条件下,固定资产原价越高,年折旧额越高。

2. 预计净残值

净残值,是指固定资产不能再继续使用时,企业处置该项资产所实际获得的残料变卖收入扣除处置费用后的净额。固定资产原价扣除净残值的差额是企业为了获得固定资产上的利益而最终付出的代价。因为折旧不是在固定资产终止使用时,而是在固定资产开始使用后就实施的一项程序,所以为了确定企业为获得固定资产上的利益所付出的代价,只能提前估计净残值,所估计的值就是"预计净残值"。

应计折旧额＝固定资产原价－预计净残值

注:附有弃置义务的固定资产,预计净残值是负数,在确定固定资产原价时,已经包括了这部分金额,所以这类固定资产的应计折旧额就是固定资产的原价。

如果预计固定资产要很多年以后才终止使用;而且预计处置后带来的净残值金额很大,

那么就要将该净残值以一定的折现率折成现值的金额作为计算折旧额所使用的"预计净残值"。《固定资产准则》规定,"预计净残值,是假定固定资产预计使用寿命已满并处于使用寿命终了时的预期状态,企业目前从该项资产处置中获得的扣除预计处置费用后的金额。"

显然,在其他条件不变的情况下,预计净残值越高,应计折旧额就越少,年折旧额就越低。

预计净残值通常用百分比表示,称为"预计净残值率"。

预计净残值率=预计净残值/固定资产原价

3. 固定资产的预计使用寿命

一项固定资产的实际使用寿命要到固定资产报废时才能确定。为了计提折旧,需要提前估计固定资产的使用寿命,所估计的值就是"固定资产的预计使用寿命"。《固定资产准则》规定,"固定资产的预计使用寿命,是指企业使用固定资产的预计期间,或者该固定资产所预计能生产的产品或提供劳务的数量"。按照准则的规定,固定资产的使用寿命,既可以用年限来度量,也可以用固定资产提供的服务量来度量。房屋建筑物通常用年限表示其寿命,而设备、运输工具等通常用所能生产的产品、所能提供劳务的数量或者所能行驶的里程数表示其寿命。企业估计固定资产使用寿命时,除了考虑其设计寿命以外,还要考虑使用过程中所受到的物理、化学因素,以及因技术更新而导致资产被淘汰等经济因素。

在其他因素不变的条件下,固定资产预计使用寿命越长,年折旧额越低。

4. 固定资产的折旧方法

固定资产的折旧方法,是指将应计折旧额分摊到固定资产使用寿命的各会计期间内的分配方法。为了尽量将折旧费用与固定资产所带来的利益在金额上实现配比,确定固定资产的折旧方法时,要预计固定资产未来为企业带来经济利益的方式。房屋建筑物每个会计期间提供大致差不多的服务,所以每个期间的折旧额也应该差不多,采用平均分配方式比较合适;一般的机器设备,工作时间越长,提供的服务越多,所以当期计提的折旧额应该与机器的工作时间联系起来,但是如果机器设备工作时间在各期大致相当,也可以在各期平均分配;而技术更新快的通信设备等,在使用寿命内的前期为企业提供的服务多,后期因为技术已经落后,提供的服务较少,所以前期折旧额应该多一些,后期折旧额应该少一些。

在固定资产原值、预计净残值和预计使用寿命这三个因素不变的条件下,固定资产的折旧方法决定了各年的折旧额。

《固定资产准则》规定了可选用的折旧方法,包括:年限平均法、工作量法和加速折旧法。而加速折旧法又包括双倍余额递减法和年数总和法两种方法。企业要根据固定资产预计带来经济利益的方式,选择能实现各期折旧费用与固定资产提供的服务恰当配比的方法。

(1)年限平均法

又称平均年限法。采用这种方法,固定资产的使用寿命以"年"计算,它将固定资产的应计折旧额均衡地分摊到固定资产预计使用寿命内的每一年。当固定资产各期服务程度大致相同,各期应分摊大致相同的折旧费时,采用年限平均法计算折旧是合理的。这种方法在实务中使用得也最为普遍。

采用这种方法计算每年的折旧额,计算公式如下:

年折旧额=(固定资产原值-固定资产预计净残值)/固定资产预计使用年限

在年限平均法下,每年的折旧额是相同的,用坐标轴表示出来,年折旧额与时间的关系是一条平行于横坐标的直线,所以又被称为"直线法"。

年限平均法下,年折旧额也用"年折旧率"这一相对指标来表示。

年折旧率＝年折旧额/固定资产原值
　　　　＝(1－预计净残值率)/固定资产预计使用年限×100%

"年折旧率"这一指标能剔除固定资产原值的影响,反映固定资产折旧的计提情况。企业在财务报告附注中披露固定资产及其折旧计提情况时,采用的都是年折旧率、预计净残值率等相对指标。

实务中,企业按照月份计提折旧。

月折旧率＝年折旧率÷12

月折旧额＝固定资产原价×月折旧率

【例 5－5】 甲公司某台设备原价为 180 万元,预计使用寿命为 5 年,预计净残值率为 5%。采用平均年限法计提折旧。

各年折旧额的计算见表 5－2。

表 5－2　年限平均法下该设备各年折旧额的计算

单位:元

年份	原值	年折旧率	当年折旧额	累计折旧额
第 1 年	1 800 000	19%	342 000	342 000
第 2 年	1 800 000	19%	342 000	684 000
第 3 年	1 800 000	19%	342 000	1 026 000
第 4 年	1 800 000	19%	342 000	1 368 000
第 5 年	1 800 000	19%	342 000	1 710 000

(2)工作量法

工作量法,是根据固定资产每期实际提供的服务量计算每期应提折旧额的一种方法。这种方法与年限平均法的思路相当,都是将应计折旧额在预计使用寿命内平均分配。与年限平均法不同的是:年限平均法以"固定资产使用年限"作为预计使用寿命的计算依据,而工作量法以"固定资产提供的服务量"作为预计使用寿命的计算依据。工作量法是另一种形式的"直线法"。

计算公式如下:

单位工作量折旧额＝固定资产原价×(1－预计净残值率)/预计总工作量

如果以月计提折旧,有

月折旧额＝当月固定资产提供的服务量×单位工作量折旧额

【例 5－6】 甲公司的一台机器设备原价为 800 000 元,预计生产产品产量为 4 000 000 个,预计净残值率为 5%,本月生产产品 40 000 个。该企业采用工作量法计算这台设备的折旧额。

这台设备本月折旧额计算如下:

单位工作量折旧额＝800 000×(1－5%)/4 000 000＝0.19(元/个)

本月折旧额＝40 000×0.19＝7 600(元)

(3)加速折旧法

技术更新速度快的固定资产,前期带来的经济利益多,后期带来的经济利益少,前期应多提折旧,后期应少提折旧,折旧额应呈现前多后少的递减分布状态。将应计折旧额按照这种递减分布状态进行分配的方法,称作加速折旧法。加速折旧法也称作递减费用法,它在固定资产使用前期多提折旧,而在后期少提折旧,从而相对加速计提折旧。人们曾经设计出若干种办法来实现折旧额的递减分布。目前《固定资产准则》规定的加速折旧法有两种,一种是双倍余额递减法,另一种是年数总和法。这两种方法也是国际通行的加速折旧法。

①双倍余额递减法,是指在不考虑固定资产预计净残值的情况下,将每期期初固定资产原价减去累计折旧后的余额与双倍的预计使用年限的倒数相乘计算固定资产折旧的一种方法。

定义中"固定资产原价减去累计折旧后的余额"通常称作"固定资产净值"。随着折旧的计提,固定资产的净值在逐年减少,于是每年计提的折旧额也呈递减趋势。

但是递减的分布只在年与年之间进行。取得固定资产后每满一整年称为"一期"。定义中的"每期期初"是指取得固定资产后每满一整年的时点,而不是通常所说的自然年度的每个会计期间的期初。例如,某项固定资产是在2020年11月21日取得,那么"每期期初"是指每年的11月21日,而不是1月1日。

取得固定资产每满一整年当中的各月,还是要平均分配当年应计提的折旧额的,即双倍余额递减法下,有

月折旧额＝年折旧额÷12

使用双倍余额递减法,由于在计算各期折旧额时没有考虑预计净残值,所以在固定资产达到预计使用寿命时,已经计提的折旧总额可能与应计折旧额不一致。为了解决这个问题,通常在预计使用年限的最后两年,改双倍余额递减法为年限平均法。

【例5－7】 甲公司某项设备原价为180万元,预计使用寿命为5年,预计净残值率为5%。

采用双倍余额递减法计算每年折旧额的结果见表5－3。

表5－3 双倍余额递减法下该设备各年折旧额的计算

单位:元

年份	固定资产净值	使用年限倒数的2倍	当年折旧额	累计折旧额
第1年	1 800 000	2/5	720 000	720 000
第2年	1 080 000	2/5	432 000	1 152 000
第3年	648 000	2/5	259 200	1 411 200
第4年*	388 800	—	149 400	1 560 600
第5年	239 400	—	149 400	1 710 000

*:从第4年开始,改双倍余额递减法为平均年限法。第四年初还有应计折旧额298 800(1 800 000－1 411 200－90 000)元,在剩余的两年内平均分配,每年149 400元。

②年数总和法

年数总和法将固定资产的预计使用寿命的年数总和作分母,将当年年初尚可使用年限作分子,以这样的比率乘以应计折旧额计算各年折旧额。这种方法巧妙地将应计折旧额在预计使用年限内进行了前多后少、逐年递减的分布,计算也比双倍余额递减法简单。

年数总和法的递减也是在年与年之间进行的,一年当中各月折旧额相同。

沿用例5-7,采用年数总和法计算的各年折旧额如表5-4所示。

表5-4 年数总和法下各年折旧额的计算

单位:元

年份	尚可使用年限	应计折旧额	年折旧率	各年折旧额	累计折旧额
第1年	5	1 710 000	5/15	570 000	570 000
第2年	4	1 710 000	4/15	456 000	1 026 000
第3年	3	1 710 000	3/15	342 000	1 368 000
第4年	2	1 710 000	2/15	228 000	1 596 000
第5年	1	1 710 000	1/15	114 000	1 710 000

影响年折旧额的四个因素中,除了固定资产原价是确定的,其余三个都是估计的。对这三个因素进行估计,称作"会计估计"。会计估计,是指企业对结果不确定的交易或者事项以最近可利用的信息为基础所作的判断。经济活动内在的不确定性以及会计信息的及时性,使得会计估计成为必然。除了上述三种会计估计以外,在第四章所讲述的"存货可变现净值"的确定也是一种会计估计。后续章节还要接触其他会计估计。像折旧额这样在会计估计的基础上计算出来的金额,是"精确计算的估计数"。

按照《固定资产准则》的要求,企业应确定每类或每项固定资产的使用寿命、预计净残值、折旧方法等,并编制成册,根据企业的管理权限,经股东大会或董事会,或经理(厂长)会议或类似机构批准,按照法律、行政法规等的规定报送有关各方备案,同时备置于企业所在地,以供投资者等有关各方查阅。在企业的年度报告中,企业还应将上述信息作为财务报表附注披露。

以下是某发电类上市公司在2019年报中披露的与固定资产有关的会计估计。

固定资产按成本并考虑预计弃置费用因素的影响进行初始计量。固定资产从达到预定可使用状态的次月起,采用年限平均法在使用寿命内计提折旧。各类固定资产的使用寿命、预计净残值和年折旧率如表5-5所示。

表5-5 与固定资产折旧有关的会计估计

类别	折旧年限(年)	预计净残值率(%)	年折旧率(%)
房屋及建筑物	8~45	5.00	2.11~11.88
发电设施	4~35	5.00	2.71~23.75
运输工具	6~12	5.00	7.92~15.83
其他	5~22	5.00	4.32~19.00

固定资产的预计净残值、预计使用年限以及折旧方法记录在固定资产卡片上。每月根据固定资产卡片上的资料计算折旧额。

(三)固定资产预计使用寿命、预计净残值和折旧方法的复核

会计估计是在一定环境下,根据当时所掌握的资料做出的。可是企业所处的经济环境、技术环境以及其他环境都处于不断变化中,原先的会计估计可能不再适用。比如固定资产的使用强度相比原先预计大大提高了,于是预计使用寿命相比原先的估计可能会缩短;以前年度采用年限平均法计提折旧的固定资产,现在看来与该固定资产相关的技术发生了很大变化,固定资产未来带来的经济利益可能呈递减趋势等。《固定资产准则》规定,"在固定资产服务期的每个会计期末,企业还应持续地对预计净残值、预计使用寿命和折旧方法进行复核。"这种复核就是重新进行会计估计。如果有确凿证据表明,新的估计能更恰当地反映固定资产的使用情况,就要进行会计估计变更。

变更后的会计估计,同样要经股东大会或董事会,或经理(厂长)会议或类似机构批准,按照法律、行政法规等的规定报送有关各方备案,同时备置于企业所在地,以供投资者等有关各方查阅。在企业的年度报告中,企业还应将变更会计估计的原因及变更后情况作为财务报表附注披露。

有确凿证据并且报经管理部门批准的会计估计变更,不属于会计差错,在原先会计估计下计算的金额也不予以调整,新的会计估计只适用于变更以后的会计期间。

但是有些企业利用会计期末复核会计估计的机会,故意进行会计估计变更,通过缩短或延长固定资产预计使用寿命,来减少或增加当期利润。甚至有些公司在下半年度或者年底变更固定资产预计使用寿命,并且按照新的会计估计调整当年已经计提的折旧费用。这类公司通过变更会计估计来调节利润的痕迹非常明显。

(四)计提折旧的固定资产范围

《固定资产准则》规定,两类固定资产不计提折旧,一类是拥有所有权的土地,另一类是已经提足折旧的固定资产。

拥有所有权的土地的使用寿命是无限的,不会随着使用降低未来带来的经济利益,所以不必把取得土地的成本进行分配,不必计提折旧。

按照计提折旧的原理,闲置的固定资产以及停用的固定资产,由于没有带来经济利益,本不应该计提折旧。而准则规定,除了拥有所有权的土地以外,只有提足折旧的固定资产不用再提折旧。言下之意,要求对上述这些资产照提折旧。这样规定一是为了促使企业尽快将闲置资产发挥效益,二是为了避免企业以停用资产为借口少提折旧。

二、固定资产的后续支出

固定资产使用过程中,各组成部分的磨损程度不一样,有些部分较容易损坏,这时就需要对损坏的部分加以修理,以维持固定资产的正常功能。有时候,原有的功能不够用,需要增添,比如在原有房顶上加盖一层,或者在汽车里改装一台更高级的空调,等等。这种在固定资产的使用过程中发生的维修支出、改建扩建支出等称作"固定资产的后续支出"。《固定资产准则》规定,后续支出的处理原则为:符合固定资产确认条件的,应当计入固定资产成本;不符合固定资产确认条件的,应当计入当期损益。

（一）固定资产后续支出的资本化

如果某固定资产的一项后续支出增加了该资产的功能，比如提高了该资产的使用寿命，或者改善了使用该资产的工艺流程从而提高了产量或品质，或者降低了生产成本，那么这样的支出在未来超过一年的时间内将带来经济利益。在支出发生的同时，就应该确认一项长期资产。由于该长期资产未来带来经济利益的方式与原固定资产一致，所以将该长期资产的历史成本（即后续支出的金额）直接计入原固定资产成本中。固定资产后续支出确认为长期资产，称作"固定资产后续支出的资本化"。资本化的后续支出增加了固定资产成本，影响了固定资产的计量，与折旧有关的会计估计也要相应变更。

扩建工程通常增加了原有固定资产的功能，由此产生的支出一般都要资本化，计入固定资产成本。改建工程通常改变了部分固定资产的功能，一般的处理方式是，冲销改建部分固定资产的净值（改建部分固定资产的原值减去相应的累计折旧额），再把改建过程中发生的支出计入固定资产成本。比如某房屋建筑物原值 1 000 万元，已经计提折旧 200 万元，现在对其中的一部分进行改建，这部分的原值 400 万元，累计折旧 80 万。改建过程中又发生支出 300 万元。则改建以后新的固定资产的成本为 780〔1 000－200－(400－80)＋300〕万元。

另外，如果承租企业对采用经营租赁方式租入的固定资产进行改良支出，比如，对租入的房屋建筑物进行装修，那么此装修支出服务于若干个年度，就具有与固定资产资本化的后续支出相同的性质。由于承租企业不能将经营租赁的固定资产确认为自有固定资产，在发生资本化的后续支出时，就没有可以依托的固定资产，所以只能另外确认一项长期资产——"长期待摊费用"。

（二）固定资产后续支出的费用化

如果固定资产的后续支出，仅仅用于维持固定资产的原有功能，不满足资产的确认条件，不能在未来带来经济利益，那么对这种支出就要进行费用化处理。这样的支出包括：根据设备使用状况和设备使用说明书要求的时间进行部件更换、检验、调试、维修；因长期使用致使设备性能和工作效率降低、满足不了正常需要而进行的维修。在固定资产后续期间内，如果某种支出既不增加、也不改善资产的功能，那么这种支出无论金额多少，也无论间隔多长时间发生一次，由于不能产生未来经济利益，所以不能确认为资产，只能在发生当期计入费用。固定资产后续支出计入当期费用，称作"固定资产后续支出的费用化"。费用化的后续支出不影响固定资产的后续计量。

三、固定资产的减值

根据谨慎原则要求，当发生不确定事项的时候，不得高估资产、低估负债，不得高估收入、低估费用。如果在会计期末，预期未来的经济利益低于目前资产的账面价值，那就说明以目前账面价值计量资产，资产被高估了。这时就要实施资产减值程序，将资产的账面价值调低为资产预期未来能够带来经济利的金额，同时确认资产减值损失。

固定资产是长期为企业服务的，但是作为资产本身，它带来经济利益有两种方式，一是当下处置，直接变现；二是从该资产的持续使用中获利。理性的管理者必定以两者孰高来决定这项资产的用途。所以，当下处置资产所产生的可变现净值，与未来持续使用资产所产生现金流量的现值，两者之中较高者就是固定资产预期未来带来的经济利益，称为"可收回金额"。期末,如果固定资产的可收回金额低于此时固定资产的账面价值,就要实施固定资产减值程序,将固定资产账面价值调低为可收回金额。

实务中单项资产独立产生现金流的情况不多见,通常情况下,是多项资产协同运营共同产生现金流的。这可能是若干固定资产的组合,也可能是若干固定资产与若干无形资产的组合等。所以在进行减值处理时,要以能够独立产生现金流的资产组或者资产组合为单位确定可收回金额。如果该组合的可收回金额低于该组合的账面价值,那么就说明该组合所包括的资产发生减值了。通常情况下,此时要按照资产组合中各单项资产账面价值的比例分配该组合的减值额。

下面以能独立产生现金流的单项固定资产为例说明如何确定固定资产的减值。

【例5-8】 2020年12月31日,甲公司发现2017年12月31日购入的一项利用专利的技术设备,由于类似的专利技术在市场上已经出现,此项设备可能减值。假设2020年末该设备原价8 000 000元,已经计提折旧2 500 000元。如果

(1)将该设备出售,估计可获得2 200 000元净现金流入;

(2)甲公司继续使用该设备,估计尚可使用5年,估计未来5年的现金流量为500 000元、480 000元、460 000元、440 000元和420 000元,第5年使用寿命结束时预计处置带来现金流量为380 000元。

假设利率为5%,那么期数1~5期的复利现值系数分别为:0.9524,0.9070,0.8638,0.8227,0.7835。于是该资产预计未来现金流量的现值为2 297 696元。而可变现净值为2 200 000元,取两者之中较高者为资产可收回金额,即2 297 696元。

资产账面价值=原价-已计提折旧
=8 000 000-2 500 000
=5 500 000(元)

比较资产的账面价值和可收回金额,有

确认资产减值损失=5 500 000-2 297 696=3 202 304(元)

为了防止企业通过前期过度计提固定资产等长期资产的减值准备后期再转回的方式,在不同期间转移利润,《企业会计准则第8号——资产减值》规定,资产减值损失一经确认,在以后会计期间不得转回。所以企业一旦计提了减值准备,以后期间即使固定资产可收回金额得到恢复,已经计提的部分也不能转回。

四、固定资产的处置

企业对固定资产的处置包括固定资产报废与毁损、固定资产出售和以固定资产对外投资。

(一)固定资产报废与毁损

固定资产报废是指固定资产由于不能再为企业服务而被认定作废。报废要经过一定的审核程序。有的固定资产报废后若变卖,会有一些残料变价收入。

固定资产毁损是指固定资产由于自然力量或者人为因素发生损坏,不能再为企业服务。固定资产毁损后,一般会有保险公司或者责任人予以一定的经济赔偿。

固定资产无论报废还是毁损,给企业带来的影响是残料变价收入或赔偿收入扣除资产

账面价值后的差额。

(二)固定资产出售

如果固定资产尚能使用但是在本企业已经没有什么使用价值,企业就会将其出售,变成现金。出售固定资产的成本就是出售时固定资产的账面价值。如果出售过程中发生运输费等杂费,这些支出也构成固定资产的出售成本。

根据税法规定,出售固定资产要向对方开具增值税专用发票,会形成销项税额。所以出售固定资产形成的收益是增值税专用发票上"金额"栏目下的数额,而非发票总额。

(三)以固定资产对外投资

以固定资产对外投资,相当于将固定资产出售给被投资企业,再以出售所取得的现金换回该企业一定比例的股权。

固定资产报废毁损是由客观因素造成的,属于企业偶然发生的业务。固定资产出售和以固定资产对外投资,是基于企业决策的有目的、有计划的行为,属于企业正常经营管理活动。

第四节 固定资产的账务处理

本节以固定资产的取得、固定资产的后续计量和固定资产的处置为序,介绍与固定资产有关的账务处理。

一、财务报表项目与会计科目设置

(一)"固定资产"项目

资产负债表中,与固定资产有关的项目是"固定资产"项目。在该项目下设置以下会计科目。

1."固定资产"科目

如果某一项资产被确认为固定资产,那么就要把这项资产作为固定资产入账,记入"固定资产"科目。

"固定资产"科目属于资产类科目,记录固定资产的历史成本即原价。初始确认固定资产时,将固定资产的原价记入该科目的借方;当终止确认某项固定资产时,将该固定资产的原价转出,记在贷方,使得与该项固定资产有关的原价结平;期末,该科目的余额在借方,表示正在为企业服务的固定资产的原价。固定资产使用过程中发生的资本化的后续支出记入该科目的借方,但是折旧和减值准备记入其他科目,不记入该科目。"固定资产"科目按照单个固定资产项目设置明细科目。

2."累计折旧"科目

"累计折旧"科目是"固定资产"科目的备抵科目。每个会计期末计提折旧时,尽管固定资产的价值因折旧而减少,但是为了清晰地反映固定资产原价以及计提折旧情况,所计提的折旧额并不直接记在"固定资产"科目的贷方,而是记在另外设置的"累计折旧"科目的贷方。在固定资产为企业服务的年限内,该科目始终有贷方余额,表示固定资产从开始使用至今累计计提的折旧额。某个会计期末,"固定资产"科目借方余额与该科目贷方余额的差额,称作

"固定资产净值"。当处置某项固定资产时,随着该项固定资产的原价从"固定资产"科目转出,相应的累计折旧额也从"累计折旧"科目转出,即记在该科目的借方。

3."固定资产减值准备"科目

"固定资产减值准备"科目也是"固定资产"科目的备抵科目。每个会计期末对固定资产进行减值测试时,如果发现固定资产的可收回金额低于此时固定资产的账面价值(如果以前固定资产没有发生减值,那么此时固定资产的账面价值就是固定资产的净值),就要调减固定资产的账面价值到可收回金额。将调减金额记录在"固定资产减值准备"科目的贷方。这种操作称为"计提固定资产减值准备"。"固定资产"科目的借方余额扣减"累计折旧"科目的贷方余额和"固定资产减值准备"科目的贷方余额的差额,称作"固定资产的账面价值"。

当处置某项固定资产时,与该项固定资产相应的减值准备金额从"固定资产减值准备"科目转出,记在该科目的借方。期末,"固定资产减值准备"科目若有余额,一定在贷方,表示正在为企业服务的固定资产所计提的减值准备。

(二)"在建工程"项目

购入后需要安装的固定资产以及自行建造的固定资产,在固定资产达到预定可使用状态之前,因为尚不满足固定资产的确认条件而不能在"固定资产"项目反映,要在资产负债表中另设"在建工程"项目反映。"在建工程"项目还反映企业为在建工程准备的各种工程物资。在该项目下设置以下两个会计科目。

1."在建工程"科目

安装或建造过程中发生的货币性支出、物料支出、人工支出等,记在该科目借方;当达到固定资产预计可使用状态时,将安装或建造支出总额从该科目转出,记在该科目贷方,将该科目结平。期末该科目若有余额在借方,表示正在安装或建造的固定资产的成本。

2."工程物资"科目

购入工程物资时,购入成本记入该科目的借方;领用工程物资时,领用物资的成本记入该科目的贷方;期末,该科目余额在借方,表示已经购入尚未投入使用的工程物资的成本。

(三)"固定资产清理"项目

当处置固定资产时,由于固定资产的清理过程需要耗时,所以设置"固定资产清理"项目反映。

在该项目下设置"固定资产清理"科目。

无论固定资产报废、毁损,还是出售、对外投资,都要先通过"固定资产清理"科目归集处置该项固定资产的成本和收益。

处置固定资产时,固定资产的账面价值以及清理资产过程中发生的清理费、运输费以及增值税以外的其他税费,均属于固定资产清理成本,记入该科目借方;处置产生的收益,比如出售价款、处置固定资产所带来的长期股权投资以及保险公司或责任人的赔偿款,记入该科目的贷方;固定资产清理完毕后,该科目如果有借方余额,表示清理产生净损失,将该损失从"固定资产清理"科目转出,根据资产的处置原因,分别转入"资产处置收益"或"营业外支出"科目;清理完毕后该科目如果有贷方余额,表示清理有净收益,将该收益从"固定资产清理"科目转出,根据资产的处置原因分别转入"资产处置收益"或"营业外收入"科目。期末,"固定资产清理"科目的余额可能在借方,也可能在贷方,表示尚未清理完毕的固定资产目前的清理成本暂时大于或小于清理收益。

(四)"资产处置收益"项目

"资产处置收益"是利润表中与损益有关的项目,用来反映企业当期通过出售、对外投资等方式主动处置非流动资产包括固定资产、无形资产时产生的收益或损失。

在该项目下设置"资产处置收益"科目,该科目属于损益类科目。当通过出售、对外投资等方式主动处置固定资产、无形资产时,如果处置结果是收益,记在该科目的贷方;如果处置结果是损失,记在该科目的借方;期末将当期发生额转出,转出后该科目无余额。

(五)"营业外收入"项目

当期固定资产、无形资产等报废毁损时产生的利得报告在当期利润表中与损益有关的"营业外收入"项目。在该项目下设置"营业外收入"科目,该科目属于损益类科目。在该科目贷方记录当期报废毁损产生的利得,期末从借方转出,转出后该科目无余额。

(六)"营业外支出"项目

当期固定资产、无形资产等报废毁损时产生的损失报告在当期利润表中与损益有关的"营业外支出"项目。在该项目下设置"营业外支出"科目,该科目属于损益类科目。在该科目借方记录当期发生的报废毁损的损失,期末从贷方转出,转出后该科目无余额。

二、取得固定资产的账务处理

(一)外购固定资产的账务处理

外购固定资产分为不需要安装的固定资产和需要安装的固定资产两种情形。

不需要安装的固定资产,购入以后就达到预定使用状态,能直接按照固定资产加以确认。而购入需要安装的固定资产,该资产要等待安装完毕之后才能达到预定使用状态。取得该项资产时,应该先在"在建工程"科目记录,待安装调试完毕可以使用后再转入"固定资产"科目。

【例5-9】 承例5-1。2020年1月1日,甲公司购入设备时,通过银行转账方式支付了设备价款和运输费。

甲公司上述经济活动用会计等式模板描述的结果见表5-6。

表5-6 会计等式模板描述

单位:元

资产负债表要素	资产		=	负债	+	所有者权益
资产负债表项目	货币资金	固定资产	=	应交税费	+	未分配利润
资产负债表科目	银行存款	固定资产	=	应交税费	+	利润分配
购入固定资产	-2 262 000	+2 001 834.86	=	-260 165.14	+	

甲公司编制会计分录如下:

借:固定资产　　　　　　　　　　　　　2 001 834.86
　　应交税费——应交增值税(进项税额)　260 165.14
　　贷:银行存款　　　　　　　　　　　　2 262 000

【例 5—10】 承例 5—2。2020 年月 1 日,甲公司购入一台需要安装的机器设备。

甲公司上述经济活动用会计等式模板描述的结果见表 5—7。

表 5—7 会计等式模板描述

单位:元

资产负债表要素	资产				=	负债		+	所有者权益
资产负债表项目	货币资金	存货	固定资产	在建工程	=	应交税费	应付职工薪酬	+	
资产负债表科目	银行存款	原材料	固定资产	在建工程	=	应交税费	应付职工薪酬	+	
购进待安装固定资产	−1 130 000			+1 000 000	=	−130 000		+	
支付运费	−2 000			+1 834.86	=	−165.14		+	
安装固定资产耗用材料		−10 000		+10 000	=			+	
安装固定资产耗用人工				+5 000	=		+5 000	+	
安装完毕转入固定资产			+1 016 834.86	−1 016 834.86	=			+	

(1)购进待安装固定资产时,甲公司编制会计分录如下:

借:在建工程　　　　　　　　　　　　　1 000 000
　　应交税费——应交增值税(进项税额)　　130 000
　　贷:银行存款　　　　　　　　　　　　　1 130 000

(2)向运输商支付运输费时,甲公司编制会计分录如下:

借:在建工程　　　　　　　　　　　　　1 834.86
　　应交税费——应交增值税(进项税额)　　165.14
　　贷:银行存款　　　　　　　　　　　　　2 000

(3)领用本公司原材料安装固定资产,甲公司编制会计分录如下:

借:在建工程　　10 000
　　贷:原材料　　10 000

(4)确认安装工人工资时,甲公司编制会计分录如下:

借:在建工程　　5 000
　　贷:应付职工薪酬　　5 000

(5)设备安装完毕达到预定可使用状态后进行转账时,甲公司编制会计分录如下:

借:固定资产　　1 016 834.86
　　贷:在建工程　　1 016 834.86

从表 5—7 看出,固定资产在安装过程中,不影响所有者权益变动表,不影响利润表。

(二)自行建造固定资产的账务处理

1. 以自营方式建造固定资产

以自营方式建造固定资产的交易和事项包括:工程物资的购入、工程物资的领用、工程人员人工成本的发生和工程完工交付使用。

用会计等式模板描述的结果见表 5—8。

表 5-8 会计等式模板描述

资产负债表要素	资产			=	负债		+	所有者权益
资产负债表项目	货币资金	固定资产	在建工程	=	应交税费	应付职工薪酬	+	
资产负债表科目	银行存款	固定资产	在建工程	工程物资	=	应交税费	应付职工薪酬	+	
购入工程物资	减少			增加	=	减少		+	
领用物资,建造固定资产			增加	减少	=			+	
建造固定资产承担人工成本			增加		=		增加	+	
建造完毕转入固定资产		增加	减少		=			+	

(1)购入工程物资时,编制会计分录如下:

借:工程物资
　　应交税费——应交增值税(进项税额)
　贷:银行存款

(2)领用工程物资时,将工程物资的成本转入在建工程,编制会计分录如下:

借:在建工程
　贷:工程物资

(3)企业为在建工程承担人工成本,编制会计分录如下:

借:在建工程
　贷:应付职工薪酬

(4)工程达到预定使用状态

当在建工程达到固定资产预计使用状态后,"在建工程"科目借方金额的合计数,就是在该项工程上所发生的全部成本,将该金额转入"固定资产"科目。

编制会计分录如下:

借:固定资产
　贷:在建工程

2. 以出包方式建造固定资产

以出包方式建造固定资产,应以实际支付给建造承包商的工程价款作为该项固定资产的成本。工程施工过程中,按照合同约定和工程进度支付给建造承包商的价款逐笔记入"在建工程"科目。固定资产达到预定可使用状态后,"在建工程"科目的借方发生额合计数就是该项工程发生的全部成本,将其从"在建工程"科目悉数转入"固定资产"科目。

(1)每次与建造承包商办理工程价款结算时,编制会计分录如下:

借:在建工程
　贷:银行存款(或:应付账款等)

(2)工程达到预定可使用状态时,编制会计分录如下:

借:固定资产
　贷:在建工程

(三)接受投资人投入固定资产

接受投资人投入的固定资产,一方面固定资产增加了,另一方面所有者权益增加了。所以,既要考虑固定资产的入账问题,还要考虑所有者权益的入账问题。

接受投资人投入固定资产,所取得的经济利益是由投资各方协商确定的,其金额也是增值税专用发票上注明的发票总额。发票总额就是企业应记在所有者权益项目里的金额。其中应记"实收资本"多少,应记"资本公积"多少,在本书第十一章再展开阐述。这里假设金额均记入"实收资本"项目,其对应的会计科目是"实收资本"科目。发票上的"金额"就是固定资产的成本,记在"固定资产"科目,"税额"就是增值税进项税额,记在"应交税费——应交增值税"科目。

【例 5-11】 承例 5-3。甲公司接受乙公司的投资,甲公司的固定资产和实收资本同时增加。

甲公司编制会计分录如下:

借:固定资产　　　　　　　　　　　　　884 955
　　应交税费——应交增值税(进项税额)　115 045
　　贷:实收资本　　　　　　　　　　　　　　1 000 000

甲公司用会计等式模板描述该笔经济活动,结果见表 5-9。

表 5-9　会计等式模板描述

单位:元

资产负债表要素	资产	=	负债	+	所有者权益
资产负债表项目	固定资产	=	应交税费	+	实收资本
资产负债表科目	固定资产	=	应交税费	+	实收资本
接受投资者投入固定资产	+884 955	=	-115 045	+	+1 000 000

接受投资者投入固定资产,资产负债表中,"实收资本"增加 100 万元,"固定资产"增加 884 955 元,"应交税费"减少 115 045 元。当期所有者权益变动表中,所有者投入导致"实收资本"增加 100 万元。当期利润表和现金流量表不受影响。

(四)取得附有弃置义务的固定资产

附有弃置义务的固定资产,其初始计量金额还包括未来的弃置支出。由于弃置支出发生的时间是若干年以后,金额也非常巨大,在对固定资产初始计量时,弃置支出的金额是预计未来发生金额的现值。

在将弃置成本作为固定资产成本的一部分记入"固定资产"科目的同时,由于这项支出未来才发生,发生的时间和金额尽管不确定,但是能合理估计,且是企业目前承担的一项义务,所以要确认一项负债,记在"预计负债"科目。

【例 5-12】 承例 5-4。某石油开采公司甲公司一台海上钻井平台,造价 60 亿预计 10 年以后该地区石油开采完毕时,为了恢复因设置钻井平台而影响的生态要发生支出 6 000 万元,折现率为 5%。

甲公司用会计等式模板描述该经济活动的结果见表 5-10。

表 5－10　会计等式模板描述

单位:元

资产负债表要素	资	产	=	负债	+	所有者权益
资产负债表项目	固定资产	在建工程	=	预计负债	+	
资产负债表科目	固定资产	在建工程	=	预计负债	+	
取得附有弃置义务的资产	＋6 036 834 800	－6 000 000 000	=	＋36 834 800	+	

甲公司编制会计分录如下：

借:固定资产　　　　　　　6 036 834 800
　　贷:在建工程　　　　　　　6 000 000 000
　　　　预计负债　　　　　　　　 36 834 800

三、固定资产后续计量的账务处理

（一）固定资产折旧的账务处理

在我国的会计实务中,固定资产习惯上按照月度计提折旧。而一项固定资产通常在月度中而不是在月初取得。假如一项固定资产在某月的 15 日取得,预计使用年限为 5 年,那么预计在第 61 个月后的 15 日报废。第一个月和最后一个月只能各提半个月的折旧。为了简化处理,我国会计实务中有"当月增加的固定资产当月不提折旧,当月减少的固定资产当月照提折旧"的惯例。这种做法其实是把第一个月要计提的折旧额放到最后一个月计提了。

固定资产的折旧额应该按照"谁受益谁负担"的原则,计入相关资产的成本或者当期损益中。企业基本生产车间所使用的固定资产,如果该车间只生产一种产品,那么计提的折旧额计入"生产成本",如果该车间生产两种或两种以上产品,那么计提的折旧额先作为共同性费用,记入"制造费用"中,然后再按照一定的分配方法在不同产品之间分配。管理部门所使用的固定资产,折旧额记入"管理费用"中。专门设置的销售机构所使用的固定资产,折旧额计入"销售费用"中。

【例 5－13】甲公司 2020 年 1 月份固定资产计提折旧情况如下：

生产车间厂房计提折旧 7.6 万元,机器设备计提折旧 9 万元；

管理部门房屋建筑物计提折旧 13 万元,运输工具计提折旧 4.8 万元；

销售部门房屋建筑物计提折旧 6.4 万元,运输工具计提折旧 5.26 万元。

此外,本月生产车间新购置一台设备,原价为 122 万元,预计使用寿命 10 年,预计净残值 1 万元,按年限平均法计提折旧。

本例中,新购置的设备本月不提折旧,应从 2020 年 2 月开始计提折旧。

甲公司 2020 年 1 月份计提折旧的会计分录如下：

借:制造费用　　　　　　　166 000
　　管理费用　　　　　　　178 000
　　销售费用　　　　　　　116 600
　　贷:累计折旧　　　　　　460 600

上述折旧业务用会计等式模板描述在表 5－11 中。

表 5－11　会计等式模板描述

单位:元

资产负债表要素	资产		=	负债	+	所有者权益	
资产负债表项目	存货	固定资产	=		+	未分配利润	
资产负债表科目	制造费用	累计折旧	=		+	利润分配	
计提折旧时	+166 000	－460 600	=		+	－178 000（管理费用）	－116 600（销售费用）

该笔计提折旧的业务发生后,期末资产负债表中的"固定资产"项目会减少460 600元,同时"存货"项目增加166 000元,"未分配利润"项目减少294 600元。当期所有者权益变动表中"未分配利润"项目减少294 600元。当期利润表中"管理费用"有178 000元,"销售费用"有116 600元,"净利润"减少294 600元。当期现金流量表不受影响。

从表5－11看出,折旧费用是一项典型的非付现费用。

(二)发生固定资产后续支出的账务处理

1. 发生费用化支出的处理

费用化的支出,按照"谁受益谁负担"的原则,根据固定资产的用途,记入"制造费用""管理费用""销售费用"等科目的借方,同时根据消耗的财力、物力、人力情况,记入"银行存款""原材料""应付职工薪酬"等科目的贷方。

2. 发生资本化支出的处理

固定资产的改建、扩建,都要通过一定的工程项目来完成。进行账务处理时,要将固定资产的价值分别从"固定资产""累计折旧"科目转出,记入"在建工程"科目。处于施工状态的固定资产不能为企业服务,不计提折旧。施工中发生的各项支出均记入"在建工程"科目,工程完工以后,固定资产原来的账面价值以及施工过程中新增加的价值,一并由"在建工程"科目转入"固定资产"科目,看起来就好像产生了一项新的固定资产一样。与该资产折旧有关的会计估计,包括预计净残值、预计使用年限和折旧方法,也要重新进行。

【例5－14】　某企业扩建一栋办公楼,扩建前的原值为2 000万元,已经计提折旧1 200万元。采用自营方式扩建,耗用工程物资100万元,耗用人工成本200万元。扩建工程结束以后,投入使用。

(1)将待扩建的固定资产原值与累计折旧转入"在建工程",编制会计分录如下:

借:在建工程　　　　　8 000 000
　　累计折旧　　　　12 000 000
　　贷:固定资产　　　　20 000 000

(2)扩建工程领用工程物资时,编制会计分录如下:

借:在建工程　　　　　1 000 000
　　贷:工程物资　　　　1 000 000

(3)扩建工程承担人工成本时,编制会计分录如下:

借:在建工程　　　　　2 000 000
　　贷:应付职工薪酬　　2 000 000

(4)工程完工资产投入使用,编制会计分录如下:
借:固定资产　　　　11 000 000
　　贷:在建工程　　　　11 000 000
以上四笔业务用会计等式模板描述如表5—12。

表5—12　会计等式模板描述

单位:万元

资产负债表要素	资　　产				=	负债	+	所有者权益
资产负债表项目	固定资产		在建工程		=	应付职工薪酬	+	未分配利润
资产负债表科目	固定资产	累计折旧	在建工程	工程物资	=	应付职工薪酬	+	利润分配
固定资产转入在建工程	−2 000	+1 200	+800		=		+	
在建工程领用工程物资			+100	−100	=		+	
在建工程消耗人工成本			+200		=	+200	+	
工程完工投入使用	+1 100		−1 100		=		+	

从表5—12可以看到,扩建工程仅涉及资产内部各项目的转移,不涉及所有者权益。如果有现金流出,涉及现金流量表相关项目。而所有者权益变动表和利润表不受影响。

3.发生经营租赁租入固定资产改良支出的处理

经营租赁租入的固定资产,虽然不属于企业的资产,但是租入这样的资产发生的改良支出,却符合资产的定义,只不过这项资产不能确认为一项固定资产,而要确认为长期待摊费用。企业在资产负债表上设置"长期待摊费用"项目并设置"长期待摊费用"科目予以记录相关业务。

【例5—15】　某企业采用经营租赁方式租入一片门脸房用作销售场所,租期5年,租入后发生装修支出100万元。

用会计等式模板描述的结果见表5—13。

表5—13　会计等式模板描述

单位:万元

资产负债表要素	资　　产		=	负债	+	所有者权益
资产负债表项目	货币资金	长期待摊费用	=		+	未分配利润
资产负债表科目	银行存款	长期待摊费用	=		+	利润分配
支付装修费	−100	+100	=		+	
每年年末摊销		−20	=		+	−20(销售费用)

发生装修支出的会计分录如下:
借:长期待摊费用　　　　1 000 000
　　贷:银行存款　　　　1 000 000
根据权责发生制原则,在后续期间内,这100万待摊费用在可以带来利益的未来5年内采用年限平均法进行摊销。每年年末摊销的会计分录为：

借：销售费用　　　　　　　200 000
　　贷：长期待摊费用　　　　　200 000

（三）计提固定资产减值准备的账务处理

当固定资产发生减值时，一方面要冲减固定资产账面价值，另一方面确认一项资产减值损失。

【例5-16】 承例5-8。

用会计等式模板描述期末计提减值准备的结果见表5-14。

表5-14　会计等式模板描述

单位：元

资产负债表要素	资产			=	负债	+	所有者权益
资产负债表项目	固定资产			=		+	未分配利润
资产负债表科目	固定资产	累计折旧	固定资产减值准备	=		+	利润分配
计提减值准备前固定资产账面价值	8 000 000	-2 500 000		=		+	
期末计提固定资产减值准备			-3 202 304	=		+	-3 202 304（资产减值损失）

期末计提减值准备后，资产负债表中的"固定资产"减少3 202 304元，"固定资产"项目的金额为2 297 696元，这就是该资产期末的可收回金额，同时未分配利润等额减少。当期所有者权益变动表中，"未分配利润"减少3 202 304元，当期利润表中，"资产减值损失"有3 202 304元，"净利润"等额减少。当期现金流量表不受影响。

冲减固定资产的金额记入"固定资产减值准备"科目的贷方，而资产减值损失的金额记入"资产减值损失"科目的借方。

编制会计分录如下：

借：资产减值损失　　　　　3 202 304
　　贷：固定资产减值准备　　　3 202 304

四、处置固定资产的账务处理

处置固定资产，无论是报废、毁损还是出售、对外投资，从决定处置该资产到实物清理完毕，均需要一个过程。而只有等清理完毕后，才能将净损益记录在损益类科目里。于是在这个过程中，处置所产生的收益和成本就需要暂时记录在一个科目里，这个暂记科目就是"固定资产清理"科目。

处置固定资产的账务处理包括以下环节。

第一，固定资产因报废、毁损、出售、对外投资等被处置时，首先将与固定资产账面价值有关的科目余额结清，包括"固定资产""累计折旧"和"固定资产减值准备"。固定资产账面价值是固定资产清理成本的主要组成部分，记录在"固定资产清理"科目的借方。

第二,清理固定资产实体过程中发生的清理费用,包括清理支出、增值税以外的相关税费等,也构成固定资产的清理成本,发生时一方面记入"固定资产清理"科目的借方,另一方面按照清理费用的性质,贷记"银行存款"等科目。

第三,处置固定资产取得的收益,比如收到出售固定资产的价款,或者被投资企业的股权,或者残料变价收入,记入"固定资产清理"科目的贷方,同时按照清理收益的性质,借记"银行存款""长期股权投资"等科目。其中出售固定资产和对外投资转出固定资产,都开具了增值税专用发票,清理收益是发票上的"金额"部分,发票上的"税额"部分是销项税额,记入"应交税费——应交增值税(销项税额)"科目。

第四,清理净损益的处理。固定资产清理结束后,"固定资产清理"科目清楚地反映出该项清理的净损益情况。如果"固定资产清理"科目有借方余额,表明清理成本高于清理收益,该项清理产生净损失,否则表明该项清理有净收益。固定资产报废毁损属于企业的偶发业务,产生的净损益从"固定资产清理"科目转入"营业外收入"或者"营业外支出"科目。出售固定资产或者以固定资产对外投资等基于企业决策的行为,属于企业的日常业务,产生的净损益从"固定资产清理"科目转入"资产处置收益"科目。

【例 5—17】 乙公司有一台设备,因使用期满无法再继续使用经批准报废。该设备原价为 190 000 元,累计折旧 100 000 元、减值准备 2 000 元。在清理过程中,以银行存款支付清理费用 4 000 元,收到残料变卖收入 6 600 元(不考虑增值税)。

上述结果用会计等式模板描述在表 5—15。

表 5—15 会计等式模板描述

单位:万元

资产负债表要素	资产				=	负债	+	所有者权益
资产负债表项目	货币资金	固定资产		固定资产清理	=		+	未分配利润
资产负债表科目	银行存款	固定资产	累计折旧	固定资产减值准备	固定资产清理	=	+	利润分配
固定资产转入清理		−19	+10	+0.2	+8.8	=	+	
支付清理费	−0.4				+0.4	=	+	
收到变价收入	+0.66				−0.66	=	+	
结转清理净损失					−8.54	=	+	−8.54 (营业外支出)

(1)固定资产转入清理时,编制会计分录如下:

借:固定资产清理　　　　　　88 000
　　累计折旧　　　　　　　　100 000
　　固定资产减值准备　　　　2 000
　　贷:固定资产　　　　　　　　　190 000

(2)发生清理费用和相关税费时,编制会计分录如下:

借:固定资产清理　　　　　　　4 000
　　贷:银行存款　　　　　　　　　4 000
(3)收到残料变价收入时,编制会计分录如下:
借:银行存款　　　　　　　　　6 600
　　贷:固定资产清理　　　　　　　6 600
(4)结转固定资产净损益时,编制会计分录如下:
借:营业外支出——处置非流动资产损失　　85 400
　　贷:固定资产清理　　　　　　　　　　　85 400

从固定资产清理的最终结果看,资产负债表中,"货币资金"项目增加了2 600元,"固定资产"项目减少了88 000元,"未分配利润"减少了85 400元。当期所有者权益变动表中,"未分配利润"项目减少了85 400元。当期利润表中,"营业外支出"有85 400元,"净利润"减少85 400元。当期现金流量表中,有现金流入2 600元。

【例5-18】 某企业将账面价值为110 000元的固定资产出售,出售总价款140 400元,开具的增值税专用发票上注明"金额"120 000元,"税额"20 400元。固定资产原价200 000元,累计折旧80 000元,固定资产减值准备10 000元,发生清理支出1 000元。

请读者比照表5-15,用会计等式模板描述上述业务,分析业务发生后对各财务报表产生的最终影响。

(1)固定资产的账面价值形成了出售成本,计入"固定资产清理"科目的借方,编制会计分录如下:

借:固定资产清理　　　　　　　110 000
　　累计折旧　　　　　　　　　　80 000
　　固定资产减值准备　　　　　　10 000
　　贷:固定资产　　　　　　　　　200 000
(2)支出清理费用时,编制会计分录如下:
借:固定资产清理　　　　　　　1 000
　　贷:银行存款　　　　　　　　　1 000
(3)开具增值税专用发票,取得出售所得的款项存入银行时,编制会计分录如下:
借:银行存款　　　　　　　　　140 400
　　贷:固定资产清理　　　　　　　120 000
　　　　应交税费——应交增值税(销项税额)　20 400
(4)转出清理净损益时,编制会计分录如下:
借:固定资产清理　　　　　　　9 000
　　贷:资产处置收益　　　　　　　9 000

第五节　固定资产的报告

一、固定资产的列报

在资产负债表日,固定资产列报在资产负债表的"固定资产"项目下,金额为"固定资产"

的借方余额减去"累计折旧"的贷方余额、再减去"固定资产减值"贷方余额的差额。

资产负债表日,在建工程列报在资产负债表的"在建工程"项目下,金额为"在建工程"科目与"工程物资"科目余额的合计数。

如果在资产负债表日有尚未清理完毕的固定资产,那么在"固定资产清理"科目中就会有余额。该余额列报在资产负债表资产部分的"固定资产清理"项目中。如果余额方向在贷方,以负数列报。

二、固定资产的披露

根据《固定资产准则》的规定,企业还要在财务报表附注中详细披露本企业固定资产的确认条件、固定资产的分类、计量基础,各类固定资产的使用寿命、预计净残值、折旧率和折旧方法,各类固定资产的期初和期末原价、累计折旧额、固定资产减值准备累计金额,当期确认的折旧费用。

如果固定资产所有权受到限制,还要披露受限制的固定资产及其金额。

如果固定资产用于担保,要披露固定资产的账面价值。

如果固定资产准备处置,要披露固定资产名称、账面价值、公允价值,以及预计处置费用和预计处置时间等。

【本章小结】

本章介绍了固定资产的确认、计量、账务处理与报告。

固定资产是为生产商品、提供劳务、出租或经营管理而持有的,使用寿命超过一个会计年度的有形资产。

固定资产的初始计量遵循历史成本原则,以使固定资产达到预定可使用状态所发生的一切合理的必要的支出作为其成本。

后续计量包括三部分:计提折旧、发生后续支出以及资产减值。影响每年折旧额的因素有:固定资产原值、预计净残值、预计使用年限和折旧方法。后续支出中未来能够带来经济利益的,即资本化支出,计入固定资产成本。后续支出中仅维持固定资产原有功能的,属于费用化支出,计入利润表中与损益有关的项目。期末如果一项固定资产的可收回金额低于固定资产的账面价值(计提完当期折旧后的金额),说明固定资产发生减值了。可收回金额是固定资产的可变现净值和现值当中较高者。

固定资产的处置包括固定资产报废毁损、对外出售以及对外投资。固定资产的报废毁损属于偶然业务,所以处置损益计入利得或损失,即"营业外收入"或"营业外支出"项目。对外出售或对外投资产生的资产处置损益计入"资产处置收益"项目。

【思考题】

1. 什么是固定资产,固定资产具有哪些特征?耐久性资产一定是固定资产吗?为什么?固定资产一般分为哪些类别?

2. 取得固定资产时,采用的计量属性是什么?在取得固定资产过程中,如何判断一项支出是否应该计入固定资产成本?

3. 在持续使用固定资产过程中,如果继续发生支出,如何判断一项支出是否应该计入固定资产成本?经营性租入的固定资产,如果发生改良支出,该如何处理?

4. 什么是折旧?影响每年折旧额的因素有哪些?为什么说折旧额是"精确计算的估计数"?

5. 折旧方法有哪几种?分别如何计算折旧额?

6. 与折旧相关的会计估计为什么每年都要进行复核?如果复核以后发现与以前的估计不同,该如何处理?

7. 如果有迹象表明,固定资产发生了减值,该如何确定固定资产的可收回金额?

8. 如何在资产负债表中报告固定资产?

【练习题】

(一)单项选择题

1. 某企业购入一台需要安装的设备,取得的增值税发票上注明交易总额为 56 500 元,其中金额为 50 000 元,增值税额为 6 500 元,支付的运输费为 2 500 元(其中计入成本的为 2 293.58 元,计入增值税进项税额的为 206.42 元)。设备安装时领用工程用材料 1 000 元,设备安装时支付有关人员工资 4 000 元。该固定资产的成本为( )元。

　　A. 57 293.58　　B. 57 500　　C. 66 000　　D. 53 500

2. 一般纳税人购入需要安装的固定资产的增值税进项税额计入( )科目。

　　A. 固定资产　　　　　B. 营业外支出
　　C. 在建工程　　　　　D. 应交税费

3. 某石油开采公司在海上开设钻井平台,设备的购置安装调试等成本总和为 11 000 万元,预计使用 10 年,预计弃置费用为 3 000 万元,折现率为 5%。该钻井平台的入账价值为( )。〔注:PVIF(5%,10)=0.614〕

　　A. 11 000 万元　　B. 14 000 万元　　C. 12 842 万元　　D. 以上都不是

4. 关于固定资产的使用寿命、预计净残值和折旧方法,下列说法中正确的是( )。

　　A. 与固定资产有关的经济利益预期实现方式有重大改变的,应当改变固定资产折旧方法
　　B. 与固定资产有关的经济利益预期实现方式有重大改变的,应当调整固定资产使用寿命
　　C. 与固定资产有关的经济利益预期实现方式有重大改变的,应当调整预计净残值
　　D. 使用寿命预计数与原先估计数有差异的,应当调整固定资产使用寿命和折旧方法

5. 下列固定资产中,应计提折旧的是( )。

　　A. 未提足折旧提前报废的房屋
　　B. 闲置的房屋
　　C. 已提足折旧继续使用的房屋

D. 经营租赁租入的房屋

6. 某设备的账面原价为 80 000 元,预计使用年限为 5 年,预计净残值为 5 000 元,按年数总和法计提折旧。该设备在第 3 年应计提的折旧额为( )元。

  A. 15 000 B. 30 000 C. 10 000 D. 5 000

7. 某设备的账面原价为 800 万元,预计使用年限为 5 年,预计净残值为 20 万元,采用双倍余额递减法计提折旧,该设备在第 2 年应计提的折旧额为( )万元。

  A. 195.2 B. 192 C. 187.2 D. 124.3

8. 某台设备账面原值为 200 000 元,预计净残值率为 5%,预计使用年限为 5 年,采用双倍余额递减法计提年折旧。该设备在使用 3 年 6 个月后提前报废,报废时发生清理费用 2 000 元,取得残值收入 5 000 元(不考虑增值税)。则该设备报废对企业当期税前利润的影响额为( )元。

  A. 40 200 B. 31 900 C. 31 560 D. 38 700

9. 某企业 2020 年 6 月 28 日自行建造的一条生产线投入使用,该生产线建造成本为 370 万元,预计使用年限为 5 年,预计净残值为 10 万元。在采用年数总和法计提折旧的情况下,2020 年该生产线应计提的折旧额为( )万元。

  A. 120 B. 70 C. 60 D. 74

10. 和平均年限法相比,采用年数总和法对固定资产计提折旧将使( )。

  A. 计提折旧的初期,企业利润额较少,固定资产净值较小
  B. 计提折旧的初期,企业利润额较少,固定资产原值较小
  C. 计提折旧的后期,企业利润额较少,固定资产净值较小
  D. 计提折旧的后期,企业利润额较少,固定资产原值较小

(二)多项选择题

1. 购入的固定资产,其入账价值包括( )。

  A. 买价 B. 运杂费 C. 途中保险费 D. 进口关税 E. 安装成本

2. 下列说法中正确的有( )。

  A. 购置的不需要经过建造过程即可使用的固定资产,按实际支付的买价、包装费、运输费、安装成本等,作为入账价值
  B. 自行建造的固定资产,按建造该项资产达到预定可使用状态前所发生的合理的必要支出,作为入账价值
  C. 投资者投入的固定资产,按投资方原账面价值作为入账价值
  D. 如果以一笔款项购入多项没有单独标价的固定资产,按各项固定资产公允价值的比例对总成本进行分配,分别确定各项固定资产的入账价值

3. 下列固定资产中应计提折旧的有( )。

  A. 季节性停用的机器设备
  B. 大修理停用的机器设备
  C. 未使用的机器设备
  D. 按规定单独估价作为固定资产入账的土地

4. 下列与购建固定资产相关的支出项目中,构成一般纳税企业固定资产价值的有

( )。

  A. 支付的增值税

  B. 购买价款

  C. 进口设备的关税

  D. 自营在建工程达到预定可使用状态前发生的借款利息(符合资本化条件)

5. 下列项目需记入"在建工程"科目的有( )。

  A. 不需安装的固定资产

  B. 需要安装的固定资产

  C. 固定资产的改扩建

  D. 应计入固定资产账面价值以外的后续支出

6. 下列固定资产中,不计提折旧的固定资产有( )。

  A. 土地

  B. 当月增加的固定资产

  C. 未提足折旧提前报废的固定资产

  D. 大修理停用的固定资产

  E. 当月减少的固定资产

7. "固定资产清理"账户贷方登记的项目有( )。

  A. 转入清理的固定资产的净值

  B. 变价收入

  C. 结转的清理净收益

  D. 结转的清理净损失

8. 企业为固定资产发生的下列各项支出中,能使流入的经济利益超过原先的估计并应予以资本化,计入固定资产成本的有( )。

  A. 能保持固定资产的原有生产能力的支出

  B. 能使所产产品成本实质性降低的支出

  C. 能使所产产品质量实质性提高的支出

  D. 能使固定资产原有性能恢复的支出

  E. 能延长固定资产使用寿命的支出

(三)计算及账务处理题

1. 某公司 2016—2020 年与固定资产有关的业务资料如下:

  2016 年 10 月 10 日,北方公司购进一台需要安装的设备,取得的增值税专用发票上注明的设备价款为 500 万元,增值税为 65 万元,另发生运输费 1.09 万元(含增值率,税率 9%),款项以银行存款支付;没有发生其他相关税费。安装设备时,领用原材料一批,成本 11.7 万元,发生安装人员的人工成本为 11.3 万元。该设备于 2016 年 12 月 10 日达到预定可使用状态并投入行政管理部门使用,预计使用年限为 10 年,预计净残值率为 3%,按照平均年限法计提折旧。开始计提折旧的时间为 2017 年 1 月 31 日。

  2020 年 10 月 10 日,该设备因遭受自然灾害发生严重毁损,北方公司决定进行处置,取得残料变价收入 10 万元(不考虑增值税)、保险公司赔偿款 30 万元,发生清理费用 5 万元;

款项均以银行存款收付,不考虑其他相关税费。

要求:(1)编制 2016 年 10 月 10 日取得该设备的会计分录;

(2)编制设备安装及设备达到预定可使用状态的会计分录;

(3)计算 2017 年度该设备计提的折旧额,并编制相应的会计分录;

(4)计算 2020 年 10 月 10 日处置该设备实现的净损益;

(5)编制 2020 年 10 月 10 日处置该设备的会计分录;

(6)用会计等式模板描述上述经济活动。

2. 某企业购入一辆运输车,总成本为 10 万元,预计净残值率为 3%,预计行驶里程 20 万公里。某月行驶里程为 1 500 公里,计算当月应计提的折旧额。

3. 公司外购一台需要安装的设备,发票显示交易总额为 226 万元,其中金额 200 万元,税额 26 万元。购入时支付运费 1 090 元,其中计入成本 1 000 元,计入进项税额 90 元。购入后领用成本 6 000 元的材料进行安装,另外支付 2 000 元的安装人工费。

该设备预计净残值率 5%,预计使用年限为 5 年。

购入两年以后,将该固定资产出售,出售价款中不含税部分为 60 万。

要求:填列下表,思考两种不同折旧方法带来的损益差异的时效。

项 目	平均年限法	年数总和法	两种折旧方法的差异
固定资产原值			
第 1 年折旧额			
第 2 年折旧额			
两年累计折旧额			
第 3 年处置时账面余额			
第 3 年出售所得			
第 3 年处置净所得			
对损益的影响总和			
对现金净流量的影响总和			

(四)财务报表题

1."你的"公司的财务报表中,固定资产占比多少?期初期末余额变动情况怎样?与公司所在行业的其他公司相比情况怎样?

2."你的"公司有哪些固定资产?每类固定资产净残值率、使用年限、折旧方法情况怎样?在最新的年度报告中有没有固定资产会计估计变更的声明?如果有,请关注变更的原因及带来的影响。

3."你的"公司在最近一年中折旧费计提了多少?

第六章

无形资产

【学习目标】

通过学习本章,你应该:

1. 掌握无形资产的含义,了解各种无形资产的特点;
2. 掌握研发过程中符合资本化条件前后发生的支出的区别;
3. 掌握不同方式下取得无形资产的初始计量方法;
4. 掌握影响无形资产每年摊销额的因素;
5. 了解无形资产可收回金额的含义,掌握期末无形资产减值金额的计算;
6. 了解无形资产的处置;
7. 掌握无形资产取得、摊销、计提减值准备以及处置的账务处理与报告。

【引　子】

　　1987年创办的华为,现在是全球领先的信息与通信基础设施和智能终端提供商。华为和许多民营企业一样从做贸易起步,之后就踏上了自主研发之路。华为的研发体现在技术和管理两个方面。在技术领域,华为以客户需求、市场趋势为导向,紧紧沿着技术市场化路线行进。在管理领域,华为引进先进的管理理念和方法,先后与 IBM、HAY、MERCER 和 PWC 公司合作,对集成产品开发、业务流程、组织、品质控制、人力资源、财务管理、客户满意度等方面进行了系统变革,把公司业务管理体系聚焦到创造客户价值这个核心上。

　　多年来华为每年在研发领域的资金投入超过了当年销售收入的10%。2019年度报告显示,不考虑资本化的研发投入,当年仅费用化的研发投入就达到1,316亿元,占2019年度销售收入的15.32%。华为遍布全球的员工中有近一半从事技术研发。为了保持技术领先优势,华为在招揽人才时提供的薪资常常超过很多同类型企业。长期高水平的研发投入确保了华为在很多技术领域持续领先。华为通过创新的产品为客户创造价值,赢得了客户的尊重和信任,成为世界级的优秀公司。

　　任正非说:"没有创新,要在高科技行业中生存下去几乎是不可能的。在这个领域,没有喘气的机会,哪怕落后一点点,就意味着逐渐死亡。而科技进步不能急功近利,需要长达二三十年的积累。"

在科学技术日益发展、创新成为企业成长的原动力的今天,无形资产对企业的发展也在起着越来越重要的作用。本章阐述与无形资产有关的确认、计量、账务处理与报告[①]。

第一节 无形资产的初始确认与计量

有的企业拥有一些特别的经济资源。这些资源不像固定资产那样具有实物形态,但是却像固定资产那样在企业的生产经营过程中长期发挥作用。这些资源要么是由企业独占的技术,比如专利权、非专利技术、著作权;要么是企业拥有的特别经营权利,比如特许经营权;要么它使企业的产品或服务与其他企业明显区分开来,比如商标权。

这些经济资源不像货币资金、应收项目那样可以直接以货币度量,也不像存货那样能通过出售带来经济利益,它发挥作用的方式与固定资产最为相近,但是又不像固定资产那样因具有实物形态而可以点数。我国《企业会计准则第6号——无形资产》(以下简称《无形资产准则》),对这类经济资源在企业财务报表中的确认、计量与报告进行了规范。

一、无形资产的定义与内容

《无形资产准则》规定,无形资产是指企业拥有或者控制的没有实物形态的可辨认非货币性资产。

无形资产包括专利权、非专利技术、商标权、著作权、特许权、土地使用权、计算机软件等。

1. 专利权

专利权,是指国家专利主管机关依法授予发明创造专利申请人,对其发明创造在法定期限内所享有的专有权利,包括发明专利权、实用新型专利权和外观设计专利权。自申请日起计算,发明专利权的期限为20年,实用新型专利权和外观设计专利权的期限为10年。

2. 非专利技术

非专利技术,也称专有技术。它是指不为外界所知、在生产经营活动中已采用了的、不享有法律保护的、可以带来经济效益的各种技术和诀窍。非专利技术并不是专利法的保护对象,企业用自我保密的方式来维持其独占性。

3. 商标权

商标是用来辨认特定的商品或劳务的标记。商标权指专门在某类指定的商品或产品上使用特定的名称或图案的权利。经商标局核准注册的商标为注册商标,商标注册人享有商标专用权,受法律保护。注册商标的有效期为10年,自核准注册之日起计算。

4. 著作权

著作权又称版权,指著作权人对其创作的文学、科学和艺术作品依法享有的某些特殊权

---

① 按照税法规定,专利技术、商标权等属于增值税的应税商品,购入和处置均涉及增值税问题。本书将此部分内容忽略。有兴趣的读者请参阅有关税法书籍。

利。著作权包括作品署名权、发表权、修改权和保护作品完整权,还包括复制权、发行权、出租权、展览权、表演权、放映权、广播权、信息网络传播权、摄制权、改编权、翻译权、汇编权以及应当由著作权人享有的其他权利。由法人或者其他组织主持,代表法人或者其他组织意志创作,并由法人或者其他组织承担责任的作品,法人或者其他组织属于著作权人。著作权人的署名权、修改权、保护作品完整权的保护期不受限制。

5. 特许权

特许权,又称经营特许权、专营权,指企业在某一地区经营或销售某种特定商品的权利或是一家企业接受另一家企业使用其商标、商号、技术秘密等的权利。

特许经营权通常有两种形式,一种是由政府机构授权,准许企业使用或在一定地区享有经营某种业务的特权,如水、电、邮电通信等专营权、烟草专卖权等;另一种指企业根据签订的合同,有限期或无限期使用另一家企业的某些权利,如连锁店分店使用总店的名称等。

6. 土地使用权

土地使用权,是指企业获得国家准许在一定期间内对国有土地享有开发、利用、经营的权利。企业可以通过外购、投资者投入或者政府无偿划拨等方式得到土地使用权。

7. 计算机软件

计算机软件是企业自行开发或者外购的用于计算机的程序和文档。随着计算机的广泛使用,计算机软件成为越来越重要的经济资源,它为企业生产经营管理活动创造了必要的技术条件。

二、无形资产的特征

我们从无形资产的定义考察无形资产的特征。定义中"为企业所拥有或控制"是所有资产的共同特征。无形资产所具备的区别于其他资产的特征表现为以下四个方面。

第一,无形资产不具有实物形态。

无形资产表现为某种权利、某项技术或是某种获取超额利润的综合能力。它们不具有实物形态,看不见,摸不着。

有时,无形资产借助于一定的实物载体,比如磁介质存在,但是这并不改变无形资产的"无形"特质。比如企业开发的一套计算机软件取得了专利权。该计算机软件可能存在光盘上,也可能存在移动硬盘上,但是该软件并不会因为存储介质的不同而发挥不同的作用。反之亦然,在外形一模一样的两张光盘上存储了两套不同的已获得了专利权的计算机软件,这两种资产不会因为存储介质相同而被认定为同一项资产。所以,存储介质不影响无形资产的无形性。

第二,无形资产属于长期资产。

无形资产要么为企业的生产经营创造了更加有利的条件或环境,间接使企业受益;要么通过出租直接使企业受益,总之长期为企业服务。企业研发的计算机软件即使用于出售,也属于无形资产,而非存货。存货卖一件少一件,而计算机软件并非如此。只要有市场,一套计算机软件可以长期销售,持续带来经济利益。

第三,无形资产属于非货币性资产,未来带来的经济利益很不确定。

读者在第三章学习过的应收项目,与无形资产在某些方面相近,比如都是企业所享有的某种权利,都不具有实物形态。无形资产与应收项目的区别在于,应收项目属于货币性资产,未来变现的金额是确定的;而无形资产属于非货币性资产,未来带来的经济利益很不确定。

比如一项专利技术给企业带来了高于同行业平均水平的收益,如果没有在技术上被竞争对手超越,那么在专利权受法律保护的年限内,企业受益于该项专利。但是一旦竞争对手拥有了更先进的技术,那么即使在法律保护的年限内,该项专利给企业带来的经济利益也几乎消失殆尽。所以当企业拥有某项专利时,在未来受法律保护的年限内,该专利给企业带来的经济利益很不确定。

又比如企业拥有某种商标权。该商标权将企业提供的产品或服务,与竞争对手提供的相似的产品或服务区别开来。但是在未来期间客户在多大程度上认同这种差异,从而选择本企业的产品或服务而放弃其他企业的产品或服务,很不确定。

第四,无形资产属于可辨认资产。

一项资产可以辨认,是指该项资产从形成到处置的整个过程中,能与其他类别的资产甚至同类别的其他资产清楚地区别开来。无形资产既能单独形成,也能单独处置,属于可辨认资产。比如一项专利权,相关文件证明了它的存在,专利权编号是它的身份证,这些都使它区别于其他专利权,当法定保护期限已到,该项资产就不复存在。

无形资产的可辨认性,是无形资产的重要特征。经济生活中大量无形的经济资源,由于不具有可辨认性,而不能被确认为无形资产。比如京东强大的物流体系和良好的客户体验,腾讯的微信产品有多达12亿的用户群[①]。在这些资源形成的过程中,由于不能清晰地识别其存在而不能确认为无形资产。

三、无形资产的初始确认与计量

(一)无形资产的初始确认

我国现行《无形资产准则》第四条规定了确认无形资产必须同时具备的两个条件。

条件一:与该无形资产有关的经济利益很可能流入企业。

任何一种资产在确认时都必须满足"相关的经济利益很可能流入"这一条件。由于无形资产带来的经济利益具有很大不确定性,与其他资产相比,判定与无形资产有关的经济利益是否很可能流入会更加困难。所以,《无形资产准则》第五条规定,企业在判断无形资产带来的经济利益是否很可能流入时,要对无形资产在预计使用寿命内可能存在的各种经济因素做出合理估计,并且应当有明确证据予以支持。如果没有充分证据证明一项支出会在未来带来经济利益,那么就不能确认无形资产,而只能在发生时直接将其计入当期损益。

下面以研发过程中"研究"和"开发"两个阶段为例进行说明。

"研究"是指为获取并理解新的科学或技术知识而进行的独创性的有计划调查。研究阶段只能带来科学或技术知识,不能直接带来经济利益。比如某医药企业的研发部门为了研制治疗心脑血管疾病的新型药品,开展若干种中草药药性的研究。经过多次科学试验,终于发现从某种草药中提取的成分对软化小白鼠的血管有明显作用。这一研究成果属于新的科

---

① 腾讯控股2020年中期报告显示微信产品的活跃账户数是十二亿六百万。

学知识，但是不能直接给该医药企业带来经济利益。所以这个时期不能确认无形资产，所发生的支出计入当期损益。

"开发"是指在进行商业性生产或使用前，将研究成果或其他知识应用于某项计划或设计，以生产出新的或具有实质性改进的材料、装置、产品等。如果在开发过程中确实产生了新的或具有实质性改进的材料、装置、产品等，而且企业决策层愿意将开发成果应用于实践，并且预计该新成果确实能带来经济利益，那么开发阶段就形成了无形资产。对于开发过程中什么时候确认无形资产，《无形资产准则》第九条做了规定，要求必须同时满足五个条件，包括：

①完成开发该项资产在技术上具备可行性；
②管理层有使用或出售该资产的意图；
③该资产本身存在市场或使用该资产生产的产品存在市场；
④完成该无形资产的开发并最终使用或出售有技术、财务和其他资源的支持；
⑤归属于该无形资产开发阶段的支出能够可靠地计量。

其中前四条用来判定相关的经济利益是否很可能流入企业，最后一条用来确保无形资产确认的第二个条件能够满足——取得成本能被可靠计量。

条件二：该无形资产的成本能够可靠地计量。

与其他资产的确认条件相同，与无形资产有关的成本必须能够可靠计量。即使有可靠证据表明，某些无形的经济资源未来会带来经济利益，但是由于取得成本不能可靠计量，也不能被确认为无形资产。比如，企业文化是企业重要的经济资源。在企业文化建设过程中，为了引进优秀人才、培训在职员工和增强员工归属感，要发生相应支出。由于发生支出时无法确定未来会带来经济利益，所以所发生的支出都计入当期费用。于是当真正形成企业文化时，该项经济资源的取得成本无法可靠计量，从而该项经济资源不能确认为无形资产。再比如互联网公司的"软件用户注册数量"即"流量"，由于不能准确衡量为了取得这么多客户，公司究竟付出多少代价，这种对互联网公司生存发展起着决定性作用的经济资源，不能确认为无形资产。这些无法准确或合理度量的无形的经济资源，都无法在财务报表中体现出来。

（二）无形资产的初始计量

像其他资产一样，无形资产的初始计量遵循历史成本原则，以取得无形资产所付出的对价的公允价值计量。

20世纪80年代初期，当时的美国总统里根两次访华，均下榻北京长城饭店。长城饭店从此声名大噪。长城饭店就此为自己的品牌估值200多万，这在当时是一个不小的数字。那时长城饭店为自己的品牌估值，不是按照历史成本原则，而是按照未来收益原则。按照现行会计准则的规定，长城饭店的品牌因取得成本无法可靠计量而不能被确认为无形资产。

无形资产以历史成本作为初始计量金额，能保证会计信息的可靠性，但是也会带来问题。一方面它使得一些重要的经济资源无法确认为资产，比如上述长城饭店的品牌；另一方面也可能会使一些已经确认的资产的金额被大大低估。比如商标权，按照历史成本原则，只能把申请商标权所发生的律师费、注册费作为取得成本。而一个能带来可观经济利益的商标权背后，是企业为了创造卓越的产品或服务所付出的努力。这些努力不仅是艰辛的，而且可能是漫长的，在发生相关支出时由于无法认定未来会带来经济利益，所以这些支出如同研究阶段的支出一样,被费用化了,根本无法在商标权的成本中体现出来。所以,报表使用者应该充分认识到,有些无形资产未来带来的经济利益与其报表中以历史成本报告的金额可能很不匹配。

1. 外购无形资产的成本

外购无形资产的成本,包括购买价款、相关税费以及直接归属于使该项资产达到预定用途所发生的其他支出。

【例 6-1】 甲公司购入一项专利技术,使用该技术可以生产某种市场需求旺盛的动物饲料添加剂。协议约定,该专利技术的使用期限为 10 年。甲公司支付买价 92 万元,另支付专业服务费 4 万元。

甲公司外购的该项无形资产的成本总共为 96 万元。

2. 自行开发的无形资产的成本

自行开发的无形资产的成本,是在开发过程中,从确认开发支出能够带来经济利益即满足资本化条件开始,至无形资产达到预定用途时止所发生的各项支出的总额。以前期间因不满足资产确认条件而直接计入当期损益的支出,不作为成本的组成部分。

【例 6-2】 甲公司经董事会批准研发某项新技术。与该技术有关的文献很少,甲公司研发部从基础研究工作做起。研发的头两年共发生材料费 5 000 万元、人工成本 1 000 万元。两年后研究工作在技术上取得重大突破,能够用于商业领域。董事会基于有关技术部门和市场部门的充分调研,认为研发该项目将显著降低该公司的生产成本,于是继续给予技术、财务方面的大力支持。此后该公司研发部在该项目上直至申报专利成功并达到预定使用状态,共发生材料费 3 000 万元、人工成本 1 500 万元以及其他支出 2 000 万元。

甲公司自行开发的专利权的成本是开发阶段所发生的材料费、人工费和其他支出的总和,共计 6 500 万元。在研究阶段发生的支出 6 000 万元不属于开发成本。

3. 投资者投入的无形资产的成本

投资者投入的无形资产的成本,应当按照投资合同或协议约定的价值确定,但合同或协议约定价值不公允的除外。

【例 6-3】 甲公司是新成立的公司。乙公司以其拥有较好声誉的商标权投资于甲公司。乙公司与甲公司的其他投资人协商确定该商标权的价值为 200 万元。该金额比较公允。

甲公司取得投资人投入的商标权的成本为 200 万元。

第二节 无形资产的后续计量与处置

无形资产的后续计量包括摊销和减值。

无形资产的处置就是无形资产的终止确认,即企业不再享有无形资产的所有权或者不再对无形资产实施控制。

一、无形资产的后续计量

无形资产作为企业的长期资产,后续要根据权责发生制原则进行摊销。在资产负债表日,还要对无形资产进行减值测试,如果无形资产可收回金额低于目前账面价值,要将账面价值调减至可收回金额。

(一)无形资产的摊销

无形资产长期为企业服务,所以要按照权责发生制原则将无形资产的成本在估计使用年限内进行系统分配,这一会计程序称为"无形资产的摊销"。

我国会计实务习惯上当月增加的无形资产当月开始摊销,当月减少的无形资产当月停止摊销。这种做法其实是把最后一个月应该摊销的金额放在第一个月了。这与计提固定资产折旧的习惯正好相反。

无形资产每年摊销额的影响因素有四个,分别是无形资产原值、预计使用寿命、预计净残值和摊销方法。这与固定资产每年折旧额的影响因素是相同的。

在估计无形资产的使用寿命时,既要考虑有关资产受法律保护的年限、转让协议中规定的受益年限,更要考虑该资产的经济使用寿命。因为随着技术的进步,仍处于法律保护年限或者协议允许使用年限的资产,可能已经不再具有经济价值。

无形资产的预计净残值通常确定为零,除非有合同或者协议表明在无形资产使用寿命结束时该项资产有人购买,或者预计该项资产在使用寿命结束时仍然有活跃市场,能够出售。

无形资产的摊销方法也分为平均摊销法、加速摊销法等。如何选择这些方法,要根据无形资产在预计使用年限内预期带来经济利益的方式而定。

与固定资产折旧一样,与无形资产摊销有关的会计估计,包括预计使用年限、预计净残值和摊销方法,要在无形资产使用过程中进行动态调整,即在每个资产负债表日,对无形资产的预计使用年限、预计净残值和摊销方法进行复核,如果发现原先的会计估计不适用于未来,要进行调整。

【例6-4】 承例6-1。甲公司外购成本为96万元的生产用专利权的预计净残值为0,协议约定使用年限为10年,甲公司预计该专利权的经济使用年限也为10年,每年带来的经济利益大致相同,采用平均年限法摊销。

甲公司从购入的当开始,每月摊销8 000元,计入产品的制造费用中。

【例6-5】 从2020年1月1日起,甲公司将一项商标权出租给乙公司使用。租赁期开始当日该商标权的原值为500万元,已经摊销了200万元,预计还可以使用5年,预计净残值为零,采用直线法摊销。出租合同规定,租赁期3年,承租方每年支付商标权使用费150万元。

甲公司此项商标权每年摊销60万元〔(500万-200万)/5〕,每月摊销5万元。因为在未来三年内该商标权给企业带来的出租收入属于营业收入,所以摊销费计入营业成本。

(二)无形资产的减值

无形资产作为长期资产,未来带来的经济利益称为"可收回金额"。可收回金额是以下两者中孰高者:当下处置无形资产所产生的可变现净值与未来长期使用无形资产所产生的现金流量的折现值。当无形资产的可收回金额低于无形资产的账面价值时,该无形资产发生了减值。

无形资产的减值测试在资产负债表日进行。

大多数无形资产不能单独带来经济利益,无法单独确定其可收回金额,而是与其他资产,比如固定资产一起,作为一个资产组进行减值测试。如果有迹象表明,某个资产组发生了减值,那么就先确定该资产组的可收回金额,再与该资产组的账面价值相比,看是否发生了减值。如果是,通常按照资产组内各项资产的账面价值的比例分摊减值金额。

【例6—6】 2020年12月31日,甲公司发现2017年12月31日购入的一项利用专利的技术设备,由于类似的专利技术在市场上已经出现,此项设备与专利组成的资产组可能减值。当初购入设备的同时购入该专利。2020年末该设备原值6 000 000元,已经计提折旧1 800 000元。该专利原值2 000 000元,已经摊销600 000元。如果:

(1)将该设备和专利出售,估计可收回现金净额2 200 000元;

或者(2)甲公司继续使用该设备和专利,估计尚可使用5年,未来5年的现金流量估计分别为 500 000元、480 000元、460 000元、440 000元、420 000元,第5年使用寿命结束时预计处置带来现金流量为380 000元。

甲公司采用的折现率为5%。

期数1~5期的复利现值系数分别为:0.9524,0.9070,0.8638,0.8227,0.7835。经过计算该设备和专利预计未来现金流量的现值为2 297 696元。

假设两项资产的销售净价为2 200 000元。可收回金额为销售净价和未来现金流的折现值中较高者,即2 297 696元。

资产组的账面价值为设备价值4 200 000元和专利权价值1 400 000元之和,总计5 600 000元,大于其可收回金额。

资产减值金额=5 600 000-2 297 696=3 302 304(元)

资产减值额在设备和专利权之间按照账面价值分配。

设备分配的减值金额=3 302 304×(4 200 000/5 600 000)=2 476 728(元)

专利权分配的减值金额=3 302 304×(1 400 000/5 600 000)=825 576(元)

有些无形资产,比如可能很快被竞争对手在技术上超越而失去使用价值的专利权或非专利技术,由于无法判断其经济使用寿命,而成为预计使用寿命不确定的无形资产。对于这类无形资产,无法进行摊销,于是账面价值无法随着资产的使用而减少。在资产负债表日,无论这些资产是否存在减值迹象,都要实施减值测试来发现资产是否发生了减值。减值测试的程序是,先确定可收回金额,再与资产的账面价值相比较。如果可收回金额大于资产的账面价值,不予处理,否则调减资产的账面价值至可收回金额。

【例6—7】 2019年1月1日,甲公司购入一项商标权,购入总成本为2 000万元。虽然按照商标法规定,该商标的保护期为五年,但是甲公司每年可以较低的手续费申请延期。从产品生命周期、市场竞争等方面情况综合判断,该商标将在未来超过五年的不确定期限内带来经济利益。2019年年底的测试表明,该商标权的可收回金额高于其账面价值。2020年底由于市场环境发生显著变化,在年底的测试中该商标权的可收回金额降到1 800万元。

此项商标权的成本由于预计使用年限不确定,无法进行摊销。为了避免对该商标权的计量过于乐观,需要在每年年末进行减值测试。2020年末的可收回金额为1 800万元,低于此时的账面价值2 000万元,发生了减值,此时将商标权的账面价值调减至1 800万元,同时确认200万元减值损失。

二、无形资产的处置

无形资产的处置包括无形资产报废、出售、用于对外股权投资,等等。

【例6—8】 甲公司将其拥有的某专利权出售。出售时,该专利权的原值为500万元,已经摊销100万元。出售所得600万元,不考虑相关税费。

甲公司出售专利权的所得为600万元,出售成本为账面净值400万元(500万原值减去100万元摊销额),出售净收益为200万元。

【例6—9】 乙公司将其拥有的商标权投资于丙公司。该商标权在乙公司的原值为600万元,已经摊销200万元。包括乙公司在内的丙公司其他各投资方协商确定该商标权的价值为900万元。不考虑相关税费。

乙公司将无形资产对外投资可以视同两笔交易,第一笔是将账面价值为400万元(600万原值减去200万元摊销额)的无形资产以900万元出售,确认处置收益500万元,第二笔是将出售所得900万元对外投资。

第三节 无形资产的账务处理

一、财务报表项目与会计科目设置

(一)"无形资产"项目

无形资产通过资产负债表的"无形资产"项目予以报告。

在该项目下企业应设置"无形资产""无形资产摊销"和"无形资产减值准备"等科目进行相应账务处理。

1."无形资产"科目

无形资产科目属于资产类科目,该科目下按照无形资产的类别设置明细科目。在该科目借方记录取得的无形资产原值,在贷方记录终止确认的无形资产原值。

2."累计摊销"科目

该科目是"无形资产"科目的备抵科目,专门用来记录无形资产使用期间发生的摊销额。该科目的使用与"累计折旧"相同。该科目下按照无形资产的类别设置明细科目。

3."无形资产减值准备"科目

该科目也是"无形资产"科目的备抵科目,专门用来记录无形资产的减值额,该科目的使用与"固定资产减值准备"科目相同。该科目下按照无形资产的类别设置明细科目。

(二)"开发支出"项目

那些已经符合资本化条件但是还不能形成无形资产的支出,在资产负债表中,以"开发支出"项目报告。

在该项目下设置"研发支出——资本化支出"明细科目。在该明细科目的借方记录满足资本化条件后发生的开发支出;在贷方记录开发成功形成无形资产的金额;期末余额在借方,表示满足资本化条件尚不能形成无形资产的支出。期末余额报告在"开发支出"项目下。

需要说明的是,研究阶段的支出以及不满足资本化条件的开发阶段的支出,也记录在

"研发支出"科目,只是另外设置"费用化"明细科目予以记录。当研发阶段发生费用化支出时,记录在该明细科目的借方,期末转入损益类的"研发费用"科目。

(三)"研发费用"项目

"研发费用"项目是利润表中与损益有关的项目,用来反映企业当期费用化的研发支出。

在该项目下设置"研发费用"会计科目,该科目属于损益类科目。该科目期末在借方记录从"研发支出——费用化"明细科目转入的费用化研发支出,期末再从贷方转出,转出后无余额。

(四)"资产处置收益"项目

"资产处置收益"是利润表中与损益有关的项目,用来反映企业当期出售、对外投资等主动处置非流动资产包括固定资产、无形资产时产生的收益或损失。

在该项目下设置"资产处置收益"会计科目,该科目属于损益类科目。当处置固定资产、无形资产时,产生的收益记在该科目的贷方,产生的损失记在该科目的借方,期末将当期发生额转出,转出后该科目无余额。

(五)"营业外支出"项目

当期企业报废毁损非流动资产,包括固定资产、无形资产等产生的损失报告在利润表中与损益有关的"营业外支出"项目。在该项目下设置"营业外支出"会计科目,该科目属于损益类科目。在该科目借方记录当期发生的报废毁损的损失,期末从贷方转出,转出后该科目无余额。

二、取得无形资产的账务处理

(一)外购无形资产的账务处理

【例6-10】 承例6-1。甲公司为了取得一项生产用专利技术,付出成本96万元。专利技术的使用期限为10年。

甲公司取得该专利权,在会计等式模板中的结果见表6-1。

表6-1 会计等式模板描述

单位:万元

资产负债表要素	资 产		=	负债	+	所有者权益
资产负债表项目	货币资金	无形资产	=		+	
资产负债表科目	银行存款	无形资产	=		+	
外购专利权	-96	+96	=		+	

甲公司编制会计分录如下:

借:无形资产   960 000
　　贷:银行存款   960 000

(二)自行开发无形资产的账务处理

【例6-11】 承例6-2。甲公司研发某新技术,研究阶段发生材料费5 000万元、人工成本1 000万元。之后进入开发阶段,满足了资本化条件。直到研发成功申请专利,又发生材料费3 000万元、人工成本1 500万元以及其他支出2 000万元。

按照研究阶段和开发阶段两个阶段处理。

研究阶段发生的材料支出 5 000 万元和人工成本 1 000 万元,是费用化支出,发生支出时增加了研发费用。

由于研究阶段历时很长,同时企业在内部管理上是为研究内容立了项的,为了归集项目上的支出,便于分析和管理,要在"研发支出"科目下设"费用化支出"明细科目。每月发生支出时先记入"研发支出——费用化支出"明细科目,月底再转入"研发费用"科目。

表 6-2 用会计等式模板描述了上述经济活动,并以支出总额做了示意。

表 6-2 会计等式模板描述

单位:万元

资产负债表要素	资产			=	负债	+	所有者权益
资产负债表项目	存货	开发支出	无形资产	=	应付职工薪酬	+	未分配利润
资产负债表科目	原材料	研发支出	无形资产	=	应付职工薪酬	+	利润分配
资产负债表明细科目	略	资本化支出 费用化支出	略	=	略	+	未利润分配
发生费用化支出时	-5 000	+6 000		=	+1 000	+	
期末结转费用化支出		-6 000		=		+	-6 000(研发费用)

甲公司每次发生费用化支出时,编制会计分录如下(以支出总额示意):

借:研发支出——费用化支出　　60 000 000
　　贷:原材料　　　　　　　　　　50 000 000
　　　　应付职工薪酬等　　　　　10 000 000

月底转入"研发费用"科目时,编制会计分录如下(以支出总额示意):

借:研发费用　　　　　　　　　　60 000 000
　　贷:研发支出——费用化支出　　60 000 000

开发阶段发生的支出如果尚不满足资本化条件,处理方式与研究阶段的相同。

开发阶段一旦在某个时点满足了资本化条件,那么之后发生的支出,计入资产的成本。同样道理,为了便于项目管理,发生的支出先计入"研发支出——资本化支出"明细,待项目开发成功后再转入"无形资产"科目。

开发阶段满足资本化条件后,发生开发支出以及研发成功的处理,以总额用会计等式模板描述,结果见表 6-3。

表 6-3 会计等式模板描述

单位:万元

资产负债表要素	资产				=	负债	+	所有者权益
资产负债表项目	货币资金	存货	开发支出	无形资产	=	应付职工薪酬	+	未分配利润
资产负债表科目	银行存款	原材料	研发支出	无形资产	=	应付职工薪酬	+	利润分配
资产负债表明细科目	略	略	资本化支出 费用化支出	略	=	略	+	未利润分配
发生资本化支出时	-2 000	-3 000	+6 500		=	+1 500	+	
研发成功转无形资产			-6 500	+6 500	=		+	

满足资本化条件以后,每次发生支出时,甲公司编制会计分录如下(以支出总额示意):

借:研发支出——资本化支出　　65 000 000
　　贷:原材料　　　　　　　　　　30 000 000
　　　　银行存款　　　　　　　　　20 000 000
　　　　应付职工薪酬　　　　　　　15 000 000

待研发成功转入"无形资产"科目时,编制会计分录如下:

借:无形资产——专利权　　　　65 000 000
　　贷:研发支出——资本化支出　　65 000 000

开发成功的无形资产的成本为 6 500 万元,不包括此前已经费用化的 6 000 万元。

从表 6－3 看出,发生资本化支出的显著特点是,资产负债表中的"未分配利润"不受影响,所有者权益变动表不受影响,利润表不受影响。

（三）投资者投入无形资产的账务处理

【例 6－12】 承例 6－3。甲公司接受乙公司投入的无形资产,

用会计等式模板描述见表 6－4。

表 6－4　会计等式模板描述

单位:万元

资产负债表要素	资产	=	负债	+	所有者权益
资产负债表项目	无形资产	=		+	实收资本
资产负债表科目	无形资产	=		+	实收资本
接受投资	＋200	=		+	＋200

甲公司编制会计分录如下:

借:无形资产　　　　　　　　　2 000 000
　　贷:实收资本——乙公司　　　　2 000 000

接受投资者用无形资产投资,资产负债表中,"无形资产"增加,"实收资本"增加。当期所有者权益变动表中,因接受投资者投资,"实收资本"增加。当期利润表和现金流量表不受影响。

三、无形资产使用期间的账务处理

（一）无形资产的摊销

【例 6－13】 承例 6－4。甲公司从购入专利权的当月开始,每月月末摊销 8 000 元,计入产品的制造费用中。

用会计等式模板描述如表 6－5"用于生产的无形资产摊销"行。从表中看出,用于生产的无形资产,其摊销额减少了无形资产价值,增加了存货价值,当期损益不受影响。

甲公司编制会计分录如下:

借:制造费用　　　　　8 000
　　贷:累计摊销　　　　　8 000

【例 6-14】 承例 6-5。甲公司要从出租该项商标权的当月月末进行摊销,结果见表 6-5"用于出租的无形资产摊销"行。能带来出租收入的无形资产,其摊销额减少了无形资产价值,同时减少了"未分配利润";影响了所有者权益变动表中的"未分配利润";增加了利润表中"营业成本",减少了净利润;当期现金流量表不受影响。

表 6-5 会计等式模板描述

单位:元

资产负债表要素	资产		=	负债	+	所有者权益
资产负债表项目	存货	无形资产	=		+	未分配利润
资产负债表科目	制造费用	累计摊销	=		+	利润分配
用于出租的无形资产摊销		-50 000	=		+	-50 000 (其他业务成本)

甲公司编制会计分录如下:

借:其他业务成本　　　50 000
　　贷:累计摊销　　　　　50 000

(二) 无形资产的减值

【例 6-15】 承例 6-6。甲公司专利与设备构成的资产组在 2020 年 12 月 31 日发生减值。

甲公司于 2020 年 12 月 31 日,分别确认固定资产减值 2 476 728 元,无形资产减值 825 576 元,合计 3 302 304 元。

用会计等式模板描述见表 6-6。

表 6-6 会计等式模板描述

单位:元

资产负债表要素	资产		=	负债	+	所有者权益
资产负债表项目	固定资产	无形资产	=		+	未分配利润
资产负债表科目	固定资产减值准备	无形资产减值准备	=		+	利润分配
2020 年末资产发生减值	-2 476 728	-825 576	=		+	-3 302 304 (资产减值损失)

甲公司编制会计分录如下:

借:资产减值损失　　　　　3 302 304
　　贷:固定资产减值准备　　　2 476 728
　　　　无形资产减值准备　　　　825 576

【例 6-16】 承例 6-7。2020 年 12 月 31 日,甲公司一项使用寿命不确定的商标权减值 200 万元。

用会计等式模板描述略。

甲公司在 2020 年 12 月 31 日编制会计分录如下:

借:资产减值损失　　　　　　　　2 000 000
　　贷:无形资产减值准备　　　　　　　　2 000 000

四、处置无形资产的账务处理

【例6－17】 承例6－8。甲公司将原值500万元,累计摊销100万元的专利权出售,出售所得为600万元,不考虑相关税费。

用会计等式模板描述的结果见表6－7。

表6－7　会计等式模板描述

单位:万元

资产负债表要素	资产			=	负债	+	所有者权益
资产负债表项目	货币资金	无形资产		=	—	+	未分配利润
资产负债表科目	银行存款	无形资产	累计摊销	=	—	+	利润分配
处置无形资产时	+600	－500	+100	=		+	+200(资产处置收益)

账面价值为400万元的无形资产处置以后,资产负债表中"货币资金"项目增加了600万元,"无形资产"项目减少了400万元,"未分配利润"项目增加了200万元。当期所有者权益变动表中,"未分配利润"项目增加了200万元;当期利润表中,"资产处置收益"项目有200万元,"净利润"项目为此增加200万元;当期现金流量表有现金流入600万元。

编制会计分录如下:

借:银行存款　　　　　　　　6 000 000
　　累计摊销　　　　　　　　1 000 000
　　贷:无形资产　　　　　　　　　　5 000 000
　　　　资产处置收益　　　　　　　　2 000 000

【例6－18】 承例6－9。乙公司将其拥有的原值为600万元,已经摊销200万元的商标权投资于丙公司。各投资方协商确定该商标权的价值为900万元,不考虑相关税费。

用会计等式模板描述见表6－8。

表6－8　会计等式模板描述

单元:万元

资产负债表要素	资产			=	负债	+	所有者权益
资产负债表项目	长期股权投资	无形资产		=		+	未分配利润
资产负债表科目	长期股权投资	无形资产	累计摊销	=		+	利润分配
以无形资产对外投资	+900	－600	+200	=		+	+500(资产处置收益)

乙公司以商标权投资的会计分录如下:

借:长期股权投资　　　　　　　　9 000 000
　　累计摊销　　　　　　　　2 000 000
　　贷:无形资产　　　　　　　　　　6 000 000

资产处置收益　　　　　　　　　5 000 000

　　以无形资产对外投资以后,资产负债表中"长期股权投资"增加900万元,"无形资产"减少400万元,"未分配利润"增加500万元;当期所有者权益变动表中,"未分配利润"增加500万元;当期利润表中,有"资产处置收益"500万元;当期现金流量表不受影响。

第四节　无形资产的报告

一、无形资产的列报

　　期末,无形资产的存量在资产负债表的"无形资产"项目列示,金额是"无形资产"科目的借方余额与"累计摊销"科目的贷方余额之差,如果"无形资产减值准备"有贷方余额,也一并减去。如果有满足资本化条件、但是开发尚未完成的研发支出,就将"研发支出——资本化支出"科目的借方余额报告在资产负债表的"开发支出"项目中。

　　当期,无形资产使用过程中产生的摊销额,根据无形资产的用途,凡是生产用的,记入"制造费用"科目,报告在资产负债表的"存货"项目;凡是对外出租的,记入"其他业务成本"科目,报告在利润表的"营业成本"项目;其他用途的无形资产的摊销,记入"管理费用"科目,报告在利润表的"管理费用"项目。

　　当期出租无形资产取得的收入,记入"其他业务收入"科目,报告在利润表的"营业收入"项目。处置无形资产形成的损益,如果是出售或者对外投资的,记入"资产处置收益"科目,报告在利润表的"资产处置收益"项目;如果是报废的,记入"营业外支出"科目,报告在利润表的"营业外支出"项目中。

二、无形资产的披露

　　在财务报表附注中要披露下列内容:无形资产的期初和期末账面余额、累计摊销额及减值准备累计金额;使用寿命有限的无形资产,其使用寿命的估计情况;使用寿命不确定的无形资产,其使用寿命不确定的判断依据;无形资产的摊销方法;用于担保的无形资产账面价值、当期摊销额等情况;确认为无形资产的研究开发支出金额。

　　由于无形的经济资源的特殊性,以及企业会计准则为了保证会计信息的可靠性所制定的确认、计量规则,一些重要的无形的经济资源,或者由于其不可辨认抑或其取得成本不能可靠计量,而无法在企业的资产负债表中列示;或者虽然能在资产负债表中列示,但是其金额被低估。财务报表使用人员应该清楚地认识到资产负债表在反映企业无形的经济资源时所遇到的困境,并努力通过表外途径全面了解企业的资源,从而对企业的财务状况、获利能力做出准确评估。

　　当一个企业的股权被整体或者部分出售时,如果购买方不仅看到被出售企业财务报表所反映的资源,而且发现了其无法在财务报表上反映的资源,并且愿意按照公平交易原则对后一类资源出价,那么在购买方看来,不仅后一类资源未来很可能带来经济利益,而且取得成本也能够可靠计量,于是在购买方的财务报表中,那些原先无法在被出售企业报表中反映的多项经济资源,比如良好的地理位置、营销网络、企业文化、优秀的管理团队、杰出的管理人才,等等,就被作为一个整体——"商誉"在购买方的报表中确认下来①。

【本章小结】

本章讲述了无形资产的确认、计量、账务处理与报告。

无形资产是指企业拥有或者控制的没有实物形态的可辨认非货币性资产。

无形资产由于其无形性,确认变得相对困难、复杂,尤其是研究与开发过程中发生的支出是否要作为资产来确认。在研究阶段发生的支出全部费用化处理,计入利润表中与损益有关的"研发费用"项目;在开发阶段发生的支出,如果满足准则规定的五个条件,就确认为"开发支出"资产,待开发成功再转入无形资产。

无形资产的初始计量采用历史成本原则。后续期间,会发生无形资产的摊销以及减值。相关业务特点的账务处理与固定资产相似。

无形资产的处置包括无形资产的报废、出售和对外投资。无形资产处置损益与固定资产的一致,只不过在进行账务处理时,一次处理完成计入损益,不必通过暂记科目。

【思考题】

1. 什么是无形资产?无形资产带来经济利益的方式有什么特点?无形资产包括哪些内容?
2. 为什么研究阶段发生的支出要费用化?按照《无形资产准则》的规定,在开发阶段满足哪些条件时就能够将支出资本化?
3. 可计量性显著地影响了无形资产的确认。在你认知的范围内,举出一两个例子,说明这些无形的经济资源由于不满足可计量性而无法确认为无形资产。
4. 计算机软件可以确认为无形资产,但在有些情形中却要确认为存货。你能举出例子吗?
5. 无形资产的摊销与固定资产折旧非常类似。但是有些无形资产由于无法确定预计使用寿命而不能摊销。在这种情况下,要如何进行后续计量,才能保证这些资产的价值不被高估?
6. 无形资产如何在报表中列报?
7. 外部人在利用财务报表评估企业价值时,对财务报表中报告的无形资产进行分析时,应注意哪些问题?

【练习题】

(一)单项选择题

1. 下列项目中,应确认为无形资产的是( )。

---

① 更准确地说,商誉是对那些不满足资产确认条件的经济资源和不满足负债确认条件的债务的统称。理论上,商誉的金额是两者之差。本书为了便于阐述,忽略了后者。

A. 企业自创商誉
B. 企业内部产生的品牌
C. 企业内部研究开发项目研究阶段的支出
D. 企业购入的专利权

2. 甲公司以300万元的价格对外转让一项专利权。该项专利权系甲公司以480万元的价格购入,购入时该专利权预计使用年限为10年,采用平均年限法摊销,预计净残值为零。转让时该专利权已使用5年。假定不考虑相关税费。甲公司转让该专利权所获得的净收益为( )万元。
    A. 5   B. 20   C. 45   D. 60

3. 企业出售无形资产发生的净损失,应当计入( )。
    A. 主营业务成本   B. 其他业务成本
    C. 管理费用   D. 资产处置收益

4. 关于企业内部研究开发项目的支出,下列说法中不正确的是( )。
    A. 企业内部研究开发项目的支出,应当区分研究阶段支出与开发阶段支出
    B. 研究是指为获取并理解新的科学或技术知识而进行的独创性的有计划调查
    C. 企业内部研究开发项目研究阶段的支出,应当于发生时计入当期损益
    D. 企业内部研究开发项目开发阶段的支出,应当于发生时计入当期损益

5. 企业出租无形资产取得的收入,应当计入( )。
    A. 主营业务收入   B. 其他业务收入
    C. 投资收益   D. 营业外收入

6. 自创并经法律程序申请取得的无形资产,其申请登记费应计入( )。
    A. 管理费用   B. 无形资产
    C. 其他业务成本   D. 营业费用

7. 下列各项中,应作为无形资产入账的是( )。
    A. 开办费   B. 广告费
    C. 为获得土地使用权支付的土地出让金   D. 开发新技术过程中发生的研究费

(二)多项选择题

1. 企业内部研究开发项目开发阶段的支出,同时满足下列哪些条件,才能确认为无形资产( )。
    A. 完成该无形资产以使其能够使用或出售在技术上具有可行性
    B. 具有完成该无形资产并使用或出售的意图
    C. 该资产本身存在市场或使用该资产生产的产品存在市场
    D. 有足够的技术、财务资源和其他资源支持,以完成该无形资产的开发,并有能力使用或出售该无形资产
    E. 归属于该无形资产开发阶段的支出能够可靠地计量

2. 关于内部研究开发费用的确认和计量,下列说法中错误的有( )。
    A. 企业研究阶段的支出应全部费用化,计入当期损益
    B. 企业研究阶段的支出应全部资本化,计入无形资产成本

C. 企业开发阶段的支出应全部费用化，计入当期损益
D. 企业开发阶段的支出应全部资本化，计入无形资产成本
E. 企业研究阶段的支出可能费用化，也可能资本化

3. 关于无形资产处置，下列说法中正确的有（   ）。
   A. 企业出售无形资产，应当将取得的价款与该无形资产账面价值的差额计入当期损益
   B. 企业出售无形资产，应当将取得的价款与该无形资产账面余额的差额计入当期损益
   C. 无形资产预期不能为企业带来经济利益的，应当将该无形资产的账面价值予以转销
   D. 无形资产预期不能为企业带来经济利益的，也应按原预定方法和使用寿命摊销
   E. 企业出售无形资产，应当将取得的价款与该无形资产账面价值的差额计入资本公积

4. 关于无形资产的摊销，下列说法中正确的有（   ）。
   A. 使用寿命有限的无形资产，其摊销金额应当在使用寿命内系统合理摊销
   B. 企业摊销无形资产，应当自无形资产可供使用时起，至不再作为无形资产确认时止
   C. 无形资产摊销年限不超过 10 年
   D. 使用寿命有限的无形资产一定无残值
   E. 无形资产的摊销方法只有直线法

（三）计算及账务处理题

1. 某企业研制一项新技术，开始并无成功把握，该企业在研究阶段发生支出 7 万元，其中第一个月 3 万元，第二个月 4 万元。开发阶段发生支出 20 万元，符合资本化条件。研究成功后申请获得专利权，在申请专利的过程中发生专利登记费 3 万元，律师费 0.8 万元。编制有关会计分录并用会计等式模板描述。

2. 某企业出售一项 3 年前取得的专利权，该专利取得时的成本为 20 万元，用平均年限法按 10 年摊销，预计净残值为 0，出售时取得收入 20 万元。编制有关无形资产取得、摊销、处置的会计分录并用会计等式模板描述。

（四）财务报表题

1. "你的"公司有哪些无形资产？期末无形资产占资产总额比例怎样？期初期末余额变动情况怎样？

2. 该公司有正在研发的项目吗？如果有，该公司规定当满足哪些条件时，就可以把研发支出资本化？

3. 该公司存在计提减值准备的无形资产吗？如果有，查一查，在哪年计提该项减值准备？为什么计提该项减值准备？

4. 该公司在最近一年度是否处置了无形资产？对当年度利润表的影响如何？（在利润表"资产处置收益""营业外收入"或"营业外支出"项目的附注中查询）

第七章

投资性房地产

> 【学习目标】
>
> 通过学习本章,你应该:
> 1. 掌握投资性房地产的含义,了解投资性房地产与企业自用房地产的区别;
> 2. 掌握不同方式下取得投资性房地产的初始计量方法;
> 3. 掌握成本模式下投资性房地产取得、后续计量、与自用房地产互换以及处置的账务处理与报告;
> 4. 掌握公允价值模式下投资性房地产取得、后续计量、与自用房地产互换以及处置的账务处理与报告。

【引　子】

厦门建发股份有限公司(股票代码:600153)2020年12月31日发布公告称,从2020年10月1日起,公司所持有的投资性房地产后续计量方法从成本计量模式变更为公允价值计量模式。

公司认为,随着公司的发展,公司所持有的投资性房地产价值不断提升,为更加客观地反映公司持有的投资性房地产的真实价值,便于投资者了解公司客观的资产状况,公司对投资性房地产的后续计量模式从成本计量模式变更为公允价值计量模式。

公司认为,公司所持有的投资性房地产所在地有活跃的房地产租赁和交易市场,投资性房地产的公允价值能够持续可靠地取得。公司将以评估机构出具的评估报告确定相关投资性房地产的评估结果作为投资性房地产的公允价值。

根据上述公告和该公司2019年度报告,公司持有的投资性房地产占资产总额的2.76%,占非流动资产的29.95%。变更投资性房地产后续计量方法,会使2019年度净利润增加172,360千元,相比变更前提高了2.16%;会使2020年度前九个月净利润增加101,555千元,相比变更前提高了2.74%。

我国《企业会计准则第3号——投资性房地产》(以下简称《投资性房地产准则》),将企业为赚取租金或资本增值,或两者兼有而持有的房地产,单独确认为一类资产——投资性房地产。

就投资性房地产本身的使用价值而言,与作为固定资产的房屋建筑物、作为无形资产的土地使用权以及房地产开发企业用于出售的房地产并无差异。我国现行企业会计准则之所以将这些资产单独列为一类资产,是因为它们用于出租或者出让,而通过出租出让带来的经济利益与房地产市场有密切关系。近年来我国房地产市场迅猛发展,使得用于出租出让的房地产带来经济利益的时间、金额以及风险有其自身规律,与企业自用房地产以及房地产开发企业用于出售的房地产有显著差别。

本章阐述投资性房地产的确认、初始计量、后续计量、与自用房地产之间的转换以及相关的账务处理与报告[①]。

第一节 投资性房地产的初始确认与计量

一、投资性房地产的性质

《投资性房地产准则》这样定义投资性房地产:投资性房地产,是指为赚取租金或资本增值,或两者兼有而持有的房地产。准则所界定的投资性房地产包括已出租的土地使用权;持有并准备增值后转让的土地使用权;已出租的建筑物。而为生产商品、提供劳务或者经营管理而持有的房地产,是企业自用的房地产,属于固定资产或者无形资产;房地产开发企业待售的房地产属于存货,不属于投资性房地产。

二、投资性房地产的初始确认

如果一项房地产,无论自行建造还是购入,但凡符合投资性房地产的定义,并且取得成本能够可靠计量,那么就被确认为投资性房地产。

多数投资性房地产是由自用房地产改变用途转化来的。当自用的房屋建筑物或者土地使用权,从自用改为对外出租,那么从租赁期开始日,即房屋建筑物和土地使用权进入出租状态、开始赚取租金时,就将该房屋建筑物或者土地使用权确认为投资性房地产,同时终止确认固定资产或无形资产。不过在实务中,企业空置的建筑物,如果董事会或类似机构做出书面决议,明确表明将其用于经营出租且持有意图短期内不再发生变化的,即使尚未签订租赁协议,也视为投资性房地产。还有,企业将自用土地使用权停止自用准备增值后转让,那么在确定准备增值后转让的日期,确认为投资性房地产。

在具体判定一项资产是否属于投资性房地产时,还要仔细分析该项资产的用途。比如酒店客房和写字楼,面向客户都有出租性质,它们究竟属于固定资产还是属于投资性房地产?这要看企业从该项资产取得的经济利益主要来自出租本身,还是企业同时提供的其他服务。如果主要来自前者,就属于投资性房地产;否则,就属于固定资产。酒店客房不单纯

---

① 按照税法规定,投资性房地产属于增值税的应税商品,购入和处置均涉及增值税问题。本书将此部分内容忽略。有兴趣的读者请参阅有关税法书籍。

用于出租,客房里还有供客户睡眠、洗浴、娱乐和办公的各种设施,所以酒店客房作为向客户提供服务必不可少的物质条件,属于固定资产,而写字楼属于投资性房地产。

三、投资性房地产的初始计量

投资性房地产的初始计量遵循历史成本原则,计量金额包括一切使资产达到预定可使用状态所发生的必要的、合理的支出。

根据税法的规定,取得房地产要缴纳契税、耕地占用税等税费,这些税费都计入投资性房地产的历史成本中。

不同方式取得的投资性房地产,历史成本的确定不同。

(一)外购的投资性房地产

外购投资性房地产的历史成本包括购买价款、相关税费和可直接归属于该资产的其他支出。

(二)自行建造的投资性房地产

自行建造的投资性房地产,其成本由建造该项资产达到预定可使用状态前发生的必要支出构成,包括土地开发费、建筑成本、安装成本、建造期间借款产生的利息支出等。

以上两种方式形成的投资性房地产,都是在初始确认资产时就确认了投资性房地产,都以所付出的对价的公允价值作为计量金额。

(三)由自用房地产转化而来的投资性房地产

由自用房地产转化而来的投资性房地产,与外购和自行建造的投资性房地产不同,属于资产重新分类形成的资产。其初始计量情况比较特殊,与企业所选择的投资性房地产后续计量模式有关。有关问题在本章第三节阐述。

第二节 投资性房地产的后续计量

与固定资产、无形资产后续计量的内容相同,投资性房地产的后续计量包括后续资产价值的持续报告、后续发生与资产有关的支出以及后续发生资产减值。

一、后续对资产价值的持续报告

投资性房地产资产价值的后续持续报告,有两种模式,一种是成本模式,一种是公允价值模式。

(一)成本模式

投资性房地产后续计量的成本模式,相当于固定资产、无形资产后续计量中的计提折旧和摊销。这种计量模式以资产的历史成本为基础,本着权责发生制原则,将资产的取得成本在预计使用年限内进行系统分摊,故名"成本模式"。

采用成本模式,需要估计投资性房地产的预计净残值、预计使用年限和折旧或摊销方法。

【例7-1】 甲公司对外出租的一栋房屋,原值5 000万元,预计净残值率5%,预计使用50年,采用年限平均法计提折旧。

这项资产的初始计量金额为5 000万元。按照年限平均法计提折旧,每年折旧额为95万元。于是在后续年度,该项资产对外报告的金额每年以95万元递减。

（二）公允价值模式

有些企业的投资性房地产处于房地产市场发达的区域，公允价值能够可靠取得，期末采用公允价值进行后续计量，比采用成本模式计量，提供的信息更加有用。所以我国企业会计准则规定，如果企业满足了规定条件，就可以采用公允价值模式进行后续计量。《投资性房地产准则》第十条规定，"企业存在确凿证据表明其投资性房地产的公允价值能够持续可靠取得的，可以对投资性房地产采用公允价值模式进行后续计量。采用公允价值模式进行后续计量的投资性房地产，必须同时满足两个条件：一是投资性房地产所在地有活跃的房地产交易市场，二是企业能够从活跃的房地产交易市场取得同类或类似房地产的市场价格及其他相关信息，从而对投资性房地产的公允价值做出合理的估计。"

由于投资性房地产带来的经济利益与房地产市场密切相关，企业取得投资性房地产就是为了取得与市场相关的经济利益，所以当投资性房地产的公允价值发生变化，由此产生的所有者权益变化，应该计入当期损益，以体现经营者的业绩。具体说，如果公允价值上升，说明企业的经营决策产生了积极效果，反之则产生了负面效果。但是由于并未处置资产，公允价值变化对当期损益的影响并未带来真正的经济利益，仅是账面富贵或账面损失，所以在利润表中单设与损益有关的"公允价值变动损益"项目来反映这种未实现的利得或损失。

每个会计期末，企业以所获得的当日投资性房地产的公允价值对投资性房地产的账面价值进行调整，调整的金额同时计入"公允价值变动损益"项目。

【例7—2】甲公司对外出租的一栋房屋，取得成本为5 000万元。假设在取得资产后的三个会计年度，每年年末该房屋的公允价值分别为5 200万元、5 500万元和5 400万元。

该房屋在对外报告时，每年年末的金额应当与当年末的公允价值一致，分别是5 200万元、5 500万元和5 400万元。在后续三个年度的利润表中，公允价值变动损益的金额应当分别为200万元、300万元和—100万元。

采用公允价值模式时，企业的利润将受到房地产市场价格波动的影响。为了防止企业在市场价格上涨时采用公允价值模式，在市场价格下跌时采用成本模式，《准则应用指南》允许企业从成本模式改为公允价值模式，但是又规定一旦采用公允价值模式，就不能再变更为成本模式。同时还规定，采用公允价值模式的企业，其所有的投资性房地产均要采用公允价值模式，不允许一部分采用公允价值，另一部分采用成本模式。另外，在极少数情况下，采用公允价值进行后续计量的企业，若有证据表明，当企业首次取得某项投资性房地产（或某项现有房地产在完成建造或开发活动或改变用途后首次成为投资性房地产）时，该投资性房地产公允价值不能持续可靠取得的，应当对该项投资性房地产采用成本模式计量直至处置。但是，采用成本模式对投资性房地产进行后续计量的企业，即使有证据表明，企业首次取得某项投资性房地产时，该投资性房地产公允价值能够持续可靠取得，该企业仍应对该项投资性房地产采用成本模式进行后续计量。

企业会计准则和准则应用指南之所以对公允价值模式的使用规定得如此严格，一是为了确保资产信息的可靠性，二是为了确保利润表信息的谨慎性。

二、投资性房地产的后续支出

当发生与投资性房地产有关的后续支出时，如果这项支出能够像投资性房地产一样带来经济利益,从理论上讲,应该新增确认为投资性房地产。比如,企业为了使投资性房地产更加坚固耐用而进行改建、扩建,或者通过室内装潢提高投资性房地产的使用效能,这些改扩建支出和装修支出能够像投资性房地产一样带来经济利益,应该确认为投资性房地产。实务中为了便于进行资产实物管理和价值管理,将这类支出计入原投资性房地产的成本,增加"投资性房地产"项目的报告金额。

改扩建以后的投资性房地产与改扩建之前相比,不仅成本增加了,而且未来带来的经济利益的金额、时间、方式等都有变化,所以把改扩建以后的投资性房地产视作一项不同于改扩建之前的新资产。投资性房地产进入改扩建阶段时,终止确认该资产,形成新的资产:在建工程。改扩建完成后,终止确认在建工程,确认一项新的投资性房地产。新的投资性房地产就像企业自行建造完成的资产一样,无论后续采用成本模式还是公允价值模式,初始计量金额都为取得时的历史成本。

【例7-3】 2020年1月,甲公司计划对一项采用成本模式的投资性房地产进行改扩建,并与乙公司签订了租赁合同,约定自改扩建完工时将厂房出租给乙公司。1月10日,厂房账面原值1 000万元,已经计提折旧600万元。厂房进入改扩建工程。7月10日,厂房改扩建工程完工,共发生支出300万元,即日起按照租赁合同出租给乙公司。

甲公司将账面价值为400万元的投资性房地产进行改扩建,形成在建工程,改扩建过程中发生的300万元支出予以资本化,增加在建工程成本,改扩建完成后新的投资性房地产的成本是700万元。

【例7-4】 假设例7-3中甲公司进行改扩建的投资性房地产采用公允价值模式计量。由于取得资产后公允价值上升,1月10日,厂房进入改扩建工程时的账面价值为1 500万元。

改扩建过程中发生的300万元支出计入在建工程成本,改扩建完成的投资性房地产是改扩建前的账面价值与新增建造成本之和,为1 800万元。

如果后续支出不满足投资性房地产的确认条件,那么应当在发生时直接计入当期损益。对投资性房地产进行日常维护发生的支出就属于这种类型的支出。发生这些支出时,计入当期利润表的"营业成本"项目。

三、后续投资性房地产发生减值

如果房地产销售市场或者出租市场出现重大不利因素,投资性房地产未来带来的经济利益就可能会显著下降。采用公允价值模式计量的投资性房地产,公允价值自然反映出了对未来的不利预期,所以不必采用专门会计处理程序解决资产减值问题。但是采用成本模式计量的投资性房地产,后续报告金额是以历史成本为基础的,而历史成本不体现资产未来带来经济利益的情况。于是以成本模式计量的投资性房地产,房地产市场一旦出现重大不利因素,企业就应该像固定资产、无形资产那样,进行资产减值测试,估算资产的可收回金额。如果可收回金额低于以成本模式计量的金额,就应该将资产的账面价值从以成本模式计量的金额调低到可收回金额。

【例7-5】 甲公司对外出租的一栋房屋,采用成本模式进行后续计量。其原值5 000万元,预计净残值率5%,预计使用50年,采用年限平均法计提折旧。三年后,房地产市场发生了重大不利因素,交易价格纷纷下滑。年末甲公司对该项投资性房地产进行了减值测试,估算出可收回金额为 4 500 万元。

三年后的年末以成本模式计量的该项资产的账面价值为 4 715 万元,此时可收回金额 4 500 万元低于账面价值,于是将账面价值调低为 4 500 万元。原账面价值 4 715 万元与新账面价值 4 500 万元之差 215 万元,同时报告在当期损益的"资产减值损失"项目。

第三节　投资性房地产的转换与处置

一、投资性房地产与自用房地产的转换①

（一）自用房地产转换为投资性房地产

当自用房地产改为出租,或者自用土地使用权改为出租或者准备增值后转让时,自用房地产就成了投资性房地产。此时要终止确认自用房地产,同时确认投资性房地产。自用房地产转换为投资性房地产是投资性房地产形成的最主要方式。这种方式形成的投资性房地产的初始计量比较复杂,所以放在这一节单独讲述。

1. 投资性房地产采用成本模式

当自用房地产转换为采用成本模式进行后续计量的投资性房地产时,因为自用房地产后续计量也采用成本模式,没有因资产重新分类而使后续计量模式发生变化,所以投资性房地产的初始计量金额就是转换日自用房地产的账面价值,投资性房地产的后续计量相当于自用房地产的后续计量。

【例 7-6】 甲公司投资性房地产采用成本模式计量。有一栋闲置的厂房,经董事会决定对外出租,已经与乙公司签订了出租合同,并且租赁期已经开始。该厂房原值 200 万元,已经计提折旧 120 万元。

转换日投资性房地产的初始计量金额是原固定资产的账面价值 80 万元。

2. 投资性房地产采用公允价值模式

企业将采用成本模式进行后续计量的自用房地产,转换为采用公允价值模式进行后续计量的投资性房地产时,理论上,转换日投资性房地产的初始计量金额就是其历史成本——自用房地产在转换日的账面价值。但是考虑到转换日投资性房地产的公允价值可能与自用房地产此时的账面价值相去甚远,如果以自用房地产的账面价值作为投资性房地产的初始金额,那么在转换后的第一个资产负债表日,投资性房地产的公允价值与转换日初始金额之间的差额,就有一部分是由资产转换而不是由这一段时间内投资性房地产的公允价值的波动产生的。

为了防止企业通过资产转换调节利润,《准则应用指南》对由自用房地产转换而成的以公允价值模式进行后续计量的投资性房地产的初始计量,采用了特殊处理方式：以转换日投资性房地产的公允价值作为初始金额。《准则应用指南》并且规定,转换日投资性房地产的公允价值小于自用房地产的账面价值时,转换带来的不利影响计入当期损益的"公允价值变

---

① 本书省去房地产开发企业投资性房地产与存货之间的转换。

动损益"项目;而转换日投资性房地产的公允价值大于自用房地产的账面价值时,转换带来的有利影响不计入当期损益,而计入"其他综合收益"项目。该项目虽然也在利润表中报告,但是位置处于"净利润"之后,不影响损益,不影响业绩。

【例 7-7】 甲公司投资性房地产采用公允价值模式计量。有一栋闲置的厂房,经董事会决定对外出租,已经与乙公司签订了出租合同,并且于 2016 年 4 月开始出租。该厂房原值 1 000 万元,已经计提折旧 200 万元。转换日房地产市场同类资产的价格 1 200 万元。

转换日,该投资性房地产的历史成本就是所终止确认的固定资产账面价值 800 万元。投资性房地产以转换日的公允价值 1 200 万元进行初始计量。资产重新分类提高了资产价值 400 万元,该金额同时计入"其他综合收益"项目。

【例 7-8】 承例 7-7。假设转换日房地产市场同类资产的价格为 700 万元。

在转换日投资性房地产以当日的公允价值 700 万元进行初始计量。资产重新分类降低了资产价值 100 万元,该金额同时计入当期损益的"公允价值变动损益"项目。

(二)投资性房地产转换为自用房地产

当投资性房地产的租赁期结束后,投资性房地产就成了自用房地产。此时要终止确认投资性房地产,同时确认固定资产或者无形资产。根据历史成本原则,新确认的固定资产或无形资产的初始计量金额就是转换日投资性房地产的账面价值。由于投资性房地产后续计量模式不同,在转换日其账面价值的确定方式不同,从而转换日自用房地产的入账金额也就不同。

1. 投资性房地产采用成本模式

投资性房地产若采用成本模式,在转换为自用房地产时,首先要计提当期折旧或者进行当期摊销,以计提完当期折旧或摊销后的金额作为自用房地产的入账金额。

【例 7-9】 甲公司投资性房地产采用成本模式。2020 年 4 月 20 日,一栋用于出租的房屋因租赁期结束转换为自用房屋。该房屋的原值 5 000 万元,预计净残值 4%,预计使用 50 年,采用平均年限法计提折旧。截至 2020 年 3 月底,已经计提折旧 240 万元。

甲公司在 2020 年 4 月,应该继续计提当月投资性房地产的折旧 8 万元。计提折旧后,累计折旧额为 248 万元。所以在转换日,投资性房地产的账面价值为 4 752 万元,这就是自用房地产当日的入账价值。

2. 投资性房地产采用公允价值模式

投资性房地产采用公允价值模式,在转换为自用房地产时,首先要将其账面价值从上一个资产负债表日的公允价值调整为转换日的公允价值。转换日投资性房地产的公允价值就是自用房地产的入账价值。

【例 7-10】 甲公司投资性房地产采用公允价值模式。2020 年 4 月 20 日,一栋用于出租的房屋因租赁期结束转换为自用房屋。该房屋历史成本为 5 000 万元,截至 2019 年 12 月 31 日的账面价值为 5 400 万元。在 2020 年 4 月 20 日,房地产市场同类资产的公允价值为 5 410 万。

甲公司将投资性房地产的账面价值从 2019 年 12 月 31 日的 5 400 万元调整为 2020 年 4 月 20 日的 5 410 万,同时当期损益的"公允价值变动损益"项目产生 10 万元的收益。转换日形成的固定资产的入账价值是 5 410 万。

二、投资性房地产的处置

投资性房地产是一种经营性资产,处置该资产的所得与所付出的成本(包括被处置资产的账面价值以及因处置而产生的相关税费)应分别反映。这与处置固定资产和无形资产只反映处置收入扣减处置成本后的净额是不同的。投资性房地产处置所得反映在当期损益的"营业收入"项目,处置成本反映在当期损益的"营业成本"项目。

(一)以成本模式进行后续计量的投资性房地产的处置

如果处置的投资性房地产以成本模式计量,那么处置成本就是处置时资产的账面价值。

【例7-11】 承例7-1。甲公司对外出租的一栋房屋,采用成本模式进行后续计量。第三年底该项资产的账面价值为4 715万元。甲公司在年底将该资产出售,所得为4 600万元。

本例中,甲公司将账面价值为4 715万元的投资性房地产以4 600万元出售。出售所得4 600万元计入当期损益的"营业收入"项目,出售时资产的账面价值4 715万元计入当期损益的"营业成本"项目,毛利为-115万元。

(二)以公允价值模式进行后续计量的投资性房地产的处置

如果处置的投资性房地产以公允价值模式计量,那么在确认当期损益时,还要将以前期间累计确认的公允价值变动损益转入当期损益。

【例7-12】 承例7-2。甲公司以公允价值计量的一栋对外出租的房屋,在第四年度以5 450万元出售。该房屋取得成本5 000万元,处置时的账面价值为5 400万元,以前期间累计形成400万元公允价值变动损益。

甲公司处置该项资产的所得为5 450万元,计入"营业收入"项目。处置时该项资产的账面价值是5 400万元,计入"营业成本"项目,毛利为50万元。

另外以前期间400万元"公允价值变动损益",已经通过当期资产的处置实现了,所以要将其转入当期损益,冲减营业成本,从而使得当期处置毛利从50万元增加为450万元。

【例7-13】 承例7-7。甲公司2016年4月,将原值为1 000万元,累计折旧为200万元的闲置厂房转换为以公允价值计量的投资性房地产,转换日同类房地产的公允价值为1 200万元。2016年底、2017年底、2018年底和2019年底,该资产的公允价值分别为1 500万元、1 800万元、2 300万元和2 100万元。2020年2月,甲公司将该资产以2 200万元处置。

投资性房地产在处置前的账面价值为最近一个资产负债表日的公允价值2 100万元,处置时,产生营业收入2 200万元,营业成本2 100万元,处置毛利100万元。

从资产转换日到资产处置前,累计产生公允价值变动收益900(2 100-1 200)万元。此时随着资产的处置,这900万元公允价值变动收益变现了,所以要转入资产的处置损益,方法是冲减营业成本900万元,于是使得处置毛利增加到1 000万元。但是由于"公允价值变动损益"项目等额减少,当期利润总额不变。

以前期间累计确认的其他综合收益400万元此时也变现了,同样要转为当期损益,冲减营业成本(冲减后营业成本降至800万元,相当于从非投资性房地产转换为投资性房地产时非投资性房地产的历史成本),从而使得处置毛利增加到了1 400万元。以上其他综合收益转为当期处置损益的处理,会影响利润总额,但是不影响综合收益总额。

第四节 投资性房地产的账务处理

为了便于理清脉络,本节按照成本模式和公允价值模式两条线索分别介绍投资性房地产的账务处理。

一、成本模式

(一)财务报表项目及会计科目设置

1."投资性房地产"项目

"投资性房地产"项目是资产类项目。在成本模式下,该项目在资产负债表中报告的金额包括"投资性房地产""投资性房地产累计折旧(或摊销)""投资性房地产减值准备"三个科目的余额。

(1)"投资性房地产"科目

该科目反映投资性房地产的原值。增加投资性房地产时,增加的原值借记该科目;减少投资性房地产时,减少的原值贷记该科目;期末该科目有借方余额,反映结存的投资性房地产的原值。

该科目根据房地产项目设置明细分类账。

(2)"投资性房地产累计折旧(或摊销)"科目

采用成本模式计量的投资性房地产,后续期间发生的折旧额或者摊销额记录在"投资性房地产累计折旧(或摊销)"科目。该科目的使用与"累计折旧"科目、"累计摊销"科目相同。折旧或摊销时,记入该科目的贷方;转出投资性房地产时,转出资产对应的折旧或摊销额记入该科目的借方;期末有贷方余额,表示结存的投资性房地产的累计折旧或摊销额。

(3)"投资性房地产减值准备"科目

该科目反映成本模式下,当期末投资性房地产未来可收回金额低于此时的账面价值,即投资性房地产发生减值时所计提的减值准备金额。该科目的使用与"固定资产减值准备""无形资产减值准备"相同,期末计提减值准备时,记入该科目的贷方;转出投资性房地产时,对应的减值准备金额记入该科目的借方;期末有贷方余额,表示结存的投资性房地产的减值金额。

以上三个科目的期末余额之差就是资产负债表"投资性房地产"项目的报告金额。

2."营业收入"项目

该项目是利润表项目,反映投资性房地产使用过程中带来的租金收入和处置过程中带来的处置收入。

在该项目下设置"其他业务收入"科目反映投资性房地产使用过程中带来的租金收入和处置过程中带来的处置收入。这与处置库存商品以"主营业务收入"科目反映处置收入不同,原因是与投资性房地产相关的收入属于企业的日常但是非主流收入。

投资性房地产带来收入时,记入该科目的贷方;期末该科目余额转入"本年利润"科目。

3."营业成本"项目

该项目是利润表项目,反映投资性房地产在带来租金收入的同时产生的资源耗费,包括折旧或摊销以及费用化的后续支出。该项目还反映处置投资性房地产时的处置成本,即处置时资产的账面价值。

在该项目下设置"其他业务成本"科目。发生其他业务成本时,记入该科目借方;该科目期末余额转入"本年利润"科目。

(二)投资性房地产取得的账务处理

取得投资性房地产时,从报表的结果看,"投资性房地产"项目的价值增加了。在操作程序上,记入"投资性房地产"科目的借方,金额为投资性房地产当日的取得成本。

1. 外购或者自行建造的投资性房地产,所发生的购买成本或者建造成本就是新取得的投资性房地产的历史成本。从资产负债表结果看,"投资性房地产"增加,"银行存款"或者"在建工程"减少。

用会计等式模板描述,结果如表 7—1。

表 7—1　会计等式模板描述

资产负债表要素	资　　产		=	负债	+	所有者权益
资产负债表项目	货币资金	投资性房地产	=		+	
资产负债表科目	银行存款	投资性房地产	=		+	
外购时	减少	增加	=		+	

会计分录为:

借:投资性房地产
　　贷:银行存款(或:在建工程)

2. 由自用房地产转换而成的成本模式的投资性房地产,初始金额就是自用房地产在转换日的账面价值。从资产负债表结果看,自用房地产价值减少,投资性房地产价值增加。

从操作程序看,将自用房地产的"固定资产"科目里记录的原值转入"投资性房地产"科目,作为投资性房地产的原值,将"累计折旧"科目里记录的累计折旧额转入"投资性房地产累计折旧或摊销"科目,作为投资性房地产的累计折旧和摊销额。

【例 7—14】　承例 7—6。甲公司将原值 200 万元、已经计提折旧 120 万元的闲置厂房对外出租,形成投资性房地产。

租赁期开始日发生的业务,用会计等式模板描述的结果见表 7—2。

表 7—2　会计等式模板描述

单位:万元

资产负债表要素	资　　产				=	负债	+	所有者权益
资产负债表项目	固定资产		投资性房地产		=		+	
资产负债表科目	固定资产	累计折旧	投资性房地产	投资性房地产累计折旧或摊销	=		+	
资产转换时	−200	+120	+200	−120	=		+	

在资产负债表上,"投资性房地产"项目增加 80 万元,"固定资产"项目减少 80 万元;所有者权益变动表、利润表和现金流量表均不受影响。

甲公司编制会计分录如下：

借：投资性房地产　　　　　　　2 000 000
　　累计折旧　　　　　　　　　1 200 000
　贷：投资性房地产累计折旧　　　　　1 200 000
　　　固定资产　　　　　　　　　　　2 000 000

（三）投资性房地产后续计量的账务处理

1. 投资性房地产取得之后持续报告所进行的账务处理

投资性房地产后续进行折旧或者摊销，一方面投资性房地产价值减少，另一方面利润表中产生了"营业成本"。

在操作程序上，折旧或者摊销额记入"投资性房地产累计折旧或摊销"科目的贷方，同时记入"其他业务成本"科目的借方。

【例7—15】承例7—1。甲公司对外出租的一栋房屋，原值5 000万元，预计净残率5%，预计使用年限50年，采用平均年限法计提折旧，每月折旧额为79 166.67元。

用会计等式模板描述，结果见表7—3。

表7—3　会计等式模板描述

单位：元

资产负债表要素	资　　产		=	负债	+	所有者权益
资产负债表项目	投资性房地产		=		+	未分配利润
资产负债表科目	投资性房地产	投资性房地产累计折旧或摊销	=		+	利润分配
每月计提折旧时		−79 166.67	=		+	−79 166.67（其他业务成本）

甲公司每月计提折旧的会计分录为：

借：其他业务成本　　　　　　　79 166.67
　贷：投资性房地产累计折旧或摊销　　　79 166.67

2. 发生与投资性房地产有关的后续支出

与投资性房地产有关的后续支出，如果是资本化支出，增加"投资性房地产"项目的金额，如果是费用化支出，确认为一项当期损益，记入"营业成本"项目。

【例7—16】承例7—3。甲公司将原值1 000万元，累计折旧600万元的投资性房地产改扩建，支出300万元。

改扩建发生的支出，属于资本化支出。改扩建是个工程项目，历时较长，所以在改扩建过程中，通过"在建工程"项目反映转入改扩建工程的投资性房地产的成本以及新增的成本。改扩建完毕，再转入"投资性房地产"项目。

在操作程序上，将投资性房地产此时的账面价值从"投资性房地产"科目和"投资性房地产累计折旧或摊销"科目转入"在建工程"科目。发生的改扩建成本也记入"在建工程"科目。工程完工以后，"在建工程"科目中记录的金额就是新的投资性房地产的历史成本，将"在建工程"科目余额转入"投资性房地产"科目。

用会计等式模板描述，结果见表7—4。

表 7-4　会计等式模板描述

单位:万元

资产负债表要素	资产			=	负债	+	所有者权益
资产负债表项目	货币资金	在建工程	投资性房地产	=		+	
资产负债表科目	银行存款	在建工程	投资性房地产	投资性房地产累计折旧或摊销	=	+	
转入在建工程		+400	-1 000	+600	=	+	
发生改扩建支出	-300	+300			=	+	
改扩建工程完工		-700	+700		=	+	

由表 7-4 可见,发生的资本化支出增加了资产的成本,但是不影响当期损益。

参照表 7-4 编制会计分录。

(1) 1 月 10 日,投资性房地产进入改扩建工程时,编制会计分录如下:

借:在建工程　　　　　　　　　4 000 000
　　投资性房地产累计折旧　　　6 000 000
　　贷:投资性房地产　　　　　　　　10 000 000

(2) 发生改扩建支出时,编制会计分录如下:

借:在建工程　　　　　　　　　3 000 000
　　贷:银行存款等　　　　　　　　3 000 000

(3) 工程完工以后,编制会计分录如下:

借:投资性房地产　　　　　　　7 000 000
　　贷:在建工程　　　　　　　　　7 000 000

3. 投资性房地产发生减值

【例 7-17】　承例 7-5。在资产负债表日,甲公司对外出租的房屋,原值 5 000 万元,预计净残值率 5%,预计使用年限 50 年,采用平均年限法计提折旧。三年以后的年末,该资产的可收回金额为 4 500 万元,较资产此时的账面价值 4 715 万元减少了 215 万元。调减投资性房地产的账面价值,同时在当期损益中形成"资产减值损失"215 万元。

用会计等式模板描述,结果见表 7-5。

表 7-5　会计等式模板描述

单位:万元

资产负债表要素	资产			=	负债	+	所有者权益
资产负债表项目	投资性房地产			=		+	未分配利润
资产负债表科目	投资性房地产	投资性房地产累计折旧或摊销	投资性房地产减值准备	=		+	利润分配
减值前余额	5 000	-285	0	=		+	
资产负债表日计提减值准备时			-215	=		+	-215(资产减值损失)

计提了减值准备后,投资性房地产的价值降低为 4 500 万元,这就是可收回金额。

在操作程序上,投资性房地产减损的价值记录在"投资性房地产减值准备"科目的贷方,当期损益中"资产减值损失"项目的金额记录在"资产减值损失"科目的借方。

编制会计分录如下:

借:资产减值损失　　　　　　　2 150 000
　　贷:投资性房地产减值准备　　　　2 150 000

(四)投资性房地产转换为自用房地产的账务处理

投资性房地产转换为自用房地产时,转换日投资性房地产的账面价值就是自用房地产的入账价值。

【例7-18】 承例7-9。甲公司一栋用于出租的房屋,原值5 000万元,预计净残值率为4%,预计使用年限50年,采用平均年限法计提折旧。在2020年4月20日租赁期结束后转入自用房地产。

首先将投资性房地产的账面价值通过计提折旧,从2020年3月底的金额调整为转换日2020年4月20日的金额。转换当月应计提折旧8万元,从而将投资性房地产的账面价值从3月底的4 760万元调整为4月20日的4 752万元,然后将该金额转入自用房地产中。

请读者仿照表7-2用会计等式模板加以描述。

计提折旧的会计分录如下:

借:其他业务成本　　　　　　　80 000
　　贷:投资性房地产累计折旧　　　　80 000

计提了折旧后,累计折旧成为248万元,将投资性房地产转为固定资产的分录如下:

借:固定资产　　　　　　　　　50 000 000
　　投资性房地产累计折旧　　　2 480 000
　　贷:累计折旧　　　　　　　　　2 480 000
　　　　投资性房地产　　　　　　　50 000 000

(五)投资性房地产处置的账务处理

处置投资性房地产时,一方面将处置所得记入"营业收入"项目,另一方面将处置资产的账面价值记入"营业成本"项目。

【例7-19】 承例7-11。甲公司将一栋对外出租的房屋出售。原值5 000万元,出售时累计折旧285万元,出售所得4 600万元。

用会计等式模板描述,结果见表7-6。

表7-6　会计等式模板描述

单位:万元

资产负债表要素	资产			=	负债	+	所有者权益
资产负债表项目	货币资金	投资性房地产		=		+	未分配利润
资产负债表科目	银行存款	投资性房地产	投资性房地产累计折旧或摊销	=		+	利润分配
取得处置收入	+4 600			=		+	+4 600(其他业务收入)
结转处置成本		-5 000	+285	=		+	-4 715(其他业务成本)

在记录交易时,要分别记入"其他业务收入"和"其他业务成本"科目。
编制会计分录如下:
借:银行存款　　　　　　　　　46 000 000
　　贷:其他业务收入　　　　　　　　46 000 000
借:其他业务成本　　　　　　　47 150 000
　　投资性房地产累计折旧　　　　2 850 000
　　贷:投资性房地产　　　　　　　　50 000 000

二、公允价值模式

(一)财务报表项目和会计科目设置

1."投资性房地产"项目

在"投资性房地产"项目下设"投资性房地产"科目。

在公允价值模式下,在"投资性房地产"科目下设置"成本"和"公允价值变动"两个明细科目。其中"成本"明细科目记录取得投资性房地产时的成本即历史成本,"公允价值变动"明细科目记录后续期间的每个资产负债表日,公允价值与历史成本的差额。每个资产负债表日两个明细科目余额之和(或之差)就是"投资性房地产"科目的金额,同时也是"投资性房地产"项目对外报告的金额。

2."公允价值变动损益"项目

这是利润表中与损益有关的项目,反映企业在持有以公允价值计量的资产过程中,公允价值变化给当期损益带来的影响。由于资产并未真正处置,所以这种损益实质上是未实现损益。"公允价值变动损益"项目在公允价值模式下才会使用。

在该项目下设置"公允价值变动损益"科目,这是损益类科目,反映在每一个会计期间因公允价值发生变动而产生的损益情况。当公允价值上升产生收益时,记入该科目贷方;当公允价值下降产生损失时,记入该科目借方;期末该科目的发生额总计如果在贷方,表示当期产生收益,如果发生额总计在借方,表示当期产生损失,最后无论收益还是损失,均转入"本年利润"科目。结转后无余额。

"公允价值变动损益"科目与"公允价值变动"明细科目容易混淆。后者是资产类科目的明细科目,它与"成本"明细科目一起反映投资性房地产在资产负债表日的公允价值,即在任何一个资产负债表日,该明细科目的余额都是当日投资性房地产的公允价值与当初取得成本的差额;前者是损益类科目,记录了当期的资产负债表日与上一个资产负债日公允价值变动的金额。

3."其他综合收益"项目

该项目是所有者权益类项目,反映股东和企业经营管理之外比如资本市场等外部因素形成的所有者权益。该项目既要以余额呈现在资产负债表中,还要以发生额呈现在所有者权益变动表中,同时还要以发生额呈现在利润表的"净利润"项目之后,成为利润表"综合收益总额"的一部分。

在该项目下设置"其他综合收益"科目。发生收益时记入贷方,产生损失时记入借方,期末余额可能在借方,也可能在贷方。期末余额反映在资产负债表的"其他综合收益"项目中,本期借方贷方发生额相抵后的金额报告在所有者权益变动表和利润表中。

4."营业收入"项目

"营业收入"项目反映的内容和下设的"其他业务收入"科目的使用方法,与成本模式下的相同。

5."营业成本"项目

在公允价值模式下,该项目反映处置投资性房地产时该资产的最初成本。这与成本模式下反映该资产处置时的账面价值不同。

在该项目下设置"其他业务成本"科目。

(二)取得投资性房地产的账务处理

1.采用公允价值模式

取得采用公允价值模式进行后续计量的投资性房地产,用会计等式模板描述,结果见表7—7。

表7—7 会计等式模板描述

资产负债表要素	资产		=	负债	+	所有者权益
资产负债表项目	货币资金	投资性房地产	=		+	
资产负债表科目	银行存款	投资性房地产	=		+	
资产负债表明细科目	略	成本	公允价值变动	=		+
外购资产	减少	增加		=		+

外购取得投资性房地产的会计分录为:

借:投资性房地产——成本
　　贷:银行存款(或:在建工程)

2.由自用房地产转换形成的投资性房地产

由自用房地产转换而成投资性房地产,如果后续计量采用公允价值模式,转换成的投资性房地产要以转换日的公允价值计量。当转换日投资性房地产的公允价值大于自用房地产的账面价值时,差额计入"其他综合收益"项目,反之,差额计入"公允价值变动损益"项目。

甲公司2016年4月,将原值为1 000万元,累计折旧为200万元的闲置厂房转换为以公允价值计量的投资性房地产,转换日同类房地产的价格为1 200万元。

【例7—20】 承例7—7。甲公司2016年4月,将原值为1 000万元,累计折旧为200万元的闲置厂房转换为以公允价值计量的投资性房地产,转换日同类房地产的价格为1 200万元。

转换日,甲公司该投资性房地产应该以当日的公允价值1 200万元计量,而所终止确认的固定资产的账面价值只有800万元,资产重新分类提高了资产价值400万元,该金额同时计入"其他综合收益"项目。

用会计等式模板描述,结果见表7—8。

会计分录如下:

借:投资性房地产——成本　　12 000 000
　　累计折旧　　　　　　　　 2 000 000

表 7-8 会计等式模板描述

单位:万元

资产负债表要素	资产				=	负债	+	所有者权益
资产负债表项目	固定资产		投资性房地产		=		+	其他综合收益
资产负债表科目	固定资产	累计折旧	投资性房地产		=		+	其他综合收益
资产负债表明细科目	略	略	成本	公允价值变动	=		+	略
资产转换时	−1 000	+200	+1 200		=		+	+400

  贷:固定资产   10 000 000
    其他综合收益   4 000 000

  从表 7-8 看出,固定资产转换为以公允价值计量的投资性房地产,与表 7-2 描述的业务不同。此例中由于在转换时计量模式发生了变化,资产的总额亦发生变化,并由此导致所有者权益同时发生变化。

  【例 7-21】 承例 7-8。甲公司 2016 年 4 月,将原值为 1 000 万元,累计折旧为 200 万元的闲置厂房转换为以公允价值计量的投资性房地产,转换日同类房地产的价格为 700 万元。

  转换日,甲公司该投资性房地产应该以当日的公允价值 700 万元计量,而所终止确认的固定资产的账面价值有 800 万元,资产重新分类降低了资产价值 100 万元,该金额同时记入当期损益的"公允价值变动损益"项目。

  用会计等式模板描述,结果见表 7-9。

表 7-9 会计等式模板描述

单位:万元

资产负债表要素	资产				=	负债	+	所有者权益
资产负债表项目	固定资产		投资性房地产		=		+	未分配利润
资产负债表科目	固定资产	累计折旧	投资性房地产		=		+	利润分配
资产负债表明细科目	略	略	成本	公允价值变动	=		+	未分配利润
资产转换时	−1 000	+200	+700		=		+	−100 (公允价值变动损益)

  会计分录如下:
  借:投资性房地产——成本 7 000 000
    累计折旧   2 000 000
    公允价值变动损益   1 000 000
    贷:固定资产   10 000 000

  比较表 7-9 与表 7-8 会看到,表 7-9 中,在转换日,如果投资性房地产的公允价值低于固定资产的账面价值,固定资产转换为投资性房地产以后,资产总额就下降了,并由此导致所有者权益也减少了。但是所有者权益的减少额计入了当期损益的"公允价值变动损益"项目,而不是"其他综合收益"项目。

(三)投资性房地产后续计量的账务处理

【例 7-22】 承例 7-2。甲公司对外出租的一栋房屋,取得成本为 5 000 万元。假设在取得资产后的三个会计年度,每年年末该房屋的公允价值分别为 5 200 万元、5 500 万元和 5 400 万元。

该项资产的初始计量金额为 5 000 万元,后续资产负债表日,企业都要对该投资性房地产的账面价值以公允价值进行调整。调整的金额一方面计入"投资性房地产"项目,另一方面计入"公允价值变动损益"项目。

用会计等式模板描述,结果见表 7-10。

表 7-10 会计等式模板描述

单位:万元

资产负债表要素	资产	=	负债	+	所有者权益
资产负债表项目	投资性房地产	=		+	未分配利润
资产负债表科目	投资性房地产	=		+	利润分配
资产负债表明细科目	成本　　公允价值变动	=		+	未分配利润
之前的余额	5 000　　　0	=		+	
第一个资产负债表日	+200	=		+	+200(公允价值变动损益)
第二个资产负债表日	+300	=		+	+300(公允价值变动损益)
第三个资产负债表日	-100	=		+	-100(公允价值变动损益)

第一个资产负债表日,资产负债表中"投资性房地产"项目为 5 200 元,"未分配利润"项目为 200 万元。第一个会计期间的所有者权益变动表中,"未分配利润"项目增加 200 万元。当期损益中"公允价值变动损益"有 200 万元。

第二个资产负债表日,资产负债表中"投资性房地产"项目为 5 500 元,"未分配利润"项目为 500 万元。第二个会计期间的所有者权益变动表中,"未分配利润"项目增加 300 万元。当期损益中"公允价值变动损益"有 300 万元。

第三个资产负债表日,资产负债表中"投资性房地产"项目为 5 400 元,"未分配利润"项目为 400 万元。第三个会计期间的所有者权益变动表中,"未分配利润"项目减少 100 万元。当期损益中"公允价值变动损益"有 -100 万元。

第一个资产负债表日的会计分录为:
借:投资性房地产——公允价值变动　　2 000 000
　　贷:公允价值变动损益　　　　　　　　　　2 000 000

第二个资产负债表日的会计分录为:
借:投资性房地产——公允价值变动　　3 000 000
　　贷:公允价值变动损益　　　　　　　　　　3 000 000

第三个资产负债表日的会计分录为:

借：公允价值变动损益　　　　　　　　1 000 000
　　贷：投资性房地产——公允价值变动　　　1 000 000

【例7—23】 承例7—4。甲公司对一栋对外出租的厂房进行改扩建。该房屋取得成本为1 000万元，采用公允价值模式进行后续计量。某年1月10日，厂房进入改扩建工程时的公允价值为1 500万元。改扩建发生支出300万元。

请读者参照表7—4，自行用会计等式加以描述。

(1) 1月10日，投资性房地产进入改扩建工程时，会计分录为：

借：在建工程　　　　　　　　　　　15 000 000
　　贷：投资性房地产——成本　　　　　　10 000 000
　　　　　　　　　　——公允价值　　　　 5 000 000

(2) 发生改扩建支出时，会计分录为：

借：在建工程　　　　　　　　　　　 3 000 000
　　贷：银行存款等　　　　　　　　　　　3 000 000

(3) 工程完工以后，会计分录为：

借：投资性房地产——成本　　　　　　18 000 000
　　贷：在建工程　　　　　　　　　　　　18 000 000

【例7—24】 甲公司对某项投资性房地产进行日常维修，发生维修支出1.5万元。

请读者自行用会计等式模板加以描述。

会计分录如下：

借：其他业务成本　　　15 000
　　贷：银行存款　　　　　15 000

(四) 投资性房地产转换为自用房地产

【例7—25】 承例7—10。甲公司投资性房地产采用公允价值模式。2020年4月20日，一栋用于出租的房屋因租赁期结束转换为自用房屋。该房屋截至2019年12月31日的账面价值为5 400万元，其中历史成本为5 000万元。在2020年4月20日，房地产市场同类资产的公允价值为5 410万。

用会计等式模板描述，结果见表7—11。

表7—11　会计等式模板描述

单位：万元

资产负债表要素	资产				＝	负债	＋	所有者权益
资产负债表项目	固定资产		投资性房地产		＝		＋	未分配利润
资产负债表科目	固定资产	累计折旧	投资性房地产		＝		＋	利润分配
资产负债表明细科目	略	略	成本	公允价值变动	＝		＋	未分配利润
2019年12月31日余额			5 000	400	＝		＋	
2020年4月20日 第一步处理				＋10	＝		＋	＋10（公允价值变动损益）
2020年4月20日 第二步处理	＋5 410		－5 000	－410	＝		＋	

先将投资性房地产的账面价值从上一个资产负债表日 2019 年 12 月 31 日的 5 400 万元调整为转换日 2020 年 4 月 20 日的 5 410 万元,会计分录如下:

借:投资性房地产——公允价值变动　　100 000
　　贷:公允价值变动损益　　　　　　　　　　100 000

然后将投资性房地产的账面价值 5 410 万元转入自用房地产,会计分录如下:

借:固定资产　　　　　　　　　　　54 100 000
　　贷:投资性房地产——成本　　　　　　　50 000 000
　　　　　　　　　　——公允价值变动　　4 100 000

(五)处置投资性房地产的账务处理

以公允价值计量的投资性房地产,在资产处置日,一方面在"营业收入"项目("其他业务收入"科目)反映处置产生的收益,另一方面在"营业成本"项目("其他业务成本"科目)反映处置成本。另外,随着资产的处置,原先在"公允价值变动损益"项目以及"其他综合收益"项目反映的持有资产期间产生的未实现损益,现在变成了真正的处置损益,转入"营业成本"项目("其他业务成本"科目)。

【例 7-26】 承例 7-12。甲公司对外出租的一栋房屋采用公允价值模式计量,房屋的取得成本为 5 000 万元,后续三个年度每年年末公允价值分别 5 200 万元、5 500 万元和 5 400 万元。第四个年度,甲公司将该资产以 5 450 万元出售。

用会计等式模板描述,结果见表 7-12。

表 7-12　会计等式模板描述

单位:万元

资产负债表要素	资产			=	负债	+	所有者权益
资产负债表项目	货币资金	投资性房地产		=		+	未分配利润
资产负债表科目	银行存款	投资性房地产		=		+	利润分配
资产负债表明细科目	略	成本	公允价值变动	=		+	未分配利润
处置前余额		5 000	400	=		+	
处置取得收入	+5 450			=		+	+5 450(其他业务收入)
处置结转成本		−5 000	−400	=		+	−5 400(其他业务成本)
公允价值变动损益转处置损益				=		+	+400(其他业务成本) −400(公允价值变动损益)

对这些业务进行记录时,编制以下会计分录。

(1)记录处置所得时,会计分录如下:

借:银行存款　　　　　　　　　54 500 000
　　贷:其他业务收入　　　　　　　　54 500 000

(2)结转处置成本时,会计分录如下:

借:其他业务成本　　　　　　　54 000 000
　　贷:投资性房地产——成本　　　　50 000 000
　　　　　　　　　　——公允价值变动　4 000 000

(3)将持有资产期间累计发生的公允价值变动损益转出,同时调整"其他业务成本"科目。需要注意的是,各年累计发生的公允价值变动损益,其金额体现在资产类的"公允价值变动"明细科目中,而非"公允价值变动损益"科目。后者仅体现当期变动额,在每年年底转销,转销后无余额,不体现累计变动额。此例中处置资产时,"公允价值变动"明细科目有借方余额 400 万元,这表明过去三年在"公允价值变动损益"科目曾经记录公允价值变动收益累计 400 万元。从"公允价值变动损益"科目转出 400 万元,同时调减"其他业务成本"科目 400 万元,这样处置资产形成的毛利就增加了 400 万元。会计分录为:

借:公允价值变动损益　　　4 000 000
　　贷:其他业务成本　　　　　4 000 000

【例 7-27】 承例 7-13。甲公司 2016 年 4 月,将原值为 1 000 万元,累计折旧为 200 万元的闲置厂房转换为以公允价值计量的投资性房地产,转换日同类房地产的公允价值为 1 200 万元。2016 年底、2017 年底、2018 年底和 2019 年底,该资产的公允价值分别为 1 500 万元、1 800 万元、2 300 万元和 2 100 万元。2020 年 2 月,甲公司将该资产以 2 200 万元处置。

本例中,要把处置资产时原先计入"公允价值变动损益"项目的未实现损益 900 万元转变为真正的损益,转入"营业成本"项目,增加处置资产的毛利,而且还要把资产转换时产生的其他综合收益 400 万元也转入"营业成本"项目。这是因为资产被处置了,原先的其他综合收益就实现了。转入后,"营业成本"项目金额减少,处置资产的毛利增加了 400 万元。

用会计等式模板描述,结果见表 7-13。

表 7-13　会计等式模板描述

单位:万元

资产负债表要素	资产			=	负债	+	所有者权益	
资产负债表项目	货币资金	投资性房地产		=		+	其他综合收益	未分配利润
资产负债表科目	银行存款	投资性房地产		=		+	其他综合收益	利润分配
资产负债表明细科目	略	成本	公允价值变动	=		+	略	未利润分配
处置前相关项目余额		1 200	900	=		+	400	
处置时取得收入	+2 200			=		+		+2 200(其他业务收入)
处置时结转成本		-1 200	-900	=		+		-2 100(其他业务成本)
将公允价值变动损益转为处置损益				=		+		+900(其他业务成本) -900 (公允价值变动损益)
将其他综合收益转为处置损益				=		+	-400	+400(其他业务成本)

从表 7-13 看出,虽然处置时资产的账面价值为 2 100 万元,但是由于公允价值变动损益和其他综合收益都转入到资产处置损益中,所以当期利润表中"营业成本"项目为 800 万元,这正是当年转成投资性房地产的固定资产的价值。另外,公允价值变动损益转为处置损益,是当期利润表中的一个项目("公允价值变动损益"项目)转为另一个项目("营业成本"项

目),利润总额不受影响。还有,"其他综合收益"项目转为当期损益项目,利润总额变化了,但是"综合收益总额"不受影响。

甲公司处置资产时,要编制以下会计分录。

(1)记录处置收益时,会计分录为:
借:银行存款　　　　　　　　22 000 000
　　贷:其他业务收入　　　　　　22 000 000

(2)记录处置成本时,会计分录为:
借:其他业务成本　　　　　　　　　　　　21 000 000
　　贷:投资性房地产——成本　　　　　　12 000 000
　　　　　　　　　——公允价值变动　　　9 000 000

(3)将原先记入"公允价值变动损益"科目的未实现损益转为真正的损益时,会计分录如下:
借:公允价值变动损益　　9 000 000
　　贷:其他业务成本　　　9 000 000

(4)将原先记入"其他综合收益"科目的其他综合收益转为真正的损益时,会计分录如下:
借:其他综合收益　　　4 000 000
　　贷:其他业务成本　　4 000 000

第五节　投资性房地产的报告

一、投资性房地产的列报

资产负债表日,投资性房地产的存量在资产负债表的"投资性房地产"项目下列示。

如果投资性房地产采用成本模式计量,那么列示金额为"投资性房地产"科目的借方余额减去"投资性房地产累计折旧或摊销"科目的贷方余额以后的差额,如果"投资性房地产减值准备"有贷方余额,也一并减去,即列示方法与固定资产和无形资产的一致。如果投资性房地产采用公允价值模式计量,那么列示金额为"投资性房地产"一级科目的余额,即"成本"明细科目的借方余额加上(或减去)"公允价值变动"明细科目的借方(或贷方)余额。

当期,投资性房地产带来的经营性收入报告在利润表的"营业收入"项目,产生的经营性成本报告在利润表的"营业成本"项目。以公允价值模式进行后续计量的投资性房地产,在后续期间因公允价值变动产生的损益,报告在利润表的"公允价值变动损益"项目。上述利润表的三个项目,报告金额分别为"其他业务收入"科目、"其他业务成本"科目以及"公允价值变动损益"科目的当期发生额。

当期,因将自用房地产转换为以公允价值模式计量的投资性房地产而产生的其他综合收益,其存量报告在资产负债表的"其他综合收益"项目,变动量报告在股东权益变动表的"其他综合收益"项目,同时也报告在利润表的"其他综合收益"项目。

二、投资性房地产的披露

《投资性房地产准则》要求企业在报表附注披露投资性房地产的种类、金额和计量模式。采用成本模式的,要披露投资性房地产的折旧或摊销以及减值准备的计提情况。采用公允价值模式的,要披露公允价值的确定依据和方法以及公允价值变动对损益的影响。如果发生了资产转换的,要披露房地产转换情况、转换理由以及对损益或所有者权益的影响。如果当期进行了投资性房地产的处置,要披露对损益的影响。

【本章小结】

本章讲述了投资性房地产的确认、计量、账务处理与报告。

投资性房地产带来经济利益的方式与房地产市场有关。不同于自有房地产和房地产开发企业的存货,投资性房地产属于一种独立的资产。

投资性房地产后续计量有成本模式和公允价值模式两种模式。在成本模式下,投资性房地产后续计量与固定资产和无形资产相同:计提折旧或摊销并实施资产减值程序。在公允价值模式下,投资性房地产根据期末的公允价值进行再次计量,期末公允价值与之前账面价值的差额计入利润表中与损益有关的"公允价值变动损益"项目。

投资性房地产多数由非投资性房地产转换而来,当租赁期满之后又转回非投资性房地产。当投资性房地产与非投资性房地产之间相互转换时,视投资性房地产后续计量模式的不同而采用不同的处理方法。

处置投资性房地产时,如果采用的是成本模式,则处置所得计入"营业收入"项目,处置成本计入"营业成本"项目;如果采用的是公允价值模式,在上述处理基础上,还要将之前与该项投资性房地产有关的其他综合收益和公允价值变动损益转为处置当期的损益,方式是将"其他综合收益"项目和"公允价值变动损益"项目有关金额转入"营业成本"项目。

【思考题】

1. 按照《投资性房地产准则》的规定,投资性房地产具体指什么样的资产?这些资产与固定资产和无形资产的区别在哪里?
2. 投资性房地产如何进行初始计量?
3. 投资性房地产如何进行后续计量?如果采用公允价值模式,该如何进行账务处理?
4. "公允价值变动"明细科目与"公允价值变动损益"一级科目很容易混淆,注意两者的区别。
5. 投资性房地产采用成本模式计量,在与自用房地产之间进行相互转换时,如何进行账务处理?
6. 投资性房地产采用公允价值模式计量,在与自用房地产之间进行相互转换时,如何进行账务处理?
7. 如果投资性房地产后续采用成本模式计量,处置时如何进行账务处理?

8. 如果投资性房地产后续采用公允价值模式计量,处置时该如何进行账务处理?

【练习题】

(一)单项选择题

1. 企业外购、自行建造等方式取得的投资性房地产,应按《投资性房地产准则》确定的成本,借记( )科目,贷记"银行存款""在建工程"等科目。
    A. 投资性房地产   B. 固定资产
    C. 在建工程   D. 无形资产

2. 若企业采用成本模式对投资性房地产进行后续计量,下列说法中正确的是( )。
    A. 企业应对已出租的建筑物计提折旧
    B. 企业不应对已出租的建筑物计提折旧
    C. 企业不应对已出租的土地使用权进行摊销
    D. 企业不应对投资性房地产计提减值准备

3. 关于对投资性房地产进行后续计量,下列说法中正确的是( )。
    A. 企业通常应当采用公允价值模式对投资性房地产进行后续计量,也可采用成本模式对投资性房地产进行后续计量
    B. 企业通常应当采用成本模式对投资性房地产进行后续计量,也可采用公允价值模式对投资性房地产进行后续计量
    C. 同一企业对不同的投资性房地产可以采用不同的计量模式
    D. 企业只能采用成本价值模式对投资性房地产进行后续计量

4. 关于投资性房地产的计量模式,下列说法中不正确的是( )。
    A. 采用公允价值模式计量的,不对投资性房地产计提折旧或进行摊销
    B. 企业对投资性房地产的计量模式一经确定,不得随意变更
    C. 已采用公允价值模式计量的投资性房地产,不得从公允价值模式转为成本模式
    D. 已采用成本模式计量的投资性房地产,不得从成本模式转为公允价值模式

5. 关于投资性房地产的转换,在成本模式下,下列说法中正确的是( )。
    A. 应当将房地产转换前的账面价值作为转换后的入账价值
    B. 应当将房地产转换日的公允价值作为转换后的入账价值
    C. 自用房地产转为投资性房地产时,应当将房地产转换日的公允价值作为转换后的入账价值
    D. 投资性房地产转为自用房地产时,应当将房地产转换日的公允价值作为转换后的入账价值

6. 关于投资性房地产的转换,在公允价值模式下,下列说法中正确的是( )。
    A. 采用公允价值模式计量的投资性房地产转换为自用房地产时,应当以其转换当日的公允价值作为自用房地产的入账价值,公允价值与投资性房地产原账面价值的差额计入当期损益
    B. 采用公允价值模式计量的投资性房地产转换为自用房地产时,应当以其转换当日

的公允价值作为自用房地产的入账价值,公允价值与投资性房地产原账面价值的差额计入其他综合收益

C. 自用房地产转换为采用公允价值模式计量的投资性房地产,该项投资性房地产应当按照转换日的公允价值计量,公允价值与自用房地产原账面价值的差额计入当期损益

D. 自用房地产转换为采用公允价值模式计量的投资性房地产,该项投资性房地产应当按照转换日的公允价值计量,公允价值与自用房地产原账面价值的差额计入其他综合收益

7. 某企业采用成本模式对投资性房地产进行后续计量,2020年9月20日达到预定可使用状态的自行建造的办公楼对外出租,该办公楼建造成本为2 600万元,预计使用年限为25年,预计净残值为100万元。在采用年限平均法计提折旧的情况下,2020年该办公楼应计提的折旧额为( )万元。

A. 0　　　　B. 25　　　　C. 100　　　　D. 50

8. 长江公司于2020年1月1日将一幢商品房对外出租并采用公允价值模式计量,租期为3年,每年12月31日收取租金100万元,出租时,该幢商品房的成本为2 000万元,公允价值为1 900万元,2020年12月31日,该幢商品房的公允价值为2 050万元。长江公司2020年应确认的公允价值变动损益总额为( )万元。

A. 损失50　　B. 收益50　　C. 收益150　　D. 损失100

9. 长江公司于2019年12月31日将一建筑物对外出租并采用公允价值模式计量,出租时,该建筑物的原值为2 800万元,已提折旧500万元,公允价值为2 500万元,2020年12月31日,该建筑物的公允价值为2 600万元,2020年度长江公司应确认的公允价值变动损益为( )万元。

A. 收益200　　B. 收益100　　C. 收益300　　D. 不确定

(二)多项选择题

1. 下列项目中,属于投资性房地产的有( )。
   A. 已出租的建筑物
   B. 已出租的土地使用权
   C. 持有并准备增值后转让的土地使用权
   D. 按照国家有关规定认定的闲置土地
   E. 持有并准备增值后转让的建筑物

2. 关于投资性房地产,下列说法中正确的有( )。
   A. 投资性房地产是指为赚取租金或资本增值或者两者兼有而持有的房产、地产和机器设备等
   B. 已出租的建筑物是指从租赁期开始日以经营租赁方式出租的建筑物,包括自行建造完成后用于出租的房地产
   C. 用于出租的建筑物是指企业拥有产权的建筑物
   D. 投资性房地产是指为赚取租金或资本增值或者两者兼有而持有的房地产,不包括机器设备

3. 关于投资性房地产的后续计量,下列说法中正确的有( )。
   A. 企业通常应当采用成本模式对投资性房地产进行后续计量
   B. 企业在满足一定条件时可以采用公允价值模式对投资性房地产进行后续计量
   C. 企业应当采用一种模式对投资性房地产进行后续计量,特殊情况下可以同时采用两种计量模式
   D. 企业可以同时采用两种计量模式对投资性房地产进行后续计量

4. 企业采用公允价值模式对投资性房地产进行后续计量,下列说法中正确的有( )。
   A. 企业应对已出租的建筑物计提折旧
   B. 企业不应对已出租的建筑物计提折旧
   C. 企业不应对已出租的土地使用权进行摊销
   D. 企业应当以资产负债表日投资性房地产的公允价值为基础调整其账面价值,公允价值与原账面价值之间的差额计入当期损益
   E. 企业应对已出租的土地使用权进行摊销

5. 企业将自用房地产转换为采用公允价值模式计量的投资性房地产,下列说法中正确的有( )。
   A. 自用房地产转换为采用公允价值模式计量的投资性房地产,该项投资性房地产应当按照转换当日的公允价值计量
   B. 自用房地产转换为采用公允价值模式计量的投资性房地产,该项投资性房地产应当按照转换当日的账面价值计量
   C. 转换当日的公允价值小于原账面价值的,其差额计入当期损益
   D. 转换当日的公允价值和原账面价值的差额作为公允价值变动损益
   E. 转换当日的公允价值小于原账面价值的,其差额计入其他综合收益

6. 下列各项中,不属于投资性房地产的有( )。
   A. 为生产商品、提供劳务或者经营管理而持有的房地产
   B. 作为存货的房地产
   C. 已出租的建筑物
   D. 持有并准备增值后转让的土地使用权
   E. 已出租的土地使用权

7. 关于投资性房地产的确认和计量,下列说法中正确的有( )。
   A. 外购投资性房地产的成本,包括购买价款、相关税费和可直接归属于该资产的其他支出
   B. 自行建造投资性房地产的成本,由建造该项资产达到预定可使用状态前所发生的必要支出构成
   C. 只要与投资性房地产有关的经济利益很可能流入企业,就应确认投资性房地产
   D. 与投资性房地产有关的后续支出,满足《投资性房地产准则》规定的确认条件的,应当计入投资性房地产成本;不满足准则规定的确认条件的,应当在发生时计入当期损益

8. 关于投资性房地产的后续计量,下列说法中正确的有( )。

A. 有确凿证据表明投资性房地产的公允价值能够持续可靠取得的情况下,可以对投资性房地产采用公允价值模式进行后续计量

B. 企业只能采用成本模式计量

C. 当投资性房地产所在地有活跃的房地产交易市场,就应采用公允价值模式计量

D. 采用成本模式计量的土地使用权的后续计量,适用《企业会计准则第6号——无形资产》(而成本模式的建筑物折旧,则适用于《固定资产准则》)

E. 企业只能采用公允价值模式计量

9. 关于投资性房地产的后续计量,下列说法中正确的有( )。

A. 采用公允价值模式计量的,不对投资性房地产计提折旧或进行摊销

B. 采用公允价值模式计量的,应对投资性房地产计提折旧或进行摊销

C. 已采用公允价值模式计量的投资性房地产,不得从公允价值模式转为成本模式

D. 已采用成本模式计量的投资性房地产,不得从成本模式转为公允价值模式

10. 企业有确凿证据表明房地产用途发生改变,应当将投资性房地产转换为其他资产或者将其他资产转换为投资性房地产的有( )。

A. 投资性房地产开始自用

B. 作为存货的房地产,改为出租

C. 自用建筑物停止自用,改为出租

D. 自用土地使用权停止自用,用于赚取租金或资本增值

E. 自用机器设备停止自用,改为出租

(三)计算及账务处理题

1. 长江公司于2018年1月1日将一幢商品房对外出租并采用公允价值模式计量,租期为3年,每年12月31日收取租金100万元。出租时,该幢商品房的原值为2 000万元,无折旧,公允价值为2 200万元;2018年12月31日,该幢商品房的公允价值为2 150万元;2019年12月31日,该幢商品房的公允价值为2 120万元;2020年12月31日,该幢商品房的公允价值为2 050万元。2021年1月5日将该幢商品房对外出售,收到2 080万元存入银行。

要求:用会计等式模板描述上述经济活动并编制会计分录。(假定按年确认公允价值变动损益和确认租金收入)

2. 大海公司于2016年7月1日开始对一生产用厂房进行改扩建。改扩建前该厂房的原值为2 000万元,已提折旧200万元,已提减值准备100万元。在改扩建过程中领用工程物资400万元,领用原材料200万元,发生改扩建人员薪酬50万元,用银行存款支付其他费用66万元。该厂房于2016年12月20日达到预定可使用状态。该企业对改扩建后的厂房采用年限平均法计提折旧,预计尚可使用年限为20年,预计净残值为50万元。2018年12月10日,由于所生产的产品停产,大海公司决定将上述厂房对外出租。租期为2年,每年末收取租金,每年租金为180万元,起租日为2018年12月31日,到期日为2020年12月31日。对该投资性房地产采用成本模式计量,仍按原折旧方法、折旧年限和预计净残值计提折旧。

要求:(1)计算厂房改扩建后的入账价值;
(2)计算2017年厂房计提的折旧额;

(3)对上述经济活动用会计等式模板描述并编制会计分录。

(四)财务报表题

"你的"公司是否有投资性房地产?这些投资性房地产后续计量采用成本模式还是公允价值变动模式?如果采用后者,了解这些投资性房地产所处的地理位置(在年度报告附注中找),并了解这些资产当期公允价值变动产生的损益及其对当期利润总额的影响。

第八章

对外投资(一)

【学习目标】

通过学习本章,你应该:

1. 掌握对外投资的含义,对外投资的分类;
2. 了解交易性金融资产的形成,掌握交易性金融资产的确认、计量、账务处理与报告;
3. 了解债权投资的形成,掌握债权投资的确认、计量、账务处理与报告;
4. 了解其他债权投资的形成,掌握其他债权投资的确认、计量、账务处理与报告;
5. 了解其他权益工具投资的形成,掌握其他权益工具投资的确认、计量、账务处理与报告。

【引　子】

2015年初,沉寂多年的中国股市突然风起云涌。从未接触过股票的李女士看到别人买股票赚大钱也动了心。她先试着买了一些,不久手头的股票就连续几天涨停,李女士大喜。可是很快股票市场就遭遇千股跌停的大潮,李女士损失惨重。她很失意地对正在会计专业读书的儿子说,以后再也别碰股票了。儿子正在学习财务会计学这门课,他在课程中学习到,一般工商企业除了从事购进、生产、销售、融资、纳税这些经济活动,也有购买股票这样的投资行为。

第一节　对外投资概述

一、什么是对外投资

"对外投资"可以指一种经营行为,企业将原先由自己经营的资产,比如货币资金、存货、固定资产等,让渡给企业之外的其他单位经营。企业因让渡资产而成为投资方,其他单位因接受资产而成为被投资方。"对外投资"也可以指投资方因这种经营行为而享有的某种权利。这种权利如果满足资产的确认条件,就能成为资产。下文提到的"对外投资",均指这类资产。

二、对外投资的种类

(一)按照投资企业所获得的权利分类

按照投资企业让渡资产给被投资企业所获得的权利,将对外投资分为债权投资、股权投资和混合投资三类。

1. 债权投资

债权投资是指投资企业将资产的使用权让渡给被投资企业,投资企业成为被投资企业的债权人,享有债权人的权利。

债权人的权利包括:第一,投资合同期满时收回让渡的资产;第二,按照合同约定的时间和利率得到利息。

利息是以投资方让渡资产的价值(即本金)为基础,按照合同约定的利率计算的。利息最显著的特点是,以合同约定的固定利率计算,而无论被投资企业经营状况好坏。债权人投资以后,将来从被投资企业得到的经济利益是固定的:在确定的时间内得到确定的本金和利息。

债权投资作为一种未来能得到确定经济利益的权利,可以在证券市场上交易。持有可以交易的债权投资,使债权人不必等到债权到期就能通过出售债权收回投资。为了便于债权投资的流通,以一种纸质文件代表债权投资的相应权利。这种纸质文件就是债券。

有了债券作为债权人权利的凭证,投资企业向被投资企业投资的过程,就变成了投资企业让渡资产的使用权而获得被投资企业所发行的债券的过程。

债券上注明了以下事项:

(1)债券的发行方

债券的发行方就是债券上的债务人,即被投资企业,它承担债券上的支付义务。

(2)债券的发行日和到期日

债券的发行日和到期日决定了债券上权利的生效时间和终止时间。

(3)债券的面值

债券面值有两个作用。一是作为基数用以计算债券的票面利息;二是表明在债券到期日,投资方从被投资方取得的现金金额。

(4)债券的票面利率

债券的票面利率用以计算债券的票面利息,基数是债券的面值。

$$债券的票面利息 = 债券的面值 \times 债券的票面利率$$

(5)利息支付日

利息支付日决定了债务人向债权人支付利息的时间。

持有债券的企业急需现金时,不必等到债券到期,就可以在证券市场上将其出售。受到证券市场因素的影响,债券的价格经常波动。持有债券也可单纯以获取价差为目的。

我国金融管理制度规定,除金融企业之外的一般工商企业,不能直接将资金借给其他工商企业。如果要进行债权投资,要么购买对方在证券市场上公开发行的债券,要么委托银行按照与被投资企业协商好的本金、利率、借贷期限将资金借给被投资企业,后一种行为称为

"委托贷款"。如此规定,是为了将企业之间的债权性投融资行为纳入政府监管之下。

2. 股权投资

股权投资是指投资企业将资产的所有权让渡给被投资企业,成为被投资企业的股东,从而享有股东的权利。

股东虽然是被投资企业的所有者,但是按照公司法的规定,它并没有权利直接支配被投资企业的资产,哪怕是自己直接投入的资产。原因是,被投资企业是独立于股东的法人,是一个除了股东以外,还与债权人、政府以及包括管理层在内的员工等存在利益相关关系的结合体,其拥有独立的法人财产权。股东将资产的所有权让渡给被投资企业以后,该资产就成为被投资企业的法人财产,被投资企业对其享有占有、使用、处置以及受益的权利。股东只能按照公司法的规定享受法定权利,并且通过法定途径行使这些权利。

股东享有的权利有三种。

第一种权利:在被投资企业持续经营时,有权从被投资企业领取红利。

红利就是企业盈利后返还给股东的利润。股东得到红利多少,首先取决于被投资企业赚取的利润。而利润是一个会计期间内所有生产要素结合在一起创造的财富中,扣除员工、银行和政府等应得到的之后,留给股东的部分。而员工、银行以及政府得到的金额是固定的或确定的,剩余的部分,或多或少,由股东享有。所以一个会计期间内属于股东的利润是不确定的,由此,红利的多少也是不确定的。

而且股东没有权利按照个人意愿从被投资企业赚取的利润中拿走属于自己的那一份。利润分配必须按照公司法的规定,经董事会提议、由股东大会表决通过后才能进行。红利水平的高低,除了取决于被投资企业的盈利,还取决于被投资企业的利润分配政策和现金持有量。如果被投资企业是低红利的分配政策,股东就只能拿走利润中较少的一部分,其余部分形成了被投资企业的留存收益。

第二种权利:在被投资企业清算时,有权分配被投资企业的剩余资产。

被投资企业一旦面临清算,首先要将所有非现金资产变现,然后按照法定顺序向各利益相关者返还现金。其中债权人的权利被优先满足,之后如果还有剩余,就向股东分配。分配剩余资产也是在董事会的管理下有序进行的。股东不能按照个人意愿随意进行。

第三种权利:有权参与被投资企业经营决策。

股东享有的前两种权利都是"剩余"索取权,即无论是在正常生产经营过程中,还是企业面临清算时,被投资企业的经营风险,均首先由股东来承担。于是与承担风险相对应,股东拥有被投资企业的经营决策权。

股东享有经营决策权,并不是说股东按照个人意愿决定被投资企业的经营管理,而是指股东作为股东大会的成员,有投票选举产生董事会的权利。企业的日常管理由董事会聘请职业经理人完成。除了选举权之外,股东还享有对被投资企业重大决策的投票权,比如增发股票、红利分配、企业合并等。所以,股东参与经营决策的权利,实质上是一种投票权。

股东所享有的上述三种权利,也可以分为两种类型。一种是从被投资企业直接得到经济利益,比如分红权和分配剩余财产权。享有这种权利因为能得到现金,所以又称为"现金流权"。第二种是针对被投资企业的经营决策表决权。

股东享有上述三种权利的大小,取决于该股东所得到的股权占被投资企业全部股权的比例。股东享有的股权比例越大,现金流权越大,经营决策表决权也越大。如果某股东的经营决策表决权超过了其他股东享有的表决权的总和,那么它就控制了被投资企业,成为被投资企业的母公司,而被投资企业就成为投资企业的子公司。

股权作为一种能在未来带来不确定经济利益的权利,可以在证券市场上交易。交易的对象是股票。股票是股权的书面凭证,是由被投资企业向投资企业发行的。持有股票的股东,不仅可以享有公司法赋予的分配红利权、分配剩余资产权、经营决策表决权,而且需要现金时,不必等到被投资企业清算,就可以在证券市场上出售股票,将股权变现,同时还有可能获得股票价格上涨带来的收益(当然也同时承担股票价格下跌带来的损失)。

同属于证券市场的交易品种,与债券相比,股票没有到期日,也没有对股东固定收益的承诺。如果被投资企业盈利水平高,投资于被投资企业的股票取得的收益,就会远远大于投资于该企业的债券取得的收益。但是如果被投资企业经营不善,投资于股票不仅不能带来收益,还可能带来损失。投资股票的风险远远大于投资债券的风险。

3. 混合投资

混合投资是指通过购买混合型证券而形成的投资。混合型证券兼有债权和股权的属性,常见的有永续债和优先股等。

永续债是没有明确的到期日或者到期日非常长(一般超过三十年)的债券。从永续债的到期日特点来看,像股票,但是永续债又有稳定性超过股利的利息,这一点像债券。

优先股也是一种兼有债权和股权性质的证券。优先股的股息通常是固定的;企业清算时,优先股股东优先于普通股股东分配剩余资产;优先股股东不具有经营决策表决权。从这些性质看,优先股更像债券。但是与债券不同的是,优先股没有到期日。

目前我国证券市场上越来越多的公司通过发行永续债和优先股等混合型证券来筹集资本。

(二) 按照投资企业是否将资产直接转让给被投资企业分类

1. 直接投资

直接投资是指投资企业将资产直接转让给被投资企业,从被投资企业那里直接取得债权或者股权。

直接投资意味着,转让资产是投资企业和被投资企业之间的行为,投资企业和被投资企业的财务状况因转让而同时发生变化:投资企业转让某种资产,同时形成了债权投资或者股权投资;被投资企业接收该资产,同时形成了负债或者所有者权益。投资企业和被投资企业不仅财务状况同时发生变化,而且财务状况变化的金额也相同,都是投资企业所转让的资产的公允价值。

债券的一级市场和股票的一级市场,都是投资者直接将资产让渡给被投资企业,都属于直接投资。一级市场上债券或股票的交易价格,显示了有多少资产从投资方转移给被投资方[①]。

---

① 资产从投资方转移到被投资方,要有专业的承销商进行。在资产转移过程中,承销商要收取手续费。所以实际转移到被投资方手中的资产比投资方转出的要少。

2. 间接投资

间接投资是指,投资企业转让资产给被投资企业的原投资人,从对方那里取得被投资企业的债权或者股权,从而替代原投资人成为被投资企业新的投资人。

间接投资是投资企业与被投资企业的原投资人之间的交易,该交易影响了交易双方的财务状况,但是不影响被投资企业的财务状况。

投资企业与被投资企业的原投资人之间的交易,是在债权或者股权的二级市场上进行的,交易的价格由市场的供求关系决定。所以,间接投资所取得的债权或股权,其金额很可能与被投资企业当初形成该负债或者形成该所有者权益以历史成本持续计量到当前的金额不一致。所以间接投资所形成的资产在后续计量方面,比直接投资所形成的资产的计量更为复杂。本书第九章第三节对这个问题会有深入阐述。

无论是直接投资还是间接投资,所取得的权利是一样的,所以在资产分类上不因直接或间接投资而有差异。

(三)按照投资企业的业务模式和投资策略分类

投资企业的业务模式和投资策略决定了对外投资所形成的资产的用途和管理方式,从而在一定程度上决定了资产未来带来经济利益的方式,于是对资产的分类有着重要影响。

按照投资企业的业务模式和投资策略,对外投资分为五类:交易性金融资产、债权投资(不是投资大类中的"债权投资",而是一种债券投资,过去的准则称其为"持有至到期投资")、其他债权投资、长期股权投资和其他权益工具投资。在以上五种类型的资产中,除了长期股权投资,其余统称作"金融资产",相关业务的会计处理由企业会计准则的第22号、第23号、第24号和第37号来规范。而长期股权投资由企业会计准则第2号来予以规范。

1. 交易性金融资产

交易性金融资产是企业在证券市场上购买的、并准备在短期内很快卖出的股票、债券等证券。

交易性金融资产既可以是股票,也可以是债券,既可以从一级市场购入,也可以从二级市场购入。尽管将股票或者债券出售之前,企业享有股票或债券上的各种合法权利,比如分配红利权、投票权、获取债券的利息权等,但是企业的投资策略并不是享有这些权利,而是获取市场价格波动所产生的买卖价差。

2. 债权投资

这里的债权投资是资产负债表上列示的一种金融资产的类别,是指企业从证券市场购买的准备持有至到期的债券。这类资产的特点是,能根据合同得到固定的现金流:在确定的利息支付日得到金额确定的利息,在确定的到期日得到金额确定的本金。这类资产几经更名,最早被称为"持有至到期投资",之后被称为"以摊余成本计量的金融资产",目前这类资产被称为"债权投资"。

3. 其他债权投资

其他债权投资的性质与债权投资的比较接近,是指企业从证券市场上购入的债券,其投资的基本策略是准备持有至到期,得到合同上固定的现金流,但是如果证券市场上有好的机会,也会将其出售。

4. 长期股权投资

企业持有股权,如果是看中了股权所带来的经营决策表决权,试图通过持有较大比例的股权,较为深入地参与到被投资企业的经营决策中,使被投资企业的经营活动与企业的经营活动保持某种协同,那么这样的股权就是长期股权投资。之所以冠以"长期股权投资",是因为企业做好了长期持有的准备。

长期股权投资既可以是从证券市场的一级市场或二级市场买来的股票,也可以是直接投资或间接投资于某一个股权不在证券市场交易的企业而取得的股权。企业持有的长期股权投资,即使有诱人的市场机会也不会通过出售来获利,因为其投资策略是深入地参与被投资企业的经营决策,使对方与自己保持某种协同。

5. 其他权益工具投资

如果企业持有其他公司的股权即权益工具,其投资策略是获得股权上的现金流,但是如果有好的市场机会,也会将其出售,那么这类投资属于其他权益工具投资。

综合以上分类方式,将对外投资的分类列示如表 8-1。

表 8-1 对外投资分类

债权投资	债券投资	交易性金融资产
		债权投资
		其他债权投资
	其他债权投资	基于委托贷款的其他应收款、长期应收款
股权投资	股票投资	交易性金融资产
		长期股权投资
		其他权益工具投资
	其他股权投资	交易性金融资产
		长期股权投资
		其他权益工具投资

在资产负债表上,资产是以未来带来经济利益的方式分类的。如果不考虑基于委托贷款的其他应收款和其他长期应收款,在资产负债表中看到的是以下五类资产:交易性金融资产、债权投资、其他债权投资、长期股权投资和其他权益工具投资。其中交易性金融资产是流动资产,其他四类资产是长期资产。

从本章的第二节开始,依次阐述交易性金融资产、债权投资、其他债权投资和其他权益工具投资。长期股权投资由于其性质与上述资产差别较大,会计处理也更为复杂,单独在第九章阐述。

第二节 交易性金融资产

一、交易性金融资产的性质

交易性金融资产是指企业在证券市场上购买的、并准备在短期内很快卖出的股票、债券等证券。

企业持有交易性金融资产的目的,是用暂时闲置的货币资金购买证券市场上交易活跃的股票、债券等证券,利用这些证券的价格波动来赚取价差,当需要资金时再马上变现。所以交易性金融资产是一种流动性很强的资产,其流动性仅次于货币资金。

在持有交易性金融资产的期间内,相应的股票或债券可能会派发股利或者利息,给企业带来投资收益。但是企业持有该资产的根本目的还是在证券市场上获取短期价格波动带来的收益。当然,如果判断失误,最终的结果也可能事与愿违。

二、交易性金融资产的初始计量

按照历史成本原则,交易性金融资产的初始计量金额就是所付出对价的公允价值。因为交易性金融资产是在证券市场上直接支付货币资金取得的,所以,所支付对价的公允价值很容易确定。

企业购入的股票或者债券,如果发行股票的公司已经宣告发放股利但是尚未发放,或者债券发行公告上注明的付息日已到但尚未支付利息,那么付出的买价就换回了两项权利,一项是股票和债券上未来可以行使的权利,另一项是很快就能收到一笔现金的权利。于是,股票和债券真正的购买成本就是所付出的买价扣除股利或者利息之后的差额。

投资人在证券市场上买卖股票和债券,要委托证券公司进行,因此要支付手续费给证券公司,同时还要按照税法规定缴纳印花税。印花税由证券公司代收代缴。在证券市场投资所支付的印花税和手续费,理论上有两种处理方式:一种是资本化,计入购入资产的成本;另一种是费用化,直接计入当期损益。考虑到交易性金融资产是流动资产,在短期内就会变现,所以我国目前会计实务中采用费用化的处理方式。

交易性金融资产通过资产负债表的"交易性金融资产"项目反映。购买交易性金融资产时一并取得的应收未收的股利在资产负债表的"应收股利"项目反映。应收未收的利息在资产负债表的"应收利息"项目反映。购买交易性金融资产支付的印花税和手续费,直接计入利润表中与损益有关的"投资收益"项目。该项目综合反映投资收益和损失,产生收益时金额增加,产生损失时金额减少。

【例8—1】 2020年3月31日,某企业甲从二级市场上购入某公司乙的股票1万股,每股买价32.15元,另支付手续费和印花税1 000元。乙公司已经在3月20日宣告每10股派发现金股利1元,实际派发日是4月8日。甲购入该股票作为交易性金融资产。甲公司每半年对外进行财务报告。

用会计等式模板描述的结果见表8—2。

(1)甲公司取得乙公司股票的买价是32.15元/股,因为每股包含了0.1元的现金股利,即1 000元应收股利,所以实际购买成本是32.05元/股,总成本是320 500元。手续费和印花税的合计数1 000元直接计入当期损益,不影响交易性金融资产的购入成本。

用会计等式模板描述的结果见表8—2"2020年3月31日购入交易性金融资产"行。购买交易性金融资产时,资产负债表的"货币资金"项目减少322 500元,"交易性金融资产"项目增加320 500元,"应收股利"项目增加1 000元,"未分配利润"项目减少1 000元;所有者权益变动表中"未分配利润"项目减少1 000元;利润表中"投资收益"项目有−1 000元,"净利润"项目减少1 000元,现金流量表中有现金流出322 500元。

表 8—2　会计等式模板描述

单位：元

资产负债表报表要素	资产			=	负债	+	所有者权益	
资产负债表项目	货币资金	交易性金融资产	应收股利	=		+	未分配利润	
资产负债表科目	银行存款	交易性金融资产	应收股利	=		+	利润分配	
资产负债表明细科目	略	成本	公允价值变动	乙公司	=		+	未分配利润	
							投资收益	公允价值变动损益
2020年3月31日购入交易性金融资产	−322 500	+320 500		+1 000	=		+	−1 000	
2020年4月8日收到现金股利	+1 000			−1 000	=		+		
2020年6月30日以公允价值再次计量			−35 500		=		+		−35 500
2020年10月30日被投资企业宣告派发现金股利				+600	=		+	+600	
2020年11月5日收到现金股利	+600			−600	=		+		
2020年12月31日以公允价值再次计量			+20 000		=		+		+20 000
2021年3月10日处置资产	+329 000	−320 500	+15 500		=		+	+24 000	
					=		+	−15 500	+15 500
累计发生额	+8 100	0	0		=		+	+8 100	0

甲公司应设置"交易性金融资产"科目。在该科目下设"成本"和"公允价值变动"两个明细科目。其中"成本"明细科目记录交易性金融资产的取得成本。"公允价值变动"明细科目记录资产负债表日资产的公允价值相比之前账面价值的变化。

"应收股利"和"应收利息"项目对应的科目是"应收股利"和"应收利息"科目。"投资收益"项目对应的科目是"投资收益"科目,该科目属于损益类科目。

甲公司在 2020 年 3 月 31 日购入交易性金融资产的会计分录如下：

借：交易性金融资产——成本　　　320 500
　　应收股利——乙公司　　　　　　1 000
　　投资收益　　　　　　　　　　　1 000
　贷：银行存款　　　　　　　　　322 500

(2)2020 年 4 月 8 日,甲公司收到现金股利,"货币资金"项目增加 1 000 元,"应收股利"项目等额减少,见表 8—2"2020 年 4 月 8 日收到现金股利"行。

编制会计分录如下:
借:银行存款　　　　　　　　　1 000
　　贷:应收股利——乙公司　　　　　　1 000

【例8－2】 2020年5月12日,甲公司从二级市场以每张107元的买价购入1 000张B公司于2019年5月10日发行的债券。该债券每张面值100元,票面利率4.15%,为期20年,每年5月10日付息,到期一次还本。甲公司在购入时另支付手续费和印花税500元。购入时该债券2020年5月10日到期的利息尚未支付,实际支付日是2020年5月15日。甲公司取得该债券作为交易性金融资产。

(1)甲公司在2020年5月12日购入时,支付的买价总额为107 000元,扣除已到付息日尚未支付的利息4 150(100×4.15%×1 000)元,成本为102 850元。

买价中包含的已到付息期但尚未领取的利息4 150元反映在"应收利息"项目,所支付的500元手续费和印花税直接计入当期损益,记入"投资收益"项目。

购买该债券时,资产负债表的"货币资金"项目减少107 500元,"交易性金融资产"项目增加102 850元,"应收利息"项目增加4 150元,"未分配利润"项目减少500元;所有者权益变动表中"未分配利润"项目减少500元;利润表中"投资收益"项目有－500元,"净利润"项目减少500元,现金流量表中有现金流出107 500元。请读者参照表8－2自行用会计等式模板描述该笔业务。

2020年5月12日取得交易性金融资产时,甲公司编制会计分录如下:
借:交易性金融资产——成本　　102 850
　　投资收益　　　　　　　　　　500
　　应收利息——乙公司　　　　4 150
　　贷:银行存款　　　　　　　　　　107 500

(2)甲公司在2020年5月15日收到过去一年度的利息时,编制会计分录如下:
借:银行存款　　　　　　　　　4 150
　　贷:应收利息——乙公司　　　　4 150

三、交易性金融资产的后续计量

(一)交易性金融资产的期末计量

持有交易性金融资产的目的是在短期内获取证券市场的价差。如果到了期末,企业仍然持有这项资产,那么这项资产此时最恰当的计量属性是公允价值,即证券市场上该证券在当日的收盘价。之所以采用这种计量属性,一方面是因为交易性金融资产未来带来的经济利益直接与市价有关,采用公允价值计量,计量结果相比历史成本更具有相关性;另一方面是因为该公允价值容易取得,而且可靠。

当交易性金融资产的账面价值从历史成本调整到期末的公允价值时,表明企业持有该项资产形成了利得或损失。由于持有交易性金融资产的目的是抓住短期内市场价格变动产生的获利机会,所以资产价格上涨或下跌,能够表明投资决策正确或失误,于是价格变动带来的损益,就应该计入当期损益。然而,由于资产并未变现,持有期间产生的利得或损失,只是一种未实现的损益,性质上不同于已经实现的损益。在我国的会计实务中,特别设定利润表中与损益有关的项目"公允价值变动损益"来报告这种未实现的利得或损失。

对交易性金融资产期末以公允价值计量,并且公允价值变动带来的损益报告在当期损益中,这种处理方式与以公允价值计量的投资性房地产完全相同。

【例 8—3】 承例 8—1。甲公司于 2020 年 3 月 31 日取得乙公司股票,初始计量金额为 320 500 元。2020 年 6 月 30 日,甲公司仍然持有乙公司的股票,该股票当日收盘价为 28.5 元/股。2020 年 12 月 31 日,甲公司持有的乙公司股票的市价收盘至 30.5 元/股。

在第一个资产负债表日即 2020 年 6 月 30 日,甲公司持有 1 万股乙公司股票的原账面价值,就是当初的取得成本 320 500 元,而 6 月 30 日,1 万股该股票的市值是 285 000 元。在 6 月 30 日,该项资产应该以 285 000 元计量,于是,一方面调减交易性金融资产的账面价值 35 500(320 500-285 000)元,另一方面确认未实现损失 35 500 元。

用会计等式模板描述的结果见表 8—2"2020 年 6 月 30 日以公允价值再次计量"行。资产负债表的"交易性金融资产"项目减少 35 500 元,此时对外报告的金额为 285 000 元,"未分配利润"项目减少 35 500 元,所有者权益变动表中"未分配利润"项目减少 35 500 元,利润表中"公允价值变动损益"有-35 500 元,"净利润"项目减少 35 500 元,现金流量表不受影响。

第二个资产负债表日即 2020 年 12 月 31 日,甲公司持有乙公司股票的原账面价值,就是 6 月 30 日的公允价值 285 000 元。在 12 月 31 日,该项资产应该以 305 000 元计量,于是,一方面调增交易性金融资产的账面价值 20 000(305 000-285 000)元,另一方面确认未实现收益 20 000 元。

用会计等式模板描述的结果见表 8—2"2020 年 12 月 31 日以公允价值再次计量"行。资产负债表的"交易性金融资产"项目增加 20 000 元,此时对外报告的金额为 305 000 元,"未分配利润"项目增加 20 000 元,所有者权益变动表中"未分配利润"项目增加 20 000 元,利润表中"公允价值变动损益"有 20 000 元,"净利润"项目增加 20 000 元,现金流量表不受影响。

持有交易性金融资产期间,为了记录期末公允价值的变动,在"交易性金融资产"科目下设置"公允价值变动"明细科目,它与"成本"明细科目一起反映期末交易性金融资产的公允价值。当期末的公允价值相比之前的账面价值上升时,上升的金额记入该明细科目的借方;下降时,下降的金额记入该明细科目的贷方。期末该明细科目的余额如果在借方,表明期末的公允价值相比历史成本上升了,如果在贷方,表明期末的公允价值相比历史成本下降了。

设置"成本"和"公允价值"明细科目有两个目的,一是在持有期间内,反映资产负债表日该项资产的公允价值与历史成本的差额,从而为管理层提供该项资产目前的持有利得或损失情况,二是在处置交易性金融资产时,能找到该项资产的初始成本信息,从而确定持有期间内实现的买卖价差。这种设置明细科目的方式,与公允价值模式下的投资性房地产相一致。

(1)2020 年 6 月 30 日,甲公司调整交易性金融资产账面价值的会计分录为:

借:公允价值变动损益   35 500
  贷:交易性金融资产——公允价值变动 35 500

此时,"成本"明细科目有借方余额 320 500 元,"公允价值变动"明细科目有贷方余额

35 500元,"交易性金融资产"一级科目有借方余额285 000元,正是此时的公允价值。

(2)2020年12月31日,甲公司调整交易性金融资产账面价值的会计分录为:

借:交易性金融资产——公允价值变动　　20 000
　　贷:公允价值变动损益　　　　　　　　　　20 000

此时,"成本"明细科目仍有借方余额320 500元,"公允价值变动"明细科目有贷方余额15 500元,"交易性金融资产"一级科目有借方余额305 000元,正是此时的公允价值。

(二)持有交易性金融资产期间取得投资收益

在持有股票和债券期间,如果发行股票的公司宣告派发现金股利或者债券到了付息日,投资企业应确认一项"应收股利"或者"应收利息"债权,因为股利或利息是投资后取得的,所以同时确认投资收益。

【例8－4】 承例8－3。甲公司持有乙公司的股票作为交易性金融资产,乙公司在2020年10月30日宣告派发股利,每10股派发股利0.6元,实际派发日是11月5日。

(1)甲公司在2020年10月30日确认短期债权,同时确认投资收益。用会计等式模板描述的结果见表8－2"2020年10月30日被投资企业宣告派发现金股利"行。

会计分录如下:

借:应收股利　　　　　600
　　贷:投资收益　　　　　　600

(2)甲公司在2020年11月5日实际收到股利时,短期债权变现。用会计等式模板描述的结果见表8－2"2020年11月5日收到现金股利"行。

会计分录如下:

借:银行存款　　　　　600
　　贷:应收股利　　　　　　600

四、交易性金融资产的处置

在证券市场上处置交易性金融资产,仍然要向券商支付手续费和印花税。券商将从买家那里得到的出售款扣除手续费及印花税后的差额划拨到出售证券的投资人账户。处置交易性金融资产所产生的损益是从券商那里取得的处置所得减去交易性金融资产的账面价值的差额。该差额是企业经营活动带来的,在利润表的"投资收益"项目下报告。

【例8－5】 承例8－1、例8－3和例8－4。甲公司持有的乙公司股票在2020年末市价上涨至30.5元/股,2021年3月10日,甲公司将持有的乙公司股票一万股全部售出,售价为33元/股,手续和印花税合计为1 000元,从券商那里取得的处置所得为329 000元。

处置该股票时,处置净所得为24 000(329 000－305 000)元,这是2021年度处置该项资产对当期损益的贡献,在"投资收益"项目下报告。另外随着资产的处置,以前年度累计产生的未实现损益－15 500元也实现了,这一金额也要报告在"投资收益"项目下。所以2021年度实现投资收益8 500元。

在财务报表项目中的情况见表8－2"2021年3月10日处置资产"行。

从表8－2可以看出,资产负债表的"货币资金"项目增加329 000元,"交易性金融资产"项目减少305 000元,"未分配利润"项目增加24 000元;所有者权益变动表中"未分配利润"项目增加 24 000 元;利润表中"投资收益"项目有 24 000 元;现金流量表中有现金流入 329 000 元。

另外累计产生的 -15 500 元(金额等于"交易性金融资产——公允价值变动"明细科目的贷方余额)的公允价值变动损益变现了,使得"投资收益"项目减少了 15 500 元。

于是在 2021 年 3 月 10 日编制会计分录如下:

借:银行存款　　　　　　　　　　　　329 000
　　交易性金融资产——公允价值变动　 15 500
　　贷:交易性金融资产——成本　　　　　　320 500
　　　　投资收益　　　　　　　　　　　　　 24 000
借:投资收益　　　　　　　　　　　　 15 500
　　贷:公允价值变动损益　　　　　　　　　 15 500

这种处理方式,与处置以公允价值作为后续计量模式的投资性房地产,思想完全一致。

我们把反映交易性金融资产的购入、持有和处置的例子(例 8-1、例 8-3、例 8-4、例 8-5),用会计等式模板进行连续描述,就能看到每一笔业务对财务报表的影响,以及从购置到处置整个交易过程完成之后,财务报表受到的影响。结果见表 8-2 的"累计发生额"行。

在持有资产的一年多时间里,第一个会计期间(2020 年上半年度)产生了投资收益 -1 000 元和公允价值变动损益 -35 500 元,第二个会计期间(2020 年下半年度)产生了公允价值变动损益 20 000 元和现金股利收益 600 元,第三个会计期间产生了投资收益 24 000 元。总共产生了 8 100 元的投资收益,同时现金净流入 8 100 元。

五、交易性金融资产的报告

资产负债表日,交易性金融资产列报在资产负债表的"交易性金融资产"项目下,该项目紧随"货币资金"项目,金额为资产负债表日"交易性金融资产"科目的期末余额,即交易性金融资产在资产负债表日的公允价值。

当期,因持有交易性金融资产而产生的持有损益,列报在利润表的"公允价值变动损益"项目下。

当期产生以下损益时,包括因持有交易性金融资产而获得的利息和股利收益,因处置交易性金融资产而产生的损益,以及因处置交易性金融资产而使得前期累计公允价值变动损益转为投资收益的部分,一并列报在利润表的"投资收益"项目下。

第三节　债权投资

企业在债券市场上购入的债券,如果有明确意愿且有财务实力持有至债券的到期日,那么这种债券就属于债权投资。债券市场分为一级市场和二级市场。一级市场是发行市场,二级市场是交易市场。企业如果从一级市场购入债券,那么购入资金最终会支付给债券的发行方,即被投资企业;如果从二级市场购入债券,那么购入资金会支付给债券的出售方,与被投资企业无关。

一、一级市场债券价格确定机理

投资企业在一级市场购入债券的价格就是债券的发行价格。债券的发行价格可能等于债券面值,也可能高于或者低于债券面值。这三种情况分别称作"债券按面值发行""债券溢价发行"和"债券折价发行"。债券究竟按照什么价格发行,取决于发行债券的企业在债券上注明的票面利率和实际发行时债券市场的平均利率。

发行债券前,发行企业不仅要确定本企业的资金需求量,还要充分进行市场调研,了解债券市场的平均利率,因为发行企业只有提供给投资者与市场平均利率相当的投资回报,债券才能顺利发行。发行企业根据资金需求量确定了债券的总面值,根据市场平均利率确定了债券的票面利率,连同债券的付息日和面值的到期日等重要事项,一并在债券发行公告上注明,作为与投资者的约定。而等到实际发行债券时,如果市场状况与企业预期大致相同,就按照面值发行。如果市场情况发生了显著变化,市场平均利率与预期相比显著提高或者下降,那么若仍然按照面值发行债券,要么投资者不接受,要么发行方不接受。

这是因为债券一旦发行,投资者因持有债券而将来应得到的现金,与发行方因发行债券而将来要支付的现金就都确定下来了:发行方要在确定的付息日支付给投资者金额确定的票面利息,在确定的到期日支付给投资者金额确定的面值。

如果按照面值发行债券,对投资者而言,就相当于按照票面利率取得投资回报,对发行企业而言,就相当于以票面利率承担筹资成本。在票面利率低于市场平均利率的情况下,投资者的回报率就会低于市场平均水平,投资者不愿投资,发行就可能失败;在票面利率高于市场平均利率的情况下,发行企业承担的筹资成本就会高于市场平均水平,发行企业不愿接受。

在上述这两种情况下,都需要通过调整债券的发行价格来调整债券的实际利率。票面利率低于市场平均利率时,如果调低债券的发行价格,低到按照这个价格发行,投资者的回报率提升到市场平均利率,债券就容易顺利发行。当票面利率高于市场平均利率时,如果调高债券的发行价格,高到按照这个价格发行,发行方承担的筹资成本降低到市场平均利率,发行方就能够接受。

理论上,债券的发行价格是债券上所确定的未来现金流按照市场平均利率折现的折现值。以该折现值作为发行价格,投资人得到的投资回报率等于市场平均利率,而发行方承担的筹资成本也等于市场平均利率。

【例8-6】 某企业甲计划在2020年初发行每张面值为100元的债券100万张,总面值1亿元,票面利率为5%,从次年开始每年年初付息,债券于第四年年初到期。

现在假设两种不同情形。

第一种情形,债券市场的平均利为6%,票面利率低于市场平均利率。

每张债券的发行价格=面值的复利现值+票面利息的年金现值

$$=100 \times PVIF(6\%,3) + 100 \times 5\% \times PVIFA(6\%,3)$$
$$=100 \times 0.8396 + 5 \times 2.67 = 97.33(元)$$

若债券以97.33元/张发行,则投资企业会得到6%的投资回报率,发行企业会承担6%的筹资成本。

第二种情形,债券市场的平均利率为4%,票面利率高于市场平均利率。

每张债券的发行价格=面值的复利现值+票面利息的年金现值

$$=100 \times PVIF(4\%,3) + 100 \times 5\% \times PVIFA(4\%,3)$$
$$=100 \times 0.8890 + 5 \times 2.78 = 102.80(元)$$

若债券以102.80元/张发行,则投资企业会得到4%的投资回报率,发行企业会承担4%的筹资成本。

二、二级市场交易价格的确定

债券发行以后在债券市场上流通。理论上,债券的交易价格随着时间的流逝,从发行价格开始逐日上升,等到付息日达到最高值;支付利息以后又迅速下降,然后又逐日上升。而实际上,由于受债券市场内外多种因素的影响,比如政府实行紧缩还是宽松的货币政策,市场资金供求状况等,市场的平均利率不是固定的,而是波动的。于是债券的实际交易价格与理论交易价格并不完全一致,而是处于比理论交易价格或高或低的水平。

如果市场平均利率升高,原先持有较低利率债券的投资者,就会卖掉这些债券转而投资利率更高的债券,那么较低利率的债券的市场价格就会下跌,理论上,价格低到以该价格取得债券,投资者的投资回报率提升到市场平均利率就暂时稳定了。如果市场平均利率下降,就有人愿意出更高的价格购买那些利率相对较高的债券,那么这些债券的市场价格就会上升,理论上,价格高到投资者以该价格取得债券,投资回报率降低到市场平均利率就暂时稳定了。

三、债权投资的初始计量

投资者无论在一级市场上从发行企业购入债券,还是在二级市场上从其他投资者那里购入债券,但凡有明确意愿并且有能力持有至到期,那么就将该项投资划归为"债权投资"。

债权投资的初始计量采用历史成本属性,以债券的买价以及支付给证券公司的手续费和缴纳的印花税等取得成本作为初始计量金额。购入债券过程中支付的手续费和缴纳的印花税,之所以予以资本化计入债权投资的成本,而不像交易性金融资产那样予以费用化直接计入损益,是因为这些支出是取得这项长期资产所发生的合理的、必要的支出,是使企业长期受益的。

如果债券是从二级市场买入的,且买入的债券已到付息期但尚未领取利息,那么投资企业同时购入了两种权利,一种是因债券而未来获得利息和面值的权利,即与债权投资有关的权利;另一种是马上就能变现的短期债权,即应收利息。在这种情况下,债权投资的取得成本要以总成本扣除已到付息期但是尚未领取的利息来计算。

债券的取得成本也是进行债券投资的实际本金。当投资债券的实际本金确定下来以后,债券的实际利率,即投资者的回报率就确定下来了。投资者的回报率是这样的利率:如果以该利率作为折现率,那么将持有债券未来带来的现金流折成的现值,就等于债权投资的实际本金。

【例8—7】 某企业在2020年初发行每张面值为100元的债券100万张,总面值1亿元,票面利率为5%,从次年开始每年年初付息,为期三年,于第四年年初到期。该企业发行债券时,债券市场的平均回报率为6%,高于票面利率,因此债券以97.33元/张折价发行。甲公司在债券发行日购入1 000张即面值为100 000元的该企业债券,另支付相关税费200元,准备持有至到期。

甲公司取得该债券的成本＝97.33×1 000＋200＝97 530(元)

【例8－8】 某企业在2020年初发行每张面值为100元的债券100万张,总面值1亿元,票面利率为5%,从次年开始每年年初付息,为期三年,于第四年年初到期。甲公司在2021年1月初购入1 000张该企业债券,面值为100 000元。购入时该债券尚未支付2020年的利息,买价106元/张,另支付相关税费400元,准备持有至到期。购入债券五天后2020年度利息到账。

甲公司购入该债券时,已到付息日但是利息尚未领取,所以支付的买价中包含了2020年一年的利息,金额为5元/张,债券真正的购入成本不包含这部分利息。

该债券的取得成本＝(106－5)×1 000＋400＝101 400(元)

买价中的5 000元是应收利息,不构成债券的取得成本。将取得成本和债券面值相比较可知,债券是溢价购入的。

四、债权投资的后续计量

债权投资的后续计量,就是在债券到期前,在各资产负债表日反映债权投资的余额以及各期所产生的投资收益。

债权投资在资产负债表日的余额,又称作"摊余成本"。摊余成本,是指债权投资以取得成本、投资回报率以及票面利息等因素确定的、在后续期间各资产负债表日的成本。各期投资收益以及期末摊余成本按照如下顺序计算。

第一期投资收益＝债券的取得成本×投资回报率

第一期期末摊余成本＝债券的取得成本＋第一期投资收益额－当期支付的票面利息

第二期投资收益额＝债券第一期期末摊余成本×投资回报率

第二期期末摊余成本＝债券第一期期末摊余成本＋第二期投资收益额
　　　　　　　　　－当期支付的票面利息

以此类推。

债券的取得成本就是债券的初始实际本金,后续各资产负债表日债券的摊余成本,就是后续各年年初债券的实际本金。

【例8－9】 承例8－7。甲公司在2020年初以成本97 530元取得了乙公司当日发行的为期三年、票面利率为5%的债券,面值为100 000元,准备持有至到期。甲公司从2020初年开始到2023年初结束,要对该项投资进行后续计量。

甲公司对该债权投资进行后续计量时,首先要确定这项投资的投资回报率,然后依序确定各年的投资收益和期末摊余成本。

如果不考虑相关税费,甲公司投资该债券的投资回报率为6%,与债券市场平均利率一致。但是因为产生了200元的相关税费,增加了甲公司的取得成本,而债券未来带来的现金流入不变,所以甲公司的实际投资回报率要低于6%。我们采用逐步逼近法进行测试,得到实际投资回报率。测试的原理是,取一个略低于6%的回报率(因为200元相对于总投资成本比例很小),作为折现率计算折现值。如果所得折现值比投资成本大,就说明这个折现率取小了,否则就说明这个折现率取大了。这样逐步测试,直到以选取的折现率计算的折现值基本等于取得成本。折现率通常保留两位小数。本例测试的结果是 5.92%。

我们通过表 8－3 所示的"债权投资摊余成本计算表"来计算债券存续的未来三年里，每年产生的投资收益额以及每年年末的摊余成本。

表 8－3 债权投资摊余成本计算表

单位:元

时间	期初摊余成本 （A_n）	当期实际利息收益 （$B_n = A_n \times 5.92\%$）	当期应收票面利息 （C_n）	期末摊余成本 （$D_n = A_n + B_n - C_n$）
第一年	97 530.00	5 773.78	5 000.00	98 303.78
第二年	98 303.78	5 819.58	5 000.00	99 123.36
第三年	99 123.36	5 876.64*	5 000.00	100 000.00
合计	—	17 470.00	15 000.00	—

*:经过尾差调整。

表 8－3 显示,第一年年初本金就是债券的取得成本 97 530.00 元,第一年债券的投资收益为年初取得成本的 5.92%,即 5 773.78 元。而当期应从发行方收取的债券票面利息仅为 5 000 元,没有收回的 773.78 元,就是投资企业在债券原来成本上继续追加的投资,于是第一年末债券的成本即摊余成本增加到 98 303.78 元。第二年,以第一年末的摊余成本 98 303.78 元为本金,产生了投资收益 5 819.58 元,而当年应收票面利息为 5 000 元,没有收回的 819.58 元是投资企业在继续追加投资,到年底摊余成本增加到 99 123.36 元。第三年,以第二年末的摊余成本 99 123.36 元为本金,产生了投资收益 5 876.64 元,而当年应收票面利息为 5 000 元,没有收回的 876.64 元是投资企业在继续追加投资,到年底摊余成本为 100 000 元,等于面值。债券到期日,投资企业收回面值。

之所以到最后一年,摊余成本能够达到面值,是因为表 8－3 中的运算是我们测试投资回报率 5.92% 的逆运算。因为 5.92% 的折现率并不完全精确,所以在最后一年就出现了尾差。

从表 8－3 看出该项投资在债券存续期内的总体状况是:债券的初始投资成本为 97 530 元,三年内以票面利息形式产生 15 000 元现金流入,到期收回面值又产生 100 000 元现金流入,投资收益总额为 17 470。投资收益总额之所以高于票面利息,是因为折价 2 470 取得了债券。

【例 8－10】 承例 8－8。甲公司在 2021 年初在扣除未支付的利息后,以成本 101 400 元溢价购入面值为 100 000 元、票面利息为 5%,还有两年到期的债券,准备持有至到期。甲公司在后续两年内对该项投资予以计量。

甲公司以 101 400 元购买了还有两年到期的债券,准备持有至到期。采用逐步逼近法测算得到甲公司该项投资的投资回报率是 4.25%。

表 8－4 列示了未来两年内,债券每年的投资收益与期末的摊余成本。

表 8-4 债权投资摊余成本计算表

单位:元

时间	期初摊余成本 (A_n)	当期实际利息收益 ($B_n = A_n \times 4.25\%$)	当期应收票面利息 (C_n)	期末摊余成本 ($D_n = A_n + B_n - C_n$)
第一年	101 400.00	4 309.50	5 000.00	100 709.50
第二年	100 709.50	4 290.50*	5 000.00	100 000.00
合计	—	8 600.00	10 000.00	—

*：经过尾差调整。

表 8-4 显示，第一年年初，债券的取得成本为 101 400 元，第一年度的投资收益率是 4.25%，金额为 4 309.50 元，而当期应收债券票面利息额为 5 000 元，以利息名义得到的现金高于应获取的投资收益，多出的 690.50 元就是投资企业收回的成本，于是期末摊余成本在原来基础上减少到 100 709.50 元。第二年，以第一年末的摊余成本为基础，产生了投资收益 4 290.50 元，而应收票面利息高于投资收益额 709.50 元，这时继续以收到票面利息的形式收回一部分投资成本，于是期末摊余成本继续下降到 100 000 元，等于面值。债券到期，投资企业收回面值。

从表 8-4 看出债券在存续期内的总体状况是：债券的初始投资成本为 101 400 元，两年内因收到票面利息产生总计 10 000 元的现金流入，到期日因收回面值产生 100 000 元的现金流入，因为溢价 1 400 元购入债券，所以投资收益总额只有 8 600 元。

五、债权投资的账务处理

(一)财务报表项目与会计科目设置

1. 设置资产类的"债权投资"项目，对应设置"债权投资"科目

为了记录债权投资的增减变动和结余，企业应设置"债权投资"一级科目。为了便于反映债权投资的成本组成，在该一级科目下设置"面值"和"成本调整"①两个明细科目。其中"面值"明细科目反映债券的面值，该科目余额始终不变；"成本调整"明细科目反映资产负债表日债券的摊余成本与面值的差额。两个明细科目的期末余额一起反映了债券的摊余成本。

2. 设置资产类的"应收利息"项目，对应设置"应收利息"科目

为了记录"应收利息"的增减变动情况，企业应设置"应收利息"科目。期末，计算当期因持有债券而应收到的利息时，记入该科目借方；到付息日收到利息时，记入该科目的贷方；期末有借方余额，表示应该收取但是因为没有到付息日而尚未收到的利息。

(二)账务处理举例

【例 8-11】承例 8-7 和例 8-9。对甲公司在发行日以成本 97 530 元取得的为期三年、票面利率为 5%、面值为 100 000 元的债权投资，在之后的三年内进行账务处理。

用会计等式模板描述的结果见表 8-5。

---

① 多数教材将这两个明细科目分别称为"成本"和"利息调整"。

表 8-5 会计等式模板描述

单位:元

资产负债表要素	资产			=	负债	+	所有者权益
资产负债表项目	货币资金	债权投资	应收利息	=		+	未分配利润
资产负债表科目	银行存款	债权投资	应收利息	=		+	利润分配
资产负债表明细科目	略	面值　成本调整	——乙公司	=		+	未分配利润
第一年年初购入债券	-97 530	+100 000　-2 470		=		+	
第一年年末计息		+773.78	+5 000	=		+	+5 773.78（投资收益）
第二年年初收到票面利息	+5 000		-5 000	=		+	
第二年年末计息		+819.58	+5 000	=		+	+5 819.58（投资收益）
第三年年初收到票面利息	+5 000		-5 000	=		+	
第三年年末计息		+876.64	+5 000	=		+	+5 876.64（投资收益）
第四年初收到票面利息	+5 000		-5 000	=		+	
第四年年初收回面值	+100 000	-100 000		=		+	
累计发生额	+17 470	0　0	0	=		+	+17 470

(1)第一年年初购入面值为 100 000 元债券时,取得成本为 97 530 元,折价 2 470 元。用会计等式模板描述见表 8-5"第一年年初购入债券"行。资产负债表的"货币资金"项目减少 97 530 元,"债权投资"增加 97 530 元。在会计科目里记录债权投资时,要把初始成本拆分为两部分,面值部分记入"面值"明细科目,折价部分记入"成本调整"明细科目。

编制会计分录如下:

借:债权投资——面值　　　　100 000
　　贷:银行存款　　　　　　　　　97 530
　　　　债权投资——成本调整　　　2 470

(2)第一年 12 月 31 日确认当期投资收益和应向发行方收取的票面利息。见表 8-5"第一年末计息"行。一方面资产负债表的"应收利息"项目增加了 5 000 元,"债权投资"项目增加了 773.78 元,另一方面"未分配利润"项目增加了 5 773.78 元;所有者权益变动表的"综合收益总额"行的"未分配利润"列增加了 5 773.78 元;利润表的"投资收益"项目有 5 773.78 元。

编制会计分录如下:

借:应收利息——乙公司　　　　5 000
　　债权投资——成本调整　　　773.78
　　贷:投资收益　　　　　　　　　5 773.78

这时,债权投资的余额就是期末的摊余成本 98 303.78 元,是"面值"明细科目借方余额

100 000 元和"成本调整"明细科目贷方余额 1 696.22 元的差额。

之后两年每年年底所做的账务处理与第(2)笔相同,只是"投资收益"科目的金额分别是 5 819.58 元和 5 876.64 元,"债权投资——成本调整"明细科目的金额分别是 819.58 元和 876.64 元,债权投资期末摊余成本分别是 99 123.36 元和 100 000 元。到第三年末,摊余成本就是债券的面值了。

(3)第二年年初收到票面利息时,资产负债表的"货币资金"项目增加了 5 000 元,"应收利息"项目减少了 5 000 元。见"第二年初收到票面利息"行。

编制会计分录如下:

借:银行存款　　　　　　　5 000
　　贷:应收利息——乙公司　　5 000

之后第三年年初、第四年年初做与第(3)比相同的账务处理。

(4)第四年初收到发行方支付的面值时,资产负债表的"货币资金"项目增加 100 000 元,"债权投资"项目减少 100 000 元。见表 8－5"第四年初收回面值"行。

编制会计分录如下:

借:银行存款　　　　　　　100 000
　　贷:债权投资——面值　　100 000

根据表 8－5,从购入、持有债券一直到债券到期收回面值,货币资金的净增加额为 17 470 元,这是债券三年的票面利息 15 000 元与折价金额 2 470 元之和,也是各年按照实际利率法计算的投资收益之和。

【例 8－12】　承例 8－8 和例 8－10。对甲公司以成本 101 400 元取得的还有两年到期,票面利率为 5%,面值为 100 000 元的债权投资,在取得之后的两年内进行账务处理。

请读者比照表 8－5,用会计等式模板描述上述业务。

(1)第一年初购入面值为 100 000 元债券时,购入总成本为 106 400 元,其中 5 000 元为应收票面利息。这部分票面利息已到付息日,只是尚未领取,所以甲公司所支付的这部分现金,并没有参与到投资活动中,不会带来投资回报。取得债券的总成本应为 101 400。

编制会计分录时,把其中面值部分记入"面值"明细科目,溢价部分记入"成本调整"明细科目。

购入债权投资时,编制会计分录如下:

借:债权投资——面值　　　　100 000
　　　　　　——成本调整　　　1 400
　　应收利息　　　　　　　　　5 000
　　贷:银行存款　　　　　　　106 400

购入债券五天之后收到利息时,编制会计分录如下:

借:银行存款　　　　　　　5 000
　　贷:应收利息　　　　　　5 000

(2)第一年 12 月 31 日确认投资收益、调整债权投资成本时,编制会计分录如下:

借:应收利息　　　　　　　5 000
　　贷:投资收益　　　　　　4 309.50

债权投资——成本调整　　　　　　690.50

此时,债权的投资成本调整为摊余成本 100 709.50 元,是"面值"明细科目借方余额 100 000 元和"成本调整"明细科目借方余额 709.50 元之和。

第二年末关于确认投资收益和调整债权投资成本的会计分录与第(2)笔完全相同,只是投资收益的金额为 4 290.50 元,调整投资成本的金额为 709.50 元。调整后债券投资的摊余成本是 100 000 元,等于债券面值。

(3)第二年初收到发行方支付的票面利息,编制会计分录如下:

借:银行存款　　　　　　　5 000
　　贷:应收利息　　　　　　5 000

(4)最后一年收回面值,编制会计分录如下:

借:银行存款　　　　　　　100 000
　　贷:债权投资——面值　　100 000

整个过程结束以后,看看货币资金的增加量是否等于各年投资收益之和。

六、债权投资的报告

资产负债表日,债权投资列报在资产负债表的"债权投资"项目下,金额为"债权投资"一级科目在资产负债表日的余额,即期末的摊余成本。

当期,因债权投资而产生的收益列报在利润表的"投资收益"项目下。

第四节　其他投资

一、其他债权投资

(一)其他债权投资的初始计量

其他债权投资,是指根据企业的业务模式和投资策略,企业所持有的兼有收取合同固定现金流和出售两个目的的债权投资。其初始计量与债权投资完全一致,即以买价、印花税和手续费等取得成本作为初始计量金额,如果其中包含已经到付息日但是尚未领取的利息,这部分金额予以扣除。

(二)其他债权投资的后续计量

由于其他债权投资兼有获得合同固定现金流和出售的目的,后续计量比较复杂。既要像债权投资一样以实际利率计算每一期的投资收益,确定每期期末的摊余成本,同时还要在期末以公允价值再次计量。与交易性金融资产不同的是,公允价值和摊余成本之间的差额计入"其他综合收益"项目。

(三)其他债权投资的处置

当有合适的市场机会时,企业会处置掉其他债权投资。处置所得与资产此时账面价值的差额计入"投资收益"项目,同时从持有该资产起到处置之前累计产生的其他综合收益也转入"投资收益"项目。

(四)其他债权投资的账务处理

设置资产类的"其他债权投资"项目,对应设置会计科目"其他债权投资"。在该科目下设置三个明细科目:"面值""成本调整"和"公允价值变动"。其中"面值"和"成本调整"两个明细科目记录的内容与债权投资下两个同名的明细科目完全相同,两个明细科目余额一起反映期末债券的摊余成本。"公允价值变动"明细科目记录期末债券的公允价值与摊余成本的差额。

【例8-13】 甲公司以成本97 530元取得为期三年,票面利率为5%,面值为100 000元的债券作为其他债权投资。甲公司持有该债券在未来三年内的摊余成本见表8-3。持有债券的第一年年末,该债券的摊余成本为98 303.78元,公允价值为98 900元。第二年六月,甲公司将该债券出售,出售所得为99 600元。

上述业务用会计等式模板描述的结果见表8-6。

表8-6 会计等式模板描述

单位:元

资产负债表要素	资产				=	负债	+	所有者权益	
资产负债表项目	货币资金	其他债权投资		应收利息	=		+	其他综合收益	未分配利润
资产负债表科目	银行存款	其他债权投资		应收利息	=		+	其他综合收益	利润分配
资产负债表明细科目	略	面值	成本调整	公允价值变动	—乙公司	=		+	略	未分配利润
第一年年初购入债券	−97 530	+1 000 000	−2 470			=		+		
第一年年末计息			+773.78		+5 000	=		+		+5 773.78(投资收益)
第一年年末将摊余成本调整为公允价值				+596.22		=		+	+596.22	
第二年年初收到票面利息	+5 000				−5 000	=		+		
第二年度出售资产	+99 600	−1 000 000	+1 696.22	−596.22		=		+		+700(投资收益)
						=		+	−596.22	+596.22(投资收益)
累计发生额	+7 070	0	0	0	0	=		+	0	+7 070

(1)第一年初购进债券作为其他债权投资时,见表8-6第一行"第一年年初购入债券时",编制会计分录如下:

  借:其他债权投资——面值   100 000
    贷:其他债权投资——成本调整   2 470
      银行存款   97 530

(2)第一年年末计息,确认投资收益,调整投资成本时,见表8-6第二行"第一年年末计息",编制会计分录如下:

  借:应收利息——乙公司   5 000
    其他债权投资——成本调整   773.78
    贷:投资收益   5 773.78

(3) 第一年末将摊余成本调整为公允价值时,见表8-6第三行"第一年年末将摊余成本调整为公允价值",编制会计分录如下:

借:其他债权投资——公允价值变动　　596.22
　　贷:其他综合收益　　　　　　　　　　　596.22

这笔分录做完后,"其他债权投资"一级科目余额为98 900元,就是当日该债券的公允价值。

(4) 第二年初收到票面利息时,见表8-6第四行"第二年年初收到票面利息",编制会计分录如下:

借:银行存款　　　　　　　　　　　5 000
　　贷:应收利息——乙公司　　　　　　　5 000

(5) 第二年出售资产时,见表8-6第五行"第二年度出售资产",编制会计分录如下:

借:银行存款　　　　　　　　　　　99 600
　　其他债权投资——成本调整　　　　1 696.22
　　贷:其他债权投资——面值　　　　　　100 000
　　　　　　　　　　——公允价值变动　　596.22
　　　　投资收益　　　　　　　　　　　　700

此时,之前的其他综合收益596.22元已经变现了,转入投资收益。

借:其他综合收益　　　　　　　　　596.22
　　贷:投资收益　　　　　　　　　　　　596.22

纵观全局,从买入其他债权投资到最终将其出售,银行存款净增加7 070元,同时产生投资收益总额7 070元。

(五) 其他债权投资的报告

资产负债表日,其他债权投资的期末余额报告在资产负债表的"其他债权投资"项目下,金额为当日该项资产的公允价值。

当期产生的利息收益、当期处置资产产生的处置损益以及因处置资产而由其他综合收益转入损益的部分,均计入当期损益的"投资收益"项目。

当期发生的其他综合收益报告在利润表的"其他综合收益"项目下和所有者权益变动表的"综合收益总额"行的"其他综合收益"列。其他综合收益的期末余额报告在资产负债表的"其他综合收益"项目下。

二、其他权益工具投资

(一) 其他权益工具投资的初始计量

其他权益工具投资是从证券市场购入的,或从证券市场以外直接或间接取得的股权,企业投资的目的是得到股权上的分红权,必要时出售该项资产。这类资产的初始计量金额就是其购买成本,包括买价、手续费和印花税。如果买价中包含已经宣告但是尚未派发的股利,初始计量金额扣除该股利。

(二) 其他权益工具投资的后续计量

其他权益工具投资后续计量采用公允价值模式而非历史成本模式,原因是其他权益工具投资作为股权投资,公允价值模式相比成本模式能够反映收益和风险,保证会计信息的相关性。但是其他权益工具投资后续计量时公允价值变动不像交易性金融资产那样计入"公允价值变动损益"项目从而影响当期损益,而是计入"其他综合收益"项目,这是因为其他权益工具并不以交易为目的。

当取得其他权益工具投资后,被投资企业宣告派发现金股利或者返还利润时,投资企业均确认投资收益,计入当期损益。

(三)其他权益工具投资的处置

处置其他权益工具投资,是处置资产中最特殊的情形。处置资产时,处置所得通常应计入当期损益。按照金融工具准则的规定,处置其他权益工具投资时,处置所得与处置时资产账面价值的差额,分别按照10%和90%的比例,直接计入资产负债表的"盈余公积"和"未分配利润"。同时从持有资产开始到处置资产时累计产生的其他综合收益,也分别按照10%和90%比例转入"盈余公积"和"未分配利润",而不是像交易性金融资产那样转入"投资收益",影响当期损益。

金融工具准则这样规定的根本原因在于:股权投资如果不符合长期股权投资的确认条件,就应该归入交易性金融资产,以公允价值计量且其变动计入当期损益。但是有些企业持有股权投资不希望归入交易性金融资产,以避免当期损益受资产公允价值变动的影响。于是金融工具准则就多划出了一个资产类别:其他权益工具投资。不仅持有这类资产时公允价值变动不能计入当期损益,而是计入其他综合收益,而且处置这类资产时出售所得与账面价值的差额以及处置时应转出的以前期间形成的其他综合收益,均不允许计入损益,而是计入资产负债表的留存收益。除了持有资产期间获得的现金股利计入当期损益,该资产上获得的经济利益均不得在损益中体现。

下面举一例简单说明。用会计等式模板描述如表8—7。

表8—7 会计等式模板描述

单位:元

资产负债表要素	资产		=	负债	+	所有者权益		
资产负债表项目	货币资金	其他权益工具投资	=		+	其他综合收益	盈余公积	未分配利润
资产负债表科目	银行存款	其他权益工具投资	=		+	其他综合收益	盈余公积	利润分配
资产负债表明细科目	略	成本	公允价值变动	=		+	略	略	未分配利润
购入其他权益工具投资	−10	+10		=		+			
第一个期末以公允价值计量			+2	=		+	+2		
第二个期间处置资产	+15	−10	−2	=		+		+0.3	+2.7
				=		+	−2	+0.2	+1.8
累计发生额	+5	0	0	=		+	0	+0.5	+4.5

第一个期间以成本10元购入其他权益工具投资,期末该资产的公允价值为12元,与成本相比提高的2元计入"其他综合收益"。第二个期间以15元将其出售,出售所得与出售时资产的账面价值12元之间的差额3元,按照10%和90%的比例计入"盈余公积"和"未分配利润"。同时上年度形成的其他综合收益2元,也以10%和90%的比例转入"盈余公积"和"未分配利润"。最终的结果是,10元购入,15元处置,现金净增加5元;利润表不受影响;资产负债表的"盈余公积"和"未分配利润"分别增加0.5元和4.5元,这正是现金净增加额的10%和90%。

(四)其他权益工具投资的报告

资产负债表日,资产负债表的"其他权益工具投资"项目报告其他权益工具投资的期末余额,金额为当日该项资产的公允价值。当期处置该类资产形成的处置损益以及因处置该类资产而从其他综合收益转出的部分,均按照10%和90%的比例计入资产负债表的"盈余公积"项目和"未分配利润"项目。

当期利润表的"投资收益"项目仅报告当期持有其他权益工具投资而获得的股利收益。

当期因其他权益工具投资公允价值变动而产生的其他综合收益,报告在利润表的"其他综合收益"项目,同时报告在所有者权益变动表的"综合收益总额"行的"其他综合收益"列。

【本章小结】

本章介绍了企业对外投资的类型以及按照企业会计准则的规定,这些对外投资类型所确认的报表项目类型。

本章详细介绍了交易性金融资产、债权投资、其他债权投资以及其他权益工具投资等四类资产,分别介绍了这些资产带来经济利益的方式、初始计量的原则、后续计量的方法,会计科目的设置、相关经济活动发生后账务处理的方法以及在财务报表中的报告。

【思考题】

1. 什么是对外投资?对外投资按照投资企业取得权利的类型该如何分类?按照被投资企业是否取得资产该如何分类?按照投资企业的业务模式和投资策略又该如何分类?

2. 什么是交易性金融资产?取得资产时该如何计量?在资产负债表日又该如何计量?公允价值变动如何反映?处置资产时如何计算损益?期末该如何在资产负债表中报告?当期产生的已经实现的损益该如何报告?当期产生的未实现损益又该如何报告?

3. 什么是债权投资?如何理解"债权投资未来产生的现金流是确定的"?如何理解"债权投资的取得成本决定了投资回报率"?债权投资期末摊余成本该如何计算?期末该如何在资产负债表中报告?当期产生的已经实现的损益该如何报告?

4. 什么是其他债权投资?取得资产时该如何计量?资产负债表日采用什么计量属性?相比债权投资,有什么异同?期末该如何在资产负债表中报告?当期产生的已经实现的损益该如何报告?当期产生的其他综合收益该如何报告?

5. 什么是其他权益工具投资?取得资产时该如何计量?资产负债表日采用什么计量

属性？期末该如何在资产负债表中报告？当期产生的已经实现的损益该如何报告？当期产生的其他综合收益该如何报告？

【练习题】

（一）单项选择题

1. 关于交易性金融资产的计量，下列说法中正确的是（　）。
   A. 应当按取得该资产的公允价值和相关交易费用之和作为初始计量金额
   B. 应当按取得该资产的公允价值作为初始计量金额，相关交易费用在发生时计入当期损益
   C. 资产负债表日，企业应将该资产的公允价值变动计入当期所有者权益，不计入当期损益
   D. 处置该资产时，其处置净所得与初始入账金额之间的差额应确认为投资收益，不调整公允价值变动损益

2. 关于其他债权投资的计量，下列说法中正确的是（　）。
   A. 应当按取得该资产的公允价值和相关交易费用之和作为初始计量金额
   B. 应当按取得该资产的公允价值作为初始计量金额，相关交易费用计入当期损益
   C. 持有期间取得的利息应当冲减投资成本
   D. 资产负债表日，其他债权投资应当以公允价值计量，且公允价值变动计入当期损益

3. 甲公司于2020年4月5日从证券市场上购入B公司发行在外的股票100万股作为交易性金融资产，每股支付价款5元（含已宣告但尚未发放的现金股利1元），另支付相关费用8万元，甲公司交易性金融资产取得时的入账价值为（　）万元。
   A. 408　　B. 400　　C. 500　　D. 508

4. 甲公司于2020年4月5日从证券市场上购入B公司发行在外的股票100万股作为其他权益工具投资，每股支付价款5元（含已宣告但尚未发放的现金股利1元），另支付相关费用8万元，甲公司其他权益工具投资取得时的入账价值为（　）万元。
   A. 408　　B. 400　　C. 500　　D. 508

5. 甲公司于2020年11月5日从证券市场上购入B公司发行在外的股票200万股作为交易性金融资产，每股支付价款5元，另支付相关费用2万元，2020年12月31日，这部分股票的公允价值为1 050万元，甲公司2020年12月31日应确认的公允价值变动损益为（　）万元。
   A. 损失50　　B. 收益50　　C. 收益48　　D. 损失48

6. 甲公司于2020年11月5日从证券市场上购入B公司发行在外的股票200万股作为其他权益工具投资，每股支付价款5元，另支付相关费用2万元，2020年12月31日，这部分股票的公允价值为1 050万元，甲公司2020年12月31日应确认的公允价值变动损益为（　）万元。
   A. 0　　B. 收益50　　C. 收益48　　D. 损失50

7. 甲公司于2019年1月2日从证券市场上购入B公司于2018年1月1日发行的债券,该债券为3年期、票面年利率为5%、每年1月5日支付上年度的利息,到期日为2021年1月1日,到期日一次归还本金和支付最后一次利息。甲公司购入债券的面值为1 000万元,实际支付价款为1 029.67万元,另支付相关费用2万元。甲公司购入后将其划分为债权投资。购入债券的实际利率为6%。2019年12月31日,甲公司应确认当年度的投资收益为( )万元。(提示:购买价款中包含已到付息日但是尚未支付的利息)

  A.58.90   B.50   C.49.08   D.60.70

8. 甲公司于2021年1月2日从证券市场上购入B公司于2020年1月1日发行的债券,该债券为3年期、票面年利率为5%、每年1月5日支付上年度的利息,到期日为2023年1月1日,到期日一次归还本金和支付最后一次利息。甲公司购入债券的面值为2 000万元,实际支付价款为2 227万元,另支付相关费用3万元。甲公司购入后将其划分为债权投资。2021年1月2日该债权投资的取得成本为( )万元。

  A.2 100   B.2 130   C.2 230   D.2 200

(二)多项选择题

1. 关于对外投资的初始计量,下列说法中正确的有( )。

  A. 交易性金融资产应当按照取得时的公允价值作为初始计量金额,相关的交易费用在发生时计入当期损益

  B. 债权投资应当按取得时的公允价值和相关交易费用之和作为初始计量金额

  C. 其他债权投资和其他权益工具投资应当按取得该金融资产的公允价值和相关交易费用之和作为初始计量金额

  D. 其他债权投资和其他权益工具投资应当按照取得时的公允价值作为初始计量金额,相关的交易费用在发生时计入当期损益

2. 关于对外投资的后续计量,下列说法中正确的有( )。

  A. 资产负债表日,企业应将交易性金融资产的公允价值变动计入当期损益

  B. 债权投资在持有期间应当按照摊余成本和实际利率计算确认利息收入,计入投资收益

  C. 资产负债表日,其他债权投资和其他权益工具投资以公允价值计量,且公允价值变动计入其他综合收益

  D. 资产负债表日,其他债权投资和其他权益工具投资应当以公允价值计量,且公允价值变动计入当期损益

  E. 债权投资在持有期间应当按照摊余成本和实际利率计算确认利息收入,计入其他综合收益

3. 关于对外投资的处置,下列说法中正确的有( )。

  A. 处置交易性金融资产时,处置净所得与处置时该资产账面价值之间的差额确认为投资收益,同时将之前形成的公允价值变动损益转入投资收益

  B. 处置其他权益工具投资时,应将处置净所得与处置时该资产账面价值之间的差额计入留存收益,同时以前期间产生的其他综合收益也转入留存收益

  C. 处置其他债权投资时,应将处置净所得与处置时该资产账面价值之间的差额计入

投资损益;同时,将处置资产之前所产生的其他综合收益转出,计入投资收益

D. 处置其他债权投资时,应将处置净所得与该资产的取得成本之间的差额作为投资收益

(三)计算及账务处理题

1. 2020年5月10日,甲公司以620万元(含已宣告但尚未领取的现金股利20万元)购入乙公司股票200万股作为交易性金融资产,另支付手续费6万元。5月30日,甲公司收到现金股利20万元。6月30日该股票每股市价为3.2元。8月10日,乙公司宣告分派现金股利,每股0.20元。8月20日,甲公司收到分派的现金股利。12月31日,甲公司仍持有该交易性金融资产,期末每股市价为3.6元/股。2021年1月3日以630万元出售该交易性金融资产。

假定甲公司每年6月30日和12月31日对外提供财务报告。

要求:(1)就上述业务用会计等式模板描述并编制会计分录;

(2)计算该交易性金融资产的累计损益。

2. 甲公司于2018年1月2日从证券市场上购入B公司于2017年1月1日发行的债券。该债券4年期、票面年利率为4%、每年1月5日支付上年度的利息,到期日为2021年1月1日,到期日一次归还本金和最后一次利息。甲公司购入债券的面值为1 000万元,购入总成本为1 012.93万元。甲公司购入后将其划分为债权投资。购入债券的实际利率为5%。假定按年计提利息。

要求:(1)编制甲公司购入的债券在存续期内实际利息收益计算表;

(2)就甲公司从2018年1月2日—2021年1月1日上述有关业务用会计等式模板描述并编制会计分录。

3. 参照表8-5,把例8-12的业务用会计等式模板描述出来。

4. 2018年5月,甲公司以489万元购入乙公司股票60万股作为其他权益工具投资,另支付手续费1万元。8月10日,乙公司宣告分派现金股利,每股0.20元。8月20日,甲公司收到分派的现金股利。12月31日,每股市价为8.5元。2019年12月31日每股市价9元。2020年5月以515万元出售该资产。

要求:就上述经济业务用会计等式模板描述并编制会计分录。

(四)财务报表题

1. "你的"公司有交易性金融资产吗?当期产生的公允价值变动损益情况怎样?

2. "你的"公司有债权投资吗?实际利率是多少(报表附注中查)?

3. "你的"公司有其他债权投资吗?有其他权益工具投资吗?后续计量采用公允价值属性,由此产生的其他综合收益,有多少以后能转入损益?有多少以后不能转入损益,而是直接转入留存收益?

第九章
对外投资(二)

【学习目标】

通过学习本章,你应该:
1. 掌握长期股权投资的含义,了解控制、共同控制和施加重大影响的含义;
2. 掌握直接投资形成长期股权投资的初始计量方法;
3. 掌握直接投资形成长期股权投资的后续计量方法——权益法;
4. 掌握直接投资形成长期股权投资的后续计量方法——成本法;
5. 掌握间接投资形成长期股权投资的初始计量方法;
6. 掌握间接投资形成长期股权投资的后续计量方法——成本法;
7. 掌握间接投资形成长期股权投资的后续计量方法——权益法。

【引　子】

大唐发电(股票代码:601991)是我国最大的独立发电公司之一,主要经营以火力发电为主的发电业务。公司有三个火力发电厂,所发的电和热气主要供应北京地区。根据大唐发电2019年度报告,公司的子公司达165家,其中全资子公司达28家;公司有5家合营企业,38家联营企业。公司对外投资的这些企业,分别主营火电、水电、风电、光伏项目,从事煤炭开采和销售、煤化工和商贸业务。

第一节　长期股权投资概述

一、长期股权投资的定义

长期股权投资是指企业准备长期持有的股权投资,并借此股权对被投资企业行使表决权,即对被投资企业的财务和经营实施控制、共同控制或者施加重大影响,与被投资企业建立某种比较牢固的经济关系,从而助力于企业实现长远发展目标。

作为长期股权投资的股权,可以从证券市场的一级市场或二级市场取得,也可以在证券市场以外,直接对被投资企业投资取得或者从被投资企业的原股东那里受让取得。这类股权即使在证券市场上有活跃的交易,投资企业也不关心其在证券市场上价格的波动,所以这类股权投资与交易性金融资产以及其他权益工具投资相比,带来经济利益的方式完全不同,初始计量与后续计量都有其特点。

《企业会计准则第 2 号——长期股权投资》(以下简称《长期股权投资准则》)对长期股权投资业务的会计处理做了规范。

二、长期股权投资的种类

投资企业与被投资关系的密切程度决定了长期股权投资给企业带来经济利益的差别。据此,将长期股权投资分为对子公司投资、对合营企业投资和对联营企业投资三类。

(一)对子公司的投资

投资企业如果能够控制被投资企业,那么被投资企业就是投资企业的子公司,投资企业就是被投资企业的母公司。

什么是控制,以及如何认定一个企业对另一个企业拥有了控制权,《企业会计准则第 33 号——合并财务报表》(以下简称《合并财务报表准则》)对此做了具体规定。

《合并财务报表准则》规定:"控制,是投资方拥有对被投资方的权力,通过参与被投资方的相关活动而获得可变回报,并且有能力运用对被投资方的权力而影响其回报金额。"这一定义有三个要素。

第一个要素:投资方拥有对被投资方的权力。所谓权力,是指投资方能够按照自身意愿主动影响被投资方,具体地说,就是能够参与被投资方重大生产经营决策,比如商品购进与销售、金融资产的管理、资产的购买和处置、研究与开发活动以及融资活动等。

第二个要素:从被投资方那里获得回报,并且这一回报是可变的。投资方从被投资方那里获得的回报是可变的,而不像债务资本的提供者那样是基本固定的,投资方承担着被投资方经营环境不确定带来的风险。

第三个要素:投资方享有的权力与从被投资方那里得到的回报之间存在因果关系。这意味着影响可变回报的唯一决策因素是投资方的权力,而不是其他投资者的权力。投资方的权力是必要条件,没有不行,同时也是充分条件,有了就行。用一句通俗的话概括母公司对子公司的影响,就是:我说行就行,我说不行就不行!

(二)对合营企业的投资

投资企业如果能够与其他企业一起对被投资企业实施共同控制,那么被投资企业就称作投资企业的"合营企业"。

《企业会计准则第 40 号——合营安排》(以下简称《合营安排准则》)规定了"共同控制"的定义以及"合营企业"的认定标准。

关于共同控制,《合营安排准则》规定:"共同控制,是指按照相关约定对某项安排所共有的控制,并且该安排的相关活动必须经过分享控制权的参与方一致同意后才能决策。"

准则中规定的"安排",是指投资各方按照约定提供一定的经济资源以及伴随这些资源所产生的债务,并将这些资产和债务组合起来从事一定的经济活动,投资各方可从这些经济活动中受益。一项安排可以独立的法律主体如企业形式存在,也可以不以独立的法律主体形式存在。一项安排无论是否以法律形式存在,我们都可以把它理解为一个经营体。

至于"某项安排的相关活动",是指与该安排相关的商品或劳务的销售和购买、金融资产的管理、资产的购买和处置、研究与开发活动以及融资活动等。这些活动显著影响了各投资方的回报。

"分享控制权的参与方一致同意",是指按照约定,这些参与方即投资者,如果有一方不同意,那么就不能决策,即每一个分享控制权的参与方都拥有否决权。

共同控制的定义可以这样理解:分享控制权的参与方对涉及经营体的重大经营活动拥有否决权。

关于合营企业,《合营安排准则》规定:"如果合营方仅对该安排的净资产享有权利,那么这个安排就是合营方的合营企业。"这说明,如果经营体以企业形式存在,并且合营方不是就该经营体的某项特定资产享有权利或某项特定义务承担责任,而是对该经营体的净资产享有权利,那么该经营体就成为合营方的合营企业。

用一句通俗的话概括合营方对合营企业的影响,就是:我说行不一定行,我说不行就不行!

(三)对联营企业的投资

投资企业如果能够对被投资企业施加重大影响,被投资企业就称作投资企业的"联营企业"。

《长期股权投资准则》规定,"施加重大影响,是指对一个企业的财务和经营政策有参与决策的权力,但并不能够控制或者与其他方一起共同控制这些政策的制定。"投资企业如果能够对被投资企业施加重大影响,被投资企业就是投资企业的联营企业。一般而言,投资企业直接拥有或者通过子公司间接拥有被投资企业20%以上、50%以下有表决权股份时,投资企业就能对被投资企业施加重大影响。如果投资企业通过直接或间接方式拥有被投资企业20%以下股份,但是符合下列条件之一的,准则认为投资企业也能够施加重大影响:

①在被投资单位的董事会或类似权力机构中派有代表。在这种情况下,投资单位因为享有实质上的参与决策的权利,能够对被投资企业施加重大影响;

②参与被投资单位经营政策制定过程。投资企业能够参与被投资企业的政策制定过程,就可以在被投资企业的政策制定过程中为其自身利益提出建议和意见,产生施加重大影响的效果;

③与被投资单位发生重要交易。由于该重要交易对被投资企业产生重要影响力,因而在一定程度上影响被投资企业的生产经营决策;

④向被投资单位派出管理人员。投资企业派出的管理人员负责实施被投资企业的财务和经营政策,从而能够对被投资单位施加重大影响;

⑤向被投资单位提供关键技术资料。被投资单位所需的关键技术资料由投资企业提供,投资企业能够影响被投资企业的生产经营活动。

用一句通俗的话概括投资企业对被投资企业的影响,就是:我说行不一定行,我说不行不一定不行。但是如果某个投资方与我有共同意愿,我们一起合作就可以产生"我说行就行或者我说不行就不行"的影响力。

第二节 直接投资形成长期股权投资

如果投资企业以直接向被投资企业注资的方式取得了股权，并准备对被投资企业实施控制、共同控制或者施加重大影响，这样的股权就称作"直接投资形成的长期股权投资"。

直接投资形成的长期股权投资，投资企业投出资产的计量非常关键。因为投资企业投出资产的价值，不仅对投资企业而言，是所取得的长期股权投资的历史成本，而且对被投资企业而言，是接受投资的资产的价值，同时也是所有者权益增加的价值。

如果投资企业投出的资产是货币资金，那么金额就很好确定。如果投出的是非货币性资产，那么确定这些非货币性资产的价值就是一件很复杂的事。这时就要以专业资产评估机构评估的资产价值为基础，并由被投资企业的主要投资者对这个金额达成共识。主要投资者达成共识的金额，但凡不偏离公允价值，就被认为是投资企业所投资的资产的价值。一切计量以这个价值为基础。

在第四章"存货"、第五章"固定资产"和第六章"无形资产"中，都是站在被投资企业角度，对投资者投入的存货、固定资产、无形资产进行初始计量。本节站在投资企业角度，对以存货、固定资产、无形资产对外投资所形成的长期股权投资进行计量。

一、长期股权投资的初始计量

按照历史成本原则，企业所取得的资产的金额，就是所付出的对价的公允价值。投资企业所让渡的资产的公允价值，就是所取得的长期股权投资的入账价值，该金额也称作"初始投资成本"。

（一）以货币资金出资

以货币资金出资形成的长期股权投资，其初始投资成本就是所投入的货币资金的价值。投资业务发生以后，长期股权投资增加，货币资金减少。

对长期股权投资进行账务处理时，设置"长期股权投资"项目，下设"长期股权投资"科目。

会计分录是：
借：长期股权投资
　　贷：银行存款

（二）向被投资企业投入非货币性资产

被投资企业投入非货币性资产所形成的长期股权投资，其初始投资成本就是所投入的非货币性资产的公允价值，该价值由投资各方协议约定。

因为投资企业是通过转让非货币性资产的所有权而取得股权的，所以在进行会计处理时，我们把投出非货币性资产形成长期股权投资，视作前后连续发生的两笔交易：第一笔交易是将非货币性资产按照公允价格出售给被投资企业，换回了货币资金，即资产处置交易；第二笔交易是将这些货币资金投资给被投资企业，换回股权，即对外投资交易。其间发生的相关税费，视税法或者相关法规规定，分别计入第一笔的资产处置交易和第二笔的对外投资交易中。

这种把一笔业务视作两笔业务的会计处理方式称作"两笔交易观"。以"两笔交易观"进行会计处理，与通常的资产处置交易和以货币资金对外投资交易大致相同，差别是没有货币资金真正流入和流出。

【例 9—1】 2019 年，甲公司向新成立的乙公司投资，取得乙公司 40%的股权。甲公司向乙公司投入货币资金 400 万元以及账面价值为 160 万的库存商品，该库存商品投资各方认可的价值为 226 万元。甲公司向乙公司开具增值税专用发票，注明交易总额为 226 万元，其中金额为 200 万元，税额为 26 万元。

此例中，视同甲公司将存货处置给乙公司，处置所得 226 万元与 400 万元货币资金一并投入到乙公司，于是所取得的长期股权投资成本为 626 万元。甲公司将成本为 160 万元的存货处置掉，产生了 200 万元的收入和 26 万元的销项税额，形成了 40 万元的处置毛利。

甲公司上述业务用会计等式模板描述的结果见表 9—1。

表 9—1 会计等式模板描述

单位：万元

资产负债表要素	资产			=	负债	+	所有者权益
资产负债表项目	货币资金	存货	长期股权投资	=	应交税费	+	未分配利润
资产负债表科目	银行存款	库存商品	长期股权投资	=	应交税费	+	利润分配
处置存货	+226			=	+26	+	+200（主营业务收入）
		-160		=		+	-160（主营业务成本）
对外投资	-226		+226	=		+	
	-400		+400	=		+	

甲公司编制会计分录如下：
(1)处置存货
借：银行存款　　　　　　　　　　　　　　　2 260 000
　　贷：主营业务收入　　　　　　　　　　　　　　2 000 000
　　　　应交税费——应交增值税(销项税额)　　　 260 000
借：主营业务成本　　　1 600 000
　　贷：库存商品　　　　　1 600 000
(2)对外投资
借：长期股权投资　　　2 260 000
　　贷：银行存款　　　　　2 260 000
借：长期股权投资　　　4 000 000
　　贷：银行存款　　　　　 400 000

注意：由于处置存货并没有产生 226 万元的现金流入，同时对外投资也仅产生了现金流出 400 万元而不是 626 万元，所以实际进行账务处理时必须把上述处置存货流入 226 万元现金和对外投资流出 226 万元现金合并成一笔。前述会计分录仅是为了方便读者体会"两笔交易观"。

用会计等式模板描述的结果见表 9-2。

表 9-2 会计等式模板描述

单位:万元

资产负债表要素	资产			=	负债	+	所有者权益
资产负债表项目	货币资金	存货	长期股权投资	=	应交税费	+	未分配利润
资产负债表科目	银行存款	库存商品	长期股权投资	=	应交税费	+	利润分配
处置存货并对外投资	-400		+626	=	+26	+	+200(主营业务收入)
		-160		=		+	-160(主营业务成本)

会计分录如下:
借:长期股权投资　　　　　　　　　　　　　6 260 000
　　贷:银行存款　　　　　　　　　　　　　4 000 000
　　　　主营业务收入　　　　　　　　　　　2 000 000
　　　　应交税费——应交增值税(销项税额)　　260 000
借:主营业务成本　　　　　　　　　　　　　1 600 000
　　贷:库存商品　　　　　　　　　　　　　1 600 000

二、长期股权投资的后续计量

投资企业在后续期间还要持续关注长期股权投资的价值,反映该资产所带来的经济利益。长期股权投资后续计量有两种方法:权益法和成本法。

(一)权益法

1. 权益法的定义

权益法,是指长期股权投资以初始投资成本计量后,在后续期间,根据投资企业享有被投资企业所有者权益的份额的变动对投资企业的账面价值进行调整。由于长期股权投资始终反映投资企业在被投资企业所享有的所有者权益的份额,"权益法"因此得名。

如果不考虑投资企业向被投资企业追加投资,被投资企业所有者权益的变动有三类基本原因,于是引起投资企业长期股权投资变动也有三类原因。

第一类,被投资企业盈利或者亏损。被投资企业盈利或亏损增加或者减少了留存收益,影响了所有者权益,因此投资企业持有的对被投资企业的长期股权投资也相应发生变化。由于被投资企业所有者权益的变化来自损益,即来自经营管理水平,于是也体现了投资企业的管理水平。所以投资企业长期股权投资由此产生的变化,应该在投资企业利润表的"投资收益"项目反映出来。

第二类,被投资企业宣告派发股利或者利润。被投资企业宣告派发股利或者利润时,减少了留存收益,于是减少了投资企业对被投资企业的长期股权投资。由于这类所有者权益的变化与被投资企业利润分配政策有关,而被投资企业的利润分配政策是在董事会提议下经由股东大会批准通过的,所以反映了能够对被投资企业实施管理的投资企业的意图。在投资企业看来,长期股权投资因被投资企业派发股利或者利润而减少,只是投资企业将长期股权投资予以变现意图的体现,与业绩无关。

第三类,被投资企业持有以公允价值计量的其他债权投资或其他权益工具投资等资产,在资产负债表日以市场价格对这些资产进行再次计量时,产生了其他综合收益。这类所有者权益的变化也影响了投资企业对被投资企业的长期股权投资。由于被投资企业这类所有者权益的变化与证券市场有关,而与被投资企业管理层业绩无关,在投资企业看来,由此而产生的长期股权投资变化,也是由证券市场引起的,与自身管理无关,属于其他综合收益。

总而言之,投资企业作为被投资企业的管理者,权益法体现了其因持有长期股权投资而在被投资企业享有的所有者权益份额,反映了其对被投资企业实施管理所带来的经济利益。

2. 权益法的账务处理

通过上述分析我们知道,投资企业长期股权投资的价值由三部分构成:一是投资成本,这是投资企业为了取得长期股权投资而付出的对价的公允价值;二是损益调整,这是投资以后被投资企业累积的留存收益归属于投资企业的部分;三是其他综合收益,这是投资以后被投资企业累积的其他综合收益归属于投资企业的部分。为了将这三部分各自记录清楚,在"长期股权投资"一级科目下分别设置"成本""损益调整"和"其他综合收益"三个明细科目。

"成本"明细科目:反映投资企业在投资时所发生的投资成本。当对被投资企业投资时,记录在该明细科目的借方,当收回长期股权投资的成本或者处置长期股权投资时,记录在该明细科目的贷方。该科目期末余额与被投资企业所有者权益中投入资本的期末余额相对应。

"损益调整"明细科目:反映投资企业在投资的后续期间所享有的被投资企业实现净利润的份额,或者所承担的被投资企业亏损的份额。当被投资企业有盈利时,归属于投资企业的份额记在该科目的借方;如果被投资企业有亏损,由投资企业承担的部分记在该科目的贷方。如果被投资企业分配红利,收到的红利就是损益调整的变现,也记在该科目的贷方。该明细科目期末余额与被投资企业期末结存的留存收益余额相对应。

"其他综合收益"明细科目:反映投资企业在后续期间内所享有的或承担的、被投资企业其他综合收益属于投资企业的份额。如果被投资企业形成的是收益,投资企业记在该明细科目的借方;如果被投资企业形成的是损失,投资企业记在该明细科目的贷方。该明细科目期末余额与被投资企业期末其他综合收益余额相对应。

【例9-2】 承例9-1。2019年初甲公司以626万元对乙公司投资,取得乙公司40%的股权。乙公司2019年度盈利120万。2020年盈利150万,因以公允价值计量的其他债权投资市价下跌,形成了其他综合收益-8万元。2021年2月乙公司宣告分红100万元。甲公司因享有乙公司40%的股权而得到40万元红利。甲公司对乙公司长期股权投资采用权益法进行后续计量。

用会计等式模板描述见表9-3。

表 9－3　会计等式模板描述

单位：万元

资产负债表要素	资产			=	负债	+	所有者权益	
资产负债表项目	应收股利	长期股权投资		=		+	其他综合收益	未分配利润
资产负债表科目	应收股利	长期股权投资		=		+	其他综合收益	利润分配
资产负债表明细科目	乙公司	成本	损益调整	其他综合收益	=		+	略	未分配利润
之前重要的余额		626	0	0	=		+		
2019 年末			+48		=		+		+48（投资收益）
2020 年末			+60		=		+		+60（投资收益）
				－3.2	=		+	－3.2	
2021 年 2 月	+40		－40		=		+		

(1)2019 年度,乙公司盈利 120 万元,所有者权益增加 120 万元。甲公司持有的对乙公司长期股权投资也相应增加 48 万元。因为乙公司所有者权益的变动来自损益,与乙公司经营管理有关,也就是与甲公司参与乙公司的管理有关,所以甲公司长期股权投资的变化,应计入当期利润表的"投资收益"项目。该项目对应的会计科目是"投资收益"。见表 9－3"2019 年末"行。

会计分录如下：

借：长期股权投资——损益调整　　480 000
　　贷：投资收益　　　　　　　　　　　　480 000

(2)2020 年度,乙公司盈利 150 万元,甲公司调增长期股权投资账面价值 60 万元,同时确认投资收益 60 万。乙公司除净损益之外,还产生了其他综合收益－8 万元,这一所有者权益的变动与管理者的业绩无关,甲公司调减长期股权投资账面价值 3.2 万元,同时调减"其他综合收益"项目,见表 9－3"2020 年末"行。

会计分录如下：

借：长期股权投资——损益调整　　600 000
　　贷：投资收益　　　　　　　　　　　　600 000
借：其他综合收益　　　　　　　　32 000
　　贷：长期股权投资——其他综合收益　　32 000

(3)2021 年 2 月,乙公司宣告分红,甲公司应得 40 万元。这表明甲公司投资乙公司以后,乙公司两年累积赚取的净利润(120 万＋150 万)属于甲公司的份额 108 万元中的 40 万元即将变现。见表 9－3"2021 年 2 月"行。

会计分录如下：

借：应收股利——乙公司　　　　　400 000
　　贷：长期股权投资——损益调整　　　　400 000

(二)成本法

成本法,是指在后续期间内,投资企业所持有的长期股权投资始终以初始投资成本计量,投资企业收到被投资企业宣告发放的现金股利或利润时,确认投资收益。

【例 9-3】 承例 9-1 和例 9-2。2019 年初甲公司以 626 万元对乙公司投资,持有乙公司 40%的股权。乙公司 2019 年度、2020 年度盈利,2021 年派发现金股利。甲公司采用成本法进行后续计量。

2019 年度、2020 年度甲公司都不做会计处理。

2021 年,当乙公司宣告派发红利时,甲公司编制会计分录如下:

借:应收股利——乙公司　　　400 000
　　贷:投资收益　　　　　　　　　400 000

用会计等式模板描述,结果如表 9-4。

表 9-4　会计等式模板描述

单位:万元

资产负债表要素	资产		=	负债	+	所有者权益	
资产负债表项目	应收股利	长期股权投资	=		+	其他综合收益	未分配利润
资产负债表科目	应收股利	长期股权投资	=		+	其他综合收益	利润分配
资产负债表明细科目	乙公司	对乙公司投资	=		+	略	未分配利润
之前重要的余额		626	=		+		
2019 年末不做处理			=		+		
2020 年末不做处理			=		+		
2021 年 2 月	+40		=		+		+40（投资收益）

与表 9-3 相比较看出,成本法下只有被投资企业宣告派发现金股利时才确认投资收益,而长期股权投资一直保持原先投资成本没有变化。

长期股权投资采用不同的后续计量方法,尽管现金流入和流出是一致的,但是对损益以及资产的计量却是有显著差别的。

（三）权益法和成本法的适用范围

理论上,投资企业无论对被投资企业实施控制、共同控制还是施加重大影响,因为投资企业通过参与被投资企业的经营决策获取利益,所以长期股权投资后续计量都应该采用权益法。但是《长期股权投资准则》规定,对合营企业、联营企业的长期股权投资采用权益法,而对子公司的长期股权投资采用成本法。

这是因为,凡是有子公司的企业,它与子公司事实上是一个管理实体,所以按照企业会计准则的规定,母公司除了作为法人编制以法人为会计主体的财务报表以外,还要以自身和子公司作为一个管理实体,编制合并财务报表。而合并财务报表对子公司资产、负债、收入、费用的反映,远远比母公司个别报表中以权益法反映对子公司的长期股权投资要详实。为了简化工作量,母公司个别报表中对子公司长期股权投资的后续计量采用成本法。

有学者发现,母公司个别报表中对子公司长期股权投资采用成本法,相比采用权益法,在合并报表的基础上提供了更多的信息。

甲公司在编制以甲、乙公司作为一个管理实体的合并财务报表时,要将对乙公司的长期股权投资从成本法调整为权益法,在此基础上进行抵消,编制合并报表。合并资产负债表反映了乙公司的各个资产和负债项目,合并利润表反映了乙公司的收入和费用情况。这种反映方式,相比权益法以"长期股权投资"反映乙公司所有者权益、以"投资收益"反映乙公司获利情况,提供的信息要丰富得多。

母公司合并财务报表的编制,将在高级财务会计课程中讲述。

第三节 受让股权形成长期股权投资

在多数情况下,投资企业不是直接向被投资企业投资,而是从被投资企业的原股东那里受让股权,取得对被投资企业的长期股权投资。投资企业受让取得股权时,被投资企业早在此之前就已经存在了。股权交易在投资企业与被投资企业的原股东之间进行,对被投资企业的财务报表没有直接影响。

一、受让股权形成对联营企业、合营企业的长期股权投资

(一)受让股权形成对联营企业、合营企业长期股权投资的初始计量

投资企业通过向股权的出让方支付对价而取得对联营企业、合营企业的长期股权投资,支付对价的方式可以是支付现金、转移非现金资产或者发行权益性证券。无论哪种方式,长期股权投资都按照支付对价的公允价值计量。

1. 以支付现金取得的长期股权投资的初始计量

以支付现金取得长期股权投资,长期股权投资的初始投资成本就是买价与取得被投资企业股权过程中支付的相关税费之和。

2. 以转移非现金资产取得的长期股权投资的初始计量

以转移非现金资产取得长期股权投资,长期股权投资的初始投资成本就是非现金资产的公允价值与取得被投资企业股权过程中支付的相关税费之和。

3. 以发行股票取得的长期股权投资的初始计量

以发行股票取得长期股权投资,长期股权投资的初始投资成本是投资企业所发行的股票的公允价值。

如果受让被投资企业的股权,该股权有已经宣告但是尚未领取的现金股利,在计算长期股权投资的取得成本时要予以扣除。

【例9—4】 2019年1月1日,甲公司向乙公司支付了对价,并于当日取得乙公司原持有的P公司30%的股权,P公司成为甲公司的联营企业。

甲公司支付对价有如下两种独立情形:

第一种情形:支付现金3 300万元;

第二种情形:支付现金3 140万元。

2019年1月1日,P公司资产负债的账面价值和公允价值如表9—5所示。

表 9-5　P公司资产负债的账面价值和公允价值

单位:万元

项　目	账面价值	公允价值	项　目	账面价值	公允价值
资产:			负债:		
货币资金	450	450	短期借款	2 250	2 250
			应付账款	300	300
应收账款	2 000	2 000	其他负债	300	300
			负债合计	2 850	2 850
存货	2 405	4 250	所有者权益:		
			实收资本	2 500	2 500
固定资产	3 000	5 500	资本公积	1 500	6 845
			盈余公积	500	500
无形资产	500	1 500	未分配利润	1 005	1 005
			所有者权益合计	5 505	10 850
资产总计	8 355	13 700	负债和所有者权益合计	8 355	13 700

此例中,甲公司所取得的乙公司的股权,如果不考虑相关税费,初始计量金额就是所支付对价的公允价值。

第一种情形:支付现金3 300万元,以支付对价的公允价值计量长期股权投资。请读者自行用会计等式描述。

编制会计分录如下:

借:长期股权投资——成本　　33 000 000
　　贷:银行存款　　　　　　　　　33 000 000

第二种情形:支付现金3 140万元。请读者自行用会计等式描述。

编制会计分录如下:

借:长期股权投资——成本　　31 400 000
　　贷:银行存款　　　　　　　　　31 400 000

(二)受让股权形成对联营企业、合营企业长期股权投资的后续计量

受让股权形成对联营企业、合营企业的长期股权投资,后续期间采用权益法计量。

权益法的核心是,投资企业由于参与了被投资企业经营管理活动,在后续会计期间内,长期股权投资要随着被投资企业所有者权益的变动而变动,即长期股权投资要持续反映被投资企业所有者权益中属于投资企业的份额。

上一节所讲述的直接投资形成的长期股权投资,投资企业所看待的被投资企业的经济资源的结构和金额,与被投资企业的账面记录完全一致。于是,被投资企业所确认的盈利或亏损额,以及其他综合收益或者损失的金额,与投资企业所看待的也完全一致。投资企业直接根据被投资企业所计算的所有者权益的变化金额,调整长期股权投资的账面价值即可。

而受让股权形成的长期股权投资,其初始投资成本是在股权受让日,由投资企业和被投

资企业的原股东通过公平交易确定的,是对被投资企业的资产和负债在股权受让日的结构和金额重新计量的结果。投资企业本着历史成本原则,在后续会计期间内,长期股权投资带来的经济利益,应该以初始投资成本所对应的、站在投资企业视角看待的股权受让日被投资企业资产和负债的结构和金额为基础予以计量。其结果,会与被投资企业按照自身资产和负债的账面价值计算的经营结果不同。所以,相比直接投资形成的长期股权投资的权益法,受让股权形成的长期股权投资的权益法更为复杂。

受让股权下长期股权投资权益法的操作步骤如下。

第一步:在股权受让日,长期股权投资初始投资成本确定以后,还要确定投资企业所享有的被投资企业可辨认净资产的公允价值属于投资企业的份额,从而确定长期股权投资中包含的商誉或者确认营业外收入。

见例9-4,在两种独立情形下,长期股权投资初始投资成本分别为3 300万元和3 140万元。

无论哪一种情形,股权受让日,甲公司得到的P公司的股权所对应的经济利益,都是表9-5"公允价值"列所列示的P公司净资产的公允价值10 850万元属于投资企业的份额3 255万元(10 850万元×30%)。与这一金额相对应的P公司资产和负债的公允价值,是甲公司后续对P公司施加重大影响从而产生收益的财务基础,是后续计算甲公司在P公司获得经济利益的依据。而表中P公司资产和负债的账面价值,只是后续P公司计算自身获利情况的依据。

在第一种情形中,甲公司之所以愿意支付3 300万元,这一代价高于股权受让日甲公司在P公司的净资产的公允价值中所享有的份额3 255万元,是因为看到了P公司没有在报表中列报的商誉。商誉是指一个企业由于良好的地理位置、悠久的历史、高水平的管理团队、发达的营销网络等而形成的经济资源。这些经济资源由于在形成过程中不能直接用货币计量,而不能在形成这些资源的企业的报表中列报,比如P公司就没有列报商誉①。但是通过股权转让,拥有股权的投资者不仅看到了这些资源的价值,并且愿意为此付出对价,因此就在投资企业的财务报表中体现出来。本例中,甲公司就为P公司30%的商誉支付了45万元对价。在投资企业财务报表中,商誉不单独列报,而是报告在"长期股权投资"项目中。

商誉不像其他资产那样可以单独辨认,不像其他资产那样可以与他资产独立开来出售,所以称作"不可辨认的资产"。正因为如此,商誉不是无形资产,因为无形资产是可以辨认的资产。在表9-5"公允价值"列报告的10 850万元,是P公司商誉之外的资产的公允价值与负债的公允价值的差额,称作P公司"可辨认净资产的公允价值"。

$$商誉 = \frac{投资企业付出}{对价的公允价值} - \frac{被投资企业可辨认净资产}{公允价值属于投资企业的份额}$$

在第一种情形下,长期股权投资初始投资成本3 300万元中,有3 255万元属于被投资企业可辨认净资产公允价值属于投资企业的份额,有45万元属于商誉。投资企业未来的经济利益一方面源自表9-5"公允价值"列所列示的资产和负债的结构,金额为表中金额的30%,另一方面源自商誉。此时长期股权投资初始投资成本不做调整。

---

① 关于商誉,在第六章"无形资产"中讲述无形的经济资源时,有过一些阐述。

在第二种情形中,股权受让日,甲公司付出对价的公允价值为 3 140 万元,比被投资企业可辨认净资产的公允价值属于投资企业的份额少了 115 万元。少支付的部分是被投资企业的原股东无偿让渡的经济利益,是甲公司"天上掉下来的馅饼",此时要调高长期股权投资的入账价值 115 万元,同时计入"营业外收入"。甲公司未来产生的经济利益仍然源自表 9-5 "公允价值"列所列示的资产和负债的结构,金额为表中金额的 30%。调整后甲公司对 P 公司的长期股权投资的成本为 3 255 万元。

调整的会计分录如下:

借:长期股权投资——成本　　　1 150 000
　　贷:营业外收入　　　　　　　　　　1 150 000

经过第一步处理后,长期股权投资的初始投资成本已经变成投资成本。投资成本可能等于被投资企业可辨认净资产的公允价值属于投资企业的份额(比如第二种情形),也可能大于被投资企业可辨认净资产的公允价值属于投资企业的份额(比如第一种情形)。

第二步:在后续会计期间内,根据被投资企业当期经营业绩属于投资企业的份额,调整长期股权投资的账面价值,同时确认投资收益。调整时,被投资企业的经营业绩应以股权受让日投资企业看待的被投资企业资产和负债的公允价值为基础计算。

【例 9-5】 承例 9-4。甲公司 2019 年 1 月 1 日支付对价取得 P 公司 30% 的股权。假设甲公司取得股权付出的对价是第一种情形,支付现金 3 300 万元。表 9-5 中 P 公司的固定资产还能使用 10 年,无残值,采用年限平均法计提折旧;无形资产还能使用 5 年,无残值,采用年限平均法摊销;2019 年度,P 公司的存货全部出售。2019 年度,P 公司实现净利润 4 000 万元,其他综合收益为 20 万元。2020 年 5 月,P 公司宣告派发现金股利 800 万元。2020 年度,P 公司实现净利润 3 800 万元,其他综合收益为-15 万元。

甲公司用会计等式模板描述上述经济活动如表 9-6。

表 9-6　会计等式模板描述

单位:万元

资产负债表要素	资产				=	负债	+	所有者权益	
资产负债表项目	应收股利	长期股权投资			=		+	其他综合收益	未分配利润
资产负债表科目	应收股利	长期股权投资			=		+	其他综合收益	利润分配
资产负债表明细科目	P 公司	成本	损益调整	其他综合收益	=		+	略	未分配利润
之前重要项目的余额		3 300	0	0	=		+		
2019 年末			+511.5		=		+		+511.5（投资收益）
				+6	=		+	+6	
2020 年 5 月	+240		-240		=		+		
2020 年末			+1 005		=		+		+1 005（投资收益）
				-4.5	=		+	-4.5	

在确认甲公司在 P 公司赚取的利润中享有的份额时,以股权受让日甲公司看待的 P 公司的资产和负债的公允价值为基础,即以表 9-5 的"公允价值"列为基础。

2019 年末,P 公司在计算利润时,以存货的账面价值 2 405 万元作为主营业务成本,固定资产计提折旧 300 万元,无形资产进行摊销 100 万元。但是在甲公司视角下,2019 年度 P 公司主营业务成本不是 2 405 万元,而是 4 250 万元,固定资产计提的折旧不是 300 万元,而是 550 万元,无形资产进行的摊销不是 100 万元,而是 300 万元。于是,

甲公司视角下 P 公司 2019 年度的净利润 = 4 000 −(4 250 − 2 405)−(550 − 300)
$$-(300-100)=1\ 705(万元)$$

2019 年度,P 公司净利润属于甲公司的份额 = 1 705 × 30% = 511.5(万元)

甲公司长期股权投资增加了 511.5 万元,同时形成投资收益 511.5 万元。见表 9-6 "2019 年末"行。

2019 年末,甲公司根据 P 公司实现的利润编制会计分录如下:

借:长期股权投资——损益调整　　5 115 000
　　贷:投资收益　　　　　　　　　　　5 115 000

第三步:在后续会计期间,投资企业根据被投资企业当期发生的其他综合收益属于投资企业的份额,调整长期股权投资的账面价值。因为调整的金额与投资企业的股东投入和管理层的经营业绩均无关系,所以调整长期股权投资账面价值的同时,调整其他综合收益。

例 9-5 中 2019 年 P 公司产生了 20 万其他综合收益。2019 年末甲公司调增长期股权投资账面价值 6 万元,同时调增其他综合收益。

甲公司用会计等式模板描述的结果见表 9-6 "2019 年末"行。

甲公司编制会计分录如下:

借:长期股权投资——其他综合收益　　60 000
　　贷:其他综合收益　　　　　　　　　　60 000

第四步:在后续会计期间,当被投资企业宣告派发现金股利时,说明长期股权投资中,由被投资企业经营业绩产生的那部分资产即将变现,此时要冲减长期股权投资的账面价值,同时确认"应收股利"债权。待被投资企业实际派发现金时,应收股利变现。

例 9-5 中 2020 年 5 月 P 公司宣告派发现金股利 800 万,甲公司应得 240 万元,这说明甲公司在 2019 年一年由 P 公司业绩而形成的 511.5 万元的长期股权投资,其中有 240 万元变现了。所以甲公司调减长期股权投资的账面价值 240 万元,同时增加"应收股利" 240 万元。

甲公司用会计等式模板描述的结果见表 9-6 "2020 年 5 月"行。

甲公司编制会计分录如下:

借:应收股利——P 公司　　　　　2 400 000
　　贷:长期股权投资——损益调整　　　2 400 000

例 9-5 继续给出了后续资料。

2020 年末,甲公司计算 P 公司实现的净利润归属于自己的份额为

[3 800 −(550 − 300)−(300 − 100)] × 30% = 1 005(万元)

用会计等式模板描述的结果见表 9-6 "2020 年末行"。

甲公司编制会计分录如下：

借：长期股权投资——损益调整　　　10 050 000
　　贷：投资收益　　　　　　　　　　　　　10 050 000

2020年末，甲公司计算P公司其他综合收益对自己的影响为损失45 000元，用会计等式模板描述的结果见表9-6"2020年末行"。

甲公司编制会计分录如下：

借：其他综合收益　　　　　　　　　45 000
　　贷：长期股权投资——其他综合收益　　　 45 000

二、受让股权形成对子公司的长期股权投资

受让股权形成对子公司的投资，此时被转移的股权是被投资企业的控制权。投资企业得到被投资企业的控制权，就能决定被投资企业的重大财务和经营政策。所以，相比受让股权形成对联营企业、合营企业的投资不同，受让股权形成对子公司的投资，无论是对受让的投资企业、原持有股权的企业，还是被投资企业，意义都更加重大，它就是经济活动中对企业影响最为深远的交易——企业合并。

企业合并是实现资源重组的重要途径，是企业实现扩张的必要条件，是企业发展壮大的必须途径。通过产业链条上下游的企业合并，可以实现供应链的一体化，或者通过同行业的企业合并，消除竞争对手，实现规模效益。在中国近些年的经济生活中，社会影响比较大的企业合并，包括联想合并IBM的个人电脑业务，吉利合并沃尔沃，中国南车合并中国北车等。而在企业集团内部，通过转移一个企业的控制权给另一个企业来实现资源的重新配置的例子，则不胜枚举。《企业会计准则第20号——企业合并》（以下简称《企业合并准则》）规范了企业合并业务的会计处理。

根据受让股权的投资企业与出让股权的被投资企业原股东之间，是否因为股权或管理因素存在特殊关系，企业合并可以分为同一控制下的企业合并与非同一控制下的企业合并两种类型。

（一）同一控制下的企业合并

根据《企业合并准则》的定义，同一控制下的企业合并，是指参与合并的企业（即投资企业和被投资企业）在合并前后均受同一方或相同的多方最终控制。这意味着，受让股权的投资企业与出让股权的被投资企业原股东之间，存在特殊关系：要么被投资企业的原股东就是投资企业的控股股东，要么投资企业与被投资企业的原股东受同一方或相同的多方最终控制。这种特殊的关系，决定了合并交易不是在公平、自愿的原则上进行，而是在最终控制方的控制之下进行。在我国，同一控制下的企业合并多发生在企业集团内部，是企业集团实现内部资源重新整合的一种措施。

1. 同一控制下的企业合并形成对子公司长期股权投资的初始计量

同一控制下的企业合并既然不是真正的市场交易行为，而是企业集团内部的资源整合，那么，站在企业集团的角度看，在合并前后，被合并企业的资产和负债项目不能增加，也不能减少，并且被合并企业的资产和负债的计量按照原账面价值进行，金额不能增加，也不能减少。

根据《企业合并准则》的规定,在同一控制下的企业合并中,投资企业得到的被投资企业的股权,以被投资企业在股权交易日所有者权益的账面价值属于投资企业的份额,作为初始投资成本;投资企业付出对价的账面价值与长期股权投资初始投资成本的差额,调整资本公积,资本公积不足调整的,调整留存收益。

【例 9-6】 甲公司是乙公司的子公司。2019 年 1 月 1 日,甲公司向乙公司支付了一定对价,并于当日取得乙公司持有的 P 公司 80% 的股权,甲公司能对 P 公司进行控制。2019 年 1 月 1 日,P 公司资产和负债的账面价值和公允价值如表 9-5 所示。

甲公司支付对价有如下两种独立情形:

第一种情形:支付现金 5 000 万元;

第二种情形:支付现金 4 000 万元。

以下两种情形下,用会计等式模板描述的结果见表 9-7。

表 9-7 会计等式模板描述

单位:万元

资产负债表要素	资产		=	负债	+	所有者权益	
资产负债表项目	货币资金	长期股权投资	=		+	股本	资本公积
资产负债表科目	银行存款	长期股权投资	=		+	股本	资本公积
第一种情形	-5 000	+4 404	=		+		-596
第二种情形	-4 000	+4 404	=		+		-404

上述无论哪种支付情形,甲公司得到的对 P 公司的长期股权投资的初始投资成本,都是 P 公司在 2019 年 1 月 1 日的所有者权益的账面价值 5 505 万元的 80%,即 4 404 万元。

第一种情形,甲公司编制分录如下:

借:长期股权投资　　　　44 040 000
　　资本公积　　　　　　 5 960 000
　　贷:银行存款　　　　　　　　50 000 000

第二种情形,甲公司编制分录如下:

借:长期股权投资　　　　44 040 000
　　贷:银行存款　　　　　　　　40 000 000
　　　　资本公积　　　　　　　　 4 040 000

2. 同一控制下的企业合并形成对子公司长期股权投资的后续计量

后续期间,考虑到投资企业要将子公司和自身作为一个管理实体编制合并财务报表,子公司的财务状况和获利情况将在合并财务报表中得到具体反映,投资企业对子公司的长期股权投资就采用简化的处理方法——成本法。在成本法下,长期股权投资保持投资成本不变,只有在被投资企业宣告派发现金股利或者利润时,才确认投资收益。

【例 9-7】 承例 9-6。假设采用第一种支付情形,甲公司于 2019 年 1 月 1 日支付 5 000 万元从母公司乙公司买下了对 P 公司的控制权,通过同一控制下的企业合并取得了子公司 P 公司。长期股权投资的初始投资成本是 P 公司的所有者权益的账面价值属于投资企业的份额 4 404 万元。甲公司采用成本法对 P 公司的长期股权投资进行后续计量。表 9-5 中 P 公司的固定资产还能使用 10 年,无残值,采用年限平均法计提折旧;无形资产还能使用 5 年,无残值,采用年限平均法摊销。2019 年度,P 公司的存货全部出售。2019 年度,P 公司实现净利润 4 000 万元,实现其他综合收益 20 万元。2020 年 5 月,P 公司宣告派发现金股利 800 万元。2020 年度,P 公司实现净利润 3 800 万元,实现其他综合收益 15 万元。

在成本法下,甲公司无论在取得股权时采用哪种支付对价的方式,也无论后续 P 公司盈利还是亏损,只有在 2020 年 5 月 P 公司宣告派发现金股利 800 万元时,才确认投资收益 640（800×80%）万元。

用会计等式模板描述,结果如表 9-8。

表 9-8 会计等式模板描述

单位:万元

资产负债表要素	资产		=	负债	+	所有者权益	
资产负债表项目	应收股利	长期股权投资	=		+	其他综合收益	未分配利润
资产负债表科目	应收股利	长期股权投资	=		+	其他综合收益	利润分配
之前重要的余额		4 404	=		+		
2020 年 5 月	+640		=		+		+640(投资收益)

甲公司在 2020 年 5 月编制会计分录如下:
借:应收股利　　　　　　6 400 000
　　贷:投资收益　　　　　　6 400 000

(二)非同一控制下的企业合并

非同一控制下的企业合并,合并方与被合并方的原股东都是市场竞争的主体,相互之间没有特殊的关系。他们本着公平自愿的原则,将被合并方的控制权从被合并方的原股东转移给合并方。这种行为属于公平的市场交易行为。

1. 非同一控制下的企业合并取得对子公司的长期股权投资的初始计量

非同一控制下的企业合并,交易双方为了各自的利益,展开博弈,最后确定出双方都满意的交易价格。交易中,买卖双方都就双方付出的资源进行了重新并且一致的认定。所谓一致的认定,是因为如果认定不一致,交易就不可能进行;所谓重新的认定,是指新认定的资源的质量和数量与原先持有者账面上的认定可能不一样。

在非同一控制下的企业合并中,投资企业得到的被投资企业的股权,以付出对价的公允价值作为初始投资成本。

【例 9-8】 甲公司和乙公司是两个独立的主体,不存在任何股权关系和其他管理与被管理关系。2019 年 1 月 1 日,甲公司向乙公司支付了一定对价,并于当日取得乙公司原持有的 P 公司的 80% 的股权,能对 P 公司实施控制,P 公司成为甲公司的子公司。2019 年 1 月 1 日,P 公司资产、负债的账面价值和公允价值如表 9-5 所示。

甲公司支付对价有如下两种独立情形:

第一种情形:支付现金 9 000 万元;

第二种情形:支付现金 8 000 万。

以下两种情形下用会计等式模板描述的结果见表9－9。

表9－9　会计等式模板描述

单位:万元

资产负债表要素	资产		=	负债	+	所有者权益	
资产负债表项目	货币资金	长期股权投资	=		+	股本	资本公积
资产负债表科目	银行存款	长期股权投资	=		+	股本	资本公积
第一种情形	－9 000	＋9 000	=		+		
第二种情形	－8 000	＋8 000	=		+		

上述无论哪种支付情形,长期股权投资的初始投资成本都是付出对价的公允价值,对价的公允价值不同,长期股权投资的入账价值不同。

第一种情形,甲公司编制分录如下:

借:长期股权投资　　　　　90 000 000
　　贷:银行存款　　　　　　　90 000 000

第二种情形,甲公司编制分录如下:

借:长期股权投资　　　　　80 000 000
　　贷:银行存款　　　　　　　80 000 000

2. 非同一控制下的企业合并取得对子公司长期股权投资的后续计量

【例9－9】　承例9－8的第一种情形。甲公司支付对价9 000万元从乙公司买下了P公司80％的股权。表9－5中P公司的固定资产还能使用10年,无残值,采用年限平均法计提折旧;无形资产还能使用5年,无残值,采用年限平均法摊销。2019年度,P公司的存货全部出售。2019年度,P公司实现净利润4 000万元,实现其他综合收益20万元。2020年5月,P公司宣告派发现金股利800万元。2020年度,P公司实现净利润3 800万元,实现其他综合收益15万元。

甲公司对P公司的长期股权投资采用成本法核算。

用会计等式模板描述的结果见表9－10。

表9－10　会计等式模板描述

单位:万元

资产负债表要素	资产		=	负债	+	所有者权益	
资产负债表项目	应收股利	长期股权投资	=		+	其他综合收益	未分配利润
资产负债表科目	应收股利	长期股权投资	=		+	其他综合收益	利润分配
之前重要的余额		9 000	=		+		
2020年5月	＋640		=		+		＋640(投资收益)

除了P公司2020年5月派发现金股利甲公司要确认投资收益外,P公司的其他所有者权益的变化,包括2019年度和2020年度实现净利润和其他综合收益,甲公司均不受影响。

甲公司仅在2020年5月编制会计分录如下：
借：应收股利　　　　　　　6 400 000
　　贷：投资收益　　　　　　　6 400 000

第四节　长期股权投资的处置

一、长期股权投资的处置

当投资企业发展战略改变或者其他原因，放弃了全部或者部分持有的被投资企业的股权时，投资企业就要进行长期股权投资的处置。处置长期股权投资，其账务处理与处置其他债权投资的相似，都是在终止确认资产的同时，将资产的处置所得扣除资产的账面价值作为投资收益（或损失），同时以前期间产生的其他综合收益也转入投资收益。

【例9－10】承例9－5。甲公司于2019年初支付3 300万元取得了P公司30%的股权，采用权益法核算长期股权投资。甲公司在2019年度和2020年度都随着P公司所有者权益的变化调整了长期股权投资的账面价值。2021年初，甲公司处置了所持有的P公司股权，处置所得5 000万元。

甲公司用会计等式模板描述的结果见表9－11。表9－11是在表9－6的基础上继续描述形成的。

表9－11　会计等式模板描述

单位：万元

资产负债表要素	资产				=	负债	+	所有者权益	
资产负债表项目	货币资金	应收股利	长期股权投资		=		+	其他综合收益	未分配利润
资产负债表科目	银行存款	应收股利	长期股权投资		=		+	其他综合收益	利润分配
资产负债表明细科目	略	略	成本	损益调整	其他综合收益	=		+	略	未分配利润
之前重要项目的余额			3 300	1 276.5	1.5	=		+		
2021年初处置资产	+5 000		－3 300	－1 276.5	－1.5	=		+		+422（投资收益）
						=		+	－1.5	+1.5（投资收益）

甲公司2021年初处置长期股权投资时，资产负债表中"货币资金"项目增加5 000万元，"长期股权投资"项目减少4 578(3 300＋1 276.5＋1.5)万元，利润表中列报"投资收益"422万元，同时还要把以前累计形成的其他综合收益1.5万元（由"长期股权投资——其他综合收益"明细科目借方余额显示）从"其他综合收益"项目转入"投资收益"项目。见表9－11的"2021年初处置资产"行。

甲公司编制会计分录如下：
借：银行存款　　　　　　　　50 000 000
　　贷：长期股权投资——成本　　　　33 000 000

	——损益调整	12 765 000	
	——其他综合收益		15 000
	投资收益		4 220 000
借:其他综合收益	15 000		
贷:投资收益		15 000	

【例 9—11】 承例 9—7。甲公司于 2019 年初通过同一控制下的企业合并支付 5 000 万元取得了对 P 公司的控制权,对 P 公司长期股权投资的入账价值为 4 404 万元,采用成本法核算。2020 年度 P 公司派发现金股利甲公司确认投资收益。2021 年初,甲公司将持有的以成本法计量的 P 公司股权出售,出售所得为 4 500 万元。

请读者自行用会计等式模板描述。

2021 年初出售股权时,甲公司编制会计分录如下:

借:银行存款　　　　　　　　45 000 000
　贷:长期股权投资　　　　　　44 040 000
　　　投资收益　　　　　　　　　 960 000

二、处置股权所引起的长期股权投资后续计量方法的转换

如果投资企业只是处置了所持有的长期股权投资的一部分,那么剩余股权的性质可能会不同于处置之前。这是因为处置了部分长期股权投资后,投资企业对被投资企业的影响力发生了变化,比如从原先的控制降低到共同控制或者施加重大影响,从原先的共同控制或施加重大影响降低到无影响。这样,剩余长期股权投资的后续计量就可能会发生变化,比如可能会从成本法(对子公司的投资)改为权益法(对合营企业或联营企业的投资),也可能会从权益法(对合营企业或联营企业的投资)改为以公允价值或历史成本计量的其他权益工具投资或其他非流动金融资产。《长期股权投资准则》规定,如果处置部分长期股权投资改变了剩余长期股权投资的性质,从而改变了后续计量方法,那么剩余的部分应按照新的方法计量,并且要对处置长期股权投资之前的计量方法进行追溯调整,以保证处置之前和处置之后两个时间段会计信息计算口径一致。这套程序属于"会计政策变更追溯调整",在本书第十五章展开阐述。

第五节　长期股权投资的报告

一、长期股权投资的列报

资产负债表日,长期股权投资的存量在资产负债表的"长期股权投资"项目下列报,金额是"长期股权投资"一级科目的余额。

当期,长期股权投资所带来的收益或损失,以净额列报在利润表的"投资收益"项目下。这些收益或损失包括成本法下取得现金股利形成的收益、权益法下被投资单位实现净损益属于投资企业的份额以及长期股权投资的处置损益等。其中,权益法下被投资单位实现的净损益属于投资企业的份额,单独设项目"其中:对联营企业和合营企业的投资收益"予以

报告。

当期,因被投资企业其他综合收益变动而带来投资企业其他综合收益的变动,变动额列报在所有者权益变动表的"其他综合收益"项目,同时报告在利润表"净利润"项目之后的"其他综合收益"项目。资产负债表日,其他综合收益的余额分别列报在资产负债表和所有者权益变动表的"其他综合收益"项目。

二、长期股权投资的披露

根据《企业会计准则第41号——在其他主体中权益的披露》的规定,企业应当披露对被投资企业实施控制、共同控制或重大影响的重大判断和假设,以及这些判断和假设变更的情况。

披露子公司的名称、主要经营地及注册地、业务性质、企业的持股比例等。

存在重要的合营企业或联营企业的,企业应当披露下列信息:

①合营企业或联营企业的名称、主要经营地及注册地;

②企业与合营企业或联营企业的关系的性质,包括合营企业或联营企业活动的性质,以及合营企业或联营企业对企业活动是否具有战略性等;

③企业的持股比例。持股比例不同于企业持有的表决权比例的,企业还应当披露该表决权比例;

④还应当披露对合营企业或联营企业投资的会计处理方法,从合营企业或联营企业收到的股利,以及合营企业或联营企业在其自身财务报表中的主要财务信息。

【本章小结】

本章介绍了长期股权投资的定义和分类,从直接投资和间接投资(受让股权)两个方面分别介绍了对联营企业、合营企业投资的初始计量、后续计量、账务处理与报告,以及对子公司投资的初始计量、后续计量、账务处理与报告。

在直接投资下,投资企业投出的资产直接由被投资企业所接受。初始投资时,投资企业按照投出资产的公允价值计量取得的长期股权投资的成本。投出资产公允价值与原账面价值之差,作为投资企业处置资产的损益,计入利润表中与损益有关的项目。投资之后,根据对联营企业、合营企业投资和对子公司投资,分别采用权益法和成本法进行后续计量。

在间接投资下,投资企业与被投资企业的原股东进行交易,受让取得被投资企业的股权。而且从初始投资开始,就要区分对联营企业、合营企业投资和对子公司投资,分别采用权益法和成本法进行处理。

【思考题】

1. 长期股权投资与作为交易性金融资产或者其他权益工具投资的股权投资有何区别?
2. 当企业持有长期股权投资时,企业与被投资企业之间的关系可能是哪几种?
3. 直接投资形成的长期股权投资,对合营企业、联营企业的投资的初始投资成本如何确定？后续如何计量？

4. 直接投资形成的长期股权投资，对子公司的投资的初始投资成本如何确定？后续如何计量？

5. 受让股权形成的长期股权投资，对合营企业、联营企业长期股权投资初始投资成本如何确定？后续如何计量？

6. 受让股权形成的长期股权投资，同一控制下企业合并形成对子公司的投资的初始投资成本如何确定？后续如何计量？

7. 受让股权形成的长期股权投资，非同一控制下企业合并形成对子公司的投资的初始投资成本如何确定？后续如何计量？

8. 长期股权投资期末如何在资产负债表中报告？相关收益如何在利润表中报告？如果形成其他综合收益或损失，如何报告？

9. 对子公司的长期股权投资采用成本法进行后续计量，你觉得合理吗？能满足对外公允报告的需要吗？

【练习题】

(一)单项选择题

1. 某投资企业于2020年1月1日取得对联营企业30%的股权，取得投资时被投资单位的无形资产公允价值为300万元，账面价值为600万元，无形资产的预计使用年限为10年，净残值为零，按照直线法摊销。除此项资产外，其他资产公允价值与账面价值一致。被投资单位2020年度利润表中净利润为1 000万元。投资企业按权益法核算2020年应确认的投资收益为( )万元。

    A. 300   B. 291   C. 309   D. 210

2. 甲公司于2020年1月1日用货币资金从证券市场上购入B公司发行在外股份的25%，实际支付价款500万元，另支付相关税费5万元，B公司是甲公司的联营企业。同日，B公司可辨认净资产的公允价值为2 200万元。甲公司2020年1月1日取得的长期股权投资的初始投资成本为( )万元。

    A. 550   B. 505   C. 500   D. 555

3. 甲公司于2020年1月1日用货币资金从证券市场上购入B公司发行在外股份的20%，并对B公司具有重大影响，实际支付价款500万元，另支付相关税费5万元，同日，B公司可辨认净资产的公允价值为2 200万元。甲公司2020年1月1日的长期股权投资成本为( )万元。

    A. 550   B. 505   C. 500   D. 555

4. 某企业2020年年初购入B公司30%的有表决权股份，对B公司能够施加重大影响，实际支付价款300万元(B公司的各项资产、负债的公允价值和账面价值相等)。当年B公司经营获利100万元，发放现金股利20万元。2020年年末对B公司的长期股权投资账面余额为( )万元。

    A. 300   B. 324   C. 360   D. 372

5. 甲公司和乙公司同为 A 集团的子公司,2020 年 6 月 1 日,甲公司以银行存款 1 450 万元取得乙公司股权的 80%,乙公司成为甲公司的子公司。同日乙公司所有者权益的账面价值为 2 000 万元,可辨认净资产公允价值为 2 200 万元。2020 年 6 月 1 日,长期股权投资的入账价值为( )万元。

  A. 1 600   B. 1 760   C. 1 450   D. 2 000

6. 甲公司和乙公司的原股东 C 公司没有任何股权和管理关系。2020 年 6 月 1 日,甲公司以银行存款 1 450 万元从 C 公司取得乙公司股权的 80%,乙公司成为甲公司的子公司。同日乙公司所有者权益的账面价值为 2 000 万元,可辨认净资产公允价值为 2 200 万元。2020 年 6 月 1 日,甲公司长期股权投资的入账价值为( )万元。

  A. 1 600   B. 1 760   C. 1 450   D. 2 000

(二)计算及账务处理题

1. 2019 年初甲公司与丙公司直接投资成立乙公司,甲公司拥有乙公司 60% 的股权,乙公司是甲公司的子公司。甲公司投入货币资金 600 万元。2019 年度乙公司实现净利润 90 万;2020 年 3 月宣告派发现金股利 40 万,2020 年度乙公司实现净利润 70 万;2021 年 3 月宣告派发现金股利 110 万。

要求:用会计等式模板描述甲公司 2019 年初投资设立乙公司以及后续的经济活动,并编制会计分录。

2. 2019 年初甲公司出资 650 万元从丙公司购入乙公司 60% 的股份,乙公司是甲公司的子公司。2019 年度乙公司实现净利润 90 万;2020 年 3 月宣告派发现金股利 40 万,2020 年度乙公司实现净利润 70 万;2021 年 3 月宣告派发现金股利 110 万。

要求:用会计等式模板描述甲公司 2019 年初投资设立乙公司以及后续的经济活动,并编制会计分录。

3. 2019 年初甲公司与丙公司直接投资成立乙公司,甲公司拥有乙公司 30% 的股权,乙公司是甲公司的联营企业。甲公司投入货币资金 300 万元。2019 年度乙公司实现净利润 90 万;2020 年 3 月宣告派发现金股利 40 万,2020 年度乙公司实现净利润 70 万;2021 年 3 月宣告派发现金股利 110 万。

要求:用会计等式模板描述甲公司 2019 年初投资设立乙公司以及后续的经济活动,并编制会计分录。

4. A 企业于 2019 年 1 月取得 B 公司 30% 的股权,B 公司是甲公司的联营企业。甲公司支付价款 9 000 万元,取得投资时 B 公司净资产的账面价值与公允价值均为 22 800 万元。2019 年 B 公司实现净利润 2 000 万元,2020 年 3 月宣告派发现金利润 500 万元,2020 年 4 月派发。B 公司 2020 年实现净利润 2 500 万元,由于其他债权投资公允价值上涨,其他综合收益增加 50 万。2021 年初 A 企业将 B 公司股权全部出售。售价 10 000 万元。

要求:用会计等式模板描述初始投资以及后续采用权益法计量对 B 公司投资的业务,并编制会计分录。

5. 甲公司于 2019 年 1 月 1 日以 1 035 万元(含支付的相关费用 1 万元)购入 B 公司股票 400 万股,每股面值 1 元,占 B 公司实际发行在外股数的 30%,甲公司采用权益法核算此项投资。2019 年 1 月 1 日 B 公司可辨认净资产公允价值为 3 000 万元。取得投资时 B 公司的固定资产公允价值为 300 万元,账面价值为 200 万元,固定资产的预计使用年限为 10 年,净残值为零,按照直线法计提折旧。2019 年 1 月 1 日 B 公司的无形资产公允价值为 100 万元,账面价值为 50 万元,无形资产的预计使用年限为 5 年,净残值为零,按照直线法摊销。2019 年 B 公司实现净利润 200 万元,其他综合收益增加 40 万元。2020 年 B 公司发生亏损 100 万元,其他综合收益减少 100 万元。假定不考虑其他事项。

要求:用会计等式模板描述各项业务并编制会计分录。

(三)财务报表题

1."你的"公司有长期股权投资吗?期末余额占公司资产总额的比例是多少?与期初相比有明显变化吗?如果变化明显,想想看,变化原因是什么?

2."你的"公司期末对子公司长期股权投资的余额是多少?对联营企业和合营企业呢?

3.当期"你的"公司利润表中的投资收益来源于哪里?结合上一章内容,试着做一些分析。

第十章

负　债

【学习目标】
通过学习本章,你应该:
1. 了解应付账款、应付票据的形成,掌握应付账款、应付票据的确认、计量、账务处理与报告;
2. 了解职工薪酬包含的内容,掌握职工薪酬中工资类薪酬的账务处理与报告;
3. 了解流转税和所得税,了解应交税费的确认与计算方法以及账务处理与报告;
4. 掌握短期借款、长期借款、应付债券的确认、计量、账务处理与报告;
5. 了解合同负债的形成,掌握合同负债的账务处理与报告;
6. 了解应付股利的形成,掌握应付股利的账务处理与报告;
7. 了解其他应付款,了解预计负债。

【引　子】
钟先生是一家生产照明用品公司的总裁。他的人生目标是:要做就做最好。他一直专注于自己熟悉的照明用品领域,对产品的质量要求很高。这些年来,公司依靠过硬的产品质量在国内照明市场占有了最大份额,并且开拓了海外市场。公司盈利情况良好,现金充足,近些年来没有向银行借过一分钱。钟先生的女儿刚刚进入某高校会计学专业学习。当她把父亲所在公司的财务报表拿来,却看到了公司的债务。这是怎么回事呢?

第一节　负债概述

一、负债的性质与成因

(一)负债的性质

负债是指企业过去的交易或者事项形成的、预期会导致经济利益流出企业的现时义务。

"现时义务"既包括法律规定的义务,也包括推定义务。企业因购入商品而支付货款、因使用人力而支付薪金、因收取货款而交付商品等,都属于民法规定的法定义务,缴纳税款则是税法规定的法定义务。如果企业承诺对售出商品在一定时限内免费维修,尽管法律没有强制规定商家必须对售出的商品提供免费维修服务,但是可以合理推定企业会遵守其承诺,那么它也是一项义务,是一项推定义务。

然而"现时义务"并不是负债的本质特征。虽然"负债"意味着法定的或者推定的义务和责任,但是如果没有发生因现时义务而流出经济利益的交易和事项,"现时义务"就不会导致负债。比如,企业虽然有纳税义务,但是并没有发生应税行为,或者虽然承诺免费维修商品,但是因为商品质量足够好,不需要维修,都不存在负债。

"预期会导致经济利益流出企业"才是负债的本质特征。负债意味着,站在资产负债表日展望未来,企业必须在将来某一个与债权人约定的时间,将一定金额的现金支付给债权人。负债的本质与资产的本质正好相反:资产意味着未来经济利益的流入,而负债意味着未来经济利益的流出。负债又与资产息息相关:要偿还到期的债务,企业到时必须有足够的现金。这既要求企业当下有足够的资产,同时又要求这些资产到时能顺利地变成现金。

至于负债定义中"由企业过去的交易或者事项形成"这一限定条件,则是为了确保负债的计量足够可靠。企业已经签订但尚未执行的合同,尽管未来执行时可能会导致经济利益流出,但是因为交易或事项没有实际发生,交易或事项的结果无法可靠计量,所以这种经济利益的流出不属于负债。

(二)负债产生的原因

有限期财务资本的提供者,比如银行,向企业提供财务资本作为股东提供永久性资本的补充,是企业产生负债重要的原因。如果企业使用资金创造的收益即资产回报率,超过从银行借款的资金成本,那么从银行借款相比股东追加投入,能为股东提供更高的回报率。当然,从银行借款是一把双刃剑,如果企业的资产回报率低于从银行借款的资金成本,反而会降低股东回报率。向银行举债所形成的负债也称作"融资活动形成的负债"。

举债不是产生负债最重要的原因。产生负债最重要的原因是,在企业日常经营活动中,员工、政府部门向企业提供了服务,供应商向企业提供了货物,客户向企业预付了货款或劳务款,企业没有马上与他们结清款项,从而在一定时间内形成了与他们的债权债务关系。这类负债属于"经营活动形成的负债",通常不用向债权人支付利息。所以对于这类负债,在合同约定的期限内,企业与债权人结算的越晚,占用对方的资金时间就越长,就越可以用对方的资金创造财富,只不过新创造的这部分财富被股东享有了。因为管理层是被股东聘用的,管理层为股东创造的财富越多,自己的业绩就越好,所以管理层会倾向推迟结算。

无论是融资活动形成的负债,还是经营活动形成的负债,都是企业资金的来源。如果企业有很强的资金管理能力,大量占用债权人资金就能为股东创造更多的财富。但是如果企业经营管理出现问题,资产不能带来应有的经济利益,从而不能偿还到期债务,企业就会破产,该法人单位就不复存在。所以大量占用债权人资金也会带来风险,这类风险称为"财务风险"。

二、负债的分类

对负债进行分类,可以更清楚地认识不同种类负债的性质和特征。

既然负债的本质是未来经济利益的流出,那么负债的分类标准无非是负债所导致的未来经济利益流出的期限和流向。

(一)按照负债所导致的未来经济利益流出的期限分类

负债所导致的未来经济利益流出的期限,称作负债的流动性。按照流动性分类,负债分为流动负债和非流动负债两大类。

流动负债是在短期内必须偿还的负债。至于期限标准,《财务报表列报准则》第十五条规定,流动负债是指满足下列条件之一的负债:

① 预计在一个正常营业周期中清偿;

② 自资产负债表日起一年内到期应予以清偿;

③ 企业无权自主地将清偿推迟至资产负债表日后一年以上。①

如果一项负债满足以上三个条件之一,就表明企业要承担在一个正常营业周期内或者一年以内还款的压力。

流动负债要靠资产将来变成现金后偿还,所以那些能在流动负债的还款期限内变成现金的资产就格外受债权人关注,而这些资产正是企业会计准则所规定的流动资产。企业会计准则定义流动资产和流动负债时,所规定的期限标准是一致的。

流动负债以外的负债属于非流动负债。

将负债划分为流动负债和非流动负债,以及将资产划分为流动资产和非流动资产,并且在财务报表中明确列报,其意义在于,流动负债的债权人通过流动资产与流动负债的数量关系以及流动资产的变现速度,能判断企业在一个正常营业周期内或者一年以内偿还债务的能力。

(二)按照负债所导致的未来经济利益流出的方向分类

按照负债所导致的未来经济利益流出的方向即债权人的不同,负债分为以下几类:

1. 面向供应商的负债

这类负债包括应付账款和应付票据。

2. 面向员工的负债

这类负债就是应付职工薪酬。

3. 面向税务部门的负债

这类负债包括应交税费和递延所得税负债。

4. 面向有限期财务资本提供者的负债

这类负债的债权人是提供有限期财务资本的银行和社会公众。这类负债包括与借款本金有关的短期借款、长期借款、应付债券以及与借款利息有关的应付利息。

---

① 财务报表列报准则还规定"为交易目的而持有"的负债也属于流动负债,比如交易性金融负债。由于这类负债通常为金融企业而非一般工商企业所持有,所以书中没有予以列报和阐释。

5. 面向客户的负债

这类负债就是合同负债。

6. 其他负债

这类负债包括面向股东的应付股利以及其他应付款和预计负债等非主流负债。

三、负债的确认条件

负债的本质特征是"未来经济利益的流出"。当一项现时义务同时满足"未来会产生经济利益的流出"并且"流出的金额能够可靠计量"两个条件时,这项现时义务就符合负债的确认条件。

四、负债的计量

(一)负债的初始计量

负债的初始计量通常采用历史成本计量属性,特殊情况下采用现值计量属性。

1. 负债以历史成本进行初始计量

在历史成本计量属性下,负债按照其因承担现时义务而实际收到的款项或者资产的金额,或者承担现时义务的合同金额,或者按照日常活动中为偿还负债预期需要支付的现金或者现金等价物的金额计量。

大部分负债在形成时,要么与形成负债有关的货币资金的金额是确定的,比如短期借款、长期借款、应付债券、合同负债等,在形成负债的同时,收到了金额确定的货币资金;要么与形成负债有关的非货币性资产的金额是能够可靠计量的,比如应付账款、应付票据,在负债形成的时候,相应的非货币性资产的金额能够凭借合同与发票可靠计量;要么所承担现时义务的合同金额是明确的,比如应付职工薪酬,在负债形成的时候,要支付多少薪酬,由合同约定;或者按照日常活动中为偿还负债预期需要支付的现金或者现金等价物的金额是确定的,比如应交税费,企业的应税行为要缴纳多少税,是确定的。这些负债都采用历史成本计量。

2. 负债以现值进行初始计量

在现值计量属性下,负债按照预计期限内需要偿还的未来净现金流出量的折现金额计量。

如果采用历史成本的条件都不满足,即形成负债的时候,并没有形成资产,无法凭借资产的计量来计量负债;也没有形成金额确定的费用,无法通过费用的计量来计量负债;也没有相关合同来确定负债的金额;可是负债预期未来经济利益流出的金额和时间却是明确的,那么就可用一定的折现率将未来经济利益流出的金额折成现值,以现值计量。比如设定受益计划下的职工离职后福利,以及固定资产预计弃置费所形成的预计负债。关于固定资产预计弃置费所形成的预计负债,第五章"固定资产"在固定资产的初始计量部分曾阐释了这个问题。

(二)负债的后续计量

这里,我们仅考虑以历史成本初始计量的负债的后续计量问题。

流动负债由于在未来一个正常营业周期内或者一年以内偿还,资金的时间价值对其金额影响比较小,所以就采用简化处理方式,后续计量仍然采用初始金额。

非流动负债则在后续每个资产负债表日,按照摊余成本计量。负债的摊余成本是以历史成本为基础,以实际利率为折现率所计算的资产负债表日的负债金额。关于负债的"摊余成本"和实际利率,将在本章第五节"面向债务资本提供方的负债"深入阐述。

负债在企业与各类债权人签订的合约基础上形成,负债的确认、计量直接与合约所确定的双方权利和义务情况以及合约的执行情况有关。债权人不同,企业与其签订合约中所确定的双方的权利和义务也不同,负债的类型也就不同。本章后续各节详细阐述各类负债时,按照债权人分类阐述。

第二节 面向供应商的负债

如果企业所需原材料、固定资产或者其他物资的市场属于买方市场,那么企业就可以采用赊购的方式从供应商那里购入物资,于是在取得货物以后、向供应商支付货款之前,形成了面向供应商的负债。双方之间的债权债务关系如果是以商业汇票体现的,就形成了应付票据,否则就形成了应付账款;如果应付账款的偿还期限超过一年,就形成了长期应付款。

一、应付票据

(一)应付票据的确认

当企业根据购销合同向供应商签发商业汇票并且由自己或自己的开户行承兑,或者由供应商签发商业汇票并且由企业自己或自己的开户行承兑,按照《票据法》的规定,企业与供应商之间形成了票据上的债权债务关系,企业将来要支付票据上的款项。通常此时企业从供应商取得的物资已经满足了资产的确认条件,于是同时确认应付票据负债。

(二)应付票据的初始计量和后续计量

商业汇票的面值就是在商业汇票和购销合同上同时载明的双方交易的金额,也是企业购入的资产和应付票据的初始计量金额。

我国《票据法》规定,商业汇票的付款期最长为半年,商业汇票不带利息。到了资产负债表日,应付票据后续计量时仍然以历史成本计量。

(三)应付票据的账务处理

在资产负债表上设置流动负债类的"应付票据"项目,下设"应付票据"科目。当企业确认所购入的资产并且承兑商业汇票时,在"应付票据"科目的贷方登记负债的金额;当商业汇票到期时,在"应付票据"科目的借方登记债务了结的金额;期末余额在贷方,表示应付未付的应付票据。在该科目下设"银行承兑汇票"和"商业承兑汇票"两个二级科目,并且根据债权人设置明细科目。为了加强对商业汇票的管理,企业还应设置"应付票据备查簿",逐笔登记商业汇票的种类、编号、票据签发日、票据到期日、票面金额、收款人情况。

【例10—1】 甲、乙公司均为增值税一般纳税人。甲公司从乙公司采购货物,总金额为113万元。增值税专用发票上注明"金额"100万元、"税额"13万元。甲公司签发一张金额为113万元、六个月后到期的由自己承兑的商业汇票给乙公司。

甲公司的处理用会计等式模板描述，结果见表10-1的"购货，承兑商业汇票"行。

表10-1　会计等式模板描述

单位：万元

资产负债表要素	资　　产		=	负　　债			+	所有者权益
资产负债表项目	货币资金	存货	=	应付票据	应付账款	应交税费	+	
资产负债表科目	银行存款	原材料	=	应付票据	应付账款	应交增值税	+	
购货，承兑商业汇票		+100	=	+113		−13	+	
支付到期票据	−113		=	−113			+	
票据到期无力支付			=	−113	+113		+	

甲公司编制会计分录如下：

借：原材料（或：固定资产等）　　　　　　　1 000 000
　　应交税费——应交增值税（进项税额）　　 170 000
　　贷：应付票据　　　　　　　　　　　　 1 170 000

【例10-2】 承例10-1。甲公司因购货向乙公司签发并承兑面值为113万元的商业汇票。票据上的收款人乙公司将持有的票据到银行贴现，票据到期后，甲公司支付票据款1 130 000元给持票人，即乙公司的贴现银行。

票据到期时，甲公司用会计等式模板描述的结果见表10-1"支付到期票据"行。

编制会计分录如下：

借：应付票据　　　1 130 000
　　贷：银行存款　　　1 130 000

票据到期，如果甲公司不能支付票据款，则转入应付账款。用会计等式模板描述的结果见表10-1"票据到期无力支付"行。

编制会计分录如下：

借：应付票据　　　　　　1 130 000
　　贷：应付账款——乙公司　　1 130 000

（四）应付票据的报告

资产负债表日，应付票据在资产负债表流动负债的"应付票据"项目下列报，列报金额为"应付票据"科目的期末贷方余额。

企业还应在财务报表附注中分别披露企业应付票据余额中，银行承兑汇票和商业承兑汇票的余额。

二、应付账款

（一）应付账款的确认

企业采用赊购方式购入商品、接受劳务，在满足资产确认条件的同时，确认应付账款负债。

（二）应付账款的计量

应付账款的计量方法与应收账款的完全一致。当供应商提供了商业折扣时，企业以扣除商业折扣的实际交易金额计量应付账款。当供应商提供了现金折扣时,企业采用不扣除现金折扣的总额法计量。在总额法下,观念上认为企业不享受现金折扣是正常的,如果享受了现金折扣,少支付的款项是企业财务部门资金融通得当取得的收益,冲减当期财务费用。

（三）应付账款的账务处理

资产负债表的"应付账款"项目反映这类负债情况。企业为此设置"应付账款"一级科目记录应付账款增减变动情况。当企业确认所购入的资产时,在"应付账款"科目的贷方登记负债的金额;当清偿应付账款时,在"应付账款"科目的借方登记债务了结的金额;期末余额在贷方。为了详细反映企业与各个供应商的结算情况,还要在该科目下按照供应商设置明细科目。

【例10-3】甲公司、乙公司均是增值税一般纳税人,甲公司销售A商品给乙公司。乙公司购入A商品作为库存商品。税法规定,该商品适用税率13%。甲公司标明售价为1 135 000（含税）元,后经双方协商,售价降低为1 130 000元（含税）。双方在购销合同中还约定,现金折扣条件为"1/20,n/40",折扣率按照交易总额1 130 000万元计算。2020年4月,甲公司将商品发给乙公司。发票总金额1 130 000元,其中金额1 000 000元,税额130 000元。乙公司对现金折扣采用总额法处理。

乙公司与对方的交易金额为1 130 000元。

乙公司在执行合同过程中,一是在满足存货确认条件的同时确认应支付给甲公司的购货款,二是在收到增值税专用发票的抵扣联时确认进项税额。实务中这两件事情一般同时发生,同时确认。

乙公司用会计等式模板描述,结果见表10-2"赊购"行。

表10-2 会计等式模板描述

单位:万元

资产负债表要素	资产		=	负债		+	所有者权益
资产负债表项目	货币资金	存货	=	应付账款	应交税费	+	未分配利润
资产负债表科目	银行存款	库存商品	=	应付账款	应交税费	+	利润分配
资产负债表明细科目	略	A商品	=	甲公司	应交增值税	+	未分配利润
赊购		+100	=	+113	-13	+	
付款	-111.87		=	-113		+	+1.13（财务费用）

编制会计分录如下:

借:库存商品——A商品　　　　　　　　　　1 000 000
　　应交税费——应交增值税（进项税额）　　130 000
　　贷:应付账款——甲公司　　　　　　　　　　1 130 000

【例10-4】承例10-3。19天以后,乙公司支付款项,享受11 300现金折扣,支付总额为1 118 700元。

乙公司用会计等式模板描述见表10-2"付款"行。

编制会计分录如下:

借:应付账款——甲公司　　1 130 000

| 贷:银行存款 | 1 118 700 |
| 财务费用 | 11 300 |

如果对哪个通常发生应付账款业务的供应商偶尔发生了预付业务,为了方便与该供应商确定谁欠谁的,预付业务仍然通过"应付账款"科目记录。

【例10-5】 乙公司面向供应商甲公司通常发生应付业务,双方往来通过"应付账款"科目记录。因特殊原因,乙公司某次采购预付20万元给供应商甲,此时仍然通过"应付账款"科目记录。

乙公司的经济活动用会计等式模板描述,结果见表10-3。

表10-3 会计等式模板描述

单位:万元

资产负债表要素	资产		=	负债	+	所有者权益
资产负债表项目	货币资金	预付款项	=		+	未分配利润
资产负债表科目	银行存款	应付账款	=		+	利润分配
资产负债表明细科目	略	甲公司	=		+	
预付款	-20	+20	=		+	

从报表项目层面看,这笔业务导致"货币资金"减少,"预付款项"增加。从会计科目层面,影响了"应付账款"科目。由于增加了一项债权,所以记录在科目的借方。

乙公司编制会计分录如下:

| 借:应付账款——甲公司 | 200 000 |
| 贷:银行存款 | 200 000 |

此时,"应付账款——甲公司"明细科目余额在借方,表示预付款项。

(四)应付账款的报告

资产负债表日,应付账款在资产负债表流动负债的"应付账款"项目下列报,列报金额为"应付账款"科目下期末余额在贷方的各明细科目余额的合计数。如果企业面向某个供应商的应付业务也记录在"预付账款"科目的话,那么"预付账款"科目下该供应商明细科目的余额就在贷方,应报告在"应付账款"项目下(见第三章第四节"其他短期经营性债权")。如果企业面向某个供应商的预付业务也记录在"应付账款"科目,那么"应付账款"科目下该供应商明细科目的余额就在借方,要报告在"预付款项"项目下。

第三节 面向员工的负债

一、企业面向员工承担的义务和责任

员工提供的人力资源是企业进行生产经营活动的基本要素,其因提供人力资源而在企业享有经济利益,并且这一经济利益受到法律保护。

企业和员工作为市场经济中代表各自利益的主体,都以利益最大化为目标,双方之间存在竞争关系。双方各自享有的权利和履行的义务受到以《中华人民共和国劳动法》(以下简

称《劳动法》)为基本法律框架的多项法律以及国务院和地方政府颁布的行政法规的约束。由于单个员工跟企业谈判时处于劣势,法律和行政法规特别强调了处于相对优势的企业应对员工履行的义务和责任。实际工作中企业向员工提供的劳动报酬以及相关福利,有些是完全遵照法律法规强制执行的,比如社会保险;有些是在遵循这些法律的基础上双方协商确定的,比如工资。

企业面向员工承担的义务和责任包括以下方面。

1. 企业应向员工支付工资、奖金、津贴和补贴

企业和员工在《中华人民共和国劳动合同法》(以下简称《劳动合同法》)下协商确定员工的劳动报酬。这部分劳动报酬就是员工取得的工资,由企业至少每月一次直接以货币形式支付。按照工资形成的原因,工资又可以细分为计时工资和计件工资。计时工资与职工工作时间挂钩,计件工资与职工工作结果挂钩。

奖金,是对付出超额劳动的员工或者增收节支的员工给予的现金奖励。

津贴,是对职工在特殊工作环境下的特殊劳动消耗给予的补偿。

补贴,是对职工在特定条件下发生额外生活费用给予的补偿,主要是物价上涨补贴。

2. 企业应为员工支付社会保险

遵照《劳动合同法》的规定,企业除了以货币形式向职工支付工资,还必须依法为职工购买当地政府规定的社会保险。社会保险包括基本养老保险、基本医疗保险、失业保险、工伤保险和生育保险,统称"五险"。其中基本养老保险费、基本医疗保险费、失业保险费的征缴由国务院《社会保险费征缴暂行条例》规定,工伤保险费和生育保险费的征缴,由各省、自治区、直辖市人民政府根据本地情况制定。企业将以上"五险"的保险费支付给劳动保障部门所属的社会保险机构。员工出险以后,由该社会保险机构赔付。企业缴纳的保险费通常按照职工工资总额的一定比例计算,具体比例由各地人民政府制定。

3. 企业应为员工支付住房公积金

遵照国务院颁布的《住房公积金管理条例》,企业还要为每位员工缴纳住房公积金。该条例规定,企业为职工缴存的住房公积金的月缴存额等于职工本人上一年度月平均工资额乘以企业住房公积金缴存比例。企业住房公积金的缴存比例不得低于职工上一年度月平均工资的5%,具体比例由省、自治区、直辖市人民政府批准。企业将住房公积金支付给住房公积金管理中心。员工购买住房或者租房时,按照有关规定,从住房公积金管理中心提取现金。

4. 企业应承担工会经费和职工教育经费

工会是代表员工利益的组织。在西方国家,工会是代表员工向资方争取利益的民间机构,工会经费来自员工缴纳的会费。《中华人民共和国工会法》规定工会经费的主要来源,一是作为工会会员的员工个人缴纳的会费,二是企业按每月全部职工工资总额的2%向工会拨交的经费,其中后者是工会经费最主要来源。

《劳动法》第三条规定,员工有接受职业技能培训的权利。《国务院关于大力推进职业教育改革与发展的决定》进一步规定:"一般企业按照职工工资总额的1.5%足额提取教育培训经费,从业人员技术要求高、培训任务重、经济效益较好的企业,可按2.5%提取,列入成本开支。"按照该规定,企业每月按照工资总额的1.5%或者2.5%承担职工培训所产生的成本。

5. 企业应向员工支付福利费

在20世纪90年代之前的计划经济时代,企业就是"职工之家",不仅承担着职工医疗、养老、教育等家庭重大支出,甚至承担着理发、洗澡等家庭日常生活琐碎开支。企业的这些开支来自每月以高达当月工资总额的14%提取的职工福利费。随着计划经济时代的终结,医疗、养老等职能从企业剥离出来由专门的社会机构承担,原先由福利费形式发生的支出,转而以保险费形式支出,所以职工福利费的开支范围相比过去大大缩小了。现在福利费的开支范围主要包括尚未实行医疗统筹的企业发生的职工医疗费用、职工因公负伤赴外地就医路费、职工生活困难补助,以及按照国家规定开支的其他职工福利支出。福利费的提取比例也由过去政府统一规定改为由企业自主决定。

6. 企业应向被辞退的员工支付辞退福利

根据《劳动法》规定,为保障职工权益,企业与其职工提前解除劳动关系时应当给予其经济补偿。这类补偿就是辞退福利。辞退福利通常采取解除劳动关系时一次性支付的方式,也有采用其他方式,比如提高退休后养老金或其他离职后福利的标准,或者辞退职工后,将职工工资支付到辞退后未来某一期间等。

7. 企业自愿向职工支付的部分

为了激励员工,有些公司在劳动保护法之外,还以各种形式向职工支付报酬,比如,发放非货币性福利;提供长短期带薪休假;按照公司获利情况向职工发放奖金,包括短期利润计划和长期利润计划;在社会养老保险之外,为职工支付企业年金、商业养老保险,以及按照设定受益计划向员工支付离职后福利等。

另外,企业提供给职工配偶、子女、受赡养人、已故员工遗属及其他受益人等的福利,也属于职工薪酬,比如为职工配偶和子女购买的商业医疗保险,员工因公去世支付给未成年子女的补偿等。

二、应付职工薪酬的构成

根据应付职工薪酬确认和计量方面的特点,《企业会计准则第9号——职工薪酬》(以下简称《职工薪酬准则》)将职工薪酬分为以下四大类别。

(一)短期薪酬

短期薪酬是指企业在职工提供相关服务的年度报告期间结束后十二个月内需要全部予以支付的职工薪酬,因解除与职工的劳动关系给予的补偿除外。短期薪酬具体包括:职工工资、奖金、津贴、补贴,职工福利费,医疗保险费、工伤保险费和生育保险费等社会保险费,住房公积金,工会经费和职工教育经费,短期带薪缺勤,短期利润分享计划,非货币性福利以及其他短期薪酬。

带薪缺勤,是指企业支付工资或提供补偿的职工缺勤,包括年休假、病假、短期伤残、婚假、产假、丧假、探亲假等。

利润分享计划,是指因职工提供服务而与职工达成的基于利润或其他经营成果提供薪酬的协议。

(二)离职后福利

离职后福利是指企业为获得职工提供的服务,而在职工退休或与企业解除劳动关系后提供的各种形式的报酬和福利,包括企业为职工支付的失业保险、基本养老保险、企业年金、商业养老保险、设定受益计划的养老保险等。

有的企业会与职工签订离职后福利计划。离职后福利计划是指企业与职工就离职后福利达成的协议,或者企业为向职工提供离职后福利而制定的规章制度或办法等。

离职后福利计划包括设定提存计划和设定受益计划两种模式。

1. 设定提存计划

设定提存计划是指企业向独立的基金缴存固定费用后,不再承担进一步支付义务的离职后福利计划。

按照设定提存计划,企业定期向独立的基金缴存固定费用,比如按月向社会保险机构缴存失业保险、基本养老保险。职工失业或者退休后,从社会保险机构领取失业保险金和养老保险金。这种计划的特点是,第一,职工即使离开某家企业,其在社会保险机构的账户余额仍然存续,不会受职工所服务的企业的变动影响;第二,职工将来领取福利的多少,取决于社会保险机构的管理水平,与企业无关;第三,企业按照固定金额缴存后,缴付义务马上解除。

2. 设定受益计划

设定受益计划是指除设定提存计划以外的离职后福利计划。

按照设定受益计划,职工离职后将从企业领取固定的福利,为此职工必须按照协议向企业提供相应的服务,否则离职后不再享有福利。如果企业经营出现问题,职工的离职后福利很可能受到影响。企业面向某位员工的缴付义务,直到该员工去世才告解除,于是在财务报表中会逐渐形成巨额的应付职工薪酬负债。

设定受益计划,将员工个人福祉与企业长远利益更紧密地联系在一起,是现代企业进行人力资源管理的重要形式。在此计划下,员工以及代表员工利益的组织——工会,成为企业重要的利益相关者。西方国家的经验表明,在特殊情况下,工会对公司发展起着举足轻重的作用。

(三)辞退福利

指企业在职工劳动合同到期之前解除与职工的劳动关系,或者为鼓励职工自愿接受裁减而给予职工的补偿。

(四)其他长期福利

是指除短期薪酬、离职后福利、辞退福利之外所有的职工薪酬,包括长期带薪缺勤、长期残疾福利、长期利润分享计划等。

三、应付职工薪酬的确认与计量

(一)应付职工薪酬的确认

企业得到员工的服务,就应该确认人工成本,同时确认面向职工的负债——应付职工薪酬,而无论职工薪酬的支付发生在不久的将来——比如短期薪酬,还是遥远的未来——比如辞退福利、离职后福利以及其他长期福利。

1. 应付工资的确认

在企业与员工签订的劳动合同期内,由于企业接受员工的服务在时间上连续不断,而按照《劳动法》的规定,企业必须至少每月一次发放工资,所以企业通常在每月月末,一方面确认应付工资负债,另一方面确认人工成本。人工成本根据职工岗位分别计入存货成本、在建工程成本、管理费用和销售费用中。

2. 应付社会保险费和应付住房公积金的确认

按照《劳动合同法》《社会保险费征缴暂行条例》以及《住房公积金管理条例》的要求,企业要每月为员工缴纳社会保险费和住房公积金。所以企业在每月月末确认工资时,一方面确认因"五险一金"而产生的应付社会保险费和应付住房公积金,另一方面确认人工成本。人工成本根据职工岗位分别计入存货成本、在建工程成本、管理费用和销售费用中。

3. 应付福利费的确认

相比直接支付给所有员工的工资、奖金、津贴、补贴,以及为所有员工支付的"五险一金",福利费只是企业在特定条件下支付给特定员工的一种人工成本。福利费主要用于职工医药费、职工困难补助等开支,由于这些开支并没有为企业的生产经营活动做贡献,且每次支付的时间、支付的对象也不固定,如果在支付福利费时确认人工成本,就会使得企业各期的经营成本受到无关且不确定因素的影响,在对各期经营业绩进行评价时,所采用的业绩信息就是扭曲的,所以福利费不是在实际发生时确认,而是根据历史经验,估计福利费与工资总额的比例关系,在每月月末确认应付工资的时候,一方面确认应付福利费,另一方面确认福利费所产生的人工成本。人工成本根据职工岗位分别计入存货成本、在建工程成本、管理费用和销售费用中。

4. 应付工会经费和应付职工教育经费的确认

应付工会经费和应付职工教育经费的确认与应付福利费的确认相同:在每月确认应付工资的时候,一方面分别按照工资总额的2%和1.5%确认应付工会经费和应付职工教育经费,另一方面确认人工成本。人工成本根据职工岗位分别计入存货成本、在建工程成本、管理费用和销售费用中。

5. 应付非货币性福利的确认

非货币性福利是企业发放给职工的实物福利。当制定了不可撤销的发放非货币性福利计划时,一方面确认应付非货币性福利负债,另一方面确认人工成本。人工成本按照受益员工的岗位,分别计入存货成本、在建工程成本、管理费用和销售费用中。

6. 应付短期利润分享计划的确认

短期利润分享计划是指以当期实现的利润为基数,计算向职工发放的奖金。利润分享计划的受益人是员工而非公司股东,它是计算奖金的一种形式,而非利润分配。

通常于年底,企业根据当期利润实现情况,按照事先的规定,向做出贡献的职工发放奖金。当有关部门批示要向职工按照利润分享计划发放奖金时,一方面确认应付短期利润分享计划,另一方面确认人工成本。人工成本按照享受短期利润分享计划的员工的岗位,分别计入存货成本、在建工程成本、管理费用和销售费用中。

7. 应付辞退福利的确认

辞退福利是在辞退员工时或者辞退员工以后的一段时间内以货币形式支付给被辞退员工的一种福利。尽管支付辞退福利是在辞退时或者辞退后发生,但是因为员工在辞退之前就为企业提供了服务,所以根据权责发生制原则,在确定了不可撤销的解除劳动关系计划或裁员建议时,一方面确认应付辞退福利负债,另一方面确认管理费用①。

8. 应付离职后福利的确认

离职后福利,无论是设定提存计划还是设定受益计划,都要在职工提供劳务的期间,一方面确认应付离职后福利负债,另一方面确认人工成本。人工成本按照受益员工的岗位,分别计入存货成本、在建工程成本、管理费用和销售费用中。

(二)应付职工薪酬的计量

根据未来解除债务时间的长短,应付职工薪酬采用不同的计量属性。

如果是短期薪酬,采用历史成本计量,即根据职工提供服务后最多23个月内向职工支付(如工资)或为职工支付(如保险费)的金额作为应付职工薪酬的入账金额。

如果是短期薪酬之外的职工薪酬,比如辞退福利、离职后福利以及其他长期福利,则采用现值计量。以同期国债利率或者优质企业债券的利率作为折现率,将未来向职工支付或者为职工支付的金额折成现值,以该现值计量。其中,离职后福利中的设定受益计划,在现值计量基础上,还要采用预期累计福利单位法计量,计算将更为复杂,本书对此不展开阐述。

四、应付职工薪酬的账务处理

(一)财务报表项目与会计科目设置

企业与职工的短期债务关系,在资产负债表的"应付职工薪酬"项目反映;长期债务关系,在资产负债表的"长期应付职工薪酬"项目反映。对应设置的会计科目是"应付职工薪酬"科目和"长期应付职工薪酬"科目。本书着重讲述企业与职工的短期债务关系,关注"应付职工薪酬"项目和"应付职工薪酬"科目。

当确认应付职工薪酬时,记入"应付职工薪酬"科目的贷方;当支付工资、缴纳社会保险费、缴纳住房公积金、支付工会经费、支付职工教育经费等时,记入"应付职工薪酬"科目的借方;期末余额通常在贷方,表示应付未付的职工薪酬。在该科目下设置"工资""社会保险费""住房公积金""工会经费""职工教育经费""职工福利""非货币性福利""设定受益计划"和"辞退福利"等明细科目。

(二)账务处理

应付职工薪酬的账务处理包括应付职工薪酬的确认和应付职工薪酬的解除两部分。

1. 应付职工薪酬的确认

应付职工薪酬的确认过程,也是人工成本的确认过程。确认人工成本时,本着"谁受益谁负担"原则,根据员工所在的工作岗位,将人工成本分别记入"生产成本""制造费用""管理费用""销售费用""在建工程""研发支出"等科目。因而应付职工薪酬的确认过程往往又称为"人工成本的分配"。

【例10—6】 2020年6月底,甲公司人力资源管理部门提供的数据表明,当月应发工资2 500万元,其中:生产部门直接生产人员工资1 200万元;生产部门管理人员工资300万元;公司管理部门人员工资410万元;公司专设产品销售机构人员工资150万元;建造厂房人员

---

① 《职工薪酬准则》第六条规定:企业已经制定正式的解除劳动关系计划或提出自愿裁减建议,并即将实施。企业不能单方面撤回解除劳动关系计划或裁减建议。

工资270万元;内部开发某达到资本化条件的专有技术的人员工资170万元。根据所在地方政府规定,公司分别按照职工工资总额的24%、10.5%和2%计提社会保险费、住房公积金和职工福利费,按照职工工资总额的2%和1.5%计提工会经费和职工教育经费。人工成本分配表见表10-4。

表10-4 人工成本分配表

单位:万元

薪酬项目	成本项目						合计
	生产成本	制造费用	管理费用	销售费用	在建工程	研发支出	
工资	1 200	300	410	150	270	170	2 500
社会保险费	288	72	98.4	36	64.8	40.8	600
住房公积金	126	31.5	43.05	15.75	28.35	17.85	262.5
工会经费	24	6	8.2	3	5.4	3.4	50
职工教育经费	18	4.5	6.15	2.25	4.05	2.55	37.5
福利费	24	6	8.2	3	5.4	3.4	50
合计	1 680	420	574	210	378	238	3 500

根据表10-4,应付职工薪酬及人工成本的确认,用会计等式模板描述,结果见表10-5"确认负债,分配人工成本"行。

表10-5 会计等式模板描述

单位:万元

资产负债表要素	资产				=	负债						+	所有者权益
资产负债表项目	货币资金	存货	在建工程	开发支出	=	应付职工薪酬					其他应付款		未分配利润
资产负债表科目	银行存款	生产成本	制造费用	在建工程	研发支出	=	应付职工薪酬					其他应付款	利润分配
资产负债表明细科目	略	略	略	略	资本化支出	工资	社会保险费	住房公积金	工会经费	职工教育经费	福利费	略	未分配利润
确认负债,分配人工成本		+1 680	+420	+378	+238	=	+2 500	+600	+262.5	+50	+37.5	+50	+	−574(管理费用) −210(销售费用)
解除负债,结算人工成本	−2 325				=	−2 500						+175	+	

甲公司编制会计分录如下:

借:生产成本　　　　　　　　　　16 800 000
　　制造费用　　　　　　　　　　 4 200 000
　　管理费用　　　　　　　　　　 5 740 000
　　销售费用　　　　　　　　　　 2 100 000
　　在建工程　　　　　　　　　　 3 780 000

　　　　研发支出——资本化支出　　　　　2 380 000
　　　　　贷:应付职工薪酬——工资　　　　　　25 000 000
　　　　　　　　　　　　——社会保险费　　　　6 000 000
　　　　　　　　　　　　——住房公积金　　　　2 625 000
　　　　　　　　　　　　——工会经费　　　　　　500 000
　　　　　　　　　　　　——职工教育经费　　　　375 000
　　　　　　　　　　　　——福利费　　　　　　　500 000

2. 应付职工薪酬负债的解除

当企业支付职工薪酬,比如支付工资、缴纳社会保险费、缴纳住房公积金、支付工会经费、支付职工教育经费时,应付职工薪酬负债解除。这一过程称为"人工成本的结算"。

当企业支付工资时,按照个人所得税法的要求,企业要代扣代缴员工个人所得税。

假设例10-6中,工资总额2 500万元中,有175万元是员工个人应付所得税。

用会计等式模板描述见表10-5"解除负债,结算人工成本"行。

支付工资时编制会计分录如下:

　　借:应付职工薪酬——工资　　　　　　　25 000 000
　　　贷:银行存款　　　　　　　　　　　　　23 250 000
　　　　其他应付款——应付个人所得税　　　 1 750 000

五、应付职工薪酬的报告

短期应付职工薪酬,在资产负债表流动负债的"应付职工薪酬"项目下列报,长期应付职工薪酬,在资产负债表长期负债的"长期应付职工薪酬"项目下列报。"应付职工薪酬"项目以"应付职工薪酬"科目的余额作为列报金额。

财务报表附注中披露了各类应付职工薪酬本期发生数、本期解除数和期初期末应付未付数。

第四节　面向税务部门的负债

面向税务部门的负债包括"应交税费"和"递延所得税负债"两部分。

一、应交税费

按照税法规定,企业应就一定时期内取得的营业收入缴纳流转税;就一定时期内实现的利润缴纳所得税;就一定时期内某种经营行为缴纳特定的税费,比如持有土地缴纳土地使用税、持有房产缴纳房产税、持有车船缴纳车船税、签订合同缴纳印花税等。因为企业发生应税行为在先,缴纳税款在后,在应税行为已经发生而税款尚未缴纳时,就形成了面向税务部门的负债——应交税费。

各种税费义务的形成与缴纳对企业财务报表的影响,会在纳税会计学课程中详细介绍。本节仅简单介绍主要税种纳税义务的形成与缴纳情况,以体现应交税费这种负债与税务部门之间的财务关系,保证财务会计学教学内容的完整。

(一)税种简介

企业承担的税负分为流转税、企业所得税、财产税、行为税和资源税五大类。其中流转税和企业所得税是最重要的税种,本节简要介绍这两种税的税理和税法的基本规定。

1. 流转税

流转税是就企业销售商品、提供劳务而取得的营业收入征收的税种。一般工商企业的流转税包括增值税、消费税以及城市维护建设税和教育费附加。

(1)增值税

增值税是以商品(包含货物、加工修理修配劳务、服务、无形资产或不动产)在流转过程中的增值额作为计税依据而征收的一种流转税。

"流转过程中的增值额"是指企业取得该商品到出售该商品的过程中,不含税的出售价格高于不含税的取得成本而产生的价值增长额。

在实务中为了便于征税管理,流转过程中的增值额是以期间为单位而非以商品为单位来计算。

某一期间的增值额=当期出售上述所有商品不含税销售额
　　　　　　　　－当期购进上述所有商品不含税购进额
某一期间应纳增值税额=当期增值额×适用税率
　　　　　　　　　　=(当期出售上述所有商品不含税销售额－当期购进上述
　　　　　　　　　　　所有商品不含税购金额)×适用税率
　　　　　　　　　　=当期出售上述所有商品不含税销售额×适用税率
　　　　　　　　　　－当期购进上述所有商品不含税购进额×适用税率

其中,"当期出售上述所有商品不含税销售额×适用税率"就是当期销项税额,"当期购进上述所有商品不含税购进额×适用税率"就是当期进项税额。

企业在销售商品时开具增值税专用发票,一方面作为自己销售和形成销项税额的依据,另一方面作为客户购进和取得进项税额的依据。

(2)消费税

消费税是对征收增值税的特殊消费品,在生产环节一次性加征的流转税。这些特殊消费品包括汽车类、化妆品类等奢侈品以及烟酒类等嗜好品。消费税采用价内计税方式,计税依据是不含增值税但是含消费税的销售额。因为消费税只在生产环节征收一次,在流通环节不再征收,所以不会导致流通环节的重复征税。

假设某企业是增值税一般纳税人,其生产的某种奢侈品的生产成本为25元,适用消费税率55%,适用增值税率13%。企业的目标毛利为20元,那么,

　　该奢侈品不含增值税但包含消费税的销售价格
=(生产成本＋目标毛利)/(1－消费税适用税率)
=(25＋20)/(1－55%)=100(元)
应纳消费税的金额=100×55%=55(元)
该奢侈品含增值税的销售价格=不含增值税的销售价格×(1＋13%)=113(元)

(3)城市维护建设税和教育费附加

城市维护建设税和教育费附加以企业缴纳的增值税、消费税等流转税额总额为计税依据,城市维护建设税按照7%、教育费附加按照3%缴纳。

2. 企业所得税

企业所得税是就企业经营所得而缴纳的税种。企业经营所得在税法上称作"应纳税所得额"。应纳税所得额等于应税收入扣减可抵扣项目。《中华人民共和国企业所得税法》及相应实施条例(以下统称"企业所得税法")详细规定了应税收入所包含的项目以及不能作为可抵扣项目的项目。

应税收入和可抵扣项目类似于会计收入和费用,但是又有区别。这是因为,企业所得税法和企业会计准则是在经济生活中运用于两个不同领域的规范。企业所得税法的作用一方面在于保障政府的财政收入,另一方面作为政府调节经济的手段;而企业会计准则的作用在于促进企业对外部投资人的公允报告,以利于外部投资人进行科学决策。在我国,对大部分交易和事项,企业所得税法和企业会计准则的认定是相同的,也有一部分交易和事项,两者的认定有差异。比如国债利息收入、从合营企业和联营企业取得的投资收益、公允价值变动收益等都属于会计收益,增加当期会计利润,但是都不属于企业所得税法上规定的应税收入,不会增加应纳税所得额。又比如,公允价值变动损失会减少会计利润,但是按照企业所得税法规定在计算应纳税所得额时不允许抵扣。类似的例子还有计入管理费用的业务招待费,会减少会计利润,但是企业所得税法规定只有其中一部分作为可抵扣项目,减少应纳税所得额。

会计实务中并不为应税收入和可抵扣项目单独设置会计科目予以记录,而是以"主营业务收入""主营业务成本"等损益类科目的记录为基础,将利润表中的收入调整为应税收入,费用和损失调整为可抵扣项目,以应税收入扣减可抵扣项目计算得到应纳税所得额。计算公式如下:

年度应税收入=年度会计收益±调整数

年度可抵扣项目=年度会计费用和损失±调整数

年度应纳税所得额=年度应税收入-年度可抵扣项目

年度应纳所得税额=年度应纳税所得额×适用税率

按照企业所得税法规定,企业所得税采用"按月(季)度预缴、年终汇算清缴"的方式缴纳。企业每月(季)度根据上年平均每月(季)度应纳所得税额进行预缴。年终汇算清缴时,计算当年应纳所得税额。企业当年度所得税预缴不足的要补交,当年度多交的所得税可以冲抵下年度应缴纳数。

(二) 应交税费的确认和计量

我们可以把企业所得税法视作企业和税务部门之间的契约。企业所得税法详细规定了企业应该缴纳的税费的种类、每种税费纳税义务形成的时间、计算方式以及实际缴纳的时间。企业发生了应税行为,应在企业所得税法规定的纳税义务形成时间确认应交税费负债,并且按照企业所得税法规定的应交税费金额确定入账金额。

(三) 应交税费的账务处理

资产负债表的"应交税费"项目反映企业的纳税义务,企业相应设置"应交税费"科目反映各种税费的形成与缴纳情况。在该科目下根据税种设置明细科目,比如"应交增值税""应交消费税""应交城市维护建设税""应交教育费附加""应交所得税"等。当某种纳税义务形成时,记入"应交税费"及其相应明细科目的贷方;当缴纳某种税费时,记入"应交税费"及其相应明细科目的借方。期末各明细该科目通常有贷方余额,反映企业应交未交的税费。

1. 应交增值税的账务处理

增值税销项税额和进项税额的账务处理已经在第三章和第四章介绍过了,这里仅介绍缴纳增值税的会计处理。

【例10-7】 2020年5月15日,甲公司缴纳增值税。"应交税费——应交增值税"明细科目下,"销项税额"专栏有余额178万元,"进项税额"专栏有余额135万元,当期应纳增值税为两者之差43万元。实际缴纳增值税时,纳税义务解除,记在"应交税费——应交增值税"的借方。为了区别于进项税额,记在"已交增值税"专栏下。

用会计等式模板描述的结果见表10-6。

表10-6 会计等式模板描述

单位:万元

资产负债表要素	资产	=	负 债			+	所有者权益
资产负债表项目	货币资金	=	应交税费			+	未分配利润
资产负债表科目	银行存款	=	应交税费			+	利润分配
资产负债表明细科目	略	=	应交增值税			+	未分配利润
专栏		=	进项税额	已交税费	销项税额	+	
之前重要项目的余额		=	−135		178	+	
缴纳增值税	−43	=		−43		+	

甲公司在2020年5月15日编制会计分录如下:

借:应交税费——应交增值税(已交增值税)　　430 000
　　贷:银行存款　　　　　　　　　　　　　　　　　430 000

要掌握实务中增值税的账务处理,必须首先掌握增值税的实施细则,然后再弄通与增值税有关的会计科目的设置。纳税会计学课程对这些内容会有具体阐述。

2. 应交城市维护建设税和教育费附加的账务处理

应交城市维护建设税和教育费附加,是企业以实际缴纳的增值税和消费税为税基而附加缴纳的税费,也属于流转税性质。其中城市维护建设税的适用税率是7%,教育费附加的适用税率是3%。企业缴纳这些税费,也会相应增加经营成本。所以在确认这两种应交税费负债时,同时在当期损益中确认税金及附加。

【例10-8】 甲公司2020年6月缴纳增值税50万元,根据适用税率计算,当月应缴纳城市维护建设税35 000元,教育费附加15 000元。

甲公司当月应缴纳城市维护建设税和教育费附加分别为35 000元和15 000元。税负的承担减少了股东的利益,而这是由经营管理活动带来的,所以会影响当期损益。利润表里相应的项目是"税金及附加"。

用会计等式模板描述的结果见表10-7。

表 10－7　会计等式模板描述

单位:元

资产负债表要素	资产	=	负	债	+	所有者权益
资产负债表项目	货币资金	=	应交税费		+	未分配利润
资产负债表科目	银行存款	=	应交税费		+	利润分配
资产负债表明细科目	略	=	应交城市维护建设税	应交教育费附加	+	未分配利润
计算确定税负		=	＋35 000	＋15 000	+	50 000（税金及附加）

"税金及附加"项目对应的会计科目为"税金及附加"科目,这是损益类科目。

编制会计分录如下:

借:税金及附加　　　　　　　　　　　　　　50 000
　　贷:应交税费——应交城市维护建设税　　　35 000
　　　　　　——应交教育费附加　　　　　　15 000

3. 应交所得税的账务处理

按照企业所得税法规定,企业所得税采用"按月(季)度预缴,年终汇算清缴"的方式缴纳。企业每月(季)度根据上年平均每月(季)度应纳所得税额进行预缴。年终汇算清缴时,根据当年度的应纳税所得额计算当年应纳所得税额。

【例 10－9】甲公司 2019 年度应纳所得税额为 480 万元。2020 年度,每月按照 2019 年度月平均应纳所得税额 40 万元预缴。2020 年度汇算清缴时,确定当年应纳所得税额为 510 万元。

当形成所得税纳税义务时,股东的利益会减少,这一经济活动是由经济管理活动带来的,所以会影响损益。在利润表里,通过与损益有关的"所得税费用"项目反映。

例 10－9 用会计等式模板描述的结果见表 10－8。

表 10－8　会计等式模板描述

单位:万元

资产负债表要素	资产	=	负债	+	所有者权益
资产负债表项目	货币资金	=	应交税费	+	未分配利润
资产负债表科目	银行存款	=	应交税费	+	利润分配
资产负债表明细科目	略	=	应交所得税	+	未分配利润
每月计算应交所得税		=	＋40	+	－40(所得税费用)
每月缴纳所得税	－40	=	－40	+	
……共 12 次		=		+	
补充确认应交所得税		=	＋30	+	－30(所得税费用)
补交所得税	－30	=	－30	+	

"所得税费用"项目对应的会计科目是"所得税费用"科目,这是损益类科目。

(1)2020 年度每月确认应纳所得税时,编制会计分录如下:

借：所得税费用　　　　　　　　　　　400 000
　　贷：应交税费——应交所得税　　　　　400 000
(2)2020年度每月与税务部门办理税款结算时，编制会计分录如下：
借：应交税费——应交所得税　　400 000
　　贷：银行存款　　　　　　　　　　400 000
(3)2020年度所得税汇算清缴、补充确认30万元应交所得税时，编制会计分录如下：
借：所得税费用　　　　　　　　　　　300 000
　　贷：应交税费——应交所得税　　　　　300 000
(4)2020年度所得税汇算清缴、补充缴纳30万元所得税时，编制会计分录如下：
借：应交税费——应交所得税　　300 000
　　贷：银行存款　　　　　　　　　　300 000

(四)应交税费的报告

在资产负债表的流动负债"应交税费"项目下列报应交税费在资产负债表日的余额。各种税费的当期形成与缴纳情况，在财务报表附注的"税项"部分有详细披露。

二、递延所得税负债

递延所得税负债是因承担企业所得税纳税义务而形成的面向税务部门的负债。与应交所得税负债不同，递延所得税负债是当期尚不属于企业所得税法规定的纳税义务，但是根据经济活动的性质，将来终归要缴纳企业所得税而形成的负债。

比如企业有两项交易性金融资产，一项当期出售，产生投资收益10万元；另一项期末仍然持有，期末公允价值提高了10万元，产生了10万元公允价值变动收益。按照企业所得税法规定，第一项交易性金融资产当期实现的投资收益10万元要缴纳企业所得税，如果适用税率为25%，就形成2.5万元应交税费。而第二项交易性金融资产当期产生的公允价值变动收益10万元，企业所得税法不认可，不产生应交税费。但是未来处置该项资产时，10万元公允价值变动收益会转换成投资收益，届时就要承担纳税义务，产生应交税费。如果预期处置第二项资产时，适用所得税税率是20%，那么预期流出经济利益的金额就是2万元。由于当期产生了10万元公允价值变动收益而导致预期未来流出2万元经济利益，所以当期要确认2万元负债。只是这种负债不是"应交税费"，而是"递延所得税负债"。当处置这项交易性金融资产时承担了企业所得税法所规定的纳税义务，2万元"递延所得税负债"就会变成2万元"应交税费"。

递延所得税负债在资产负债表的"递延所得税负债"项目下列报其在资产负债表日的余额。

第五节　面向债务资本提供方的负债

面向债务资本提供方的负债，包括短期借款、长期借款、应付债券以及由此滋生的应付利息。从债务资本提供方的身份看，既有面向银行等金融机构的负债，如短期借款、长期借款，也有面向社会公众公开筹资形成的负债，如应付债券。从负债的流动性看，有流动负债，如短期借款、应付利息，也有长期负债，如长期借款、应付债券。

一、短期借款

(一)短期借款的性质

短期借款是企业从银行或其他金融机构等借入的期限在一年以下(含一年)的各种借款。

企业向银行等金融机构举借短期借款,主要是为了满足短期资金的需要。企业向银行借款,双方要签署借款协议。在协议中双方约定了借款的本金、利率、利息的支付时间和本金的偿还时间。

【例10-10】甲公司向某银行借款,借款协议注明借款本金为100万元,利率为6%(如无特别说明,"利率"均指"年利率"),借款期限从2020年4月1日到2020年10月1日,利息分别于2020年7月1日和2020年10月1日支付,本金于2020年10月1日偿还。企业按照本金的0.2%支付手续费。

借款协议中注明的本金称为"名义本金",注明的利率称为"名义利率"。名义本金的意义有两个:一是确定借款到期时应产生的现金流出金额;二是与名义利率一起确定利息支付日所流出的现金额。名义本金与名义利率确定了企业因借款未来将要产生的现金流出的金额。

借款协议中注明的利息支付时间和借款到期日,确定了利息支付的时间和本金偿还的时间。

总之,借款协议明确了企业借入资金以后未来产生现金流出的金额与时间。

(二)短期借款的初始确认

企业从银行取得资金后确认短期借款。

(三)短期借款的初始计量

企业向银行借款时,还要向银行支付手续费。于是企业因借款实际得到的现金是名义本金扣除手续费之后的净额。这一净额,就是借款的实际本金,也是短期借款的入账金额。如例10-10中甲公司按照名义本金的0.2%支付手续费,实际筹集的资金就是998 000元,短期借款以该金额入账。

(四)短期借款存续期内应付利息的确认

在借款存续期内所持续产生的利息,未来会导致经济利益流出企业,同时金额又能够可靠计量,符合负债确认的两个条件,所以在每个资产负债表日,企业应该将截至当期资产负债表日所形成的应付未付的利息确认为"应付利息"负债。

需要注意的是,当期资产负债表日后继续形成的应付利息,将在下一个资产负债表日追加确认为应付利息负债,不包括在当期的应付利息负债中。

(五)短期借款存续期内应付利息的计量

当期产生的利息,应该按照实际利率而非名义利率计算。实际利率是这样的利率:一个筹资项目未来流出的现金,若按照一定折现率折成的现值等于筹资所得到的现金,那么这一折现率就是该筹资项目的实际利率。

承例10-10。每三个月支付名义利息15 000元,共支付两次,到期支付名义本金100万元。如果把三个月当作一个计息期,本例中就有两个计息期,那么把两笔名义利息各15000元和1 000 000元名义本金折成现值,其现值之和等于实际本金998 000元的折现率,就是实际利率。我们用Excel可以测算出每个计息期(三个月)的实际利率是1.60%。

根据实际利率1.60%,计算出各计息期的实际利息费用,同时计算出各期期末摊余成本,如表10－9。

表 10－9　短期借款摊余成本计算表

单位:元

时间	期初摊余成本（A_n）	当期实际利息费用（$B_n = A_n \times 1.60\%$）	当期应付名义利息（C_n）	期末摊余成本（$D_n = A_n + B_n - C_n$）
第一个计息期	998 000	15 968	15 000	998 968
第二个计息期	998 968	16 032*	15 000	1 000 000
合计	—	32 000	30 000	—

*:经过尾差调整。

每期期末借款的本金数是变动的,这个本金数就是负债的"摊余成本",比如表10－9中第一期期末的998 968元。

(六)短期借款的账务处理

1. 财务报表项目与会计科目设置

资产负债表的"短期借款"项目反映资产负债表日短期借款的余额。企业应设置"短期借款"科目反映短期借款的取得与偿还情况,应设置二级科目"名义本金"记录名义本金的金额,同时设置二级科目"本金调整"作为"名义本金"二级科目的备抵科目①,记录手续费等造成实际本金与名义本金差异的金额,从而使"短期借款"一级科目反映短期借款的实际本金。

资产负债表的"应付利息"项目反映资产负债表日应付名义利息的余额。企业设置"应付利息"科目反映名义利息的形成与支付。

2. 账务处理举例

【例 10－11】 承例10－10。

上述各笔业务用会计等式模板描述的结果见表10－10。

表 10－10　会计等式模板描述

单位:元

资产负债表要素	资产	=	负	债	+	所有者权益
资产负债表项目	货币资金	=	短期借款	应付利息	+	未分配利润
资产负债表科目	银行存款	=	短期借款	应付利息	+	利润分配
资产负债表明细科目	略	=	名义本金	本金调整	略	+	未分配利润
取得借款	+998 000	=	+1 000 000	-2 000		+	
第一个计息日确认利息费用		=		+968	+15 000	+	-15 968(财务费用)
第一次支付名义利息	-15 000	=			-15 000	+	
第二个计息日确认利息费用		=		+1 032	+15 000	+	-16 032(财务费用)
第二次支付名义利息	-15 000	=			-15 000	+	
到期支付名义本金	-1 000 000	=	-100 000			+	
累计发生额	-32 000	=	0	0	0	+	-32 000(财务费用)

---

① 多数教材将这两个明细科目分别称为"本金"和"利息调整"。

(1) 2020年4月1日取得短期借款,实际得到现金 998 000 元。一方面增加"货币资金"项目,另一方面增加"短期借款"项目。见表 10-10"取得借款"行。

在会计科目层面,"短期借款"科目的实际本金通过"名义本金" 1 000 000 元和"本金调整" 2 000 元两个明细科目反映。

编制会计分录如下:

借:银行存款　　　　　　　　　998 000
　　短期借款——本金调整　　　　2 000
　　贷:短期借款——名义本金　　　　1 000 000

(2) 2020年6月30日确认第一个计息期的财务费用 15 968(998 000×1.6%)元。一方面增加"应付利息"项目 15 000 元,另一方面增加"财务费用"项目 15 968 元,同时调增"短期借款"项目 968 元。"短期借款"项目的调增,在会计科目层次是通过调增"短期借款——本金调整"明细科目 968 元来实现的。见表 10-10"第一个计息日确认利息费用"行。

编制会计分录如下:

借:财务费用　　　　　　　　　15 968
　　贷:应付利息　　　　　　　　　15 000
　　　　短期借款——本金调整　　　968

此时短期借款的实际本金调整为 998 968 元,"短期借款——本金调整"二级科目有借方余额 1 032 元。

(3) 2020年7月1日支付名义利息 15 000 元。一方面"货币资金"项目减少 15 000 元,另一方面"应付利息"项目减少 15000 元。见表 10-10"第一次支付名义利息"行。

编制会计分录如下:

借:应付利息　　　　　　　　　15 000
　　贷:银行存款　　　　　　　　　15 000

(4) 2020年9月30日确认第二个计息期的财务费用 16 032(998 968×1.6%)元。一方面增加"应付利息"项目 15 000 元,另一方面增加"财务费用"项目 16 032 元,同时调增"短期借款"项目 1 032 元。调增短期借款是通过调增"短期借款——本金调整"明细科目 1 032 元实现的。见表 10-10"第二个计息日确认利息费用"行。

编制会计分录如下:

借:财务费用　　　　　　　　　16 032
　　贷:应付利息　　　　　　　　　15 000
　　　　短期借款——本金调整　　　1 032

此时短期借款的实际本金调整为 1 000 000 元,等于名义本金。"短期借款——本金调整"二级科目余额为零。

(5) 2020年10月1日支付名义利息 15 000 元。一方面"货币资金"减少 15 000 元,另一方面"应付利息"减少 15 000 元。见表 10-10"第二次支付名义利息"行。

编制会计分录如下:

借:应付利息　　　　　　　　　15 000
　　贷:银行存款　　　　　　　　　15 000

(6)同日偿还名义本金时,一方面"货币资金"项目减少100万元,另一方面"短期借款"项目减少100万元。见表10-10"到期支付名义本金"行。

编制会计分录如下:

借:短期借款——名义本金　　1 000 000
　　贷:银行存款　　　　　　　　　　　1 000 000

从累计发生额看,甲公司借入998 000元,连本带息偿还1 030 000元,借款承担了32 000元的融资成本。这32 000元融资成本按照实际利率1.6%,往两个计息期分别分配了15 968元和16 032元。

由于短期借款的借款时间不长,现金流受资金时间价值的影响比较小,考虑到会计信息重要性原则,也可以采用简化处理方式,直接将支付给银行的手续费确认为财务费用,从而短期借款的名义本金就是实际本金,名义利率就是实际利率,也不必设置"短期借款"的二级科目。

采用简化方式的会计处理如下。

(1)2020年4月1日取得短期借款时,以名义本金1 000 000元记入"短期借款"科目,支付的2 000元手续费,直接记入"财务费用"。编制会计分录如下:

借:银行存款　　　　998 000
　　财务费用　　　　　 2 000
　　贷:短期借款　　　　　1 000 000

(2)2020年6月30日确认应付利息15 000元,同时等额确认财务费用。编制会计分录如下:

借:财务费用　　　　15 000
　　贷:应付利息　　　　15 000

(3)2020年7月1日支付利息15 000元。编制会计分录如下:

借:应付利息　　　　15 000
　　贷:银行存款　　　　15 000

(4)2020年9月30日确认应付利息15 000元,同时等额确认财务费用。编制会计分录如下:

借:财务费用　　　　15 000
　　贷:应付利息　　　　15 000

(5)2020年10月1日支付利息、偿还本金时,编制会计分录如下:

借:应付利息　　　　　15 000
　　短期借款　　　 1 000 000
　　贷:银行存款　　　　1 015 000

采用简化方式处理短期借款业务,用会计等式模板描述,结果如表10-11。

比较表10-11和表10-10的最后一行"累计发生额"行,两种方式产生的财务费用总额是相同的,都是32 000元。采用表10-10的精确处理方式,把财务费用总额32 000元合理地分配到各个计息期了(各个计息期利率都是1.6%)。而表10-11的简化方式,一开始就把支付的手续费一次性计入财务费用中,后续期间按照票面利率计算利息费用。

表10-11 会计等式模板描述

单位:元

资产负债表要素	资产	=	负债		+	所有者权益
资产负债表项目	货币资金	=	短期借款	应付利息	+	未分配利润
资产负债表科目	银行存款	=	短期借款	应付利息	+	利润分配
取得借款	+998 000	=	+1 000 000		+	-2 000(财务费用)
第一个计息日确认利息费用		=		+15 000	+	-15 000(财务费用)
第一次支付利息	-15 000	=		-15 000	+	
第二个计息日确认利息费用		=		+15 000	+	-15 000(财务费用)
第二次支付利息	-15 000	=		-15 000	+	
到期支付本金	-1 000 000	=	-1 000 000		+	
累计发生额	-32 000	=	0	0	+	-32 000(财务费用)

实务中采用简化方式,而精确方式更具有教学意义。在本书后续章节的讲解中读者会发现,长期举债业务都要采用精确的会计处理方式,尤其是应付债券。

二、长期借款

(一)长期借款的性质

长期借款是企业从银行或其他金融机构借入的期限超过一年的借款。

企业之所以举借长期债务,往往是因为要进行投资活动,比如更新设备。投资活动资金的回流时间长,通常超过一年,若举借短期借款来满足长期资金需要,可能会由于资金没有回笼而导致无法向银行还款。

长期借款名义本金的偿还期超过一年,而名义利息通常按季度支付。

(二)长期借款的初始确认与初始计量

向银行举借长期借款取得现金时,确认长期借款,金额为名义本金扣除手续费以后的净额。

(三)长期借款的账务处理

1. 财务报表项目和会计科目设置

资产负债表的"长期借款"项目反映资产负债表日长期借款的余额。企业应设置"长期借款"科目反映借入的实际本金,并且设置"名义本金"和"本金调整"①两个二级科目分别反映长期借款的名义本金和名义本金与实际本金之差。

2. 账务处理举例

【例10-12】 甲公司与某银行签署借款协议,协议约定,2020年1月1日甲公司从某银行借入长期借款1 000万元,为期三年,年利率8%,每三个月支付利息一次,每次支付20万。借款手续费率0.2%。

---

① 多数教材将这两个明细科目分别称为"本金"和"利息调整"。

甲公司以扣除手续费的实际本金998万元作为现值,以三个月作为一个计息期,共12期,每期期末流出现金20万元,最后一个期末流出现金1 000万元,测算出每个计息期的实际利率为2.02%。

各期实际利息费用以及各期期末摊余成本的计算见表10－12。

表10－12 长期借款摊余成本计算表

单位:元

时间	期初摊余成本 (A_n)	当期实际利息费用 ($B_n=A_n\times2.02\%$)	当期应付名义利息 (C_n)	期末摊余成本 ($D_n=A_n+B_n-C_n$)
第一个计息期	9 980 000	201 596	200 000	9 981 596
第二个计息期	9 981 596	201 628	200 000	9 983 224
第三个计息期	9 983 224	201 661	200 000	9 984 885
第四个计息期	9 984 885	201 695	200 000	9 986 580
第五个计息期	9 986 580	201 729	200 000	9 988 309
第六个计息期	9 988 309	201 764	200 000	9 990 073
第七个计息期	9 990 073	201 799	200 000	9 991 872
第八个计息期	9 991 872	201 836	200 000	9 993 708
第九个计息期	9 993 708	201 873	200 000	9 995 581
第十个计息期	9 995 581	201 911	200 000	9 997 492
第十一个计息期	9 997 492	201 949	200 000	9 999 441
第十二个计息期	9 999 441	200 559*	200 000	10 000 000
合计	—	2 420 000	2 400 000	—

*:经过尾差调整。

表10－12中最后一列"期末本金余额"就是这笔长期借款在各期期末的摊余成本。

请读者参照表10－10,用会计等式模板描述取得借款、资产负债表日计息、支付利息和到期偿还本金的业务。

(1)2020年1月1日,甲公司从某银行取得货币资金998万元,编制会计分录如下:

借:银行存款　　　　　　　　　　9 980 000
　　长期借款——本金调整　　　　　 20 000
　　贷:长期借款——名义本金　　　　　　10 000 000

(2)2020年3月31日确认第一个计息期利息时,编制会计分录如下:

借:财务费用　　　　　　　　　　　201 596
　　贷:应付利息　　　　　　　　　　　　200 000
　　　　长期借款——本金调整　　　　　　1 596

调整后"长期借款"项目的期末余额为摊余成本9 981 596元。

(3)2020年3月31日支付利息时,编制会计分录如下:

借:应付利息　　　　　　　　　　　200 000

贷:银行存款　　　　　　　　200 000
　　(2)、(3)两笔分录合并在一起的会计分录如下:
借:财务费用　　　　　　　　201 596
　　贷:银行存款　　　　　　　　200 000
　　　长期借款——本金调整　　　1 596
以后每个季度末进行与上述分录相同的账务处理。

到最后一个季度末,"长期借款——本金调整"的余额为零。此时"长期借款"项目的期末余额就是名义本金。

(4)2022年12月31日返还本金时,编制会计分录如下:
借:长期借款——名义本金　　　10 000 000
　　贷:银行存款　　　　　　　　10 000 000

三、应付债券

(一)应付债券的性质

应付债券是企业因向社会公众发行债券筹集资金而形成的一种负债。

债券,其实就是企业与作为债权人的社会公众之间的借款协议。债券发行公告上注明的要素包括债券的面值、票面利率、票面利息的支付日、债券的到期日等。债券的面值相当于名义本金,有两个作用,一是确定债券到期时支付给债权人的金额,二是面值乘以票面利率就是债券票面利息额。债券发行公告上注明的上述要素确定了企业未来流出现金的金额与时间。

不同于企业与银行签订的借款协议是,债券可以被持有人在债券市场上出售。债券所具有的这种流通性,使得普通老百姓也可以把闲置的资金向银行那样借给他人来赚取利息,而一旦需要资金,就把债券卖掉。所以就整个社会而言,通过债券这种方式,能把社会闲置资金集中起来,在"企业"这样的场所,实现财务资本与人力资源有效结合,为整个社会创造价值,使每一类提供资源的人受益。

债券发行前,企业与其委托的承销商一起仔细在证券市场上询价,力求使所确定的债券的票面利率与证券市场上人们认可的利率一致。但是不排除经过仔细询价后,实际发行债券时债券的票面利率仍然与市场利率不一致。在这种情况下,如果票面利率低于市场利率,为了吸引投资者购买,债券就要折价发行,从而把债券的实际利率提高到市场利率水平;如果票面利率高于市场利率,为了降低筹资成本就要溢价发行债券,从而把债券的实际利率降低到市场利率水平。所以债券的发行价格是随行就市的。

由于债券要面向众多投资者出售,企业一般委托专业承销商承销债券,并按一定比例向承销商支付手续费。

发行债券与向银行借款相比管理成本高。一般所需资金金额巨大、占用资金时间长的债券才会采用发行债券的方式。所以应付债券通常是长期债券。

第八章"对外投资(一)"站在债券投资者立场,对债权投资的确认、初始计量、后续计量、账务处理和报告进行了阐述。本节站在发行债券方的立场,对应付债券的确认、初始计量、后续计量、账务处理以及报告进行阐述。请读者用心体会,在资金使用权转移的过程中,交易双方如何站在各自的立场对这笔交易进行账务处理。

(二)应付债券的初始确认

当企业从承销商得到发行债券的款项时,确认应付债券。

(三)应付债券的初始计量

无论债券按照面值还是溢价或者折价发行,企业实际筹集的资金都是发行债券所取得的资金扣除承销商手续费之后的差额。这一差额是应付债券的实际本金,也是应付债券的初始入账金额。

【例 10-13】 某发电公司 2019 年 3 月 27 日发行面值为 30 万元的债券,共发行 3 千张,每张面值 100 元。票面利率 5.1%,为期 10 年,每年 3 月 27 日支付利息,2029 年 3 月 27 日债券到期。实际发行价格每张 100.87 元,发行手续费率是面值的 0.1%。

对该发电公司而言,实际取得货币资金为 302 310[100.87×3 000×(1−0.1%)]元,这就是应付债券的初始入账金额。对该发电公司而言,债券溢价 2 310 元发行。

(四)在应付债券存续期内应付利息的确认与计量

与短期借款、长期借款相同,应付债券在存续期内产生的利息,随着时间的推移,在每一个资产负债表日确认。而各个会计期间所产生的利息额,按照债券的实际利率而非票面利率计算。实际利率的计算方法与短期借款、长期借款计算各期利率的方法相同。

例 10-13 中,经测算,该发电公司发行债券的实际利率是 5.00%。实际利率的测算方法是这样的:将每年年底支付的票面利息 15 300 元,共 10 年,10 年后返还的面值 300 000 元,两者折现后的现值之和是 302 310 元的折现率。

各期实际利息费用以及各期期末摊余成本的计算见表 10-13。

表 10-13 应付债券摊余成本计算表

单位:元

时间	期初摊余成本 (A_n)	当期实际利息费用 ($B_n = A_n \times 5.00\%$)	当期应付票面利息 (C_n)	期末摊余成本 ($D_n = A_n + B_n - C_n$)
第一个计息期	302 310	15 116	15 300	302 126
第二个计息期	302 126	15 106	15 300	301 932
第三个计息期	301 932	15 097	15 300	301 728
第四个计息期	301 728	15 086	15 300	301 515
第五个计息期	301 515	15 076	15 300	301 291
第六个计息期	301 291	15 065	15 300	301 055
第七个计息期	301 055	15 053	15 300	300 808
第八个计息期	300 808	15 040	15 300	300 548
第九个计息期	300 548	15 027	15 300	300 276
第十个计息期	300 276	15 024*	15 300	300 000
合计	—	150 690	153 000	—

*:经过尾差调整。

表 10—13 最后一列"期末本金余额"就是这笔应付债券在各期期末的摊余成本。

(五)应付债券的账务处理

1. 财务报表项目与会计科目设置

资产负债表的"应付债券"项目反映了资产负债表日应付债券的实际本金。企业为了记录应付债券的增减变动情况设置"应付债券"一级科目。在"应付债券"一级科目下至少设置"面值"和"本金调整"①两个明细科目。其中"面值"记录债券的面值,"本金调整"记录实际本金与面值的差额,两个明细科目共同反映了债券的实际本金。

如果债券利息至少一年支付一次,那么每个资产负债表日确定的应付利息就是一项短期债务,计入"应付利息"科目。如果债券利息在债券到期时连本带利一次支付,那么每个资产负债表日确定的应付利息就成了新的本金,是一项长期债务,此时就不能通过"应付利息"这一流动负债科目反映,而是在"应付债券"一级科目下另设"应计利息"明细科目反映。如果设置了"应计利息"明细科目,债券的实际本金就是由包括"应计利息"在内的三个明细科目共同反映的。

2. 账务处理举例

【例 10—14】 承例 10—13。

会计等式模板描述的结果,见表 10—14。

表 10—14 会计等式模板描述

单位:元

资产负债表要素	资产	=	负	债	+	所有者权益
资产负债表项目	货币资金	=	应付债券	应付利息	+	未分配利润
资产负债表科目	银行存款	=	应付债券	应付利息	+	利润分配
资产负债表明细科目	略	=	面值	本金调整	略	+	未分配利润
发行债券	+302 310	=	+300 000	+2 310		+	
第一个计息日确认利息费用		=		−139	+11 602	+	−11 463(财务费用)
次年确认第一期剩余利息费用		=		−45	+3 698	+	−3 653(财务费用)
第一次支付票面利息	−15 300	=			−15 300	+	
…	…		…	…	…		…
支付面值	−300 000	=	−300 000			+	
累计发生额	−150 690	=	0	0	0	+	−150 690(财务费用)

(1)2019 年 3 月 27 日发行债券时,该公司所收到的 302 310 元是该企业实际承担的本金,一方面"货币资金"项目增加,另一方面"应付债券"项目增加。见表 10—14 的"发行债券"行。

在会计科目予以记录时,实际取得的现金额与债券面值之间的差额会影响企业未来要承担的利息,记入"本金调整"明细科目。

---

① 多数教材将这个明细科目称为"利息调整"。

编制会计分录如下：

借：银行存款　　　　　　　　　　302 310
　　贷：应付债券——面值　　　　　　300 000
　　　　　　　　　——本金调整　　　　2 310

(2) 2019年12月31日计息时，如果债券的利息满足资本化条件，计入相应资产的成本中，比如"在建工程"项目，否则计入"财务费用"项目。

其中从2019年3月27日到2020年3月26日满一整年的实际利息额为15 116元，其中从2019年3月27日到2019年12月31日的实际利息额为11 463元（一年按360天计，一月按照30天计）。这一整年的票面利息为15 300元，从2019年3月27日到2019年12月31日的票面利息额为11 602元。所以一方面增加"财务费用"项目11 463元，另一方面增加"应付利息"项目11 602元，同时调减"应付债券"项目139元。这是在会计科目层次调减"应付债券——本金调整"明细科目实现的。见表10－14的"第一个计息日确认利息费用"行。

编制会计分录如下：

借：财务费用　　　　　　　　　　11 463
　　应付债券——本金调整　　　　　139
　　贷：应付利息　　　　　　　　　11 602

(3) 2020年3月27日支付过去一年的票面利息时，先要确认从2020年1月1日到3月26日的实际利息3 653元，同期的票面利息是3 698元。一方面增加"财务费用"项目3 653元，另一方面增加"应付利息"项目3 698元，同时调减"应付债券"项目45元。这是通过调减"应付债券——本金调整"明细科目45元实现的。见表10－14的"次年确认第一期剩余利息费用"行。

编制会计分录如下：

借：财务费用　　　　　　　　　　3 653
　　应付债券——本金调整　　　　　45
　　贷：应付利息　　　　　　　　　3 698

(4) 2020年3月27日按照债券约定，支付利息15 300元给债券持有人，"货币资金"项目减少15 300元，"应付利息"项目减少15 300元，见表10－14的"第一次支付票面利息"行。

编制会计分录如下：

借：应付利息　　　　　　　　　　15 300
　　贷：银行存款　　　　　　　　　15 300

(3)、(4)两笔也可以合成一笔如下：

借：财务费用　　　　　　　　　　3 653
　　应付债券——本金调整　　　　　45
　　应付利息　　　　　　　　　　11 602
　　贷：银行存款　　　　　　　　　15 300

以后各年资产负债表日计息的账务处理与2019年12月31日的相同，各年3月27日支付利息的账务处理与 2020 年 3 月 27 日支付利息的账务处理相同,只是各年的金额有所不同。

(5) 2029 年 3 月 27 日债券到期支付债券面值时,"应付债券"项目已经等于面值。此时,减少货币资金 30 万元,减少"应付债券"30 万元。见表 10-14 的"支付面值"行。

在会计科目进行记录时,"应付债券——本金调整"的余额已经调整为零。

编制会计分录如下:

借:应付债券——面值　　300 000
　　贷:银行存款　　　　　　300 000

债券发行取得现金 302 310 元,各期支付利息总计 153 000、到期偿还本金 300 000 元,从最终结果看,发行债券承担了筹资成本 150 690 元,按照实际利率分配进入十年中的每一年。见表 10-14 的"累计发生额"行。

四、面向债务资本提供方的负债的列报

在资产负债表日,短期借款、长期借款和应付债券的实际本金余额,分别列报在资产负债表的"短期借款""长期借款"和"应付债券"项目下,金额分别为"短期借款"科目、"长期借款"科目和"应付债券"一级科目的期末余额。在资产负债表日,应付而未付的名义利息,列报在资产负债表的"应付利息"项目下,金额为"应付利息"科目的期末余额。

一个会计期间内,因借款而产生的利息费用,列报在利润表的"财务费用"项目下,金额为"财务费用"科目的本期发生额。

第六节　面向客户的负债

有些企业处于卖方市场,在与客户的竞争中处于有利地位,于是这些企业在向客户销售商品、提供劳务之前就收取了全部或部分货款或劳务款,或者取得了无条件向客户收取款项的权利,从而形成了面向客户的负债——合同负债①。比如从 2004 年到 2009 年,煤炭市场持续火爆,某煤业类上市公司此项负债占流动负债的比例一直处于 10% 以上,最高时达到 15.2%。从 2010 年开始,受全球经济持续疲软、中国经济增速放缓的影响,煤炭供需形势发生变化,该公司此项负债占流动负债比例持续走低,到 2019 年末降低到 3.7% 左右。

合同负债因为是向客户收取的,但是又没有向对方销售商品或者提供劳务,所以企业偿还这种债务的方式相比一般债务较为特殊。偿还一般债务通常要支付现金,而偿还这种债务则是向客户销售商品或提供劳务。所以合同负债这一负债并不会产生现金压力,在评价企业财务风险时,这类负债不仅不像一般负债那样是负面影响因素,相反,负债越多,表明企业从客户那里获取现金的能力越强。

企业在向客户销售商品提供劳务前,根据合同约定从客户那里收取款项或者取得了无条件向客户收取款项的权利时确认合同负债,金额为实际收到或者客户承诺支付的货币资金额。

---

① 2018 年之前,此类负债称为"预收款项"。

企业在资产负债表中设置负债类的"合同负债"项目,在该项目下设置"合同负债"科目,并在该科目下按照合同设置明细科目。从客户预收款项或者取得了无条件向客户收取款项的权利时记入该科目及明细科目的贷方;向客户销售商品提供劳务时,记入该科目及明细科目的借方;期末余额在贷方,表示在销售商品提供劳务前预先向客户收取的款项或者预先取得了无条件向客户收取款项的权利。

【例10—15】 2020年4月1日,甲公司根据合同预收客户乙款项100万元。2020年4月15日,甲公司向乙公司销售A商品100件,交易总额为81.9万元,金额为70万元,增值税额为11.9万元。

用会计等式模板描述,结果见表10—15。

表10—15 会计等式模板描述

单位:万元

资产负债表要素	资产	=	负债		+	所有者权益
资产负债表项目	货币资金	=	合同负债	应交税费	+	未分配利润
资产负债表科目	银行账款	=	合同负债	应交税费	+	利润分配
资产负债表明细科目	略	=	××合同	应交增值税	+	未分配利润
从客户预收款项	+100	=	+100		+	
向客户销售商品		=	−79.1	+9.1	+	+70(主营业务收入)

(1)2020年4月1日,甲公司预收款项时,编制会计分录如下:
  借:银行存款   1 000 000
    贷:合同负债——××合同 1 000 000
(2)2020年4月15日甲公司销售商品时,编制会计分录如下:
  借:合同负债——××合同 791 000
    贷:主营业务收入——A商品 700 000
      应交税费——应交增值税(销项税额) 91 000

期末,在资产负债表中"合同负债"项目以"合同负债"科目的余额列报。

第七节 其他负债

这一节介绍应付股利、其他应付款和预计负债三类非主流负债。

一、应付股利

应付股利,是指企业经股东大会或类似机构审议批准分配的现金股利或利润。企业股东大会或类似机构审议批准的利润分配方案、宣告分派的现金股利或利润,在实际支付前,形成企业的负债。

股东大会或类似机构审议批准利润分配方案后,股东就其应得到的利润享有权利,这种权利的性质与一般债权人的相同:在确定的时间获得确定的经济利益。所以对股东而言,就是一项债权。在第八章和第九章介绍所获得股权的初始计量金额时,把被投资企业已经宣告但是尚未派发的红利单独作为"应收股权",而没有计入交易性金融资产、其他权益工具投资和长期股权投资的成本中,就是这个原因。对宣告派发股利的企业而言主,这就是一项负债。

资产负债表的"应付股利"项目反映应付股利。企业设置"应付股利"科目记录应付股利的增减变动。

当股东大会或类似机构审议批准利润分配方案后,"应付股利"项目金额增加,"未分配利润"项目金额减少。

用会计等式模板描述的结果见表10-16。

表10-16 会计等式模板描述

资产负债表要素	资产	=	负债	+	所有者权益
资产负债表项目	货币资金	=	应付股利	+	未分配利润
资产负债表科目	银行存款	=	应付股利	+	利润分配
股东大会宣告派发股利		=	增加	+	减少
支付股利	减少	=	减少	+	

编制会计分录如下:

借:利润分配——未分配利润
  贷:应付股利

当支付股利时,"货币资金"项目金额减少,"应付股利"项目金额减少。见表10-16。

编制会计分录如下:

借:应付股利
  贷:银行存款

二、其他应付款

其他应付款,是指除应付票据、应付账款、合同负债、应付职工薪酬、应付利息、应付股利、应交税费等以外的其他各项应付、暂收的款项,包含的内容繁杂琐碎。

比如企业代扣代缴员工的个人所得税就属于其他应付款。每月将员工工资总额里包含的个人所得税金额,从"应付职工薪酬"转入"其他应付款",见例10-6。代员工缴纳个人所得税时,"其他应付款"债务解除。

三、预计负债

以上各类负债,企业与债权人之间都有明确的契约关系,清楚地载明债权人、经济利益流出的时间、经济利益流出的金额这三个要素。但是有些交易或事项,很可能导致经济利益流出企业,然而到了资产负债表日,交易或事项的结果还没有最终确定,经济利益流出的时间、金额只能估计,相应的债权人也只是一个模糊的群体。当发生这类交易或事项时,尽管交易的结果还不确定,根据我国《企业会计准则第13号——或有事项》的规定,基于谨慎性原则,要确认负债。为了区别于其他有明确债权人、经济利益流出的金额和时间都确定的负债,这类负债称作"预计负债"。

下列交易或事项发生后,可能会产生预计负债。

1. 做出了产品质量保证

产品制造商按照法定要求或者行业惯例,允诺在一定期限内,向客户免费提供保修服务。在会计期末,尽管未来究竟向哪位客户提供保修服务尚不清楚,发生的保修费金额也不确定,但是根据大数定律,企业知道在当期售出的商品中,一定会发生保修支出,保修支出的金额可以根据企业历史数据或行业数据估算,满足了准则所规定的负债的确认条件,所以要确认预计负债。

2. 提供了借款担保

企业为其他企业提供了借款担保,向银行承诺如果借款人到期不能还款,企业代为偿还。在会计期末,倘若估计借款人将来不能还款的可能性很大,即企业将来代为还款的可能性很大,就要确认预计负债。

3. 发生了未决诉讼或仲裁

企业因经济纠纷被起诉或被提请仲裁。到会计期末,法院尚未判决,仲裁结果也没有最终确定。如果估计将来很可能向原告赔偿,并且赔偿的金额能够可靠估计,那么就要确认预计负债。

4. 承担着环境恢复义务

如果企业的经营管理活动导致周围环境破坏,按照相关法律要求,企业有恢复环境的义务,尽管将来恢复环境要发生多少支出不确定,但是如果能够可靠估计,企业就要确认预计负债。第五章"固定资产"中固定资产的预计弃置费确认为预计负债,就是这个道理。

预计负债在资产负债表负债部分的"预计负债"项目下列报,也有企业在"其他负债"项目下列报。企业还要在财务报表附注披露预计负债形成原因、金额估计。

【本章小结】

本章介绍了各类负债形成的原因,并分别介绍了各类负债的确认、计量、账务处理与报告。

经营活动形成的负债不必支付利息。这类负债包括面向供应商的应付账款、应付票据,面向职工的应付职工薪酬和面向税务机关的应交税费。其中面向供应商的应付账款、应付票据与第三章的应收账款、应收票据反映了同一交易的双方。

筹资活动形成的负债包括短期借款、长期借款以及应付债券。这类负债相比经营活动形成的负债的共同特点是必须支付利息。根据合同或者债券上的约定,企业未来在这些债务上产生的现金流出是一定的,于是在这些债务上,每年承担的利率是一定的。这些负债属于以摊余成本计量的负债,每年计算财务费用和摊余成本的方法也是一样的。

【思考题】

1. 负债的本质是什么?

2. 负债在资产负债表中如何分类？

3. 应付职工薪酬包括哪几类？

4. 为什么企业职工人数很多，每年承担的人工成本金额巨大，但是在资产负债表中列示的"应付职工薪酬"负债的占比却很小？

5. 国外某些企业养老金采用设定受益计划，当企业面临财务困境（负债金额巨大，企业无法偿还）的时候，工会是影响企业经营前景的重要力量。你如何理解？

6. "短期借款、长期借款和应付债券的确认、初始计量和后续计量的原理相同"，你怎样理解这句话？

【练习题】

（一）单项选择题

1. 下列项目中，不属于职工薪酬的是（　　）。
   A. 职工工资　　　　　　B. 职工福利费
   C. 医疗保险费　　　　　D. 职工出差报销的差旅费

2. 由生产产品、提供劳务负担的职工薪酬，应当（　　）。
   A. 计入管理费用　　　　B. 计入存货成本或劳务成本
   C. 确认为当期费用　　　D. 计入销售费用

3. 企业因解除与职工的劳动关系给予职工补偿而发生的职工薪酬，人工成本应该记入（　　）项目。
   A. 管理费用　　　　　　B. 财务费用
   C. 营业外支出　　　　　D. 销售费用

4. 企业在研究阶段发生的职工薪酬，应当（　　）。
   A. 计入当期损益　　　　B. 计入在建工程成本
   C. 计入无形资产成本　　D. 计入固定资产成本

5. 某股份有限公司于2020年1月1日发行3年期、每年1月1日付息、到期一次还本的公司债券，债券面值为200万元，票面年利率为5％，实际利率为6％，发行价格为194.65万元。按实际利率法确认利息费用。该债券2021年度确认的利息费用为（　　）万元。
   A. 11.78　　B. 12　　C. 10　　D. 11.68

6. 某股份有限公司于2019年1月1日发行3年期、每年1月1日付息、到期一次还本的公司债券，债券面值为100万元，票面年利率为5％，实际利率为4％，发行价格为102.78万元。按实际利率法确认利息费用。该债券2021年度确认的利息费用为（　　）万元。
   A. 4.11　　B. 5　　C. 4.08　　D. 4.03

7. 就发行债券的企业而言，所获债券溢价收入实质是（　　）。
   A. 为以后少付利息而付出的代价　　B. 为以后多付利息而得到的补偿
   C. 本期利息收入　　　　　　　　　D. 以后期间的利息收入

8. 就发行债券的企业而言，债券折价实质是（　　）。
   A. 为以后少付利息而付出的代价　　B. 为以后多付利息而得到的补偿

C. 本期利息收入　　　　　　　　　D. 以后期间的利息收入

9. 下列税金与企业损益无关的是(　　)。
   A. 城市维护建设税　　　　　　　B. 消费税
   C. 一般纳税企业的增值税销项税额　D. 所得税

10. 企业收取包装物押金及其他各种暂收款项时,影响(　　)项目。
    A. 营业外收入　　　　　　　　　B. 其他业务收入
    C. 其他应付款　　　　　　　　　D. 其他应收款

11. 短期借款利息不会影响下列哪个项目(　　)。
    A. 短期借款　　　　　　　　　　B. 应付利息
    C. 财务费用　　　　　　　　　　D. 银行存款

12. 下列事项中,通过"应付股利"项目反映的是(　　)。
    A. 董事会宣告分派的股票股利　　B. 董事会宣告分派的现金股利
    C. 股东大会宣告分派的股票股利　D. 股东大会宣告分派的现金股利

(二)多项选择题

1. 下列项目中,属于职工薪酬的有(　　)。
   A. 职工工资、奖金、津贴和补贴　　B. 住房公积金
   C. 工会经费和职工教育经费　　　　D. 因解除与职工的劳动关系给予的补偿
   E. 工伤保险费

2. 对于分期付息、一次还本的债券,应于资产负债表日按摊余成本和实际利率计算确定的债券利息,可能借记的会计科目有(　　)。
   A. 在建工程　　　　　　　　　　B. 制造费用
   C. 财务费用　　　　　　　　　　D. 研发支出
   E. 应付利息

3. 下列项目中,属于职工薪酬的有(　　)。
   A. 业务招待费　　　　　　　　　B. 非货币性福利
   C. 养老保险费　　　　　　　　　D. 因解除与职工的劳动关系给予的补偿
   E. 社会保险费

4. 在我国会计实务中,生产经营期间为购建固定资产而发生的长期借款利息费用,可能记入(　　)科目。
   A. 在建工程　　　　　　　　　　B. 财务费用
   C. 长期借款　　　　　　　　　　D. 长期待摊费用
   E. 应付利息

(三)计算及账务处理题

1. 2020年6月,安吉公司当月应发工资总额2 000万元,其中:生产部门直接生产人员工资1 000万元;生产部门管理人员工资200万元;公司管理部门人员工资360万元;公司专设产品销售机构人员工资100万元;建造厂房人员工资220万元;内部开发存货管理系统人员工资120万元。

要求:用会计等式模板描述上述与职工薪酬有关的业务,并编制会计分录。

2. 按照借款协议,某企业2020年1月1日向银行借入120 000元,期限9个月,年利率8%,借款利息按季支付,到期一次还本。借款时支付手续费500元。

要求:按照简化方式进行账务处理,用会计等式模板描述借入款项、按月计提利息、按季支付利息和到期时归还本金的业务,并编制会计分录。

3. 某企业经批准于2020年1月1日起发行三年期面值为100元的债券100 000张,债券年利率为3%,每年12月31日付息,到期时归还本金和最后一次利息。该债券发行收款为9 722 527元,测算出债券实际利率为年利率4%。

要求:用会计等式模板描述该企业从债券发行到债券到期的全部业务并编制会计分录。(答案中的单位以万元表示)

(四)财务报表题

1. "你的"公司,最近一个年度期末占比最大的负债是什么?你怎样理解这种状况?

2. "你的"公司在最近一个年度有短期借款、长期借款或者应付债券吗?当期产生了多少财务费用?财务费用的金额占公司营业利润的比重有多大?

3. "你的"公司在最近一个年度期末应付账款与应付票据的余额之和占负债总额比例怎样?期初期末余额变化情况怎样?

4. "你的"公司在最近一个年度期末合同负债余额占负债总额比例怎样?期初期末余额变化情况怎样?该公司为什么会有合同负债?

5. "你的"公司在最近一个年度期末应付职工薪酬的余额占负债总额比例怎样?期初期末余额变化情况怎样?从报表附注中查看,养老金采用设定收益计划还是设定提存计划?

6. "你的"公司有其他负债吗?从附注中看看是什么原因产生了这些负债。

第十一章

所有者权益

【学习目标】

通过学习本章,你应该:
1. 了解公司制企业的特点,掌握公司制企业所有者权益的分类;
2. 了解实收资本(股本)的法律意义和经济意义,掌握实收资本(股本)的确认、计量、账务处理与报告;
3. 了解资本公积的形成与用途,掌握资本公积的账务处理与报告;
4. 总结其他综合收益的形成;
5. 了解利润分配的法律规定,掌握利润分配的账务处理与报告;
6. 了解盈余公积的形成与用途,掌握盈余公积的账务处理与报告。

【引 子】

公司制是18世纪最伟大的组织变革。公司的产生,使得千千万万普通民众愿意把辛辛苦苦积攒下的钱交给完全陌生的人管理。于是,社会上零散的资金就被集中起来,由专业人员管理,去做小企业做不了的事。正如马克思在《资本论》里所言:"如果没有公司,现在就没有铁路。"公司制之所以能发挥如此神奇的作用,是因为这种制度将经营风险在股东、债权人和企业管理者之间进行了巧妙安排,并通过公司法加以保障。

财务报表中所有者权益的分类之所以复杂,就是为了反映股东、债权人和企业管理层的关系,就是为了体现公司法的要求。

第一节 所有者权益概述

一、所有者权益的性质

《基本会计准则》对所有者权益的定义是:"所有者权益,是指所有者在企业资产中享有的经济利益,其金额为资产减去负债后的余额。"即

$$所有者权益总额＝资产总额－负债总额$$

上述公式是会计等式的变形,强调了所有者权益是"剩余权益"。

本书所说的"企业",如果没有特别指明,是指具有法人资格的公司制企业。本书曾经在第一章的第一节、第五节以及第八章的第一节,从时点、期间两个角度细致地分析了公司制企业所有者权益的剩余性质。

本节将进一步分析公司制企业所有者权益的分类。为此,先对非公司制企业所有者权益的性质进行分析,以此为参照,分析公司制企业的组织形式以及公司制企业各类所有者权益的性质。

二、不同组织形式的企业所有者权益

企业的组织形式是企业在工商行政管理机关注册登记时所确定的组织形式。

企业有三种基本组织形式:个人独资企业、合伙企业和公司制企业。

(一)个人独资企业

个人独资企业是这样的经营实体:由一个自然人即业主投资,企业财产为业主个人所有,业主以其个人财产对企业债务承担无限责任。个人独资企业不是独立的法人主体,在法律上它与业主是一体的——企业的经营所得就是业主的个人所得,交纳个人所得税。同理,当企业的到期债务不能偿还时,由业主个人清偿。个人独资企业由于只有一个自然人投资,经营规模通常比较小,因而所有者同时也就是经营者。

在中国的经济生活中,最常见的个人独资企业是个体工商户。

(二)合伙企业

合伙企业与个人独资企业很相近,只是出资人更多,有两个或两个以上,每一个出资人都称作"合伙人"。合伙人之间订立合伙协议,他们共同出资、合伙经营、共享收益、共担风险,并对合伙企业的债务承担无限连带责任。合伙企业也不是独立的法人,不交企业所得税,由合伙人个人交纳个人所得税。当企业的到期债务不能偿还时,由各个合伙人连带清偿。所谓"连带清偿",是指每个合伙人都具有清偿所有债务的义务。合伙人一般也是企业的经营者。

在我国的经济生活中,会计师事务所、法律事务所等中介机构,按照相关法律要求,以合伙企业形式存在。

个人独资企业与合伙企业的投资人,既是所有者,也是经营者。所以在这两类企业的资产负债表中,只要设立一个"资本"项目,既反映所有者的投入,又反映经营业绩,就可以了。

(三)公司制企业

相比独资企业与合伙企业,公司制企业对外提供所有者权益方面的信息要复杂得多。这是由公司制企业的特点决定的。

《中华人民共和国公司法》(以下简称《公司法》)第一章第三条对公司的定义是:"公司是企业法人,有独立的法人财产,享有法人财产权。公司以其全部财产对公司的债务承担责任。"

该定义有三个层次。

第一,公司不仅是一个组织,而且是一个独立于任何利益相关者的法律主体,既独立享有法定权利,也独立承担法定义务,是一个虚拟的"人"。

第二,公司对所拥有的资产享有法人财产权,即占有、使用、处置和受益权。这种权利在一定层面上独立于股东意志。股东只能通过法定途径表达意志,比如通过股东大会表达是否同意公司董事会提出的经营决策,但是不能直接干预公司经营,比如决定是否处置一项资产。

第三,公司以其全部财产对公司债务承担责任。

公司对其债务承担偿还责任,以全部财产为限。如果动用全部财产仍然不能偿还债务,公司就要宣告破产,不能偿还的部分就依法不再偿还了。这对股东意味着他们所承担的损失以其投入到公司的资本为限,最糟糕的结果无非血本无归,不会像个人独资企业与合伙企业那样,企业不能偿还的债务,要业主或合伙人继续偿还。

公司承担有限债务责任,意味着公司经营失败的风险有一部分转移给债权人了。

相比独资企业和合伙企业,公司制企业的组织安排对资本的拥有者具有更大的吸引力,从而更方便公司制企业从社会筹集资本。从全世界范围看,虽然个人独资企业与合伙企业数量众多,但是就资产以及经济活动的规模,还是以公司制企业为主导。世界上最大的企业,无论从事什么行业,都是公司制企业。

公司制企业大规模的经营,使得经营管理更加专业化、精细化,于是公司制企业设立了严密且分工明确的组织,来进行公司事务的决策和执行。这个组织的结构是:由全体股东共同组成股东大会。股东大会是公司的最高权力机构,负责决定利润分配、增发股票、企业并购等公司重大事项。股东在股东大会上选举产生董事会和监事会。董事会向股东大会负责,执行股东大会的决议,是公司事务的决策机构。监事会是公司的监督机构,负责检查公司财务,并对公司的董事、经理的职务行为进行监督。董事会聘任总经理和副总经理等高层管理者,进行企业的日常经营管理决策。高级管理层再聘请中级管理层以及各级员工执行企业的日常决策。

综上所述,公司制企业相比独资企业和合伙企业,具有以下两个特点:

第一,公司制企业承担有限债务责任,债权人在一定程度上承担了公司经营失败的风险;

第二,公司制企业的所有权和经营权分离,企业的经营由股东委托给管理者进行。

公司制企业的这种制度安排,把股东、债权人和作为公司法定管理者的管理层三类群体的利益绑在了一起。他们彼此依赖,互惠共生,形成独特的三角关系。第一,股东和债权人把自己的资本委托给管理层进行管理。管理层如果拥有良好的经营能力,就能使这些资本保值增值。管理层受他人委托经营资本,也能挖掘个人潜力,在为他人创造价值的同时,为个人创造财富。不少卓越的经理人,比如,通用电气的韦尔奇,不仅创造了公司的奇迹,也造就了自己传奇般的人生。第二,债权人对股东有依靠。股东是经营管理风险的首要承担者。公司一旦经营恶化,首先亏蚀的是股东享有的那部分权益,债权人权益受到股东权益的保障。第三,股东对债权人也有依赖。这不仅因为债权人的利息是固定的,如果管理层创造财富的水平高于利息水平,多出的部分就归股东享有,而且因为债权人为了降低自身风险,对管理层的利己行为也有一定程度的约束,从而与股东的利益相一致。

为了规范公司的组织和行为,避免有信息优势的一方伤害其他利益相关者,保护公司以及各方利益相关者的合法权益,维护社会经济秩序,各国都制定了公司法。

在企业财务报表中对公司制企业的所有者权益进行分类,在很大程度上体现了《公司法》要求下的股东、债权人和管理层之间的经济关系。

三、两类公司制企业:有限责任公司与股份有限公司

无论是有限责任公司还是股份有限公司,股东仅以其出资额为限对公司承担责任。

(一)有限责任公司

有限责任公司向出资人签发出资证明书。出资人持有出资证明书成为公司的股东。股东投入到公司的资金是永久性的,通常不能抽走,如果想收回资金,只能变卖股权。

公司要设立公司章程。公司章程是对公司重大事项的约定,内容包括公司名称和住所,公司经营范围,公司注册资本,股东的姓名或者名称,股东的出资方式、出资额和出资时间;公司的机构及其产生办法、职权、议事规则,公司法定代表人,等等。股东要在公司章程上签字盖章。如果要修改章程,就要召开股东会,由达到法定比例的股东表决通过。

公司章程中的注册资本,是公司在工商行政管理部门登记的全体股东认缴的出资额。注册资本金额的多少,在一定程度上反映了公司规模的大小。我国《公司法》规定,有限责任公司注册资本的最低限额为人民币三万元。

有限责任公司的股东人数为1~50人。

(二)股份有限公司

股份有限公司根据设立的方式不同,分为发起式设立与募集式设立两种。发起式设立的特点是,公司的股份全部由事先确定好的少数自然人或者法人即"发起人"认购,不向发起人以外的任何人募集资本。募集式设立的特点是发起人只认购一部分股份,其余股份通过向社会公开发行股票来募集。募集式设立的股份有限公司也称作"公众持有的公司"。

股份有限公司不同于有限责任公司,其区别至少包括以下五个方面。

第一,公司的全部资本划分为等额股份。

公司的全部资本划分为等额股份,每一份称为"一股"。无论持有人是谁,每一股所代表的权利是相等的,这就是所谓"同股同权,同股同利"。这种将全部资本划分为等额股份的化整为零的方式,既能方便筹集资本,也能方便股权交易。

第二,通过发行股票筹集资本。

股票是股份有限公司筹集资本时向股东发行的股份凭证,一股一票,它代表着持有人对股份有限公司所享有的股权。股东所享有的权利的大小,取决于所持有的股份数量占公司对外发行的股份数量的比例。

第三,股票可以自由转让。

股东可以根据个人意愿将所持有的股票在资本市场上转让,转让价格由买卖双方自行确定。股票的可流通性,使得更多的资金拥有者愿意投资给企业,因为一旦他需要资金,就能从资本市场上变现。这也是股份有限公司的规模远远大于有限责任公司的原因。

第四,财务公开。

一般说来,企业的财务状况、经营成果与现金流量信息,是企业经营活动的综合体现,是

企业的商业秘密。但是,由于募集式设立的股份有限公司的股东多数是社会公众,为了使股东了解公司的经营情况,以便进行投资决策,公司所编制的财务报告要向社会公布。

第五,我国《公司法》规定,股份有限公司的股东人数最低 2 人,没有上限;最低注册资本为人民币 500 万元。

总而言之,股份有限公司的股权能以股票的形式自由转让,股东人数众多,公司规模巨大。这些特点,加剧了股份有限公司所有权与经营权的分离。用财务报告来解决股份有限公司外部的股东和债权人与内部的管理者之间的信息不对称,意义更为重大。

四、所有者权益的分类

股东既然委托他人管理企业,那么他就想知道,在所有者权益中,有多少是自己投入的,还有多少是受托人为自己赚来的,于是就有必要将所有者权益至少分为两大类,一类是股东投入的,我们称之为"投入资本",另一类是受托人为股东赚来后没有分配给股东,留存在企业的部分,我们称之为"留存收益"。有些情况下,还会形成第三类所有者权益——其他综合收益。

所有者权益的继续细分化,体现了公司法要求下的股东、债权人和管理层三者之间的经济关系。为了体现公司法的要求,对外报告时有必要将"投入资本"细分为"实收资本(股本)"与"资本公积"两部分,"留存收益"细分为"盈余公积"和"未分配利润"两部分。

本章第二节介绍投入资本,第三节介绍其他综合收益,第四节介绍利润分配和留有收益。

第二节 投入资本

投入资本是由股东投入到企业里的资本,通常包括实收资本(或股本)和资本公积两部分。实收资本(或股本)是由股东投入的、在工商行政管理部门注册登记的资本额。资本公积也由股东投入,但是不在工商行政管理部门登记,属于没有法律名分的投入资本。另外,在中国的资本市场上,越来越多的企业通过发行优先股或永续债等权益工具来筹集与股本性质相似的资本。

一、实收资本(或股本)

(一)注册资本的意义

注册资本是股东认缴的出资额,是开办公司时在工商行政管理部门登记的重要事项。

1. 注册资本的法律意义

任何公司在开办时,都要根据公司法的要求,设定注册资本,并由股东缴纳等额的资本。《公司法》要求,有限责任公司的注册资本不能低于 3 万元,股份有限公司的注册资本不能低于 500 万元。《公司法》之所以要求公司必须有足够的注册资本,是因为注册资本是股东投入的最原始资本,注册资本越多,债权人的利益就越有保障。有人形象地把注册资本比喻为债权人从高处摔下,垫在地上的保护垫最下面的那一层。注册资本信息是债权人格外关注的会计信息。

按照《公司法》的要求，公司的注册资本可以在两年内分期缴纳。其中第一次缴纳的金额不低于公司注册资本的20%，并且同时不低于《公司法》规定的法定最低注册资本额的限额，即有限责任公司不低于3万元，股份有限公司不低于500万元。

实收资本（或股本）是公司实际从股东收到的资本。在股东向公司投入的资本不足以达到注册资本时，实收资本（或股本）小于注册资本。在本书以及其他多数教材中，"实收资本（或股本）"和"注册资本"两种称谓混用，均表示公司在工商行政管理部门登记的并且已经由股东缴足的注册资本。

股份有限公司的注册资本被均分为等额的股份，每一股的金额称为"面值"。在我国，绝大多数股份有限公司股票的面值为1元。股票面值与注册资本的数量关系是：

$$注册资本＝股票面值\times 公司发行的股份数$$

面值为1元的公司，有多少注册资本额就发行了多少股份。

2. 注册资本的经济意义

每一位股东在公司享有权利和承担义务的大小，如果是有限责任公司，取决于他认所缴的出资额占公司注册资本额的比例；如果是股份有限公司，则取决于他所认缴的股份数量占公司发行在外股份数量的比例。所以，公司的股东也格外关注注册资本信息。

（二）注册资本的变动

随着公司不断发展壮大，需要继续从股东那里筹集资本时，公司的注册资本就要增加。

有些行业，比如矿产资源开采业，在资源开采的后期，业务量不断萎缩，而管理层手头如果又拥有大量闲置资金，却找不到新的投资渠道，就要将现金返还给股东，同时减少注册资本，以免资本在自己手里进一步亏蚀。股份有限公司通过股票回购再注销的方式来减资。减少注册资本的情况比较少见。

注册资本无论增加还是减少，其变更都要通过法定程序：首先召开股东大会，经达到法定比例的股东表决通过后修改公司章程，然后由股东继续注资或者向股东返还资本，最后在工商行政管理部门进行变更登记。

（三）实收资本（股本）的账务处理

在资产负债表上，有限责任公司通过"实收资本"项目、股份有限公司通过"股本"项目反映注册资本。为了记录注册资本的增减变化，有限责任公司设置"实收资本"科目，股份有限公司设置"股本"科目。当增加注册资本时，记入该科目的贷方，当减少注册资本时，记入该科目的借方，期末该科目有贷方余额，表示结存的注册资本。"实收资本"科目下按照股东设置明细科目。

股东可以用货币资金出资，也可以用实物、知识产权、土地使用权等财产作价出资。《公司法》规定，对作为出资的非货币财产应当评估作价，核实财产，不得高估或者低估作价。

【例11—1】 某有限责任公司A是新成立的公司，注册资本为60万元，甲、乙、丙三个股东各认缴20万元。甲以货币资金20万元出资。乙用一批材料出资。A取得这批材料作为库存商品。这批材料在乙的账面上价值为20万元，经资产评估师评估后，三位股东共同认可的价值为15万元。乙再投入5万元货币资金。乙为该批材料开具的增值税专用发票上注明交易总额为15万元，其中金额132 743.36元，税额为17 256.64元。股东丙投入了一台设备,经资产评估师评估后,三位股东共同认可的价值为20万元。在丙的账面上这台设备原值为30万元,已提折旧15万元。丙向A开具的增值税专用发票注明交易总额为20万元,其中金额为176 991.15元,税额为23 008.85元。

三位股东出资以后,我们所关注的会计主体A公司的实收资本增加了,金额是60万元,另一方面资产也增加了60万元。股东投入的货币资金的确认和计量都很容易,而投入的非货币性资产的确认和计量就要复杂得多。这些非货币性资产的确认和计量,应按照在"存货""固定资产""无形资产"等章节里已经阐述过的,以A公司各位股东所共同认可的价值计量(除非该价值不公允),与该资产原先在股东的账面价值无关。

A公司接受股东出资,在工商行政管理部门办理登记手续以后,资产负债表的"货币资金"项目增加了250 000元,"存货"项目增加了132 743.36元,"固定资产"项目增加了176 991.15元,"应交税费"减少了40 265.49元,"实收资本"增加了600 000元;所有者权益变动表的"实收资本"项目增加了600 000元;现金流量表里有现金流入250 000元。

用会计等式模板描述,结果见表11-1。

表11-1 会计等式模板描述

单位:元

资产负债表要素	资产			=	负债	+	所有者权益		
资产负债表项目	货币资金	存货	固定资产	=	应交税费	+	实收资本		
资产负债表科目	银行存款	库存商品	固定资产	=	应交税费	+	实收资本		
资产负债表明细科目	略	略	略	=	应交增值税	+	甲	乙	丙
接受投资	+25万	+132 743.36	+176 991.15	=	-40 265.49	+	+20万	+20万	+20万

编制会计分录如下:

借:银行存款　　　　　　　　　　　　　250 000
　　库存商品　　　　　　　　　　　　　132 743.36
　　固定资产　　　　　　　　　　　　　176 991.15
　　应交税费——应交增值税(进项税额)　40 265.49
　贷:实收资本——甲　　　　　　　　　 200 000
　　　　　　——乙　　　　　　　　　　 200 000
　　　　　　——丙　　　　　　　　　　 200 000

【例11-2】 某股份有限公司采用募集方式设立。注册资本为1 000万元,股票面值为1元,共发行股票1 000万股。发起人甲认缴500万股,以货币资金100万元和投资各方共同认可的价值为400万元的设备出资。发票注明总额为400万元,其中金额为3 539 823.01元,税额为460 176.99元。其余500万股由向社会公众出售,每股发行价格为1元。

该股份有限公司收到股东的出资,办理好公司注册登记手续,请读者参照表11-1,自行用会计等式模板描述。

编制会计分录如下:

借:银行存款　　　　　　　　　　　　　6 000 000

固定资产　　　　　　　　　　　　　　3 539 823.01
　　　应交税费——应交增值税(进项税额)　　460 176.99
　　贷:股本　　　　　　　　　　　　　　　　10 000 000

股份有限公司的股东众多,股东持股的明细情况采用备查账形式记录。

【例11—3】 某有限责任公司丁从事某稀土资源开采已经10余年,目前探明储量已基本开采完毕,公司没有新的开发意图。经股东会表决通过,公司缩减注册资本100万元。公司原有注册资本200万元,其中股东甲出资100万元,股东乙和丙均出资50万元。

丁公司将货币资金返还给三位股东,办理完注册资本变更登记手续,资产负债表的"货币资金"项目减少100万元,"实收资本"项目减少100万。所有者权益变动表的"实收资本"项目减少100万元。现金流量表中有现金流出100万元。

用会计等式模板描述,结果见表11—2。

表11—2　会计等式模板描述

单位:万元

资产负债表要素	资产	=	负债	+	所有者权益		
资产负债表项目	货币资金	=		+	实收资本		
资产负债表科目	银行存款	=		+	实收资本		
资产负债表明细科目	略	=		+	甲	乙	丙
股东撤资	-100	=		+	-50	-25	-25

丁公司各位股东的减资额记录在明细科目里。

编制会计分录如下:
　　借:实收资本——甲　　　500 000
　　　　　　　　——乙　　　250 000
　　　　　　　　——丙　　　250 000
　　　贷:银行存款　　　　　1 000 000

股份有限公司的减资方式与有限责任公司的不同。有限责任公司是向数量不多(《公司法》规定,最多50人)且确定的股东返还资本。股份有限公司的股东数以万计,而且股东还在不断变更,直接面对股东返还资本基本无法做到。只能采用在资本市场回购股票并且加以注销的形式减资。

(四)实收资本(股本)的报告

有限责任公司和股份有限公司分别在资产负债表的"实收资本"项目和"股本"项目,报告资产负债表日公司的注册资本情况,列报金额为"实收资本"或"股本"科目的本期期末余额。

注册资本在当期的增减变动情况,通过所有者权益变动表的"实收资本(股本)"项目反映。

由于历史原因,我国很多股份有限公司的股权性质复杂,有国有股、国有法人股、非国有法人股、自然人持股等之分。在过去很长时期内,非自然人持股不能通过资本市场流通。从

2005年开始,我国资本市场进行了为期三年的股权分置改革,限售股份的流通逐步得以放开。股份有限公司不同股权性质的分布情况,以及限售股份的解禁情况,在财务报表附注中披露。

二、资本公积

资本公积是公司的所有者投入的资本中超出注册资本的部分。

(一)资本公积形成的原因

资本公积,就字面意思,有两个含义。其一,是一种"公积金",为所有股东共同享有;其二,来源于"资本",与股东有关,与管理层无关。资本公积,顾名思义,就是由股东投入的、为全部股东共同享有的资本。具体说来,就是由股东投入的资本中超出其所认缴的注册资本份额或者超出其所认缴的股份面值的部分。

那么在什么情况下,股东愿意超出所认缴的注册资本份额而多投资呢?多出的部分岂不白白"充公"?

下面举一例说明。

【例11—4】 承例11—1。甲、乙、丙三人各持资20万元成立A公司。经过一年的经营,A公司赚取利润12万元,拿出6万元向股东派发现金股利。甲、乙、丙三位股东各得2万元。此时,每位股东享有的所有者权益的金额为22万元。其中20万元是认缴的注册资本,另2万元是留存收益。第四位投资者丁看到A公司很有前途,也愿意认缴20万元的份额,取得与甲、乙、丙三位股东同等的权利。那么丁所投入的资产的价值应该是多少?

如果丁像三位老股东一样,也投入价值20万元的资产,取得与他们同等的权利,一般说来,这三位老股东不愿意,因为在丁投资20万元之后,每位老股东享有的份额就从原先的22万元降低到21.5万元。而丁至少要投入22万元,才不至于在投资后稀释老股东的利益。通常情况下,丁投入的资本要超过22万元。这样做的合理性在于,公司经营初期股东承担的风险要比公司稳步经营后股东承担的风险大。公司经营初期,产品需要研发,市场需要开拓,与供应商的关系需要维护,企业内部管理制度需要建立,员工与员工之间需要磨合,等等,企业经营失败的可能性比较大。于是在公司经营纳入正轨以后,新股东就要对老股东做些补偿。当然,丁究竟投入多少资产才能取得想认缴的份额,还要由新老股东共同谈判确定。如果一个公司急需资金,渴望新股东加入,那么老股东甚至愿意放弃一部分已享有的利益给新股东,以期未来得到更多。在这种情况下,丁投入的资产只要达到20万元就可以了。

总之,新股东之所以愿意在所认缴的注册资本之外投入更多的资本,是因为一方面老股东在所认缴的注册资本之外,享有留存收益,另一方面,要对老股东曾经承担的风险作一定补偿。

(二)资本公积的用途

从股东与管理层之间的关系看,附加缴入的资本,与注册资本无异,都是股东委托管理层经营的资本,都属于投入资本,只是没有法律名分而已。这部分资本可以通过法定程序转增注册资本,这种程序称作"资本公积转增资本(股本)"。新转增的注册资本,被全体股东分享,分享比例为每个股东在原注册资本中享有的份额。所以,附加缴入的资本转增资本(股本)前后,股东享有权益的比例没有变化。这种行为只是使没有法定名分的资本获得了法定名分而已,它既不影响股东与管理层之间的关系,也不影响股东与股东之间的关系。

从资本公积转增资本的过程中,我们再次体会到"资本公积"的本来含义:为所有股东共同享有的投入资本。

(三)资本公积的账务处理

资产负债表的"资本公积"项目反映资本公积情况。为了记录资本公积的增减变动,设置"资本公积"科目,当资本公积增加时,记在该科目贷方,减少时记在该科目借方,期末余额在贷方,表示期末结存的资本公积。

【例11-5】 承例11-4。A公司成立一年以后,股东丁投入货币资金24万元认缴20万元的份额。

A公司修改公司章程,办理完相关资产的过户手续,并在工商行政管理部门办理注册资本变更登记手续以后,资产负债表的"货币资金"项目增加240 000元,"实收资本"项目增加200 000元,"资本公积"项目增加40 000元;在所有者权益变动表中,"实收资本"项目增加200 000元,"资本公积"项目增加40 000元;现金流量表里报告现金流入240 000元。

该笔业务用会计等式模板描述,见表11-3"丁投入资本"行。

表11-3 会计等式模板描述

单位:万元

资产负债表要素	资产	=	负债	+	所有者权益					
资产负债表项目	货币资金	=		+	实收资本				资本公积	未分配利润
资产负债表科目	银行存款	=		+	实收资本				资本公积	利润分配
资产负债表明细科目	略	=		+	甲	乙	丙	丁	资本溢价	未分配利润
之前重要项目的余额		=		+	20	20	20		0	6
丁投入资本	+24	=		+				+20	+4	
资本公积转增实收资本		=		+	+1	+1	+1	+1	-4	

A公司编制会计分录如下:

借:银行存款　　　　　　　　　240 000
　　贷:实收资本——丁　　　　　　　200 000
　　　　资本公积——资本溢价　　　　40 000

【例11-6】 承例11-5。丁向A公司投入资本之后,A公司经股东会表决通过,决定将现有资本公积4万元转增资本。

修改公司章程,并在工商行政管理部门办理完注册资本变更登记手续以后,资产负债表"实收资本"项目增加40 000元,"资本公积"项目减少40 000元;在所有者权益变动表中,"实收资本"项目增加40 000元,"资本公积"项目减少40 000元,利润表和现金流量表不受影响。

该笔业务用会计等式模板描述,见表11-3"资本公积转增实收资本"行。

A公司编制会计分录如下:

借:资本公积——资本溢价　　　　40 000
　　贷:实收资本——甲　　　　　　　10 000

——乙	10 000
——丙	10 000
——丁	10 000

从表中看出,资本公积转增实收资本,所有者权益总额没有发生变化,同时每位股东新增的股份数按照各自原先持有的比例计算,股东在所有者权益中享有的比例也没有发生变化。总额不变,分配比例不变,股东享有的财富并不随着资本公积转增实收资本发生变化。

【例11－7】 B股份有限公司成立两年以后,由于公司发展需要,向社会公众增发股份100万股。每股面值1元。发行价格5元/股。不考虑发行手续费。

社会公众每买一股,投入的金额超过其所认缴的注册资本额即面值的部分,就是附加缴入资本。请读者参照表11－3自行用会计等式模板描述这笔业务。

对股份有限公司而言,股东附加缴入的资本记入"资本公积——股本溢价"明细科目。

编制会计分录如下:
借:银行存款　　　　　　5 000 000
　　贷:股本　　　　　　　1 000 000
　　　　资本公积——股本溢价　4 000 000

如果股份有限公司将股本溢价转增股本,首先要经股东大会表决通过,修改公司章程,然后发行股票,最后到工商行政管理部门办理变更登记手续。资本公积转增股本以后,每位股东持有的股份数随公司增发股份数成比例增加,但是每位股东在公司享有的份额不变。

(四)资本公积的报告

资本公积的期末数要列报在资产负债表的"资本公积"项目下,金额为"资本公积"科目的本期期末余额。资本公积的本期增减变动数要列报在所有者权益变动表中。

三、其他权益工具

企业通过发行优先股或永续债等金融工具来筹集资金。

优先股是指优先于普通股享有分配红利权和分配剩余财产权,优先股不享有表决权。永续债是像债务一样支付利息,但是本金没有到期日。企业发行优先股或永续债,究竟增加了负债还是增加了所有者权益,要根据企业发行公告书中对投资者的承诺来确定。发行优先股,并不必然增加所有者权益。如果优先股有固定的股利,很可能是一项负债。发行永续债,并不必然增加负债。如果永续债的利息不固定,就有可能是一项权益工具。企业如何根据发行公告书的条款来判断究竟增加了一项负债还是一项所有者权益,要以《企业会计准则第37号——金融工具列报》有关条款为准绳。

无论是优先股还是永续债,如果符合权益工具的特征,就形成了企业的所有者权益。在资产负债表单独设置所有者权益项目"其他权益工具"。在该项目下设置"其他权益工具"会计科目。在该会计科目下设置"永续债"和"优先股"两个明细科目。

发行其他权益工具时,一方面"货币资金"增加,另一方面所有者权益的"其他权益工具"增加。有关的会计分录如下:

借:银行存款
　　贷:其他权益工具——永续债(或:优先股)

第三节 其他综合收益

一、其他综合收益的性质

企业发生的大部分利得和损失是企业非日常经济活动带来的,通常与企业的经营行为有关,形成当期损益,计入利润表。但是,也有一些利得不是管理者经过努力得到的,而有一些损失,也是管理者无法控制的。这些利得和损失若计入当期损益,会歪曲管理层的业绩。例如其他债权投资期末用公允价值计量,公允价值变化所带来的变动额,是由资本市场引起的,而且管理层并没有意图赚取这个价差。这些利得或损失称作"其他综合收益",以区别于计入利润表当期损益的利得或损失。它和当期损益一起构成综合收益,成为股东因素之外所有者权益的变化因素。

二、形成其他综合收益的交易和事项

引起其他综合收益的情形有:
(1)以公允价值计量的其他债权投资产期末公允价值的变动。如例8-13。
(2)公司资产进行内部转换,转换前后因计量属性不同所产生的差异。如例7-20。
(3)对联营企业或合营企业进行长期股权投资的投资企业,如果联营企业或合营企业由于上述原因产生了其他综合收益,一方面调整长期股权投资的账面价值,另一方面产生本公司的其他综合收益。如例9-2。
(4)上述资产价值变化会继续产生连带反应:使递延所得税资产或者递延所得税负债发生变化,而递延所得税资产或者递延所得税负债的变化又会带来所有者权益的变化,这部分所有者权益的变化也属于其他综合收益。
(5)以公允价值计量的其他权益工具投资期末公允价值的变动。

三、其他综合收益的分类

在上述前四种情形下,与其他综合收益相关的资产变现后,该资产过去由于资本市场价格波动等因素产生的其他综合收益就以现金的形式体现出来了,于是过去形成的其他综合收益此时就应该转入当期损益,以体现管理层的业绩。这几种情形产生的其他综合收益都称作"将重分类进损益的其他综合收益"。本书例7-27阐述了因投资性房地产与自有房地产的转换而形成的其他综合收益及其转出问题;例8-13阐述了以公允价值计量的其他债权投资因公允价值的变动而产生的其他综合收益及其转出问题;例9-10阐述了投资企业对合营企业、联营企业投资,因被投资企业产生了其他综合收益,从而投资企业亦形成其他综合收益及其转出问题。此处不再就相关内容赘述。

第五种情形产生的其他综合收益,称作"不能重分类进损益的其他综合收益"。

四、其他综合收益的报告

其他综合收益的期末余额报告在资产负债表的"其他综合收益"项目。其他综合收益的

当期变动额报告在所有者权益变动表的"其他综合收益"项目中,同时在利润表的"其他综合收益"项目中详细报告引起其他综合收益变动的原因。

第四节 利润分配与留存收益

留存收益是企业的管理层为股东赚来的利润向股东分配后留存在企业的部分。关于利润的确认、计量、账务处理与报告问题,我们将在第十二章讲述。本节介绍利润的分配问题,以及分配后留存收益的确认、计量、账务处理与报告问题。

一、利润分配——《公司法》要求下的企业财务行为

对企业经营活动所赚取的利润进行分配,涉及管理层与股东、股东与债权人以及股东与股东之间的经济关系,是企业财务活动的重大问题。为了维护公平公正的社会秩序,保障企业健康发展,我国《公司法》对公司的利润分配做了规定。

《公司法》第一百六十七条规定,公司分配当年税后利润时,应当提取利润的百分之十列入公司法定公积金。公司从税后利润中提取法定公积金后,经股东会或者股东大会决议,还可以从税后利润中提取任意公积金。公司弥补亏损和提取公积金后所余税后利润,有限责任公司按照股东的出资比例分配红利,股份有限公司按照股东持有的股份比例分配红利。

《公司法》的上述规定有四个要点。

第一,公司必须从当年税后利润中提取10%的法定公积金。

从利润中提取的公积金像资本公积一样,为所有股东共同享有,只不过它是从利润中提取的,所以会计上将其称为"盈余公积"。法律强制规定提取的盈余公积称为"法定盈余公积"。提取法定盈余公积,意味着这一部分利润留存在企业不再向股东分配了。《公司法》之所以对盈余公积的提取做出刚性规定,就是为了保护债权人的利益,使得债权人在公司的注册资本之外又得到一层保障。

第二,公司自行决定是否提取任意盈余公积。

任意盈余公积的提取比例由公司股东(大)会表决通过,代表了大多数股东的意愿。任意盈余公积的提取,意味着股东愿意将这部分利润像自己原先投入的资本一样,委托给管理层经营。所以,任意盈余公积的提取也意味着限制了向股东进行分配,只不过这种限制是股东自愿接受的。

第三,向股东派发红利,并不意味着将提取盈余公积后当年剩余净利润全部派发,通常只派发其中的一部分。究竟派发多少,既受到公司现金流的影响,也受到公司红利分配政策和股东意愿的影响。

提取法定盈余公积和任意盈余公积以及向股东分配利润之后,剩余未分配的利润称作"未分配利润",可留待以后年度继续分配。未分配利润在分配之前留存在企业,是留存收益的组成部分。如果企业每年都有未分配的利润,那么随着时间推移,未分配利润会越积越多。

第四,每位股东分享的红利多少,取决于它在注册资本中所认缴的资本额。对股份有限公司的股东而言,则取决于他所认缴的股份数额。股份有限公司为了方便每位股东计算自己应领取的红利额,派发红利都以每股为单位。

二、留存收益的性质与用途

留存收益是管理层为股东赚取的利润中,经过利润分配后留存在企业的部分。留存收益包括按照《公司法》要求和股东(大)会决议提取的盈余公积和未分配利润两部分。

(一)盈余公积

盈余公积从净利润中提取,为所有股东共同享有,所以称为"盈余公积"。盈余公积按照来源,分为法定盈余公积和任意盈余公积两种。

1. 法定盈余公积

法定盈余公积是企业在盈利年度按照《公司法》的要求,必须从净利润中提取的留存在企业的留存收益。

《公司法》规定了法定盈余公积的用途:用以转增资本(股本)和弥补亏损。

(1)法定盈余公积转增资本(股本)

法定盈余公积既然为全体股东所分享,那么就可以给予其"名分"——转为注册资本。新增的注册资本,由每位股东按照原先享有的份额分享。与资本公积转增资本(股本)一样,盈余公积转增资本(股本)后,公司所有者权益总额不变,每位股东享有的份额也没有变化。盈余公积转增资本(股本),也要经过法定变更程序。

(2)法定盈余公积弥补公司亏损

法定盈余公积既然是以前盈余的结余,那么当公司发生亏损以后,就能以丰补歉。

2. 任意盈余公积

任意盈余公积是经股东(大)会表决通过,股东自愿从净利润中提取留在企业的部分。任意盈余公积可以转增资本,也可以用以弥补亏损。

(二)未分配利润的性质

未分配利润是没有明确去向的留存收益。它与盈余公积的本质区别是,盈余公积已经确定留存在企业里将来不向股东分配,而未分配利润则将来有可能从中提取任意盈余公积,也有可能向股东分配。

三、利润分配与留存收益的账务处理

资产负债表的"盈余公积"和"未分配利润"项目反映了企业留存收益的情况。为了记录留存收益的增减变化,要设置两个科目。

第一,设置"利润分配"科目记录利润的分配过程。为了方便编制所有者权益变动表,应当分别设置"提取法定盈余公积""提取任意盈余公积""应付现金股利或利润""转作股本的股利""盈余公积补亏"和"未分配利润"等二级科目。

在以上二级科目中,除了"未分配利润"以外,其余二级科目,其设置原理类似于损益类科目,只反映变动数,期末要进行结转,结转后无余额,这样方便编制所有者权益变动表。而"未分配利润"二级科目,性质上属于资产负债表科目,既要登记利润的分配情况,也反映利润分配后的结余情况。

第二,设置"盈余公积"科目记录盈余公积的提取、使用和结余情况,并在该科目下设置"法定盈余公积"和"任意盈余公积"两个二级科目。

【例 11-8】 甲公司 2019 年开业,2019 年实现净利润 150 万元,提取法定盈余公积 15 万元。2020 年 3 月经股东大会决议,提取任意盈余公积 20 万元,分派现金股利 70 万元。2020 年实现税后利润 200 万元,提取法定盈余公积 20 万元。

用会计等式模板描述上述业务,见表 11-4。

表 11-4 会计等式模板描述

单位:万元

资产负债表要素	资产	=	负债	+	所有者权益					
资产负债表项目		=	应付股利	+	盈余公积		未分配利润			
资产负债表科目		=	应付股利	+	盈余公积		利润分配			本年利润
资产负债表二级科目		=	略	+	法定盈余公积	任意盈余公积	未分配利润	提取法定盈余公积	提取任意盈余公积	应付现金股利	
之前重要项目的余额		=		+			0	0	0		150
2019 年末结转本年利润		=		+			+150				-150
2019 年末提取法定盈余公积		=		+	+15			-15			
2019 年末内部结转		=		+			-15	+15			
2020 年 3 月提取任意盈余公积,宣告派发现金股利		=		+		+20			-20		
		=	+70	+						-70	
2020 年度内发生影响损益的业务	增减	=		+							+200
2020 年末结转本年利润		=		+			+200				-200
2020 年末提取法定盈余公积		=		+	+20			-20			
2020 年末内部结转		=		+			-110	+20	+20	+70	

(1)2019 年末实现净利润 150 万元,从资产负债表项目层面看,一年内由于收入增加了未分配利润、费用减少了未分配利润,"未分配利润"项目一年内自然增加了 150 万元。

但是在会计科目层面,由于会计年度内收入和费用都记录在损益类科目里(方便确定利润表各项目的金额),并没有记录在与"未分配利润"项目有关的会计科目里,所以年底先要把各收入费用科目的发生额转入"本年利润"科目,再由"本年利润"科目转入与"未分配利润"项目有关的科目:"利润分配——未分配利润",见表 11-4"2019 年末结转本年利润"。

结账时,将"本年利润"中的净利润结转至"利润分配——未分配利润"。

编制会计分录如下:

借:本年利润　　　　　　　　　　1 500 000
　　贷:利润分配——未分配利润　　　1 500 000

(2)2019 年末,根据《公司法》要求提取法定盈余公积时,资产负债表的"盈余公积"项目增加 15 万元,"未分配利润"项目减少 15 万元;所有者权益变动表中"盈余公积"项目增加 15 万元,"未分配利润"项目减少 15 万元;利润表和所有者权益变动表都不受影响。见表 11-4"2019 年末提取法定盈余公积"。

提取盈余公积时,理论上可以直接记入"利润分配——未分配利润"的借方。但实务中设置"利润分配——提取法定盈余公积"二级科目,先记入该二级科目的借方,期末再转入"利润分配——未分配利润"二级科目的借方,这样可以方便编制所有者权益变动表的"利润分配"部分。

编制会计分录如下:

借:利润分配——提取法定盈余公积　　　　150 000
　　贷:盈余公积——法定盈余公积　　　　　　　　150 000

(3) 2019年末,将"利润分配——提取法定盈余公积"的余额结转至"利润分配——未分配利润",见表11-4"2019年末内部结转"行。

编制会计分录如下:

借:利润分配——未分配利润　　　　　　　150 000
　　贷:利润分配——提取法定盈余公积　　　　　　150 000

2019年末,"利润分配"一级科目余额为135万元,这就是2019年末资产负债表"未分配利润"项目的金额。

(4) 2020年3月,根据股东大会决议,提取任意盈余公积和分派股利,"利润分配"项目减少,"盈余公积"项目增加,"应付股利"项目增加,见表11-4"2020年3月提取任意盈余公积,宣告派发现金股利"行。

编制会计分录如下:

借:利润分配——提取任意盈余公积　　　　200 000
　　贷:盈余公积——任意定盈余公积　　　　　　　200 000
借:利润分配——应付现金股利　　　　　　700 000
　　贷:应付股利——应付普通股股利　　　　　　　700 000

(5) 2020年年末,结转净利润时,见表11-4"2020年末结转本年利润"行。

编制会计分录如下:

借:本年利润　　　　　　　　　　　　　2 000 000
　　贷:利润分配——未分配利润　　　　　　　　2 000 000

(6) 2020年末,根据《公司法》要求提取法定盈余公积时,见表11-4"2020年末提取法定盈余公积"行。

编制会计分录如下:

借:利润分配——提取法定盈余公积　　　　200 000
　　贷:盈余公积——法定盈余公积　　　　　　　　200 000

(7) 2020年末,结转"利润分配"二级科目余额,见表11-4"2020年末内部结转"行。

编制会计分录如下:

借:利润分配——未分配利润　　　　　　1 100 000
　　贷:利润分配——提取法定盈余公积　　　　　　200 000
　　　　　　——提取任意盈余公积　　　　　　　　200 000
　　　　　　——应付现金股利　　　　　　　　　　700 000

2020年末,"利润分配"一级科目的余额为225万元,这就是2020年末资产负债表"未分配利润"项目的余额。

【例 11－9】 某股份有限公司经股东大会表决通过,将 1 000 万元的法定盈余公积转增股本。

用会计等式模板描述,结果见表 11－5。

表 11－5 会计等式模板描述

单位:万元

资产负债表要素	资产	=	负债	+	所有者权益	
资产负债表项目		=		—	股本	盈余公积
资产负债表科目		=		—	股本	盈余公积
资产负债表明细科目		=		—	略	法定盈余公积
盈余公积转增股本		=		—	+1 000	－1 000

资产负债表中"股本"项目增加 1 000 万元,"盈余公积"项目减少 1 000 万元;所有者权益变动表中,"股本"项目增加 1 000 万元,"盈余公积"项目减少 1 000 万元;利润表和现金流量表不受影响。

编制会计分录如下:

借:盈余公积——法定盈余公积　　　10 000 000
　　贷:股本　　　　　　　　　　　　　　　10 000 000

四、利润分配与留存收益的报告

资产负债表的"盈余公积"和"未分配利润"项目,分别报告资产负债表日盈余公积和未分配利润的余额。"盈余公积"项目的余额来自"盈余公积"科目期末余额,而"未分配利润"项目的余额,则来自"利润分配——未分配利润"二级科目的期末余额。

一个会计期间内,由新增利润、利润分配以及所有者权益内部结转等引起的留存收益的变动情况,在所有者权益变动表列报。

利润分配事项以及所有者权益内部增减变动事项的细节,在财务报表附注中披露。

利润分配属于公司重大事项,上市公司往往在董事会拟定利润分配预案以及股东大会通过利润分配方案以后,采用不定期报告的形式单独将这些事项向社会公众披露。

五、弥补亏损

亏损是一个会计期间的不利经营结果。它意味着,与期初相比,未分配利润减少了。亏损,可能说明管理层经营不善,也可能说明公司所处的经营环境恶劣。

"弥补亏损",并不是股东再次出资把这个窟窿补上,它只是一种满足《公司法》要求的账务处理方式。

《公司法》第一百六十七条规定,"公司的法定公积金不足以弥补以前年度亏损的,在依照前款规定提取法定公积金之前,应当先用当年利润弥补亏损。公司弥补亏损和提取公积金后所余税后利润,可以向股东分配。"这条规定的意思是,当未分配利润余额为负数时,产生了要弥补的亏损。当累计提取的法定盈余公积不足以弥补亏损,即当"盈余公积"和"未分配利润"的合计数即留存收益为负数时,不能向股东分配。《公司法》如此规定的宗旨是施行资本保全,只有留存收益为正数即投入资本得到保全时,才能向股东分配利润,以保障债权人的权益。

按照上述规定,当"未分配利润"项目的余额为负数时,要用已经提取的法定盈余公积弥补亏损。用盈余公积弥补亏损,需要通过法定程序。首先由董事会提出预案,然后报经股东大会通过,最后再进行账务处理。进行账务处理时,要设置"利润分配——盈余公积弥补亏损"二级科目。

如果用盈余公积仍然不足弥补亏损,就要用以后年度实现的净利润弥补。这种情况下,不必实施专门的会计处理程序,它是将净利润从"本年利润"科目结转至"利润分配——未分配利润"二级科目的自然结果。

有的教材将"以后年度实现的税前利润弥补亏损"作为一种补亏方式。其实这是一种税收优惠,在计算以后年度应纳税所得额时将未弥补的亏损作为扣除项。从账务处理程序上,这种方式与税后利润弥补是一样的,都是将净利润从"本年利润"科目结转至"利润分配——未分配利润"二级科目的自然结果。

【例11-10】 2018年末,某股份有限公司"利润分配——未分配利润"二级科目有借方余额500万元,公司没有任意盈余公积。2019年5月,经股东大会表决通过,用公司结余的盈余公积300万元弥补亏损。2019年度,公司实现净利润600万元,扣除未弥补的亏损200万元,可供分配的利润为400万元,按照10%提取法定盈余公积40万元。

用会计等式模板描述的结果见表11-6。

表11-6 会计等式模板描述

单位:万元

资产负债表要素	资产	=	负债	+	所有者权益				
资产负债表项目		=		+	盈余公积		未分配利润		
资产负债表科目		=		+	盈余公积		利润分配		本年利润
资产负债表二级科目		=		+	法定盈余公积	任意盈余公积	未分配利润	提取法定盈余公积	盈余公积补亏	
2018年底重要项目的余额		=		+	300	0	-500			
2019年5月盈余公积弥补亏损		=		+	-300				+300	
2019年度影响损益的业务	增减	=	增减	+						+600
2019年末结转本年利润		=		+			+600			-600
2019年末提取法定盈余公积		=		+	+40			-40		
2019年末利润分配科目内部结转		=		+			+260	+40	-300	
2019年末重要项目余额		=		+	40		360	0	0	0

(1)2019年5月,根据股东大会的决议动用结余的300万元盈余公积弥补亏损,见表11-6"2019年5月盈余公积弥补亏损"行。"盈余公积"项目减少300万元,余额为零,"未分配利润"项目增加300万元,余额为-200万元,即仍有200万元未弥补亏损;所有者权益变

动表中"盈余公积"项目减少 300 万元,"未分配利润"项目增加 300 万元;利润表和现金流量表不受影响。

为了方便编制所有者权益变动表,此时与"未分配利润"项目对应的会计科目是"利润分配——盈余公积弥补亏损"二级科目。

编制会计分录如下:

借:盈余公积——法定盈余公积　　　　3 000 000
　　贷:利润分配——盈余公积弥补亏损　　3 000 000

(2)2019 年度实现了净利润 600 万元,见表 11-6"2019 年影响损益的事项"行。

2019 年底结转当年度实现的净利润 600 万元。见表 11-6"2019 年末结转本年利润"行。

编制会计分录如下:

借:本年利润　　　　　　　　　　　6 000 000
　　贷:利润分配——未分配利润　　　　6 000 000

结转后"利润分配"一级科目为贷方余额为 400 万元,之前未弥补的 200 万元现在弥补上了。

(3)2019 年底计提法定盈余公积 40 万元,见表 11-6"2019 年末提取法定盈余公积"行。

资产负债表的"盈余公积"项目增加 40 万元,"未分配利润"项目减少 40 万元,余额为 360 万元;所有者权益变动表的"盈余公积"项目增加 40 万元,"未分配利润"项目减少 40 万元;利润表和现金流量表不受影响。

编制会计分录如下:

借:利润分配——提取法定盈余公积　　400 000
　　贷:盈余公积——法定盈余公积　　　　400 000

"利润分配"一级科目余额为 360 万元。

(4)2019 年末"利润分配"一级科目下所有非"利润分配——未分配利润"二级科目的余额均转至"利润分配——未分配利润"

见表 11-6"2019 年末利润分配内部结转"行。

编制会计分录如下:

借:利润分配——盈余公积弥补亏损　　3 000 000
　　贷:利润分配——未分配利润　　　　2 600 000
　　　　　　　——提取法定盈余公积　　 400 000

2019 年末,"利润分配"一级科目余额为 360 万元,除了"未分配利润"二级科目有余额 360 万,其余二级科目余额全都结转为零。

在 2019 年末资产负债表中,"盈余公积"项目为 40 万元,"未分配利润"项目为 360 万元。

【本章小结】

本章介绍了企业所有者权益的性质以及公司制企业所有者权益的特点,按照公司制企业所有者权益的分类,分别介绍了投入资本、其他综合收益、留存收益的特点以及确认、计量、账务处理与报告问题。

投入资本主要包括实收资本(或股本)与资本公积。实收资本(或股本)是具有法律名分的投入资本。公司的各个股东在实收资本(或股本)中的份额决定了其在公司享有的权利和承担的义务的大小。资本公积是不具有法律名分的资本,来自股东的附加缴入资本。本章详细介绍了与两类项目相关的经济活动的确认、计量、账务处理与报告。

其他综合收益是股东因素以外、同时又与管理层经营业绩无关的所有者权益。本章总结了之前各章所描述的经济活动形成的其他综合收益。

留存收益不仅来自利润,还与利润分配有关。本章介绍了《公司法》对利润分配的规定,介绍了盈余公积与未分配利润的账务处理与报告,并介绍了盈余公积的使用以及相关的账务处理与报告。

最后阐述了弥补亏损的账务处理。

【思考题】

1. 为什么说所有者权益是一种剩余权益?公司制企业的所有者权益如何分类?为什么要这样分类?

2. 什么是投入资本?为什么在有些情形下要把投入资本分为两类?

3. 什么是其他综合收益?这与计入利润表的利得和损失有什么不同?

4. 企业的利润分配为什么要纳入《公司法》的范畴?为什么要把留存收益分为盈余公积和未分配利润?

5. 什么是亏损?什么是弥补亏损?

【练习题】

(一) 单项选择题

1. 下列各项能够引起企业所有者权益减少的是( )。
   A. 股东大会宣告派发现金股利　　　B. 以资本公积转增资本
   C. 提取法定盈余公积　　　　　　　D. 提取任意盈余公积

2. 下列各项中会引起留存收益总额发生增减变动的是( )。
   A. 盈余公积转增资本　　　　　　　B. 盈余公积补亏
   C. 资本公积转增资本　　　　　　　D. 用税后利润弥补亏损

3. 企业增资扩股时,投资者实际缴纳的出资额大于其按约定比例计算的其在注册资本中所占的份额部分,应作为( )。
   A. 资本溢价　　　　　　　　　　　B. 实收资本
   C. 盈余公积　　　　　　　　　　　D. 营业外收入

4. 对有限责任公司而言,如有新投资者介入,新介入的投资者缴纳的出资额大于其按约定比例计算的其在注册资本中所占的份额部分,应记入( )科目。

A. 实收资本 B. 营业外收入
C. 资本公积 D. 盈余公积

5. 某股份有限公司委托某证券公司代理发行普通股 10 万股,每股面值 1 元,每股按 1.2 元的价格出售。按协议,证券公司从发行收入中收取 3% 的手续费,从发行收入中扣除。则该公司计入资本公积的数额为( )元。

A. 16 400 B. 100 000 C. 116 400 D. 0

(二)多项选择题

1. 下列各项中,能同时引起资产和所有者权益发生增减变化的有( )。

A. 分配股票股利 B. 交易性金融资产期末公允价值上升
C. 用盈余公积弥补亏损 D. 投资者投入资本

2. 下列事项中,可能引起资本公积变动的有( )。

A. 经批准将资本公积转增资本
B. 宣告现金股利
C. 投资者投入的资金大于其按约定比例在注册资本中享有的份额
D. 其他综合收益
E. 计入当期损益的利得和损失

3. 上市公司发生的下列交易或事项中,会引起上市公司股东权益总额发生增减变动的有( )。

A. 销售商品取得收入 B. 为管理用固定资产计提折旧
C. 用资本公积转增股本 D. 用盈余公积弥补以前年度亏损
E. 派发股票股利

4. 下列项目中,可能引起其他综合收益变动的有( )。

A. 因发行股票而向承销商支付的承销费
B. 企业接受投资者投入的资本
C. 用资本公积转增资本
D. 处置采用权益法核算的长期股权投资
E. 自用房地产转换为采用公允价值计量的投资性房地产,并且转换日资产的公允价值大于原账面价值

(三)计算及账务处理题

1. 某公司发行股票,每股面值 1 元,发行 3 000 万股,发行价格为每股 3 元。用会计等式模板描述并编制有关会计分录。

2. 某公司根据有关法律规定,提取法定盈余公积 100 万元,根据股东大会决议,提取任意盈余公积 200 万元,分派现金股利 400 万元,数日后将股利全部发放。用会计等式模板描述有关利润分配和股利发放的业务并编制会计分录。

3. 某公司 2019 年初股本总额为 1 000 万元,资本公积为 100 万元。2019 年增发股票,每股发行收入 4.2 元,共增发 100 万股,每股面值 1 元。2020 年将 100 万元资本公积转增股本。分别计算 2019 年末和 2020 年末该公司的股本总额,用会计等式模板描述增发股票和转增股本的业务并分别编制会计分录。

4. 某公司 2020 年初股东权益构成如下：

股本	1 000 万（每股面值 1 元）
资本公积	700 万
其他综合收益	0
盈余公积	200 万
未分配利润	900 万

2020 年 5 月通过利润分配方案，每 10 股派发股票股利 1 股，派发现金 2 元。派发股票股利时股票的市场价格为 5.5 元。2020 年公司盈利 100 万元。计算 2020 年末各股东权益项目的金额。（股票股利的金额以面值计算）

5. 甲公司属于产品制造企业，为增值税一般纳税人，由 A、B、C 三位股东于 2018 年 12 月 31 日共同出资设立，注册资本 800 万元。出资协议规定，A、B、C 三位股东出资比例分别为 40%、35% 和 25%。有关资料如下：

(1) 2018 年 12 月 31 日三位股东的出资方式及出资额如下表所示（各位股东的出资已全部到位，并经第三方验证，有关法律手续已经办妥）：

单位：万元

出资者	货币资金	实物资产	合计
A	270	50（存货，含增值税，税率 13%）	320
B	130	150（设备，含增值税，税率 13%）	280
C	170	30（轿车，含增值税，税率 13%）	200
合计	570	230	800

(2) 2019 年甲公司实现净利润 400 万元，2020 年 2 月 1 日决定向股东分红 100 万元，在 2020 年 2 月 10 日支付；

(3) 2020 年 12 月 31 日，甲公司注册资本由原 800 万元增加到 1 000 万元。增资的 100 万元由 A、B、C 三位股东按原持股比例以银行存款出资。增资的另外 100 万元由新股东 D 投入。D 股东以银行存款 100 万元、原材料 56.5 万元（增值税专用发票中注明材料金额为 50 万元，增值税额为 6.5 万元）出资。四位股东的出资已全部到位。

要求：(1) 用会计等式模板描述甲公司 2018 年 12 月 31 日收到三位投资者投入资本的业务并编制会计分录（"实收资本"科目要求写出明细科目）；

(2) 用会计等式模板描述甲公司 2020 年 2 月决定向股东分红和实际分红的业务并编制会计分录（"应付股利"科目要求写出明细科目）；

(3) 计算甲公司 2020 年 12 月 31 日吸收 D 股东出资时产生的资本公积；

(4) 用会计等式模板描述甲公司 2020 年 12 月 31 日 A、B、C 股东追加投资和 D 股东出资的业务并编制会计分录；

(5) 计算甲公司 2020 年 12 月 31 日增资扩股后各股东的持股比例。

(四)财务报表题

1."你的"公司在最近一个会计年度所有者权益期末余额占资产总额的比例是多少?查一查同行业其他公司的情况,做个比较。

2."你的"公司股本、资本公积、其他综合收益、盈余公积、未分配利润的余额占所有者权益余额的比例有多大?未分配利润比例如果比较大,查一查以往利润分配情况。

3."你的"公司在最近一个会计年度发行股票了吗?发行了多少?对股本和资本公积的影响怎样?

4."你的"公司在最近一个会计年度盈利了吗?在最近一个会计年度如何进行利润分配?对所有者权益各项目造成了怎样的影响?如果是亏损,该亏损是如何弥补的?

5."你的"公司在最近一个会计年度有其他综合收益吗?

第十二章

收入费用和利润

【学习目标】

通过学习本章,你应该:
1. 理解什么是客户,什么是面向客户的合同;
2. 掌握与面向客户的合同有关的收入的确认条件;
3. 理解商业实质的概念;
4. 理解商品控制权的概念;
5. 掌握收入确认和计量的五步法模型;
6. 理解单项履约义务的概念,掌握合同中单项履约义务的识别方法;
7. 了解在某一时段内履行的履约义务的特点;
8. 了解在某一时点履行的履约义务的特点;
9. 掌握典型业务的账务处理;
10. 掌握与面向客户的合同有关的业务如何在资产负债表和利润表中报告。

【引 子】

W同学是某校会计专业的学生。春节前夕他买了一款新式手机。手机售价2 999元,含一年免费保修服务,并随机赠送300元话费。话费分六个月抵扣他在某通信公司的套餐支出,如果每月套餐支出不超过50元,以抵扣完当月套餐支出为限。

W同学遇事喜欢思考。他在想:"我今天花的2 999元,到底为商家这个月的利润表做了多大贡献?"

第一节 收入

一、收入的性质

收入是指企业在日常活动中形成的、会导致所有者权益增加的、与所有者投入资本无关的经济利益的总流入。

导致所有者权益增加的因素包括以下四种,其中收入是最重要的一种。

①股东向企业投资,即投入资本;

②由资本市场等外部环境带来的所有者权益变化,即其他综合收益;

③计入当期损益的利得;

④收入。

收入是由企业日常活动产生的,与引起所有者权益变化的其他三种因素显著不同。收入体现了企业面向客户完成销售商品、提供劳务等自身的核心经济活动以后从客户得到的补偿。当企业实现收入时,按照马克思在《资本论》中的描述,就完成了"惊险的一跃"——企业的私人劳动得到了社会的认可。如果商品、劳务不能为社会接受,企业为了生产商品、提供劳务而发生的成本就不能得到补偿,经营就难以为继,股东就会遭受损失。所以,与收入相关的信息是股东评价管理层业绩、预测未来获利能力的最重要依据。于是明确企业在什么条件下才能确认收入,就显得非常重要。

二、收入的确认标准

(一)《基本会计准则》规定的收入的确认标准

《基本会计准则》规定收入的确认标准包括两条,一条是与收入相关的经济利益能够流入,另一条是与收入相关的金额能够可靠计量。

"与收入相关的经济利益能够流入",包含两方面含义:一方面,企业按照合同约定提供了商品和劳务,完成了自己应尽的义务;另一方面,客户按照合同约定支付款项。也就是说,只有合同的双方都能履行合同所规定的义务,对企业而言,与收入相关的经济利益才能够流入。

"与收入相关的金额能够可靠计量"是指企业因销售商品、提供劳务而从客户得到的补偿即收入能够可靠计量。

(二)《收入准则》规定的收入的确认标准

2017 年修订的《企业会计准则第 10 号——收入》(以下简称《收入准则》)所规定的收入的确认标准是,当企业与客户之间的合同同时满足下列条件时,企业应当在客户取得相关商品控制权时确认收入:

①合同各方已批准该合同并承诺将履行各自义务;

②该合同明确了合同各方与所转让商品或提供劳务(后文统一称作"转让商品")相关的权利和义务;

③该合同有明确的与所转让商品相关的支付条款;

④该合同具有商业实质,即履行该合同将改变企业未来现金流量的风险、时间分布或金额;

⑤企业因向客户转让商品而有权取得的对价很可能收回。

在上述标准中,有两个概念需要做出解释。

第一个概念:商品控制权。

商品控制权是指能够主导该商品的使用并从中获得几乎全部的经济利益,也包括有能力阻止其他方主导该商品的使用并从中获取经济利益。

在判断客户是否拥有商品控制权时,要从客户角度出发进行分析。当同时满足以下三个条件时认为客户取得了商品控制权。这三个条件是:第一,客户取得的权利是现实的;第二,客户能够主导商品使用,同时阻止其他人使用;第三,客户能够获得商品上几乎全部经济利益。

通常情况下,客户取得了能够证明商品所有权的发票,或者接受了商品实体,或者形成了付款义务,或者取得了商品所有权上的风险和报酬之后,就获得了商品控制权。

如果企业与客户签订了长期转让某商品使用权的协议,那么客户尽管没有得到商品的所有权,但是因为,第一,能够得到商品上的现实权利;第二,能够主导该商品使用并阻止其他人使用;第三,使用期足够长导致能够获得商品上几乎全部经济利益,所以客户同样取得了商品控制权。

客户如果只能在一段时间或者一定空间内获得商品上的经济利益,比如客户租用共享单车三个小时,这时就不满足第二和第三个条件,客户就没有取得共享单车的控制权。

第二个概念:商业实质。

一个企业为什么要与其他企业或个人做交易,常常是因为通过交易能够从对方那里得到自己想要的资源。换句话说,交易前后企业所拥有的资源不一样了。这样的交易就具有商业实质。如果资源能够用货币计量,就是企业的资产。资产代表着未来的现金流入。资产与资产之所以不同,是因为不同的资产未来产生现金流量的风险、时间分布或金额不同。所以"商业实质"的规范定义是:如果履行一份合同将改变企业未来现金流量的风险、时间分布或金额,那么这样的合同就具有商业实质。

企业与供应商、客户以及员工之间签订的合同,通常都具有商业实质:企业通过完成合同,向供应商支付现金,获得生产商品需要的原材料;向员工支付现金,得到员工提供的服务;向客户提供商品或者劳务,得到客户支付的现金。通过履行上述合同,企业未来现金流量的风险、时间分布或者金额得以改变。正是因为企业与供应商、员工和客户履行上述合同,企业的资金链才能保持通畅,从而完成一轮又一轮营业周期。

少数情况下,企业与供应商或客户签订的合同不具有商业实质。比如两家石油公司达成协议,甲公司在 A 地区向乙公司的若干加油站输送成品油,乙公司在 B 地区向甲公司的若干加油站输送成品油,两家公司每季度末用货币结算所交换的成品油的差额。在这种情况下,两家公司交换成品油的目的是减少成品油从生产地到销售地的运输成本,这时交换就不具有商业实质。

上述《收入准则》规定的确认标准,体现了以下原则:

第一,企业与客户要签订合同。合同的意义在于明确双方的权利和义务。

第二,合同是企业与客户而不是与其他利益相关者签订的,所以合同的标的是企业所提供的商品或者劳务(后文统称为"商品"),而不是股权等其他标的。

第三,合同是商品交易合同,而不是捐赠合同,客户要支付合同款。

第四,合同要体现企业与客户进行交易的性质,即企业提供商品,客户支付现金或者其他对价,交易前后企业未来现金流量的风险、时间分布或金额会发生改变。

第五,企业履行合同义务,使得客户获得了商品控制权;同时企业判断客户很可能履行合同义务,支付与其取得的商品控制权所对应的代价。

三、收入确认和计量的"五步法"模型

一份面向客户的合同往往涉及了多项性质不同的交易,这就导致收入的确认和计量也变得比较复杂。《收入准则》采用"五步法"模型来规范收入的确认和计量。

收入确认和计量的五步法模型如图12-1所示。

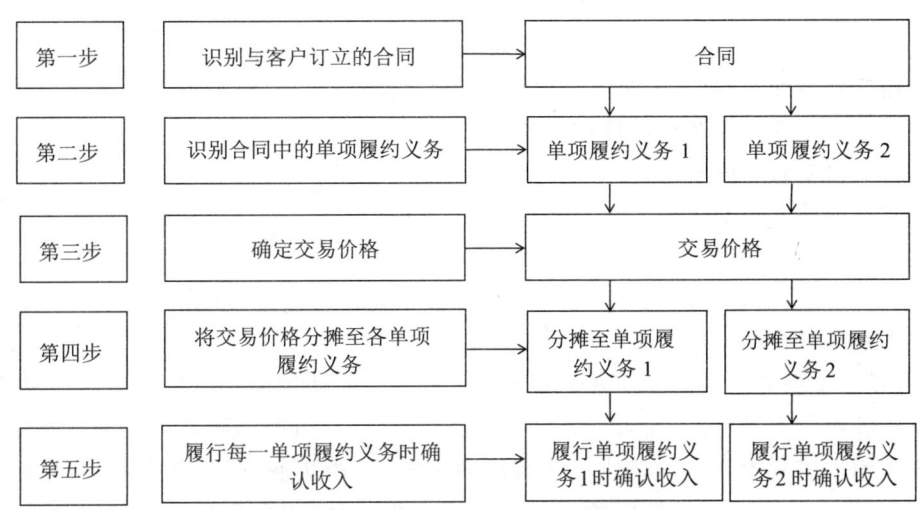

图12-1 收入确认计量的五步法模型

（一）第一步：识别与客户订立的合同

合同，是指双方或多方之间订立有法律约束力的权利和义务的协议。订立合同以后，合同的双方或者多方通常都会按照自己在合同上的承诺履行义务，也会享有合同赋予自己的权利。企业与客户订立的合同，和企业与其他利益相关者比如与供应商、银行、员工等订立的合同有所不同。企业与客户订立的合同确定了企业与客户各自的权利和义务：企业向客户提供某种商品，客户向企业承诺并实际支付合同价款。面向客户的合同还明确了双方履行义务的期限、地点和方式。

商品控制权是否转移给客户，企业是否能够从客户那里收到合同价款，这些确认收入的核心条件是否满足，都要依据合同的约定和双方履行合同的情况来判定。所以与客户订立的合同，在确认收入时是最重要的依据。而合同价款约定了双方转移商品的货币金额，所以是计量收入最重要的依据。

如果企业与客户彼此足够信任，即使只有口头约定，也不影响双方对各自应履行的义务所达成的共识，此时口头约定视同书面合同。

（二）第二步：识别合同中的单项履约义务

1. "单项履约义务"的含义

在一份面向客户的合同里，企业可能会承诺提供多种商品。由于这些商品的属性不同，客户获得这些商品控制权的方式不同，从而不同商品满足收入确认标准的时间就不同。于是就有必要将一份合同根据商品的不同属性进行划分，针对每一个独立的商品确认收入，于是每一个独立的商品就是一个单项履约义务。比如企业销售一台设备，同时承诺提供一年

期免费保修服务。其中第一个承诺在某一个时点完成,第二个承诺是在此之后持续一年完成的。所以有必要将销售设备和提供保修服务作为两个独立的承诺,每一个承诺是一个单项履约义务,针对每一个单项履约义务确认收入。

2. 合同中单项履约义务的识别方法

识别合同中单项履约义务的关键,是根据商品属性识别合同中"可明确区分的商品"。这需要站在客户角度和企业自身角度两个方面来识别。

(1)站在客户角度识别"可明确区分的商品"

当站在客户角度识别"可明确区分的商品"时,判断条件是:客户能够从该商品本身或从该商品与其他易于获得资源一起使用中受益,即该商品本身能够明确区分。

对这句话需要做一些解释。

"区分"有两层递进的含义:一是合同标的包含该商品,二是合同标的中若有其他商品存在,该商品与其他商品具有差异性。

"客户能够从中受益",是指客户能够使用、消耗或者以高于残值的价格出售商品,或者以能够产生经济利益的其他方式持有商品。

"从该商品本身或从该商品与其他易于获得资源一起使用中受益",是指对于某些商品,客户可以从该商品本身获益,而对于另一些商品而言,客户可能需要将其与其他易于获得的资源一起使用才能从中获益。其他易于获得的资源,是指企业(或其他企业)单独销售的商品,或者客户已经从企业获得的资源(包括企业按照合同将来会转让给客户的商品)或从其他交易或事项中获得的资源。这也就意味着,站在客户角度看,"可明确区分的商品"是指可以识别出特定商品属性即能满足客户特定需求的商品,但并不是指该商品必须独立提供使用功能。比如出售一种过滤水壶,同时送六个滤芯。滤水壶和滤芯脱离开彼此都无法独立提供使用功能。站在客户角度,无论是单独得到滤水壶还是滤芯,客户都易于再通过获得滤芯或滤水壶,将其一起使用从而受益。于是出售一个滤水壶同时送六个滤芯,客户就得到了七个可明确区分的商品。

本章的章前"引子"所描述的情景中,站在 W 同学立场,他得到了两个可以明确区分的商品,一是手机,二是一年期保修服务。

(2)从企业角度识别"可明确区分的商品"

当站在客户角度确定了商品能够明确区分以后,企业在合同层面继续评估转让该商品的承诺是否与合同中其他承诺彼此之间可明确区分。这一评估的目的在于确定承诺的性质,即根据合同约定,企业承诺转让的究竟是每一单项商品,还是由这些商品组成的一个或多个组合产出。很多情况下,组合产出的价值应当高于或者显著不同于各单项商品的价值总和。

在多种情况下,人们根据常识就能判断一个合同包含了哪些单项履约义务。但是以下三种情形,看似多个单项履约义务,其实是一个单项履约义务。

第一种情况:企业需提供重大的服务以将该商品与合同中承诺的其他商品进行整合,形成合同约定的某个或某些组合产出转让给客户。

换言之,企业究竟向客户承诺提供该商品,还是向客户承诺提供一个商品组合,而该商品仅是这个商品组合的一部分。

比如家具生产公司为客户提供订制的家具。站在客户角度,大衣柜、书柜、茶几、沙发等,是若干个可明确区分的商品。但是站在家具生产公司角度,这些家具都是根据客户的喜好,从木材、油漆、款式、尺寸、颜色等方面专门设计和生产的,价款超过了提供若干件不同家具的总和。这时家具生产公司提供的不是若干单项履约义务,而是一个单项履约义务。

第二种情况:该商品将对合同中承诺的其他商品予以重大修改或定制。

例如,企业承诺向客户提供其开发的一款软件,并提供安装服务。该软件虽然无须更新或技术支持也可直接使用,但是在安装过程中需要在现有基础上按照客户特定需求进行重大修改,实现与客户现有信息系统的兼容。在这种情况下,转让软件的承诺与提供安装服务的承诺在合同层面是不可明确区分的。

第三种情况:该商品与合同中承诺的其他商品具有高度关联性。

当合同中包含多项商品时,如果企业无法通过单独交付其中的某一单项商品而履行其合同承诺,可能表明合同中的这些商品会受到彼此重大影响。例如,企业承诺为客户设计一种实验性的新产品并负责生产10个样品。站在客户角度,得到了一种新的设计方案和10个样品,这是两种类型不同的可明确区分的商品。企业在生产和测试样品的过程中需要对产品的设计进行不断的修正,导致已生产的样品均可能需要进行不同程度的返工。由于提供设计服务与提供样品生产服务所产生的风险不可分割,客户没有办法选择仅购买设计服务或者仅购买样品,两者高度关联,在合同层面是不可明确区分的。在企业看来,设计方案和10个样品就是一个单项履约义务。

需要注意的是,如果企业提供了一系列实质相同且转让模式相同的、可明确区分的商品,那么也作为一个单项履约义务来对待。比如上文过滤水壶例子中的六个滤芯,就是一系列实质相同且转让模式相同的、可明确区分的商品,这时作为一个单项履约义务来看待。再比如某保洁公司提供为期一年的保洁服务。如果每天的保洁工作都是相同的,那么一年的保洁服务就不是365个而是1个单项履约义务。

在章前"引子"中手机经销商提供的一年期保修服务,如果是一项法定要求,是企业向客户保证所销售的商品符合既定标准,那么就不是一个单项履约义务;如果是企业提供额外的服务,那么就是一个单项履约义务。

(三)第三步:确定交易价格

交易价格,是指企业因向客户转让商品而预期有权收取的对价金额。企业代第三方收取的款项(例如增值税)以及企业预期将退还给客户的款项,属于负债,不计入交易价格。

在确定交易价格时,企业应当考虑可变对价、非现金对价、应付客户对价以及合同中存在的重大融资成分等因素的影响。这些因素均导致收入的金额带有主观性。

1. 可变对价

合同约定的客户应支付的对价金额可能是固定的,也可能会因折扣、价格折让、返利、退款、奖励积分、激励措施、业绩奖金、索赔等因素而变化。

比如,甲公司为其客户建造一栋厂房,合同约定的价款为100万元。合同还约定如果甲公司不能在合同签订之日起120天内竣工,则须支付10万元罚款,该罚款从合同价款中扣除。那么该合同的交易价格实际由两部分组成,即90万元的固定价格和10万元的可变对价。企业要对这 10 万元可变对价产生的可能性采用一定方法来估计。

2. 非现金对价

有些情况下企业因转让商品而有权向客户收取的对价是非现金形式,如存货、固定资产、无形资产、股权、客户提供的广告服务等。这时应当按照非现金对价在合同开始日的公允价值确定交易价格。非现金对价公允价值不能合理估计的,企业应当参照其承诺向客户转让商品的单独售价间接确定交易价格。即优先以从客户那里得到的对价的公允价值来反映交易价格,其次以承诺向客户转让的商品的单独售价来确定交易价格。

比如企业向某从事广告业务的客户销售电脑。对方因现金不足,愿意提供广告服务来抵消电脑价款。此时客户支付的就是非现金对价。在企业角度,双方的交易价格以客户提供的广告服务的价格来体现。

3. 应付客户对价

在有些情况下,企业在向客户转让商品的同时,需要向客户或第三方支付对价。如果存在应付客户对价,应当在确认相关收入与支付(或承诺支付)客户对价二者孰晚的时点冲减当期收入。本章的章前"引子"所描述的返还话费的情景,就属于手机销售商的应付客户对价。只是这里的应付客户对价是可变的。

4. 合同中存在的重大融资成分

这里我们重点讲解这一影响交易价格的因素。

当企业将商品控制权转移给客户的时间与客户实际付款的时间不一致时,如企业以赊销的方式销售商品,或者要求客户预付款,并且如果双方在合同中明确(或者以隐含的方式)约定的客户付款的时间与企业转让商品控制权的时间相隔得足够久(通常超过一年),从而为客户或企业就转让商品的交易提供了重大融资利益,则合同价款受到了利息因素的影响,并不是双方在正常信用期内交易时的价款。此时需要将合同确定的交易价款调整为正常交易情况下的金额。

合同中存在的重大融资成分,既有企业给予客户的情形,比如企业允许客户长于正常信用期付款,也有客户给予企业的情形,比如客户提前付款,且提前期长于正常信用期。

(1)企业给客户提供过长信用期导致的合同中存在重大融资成分

如果企业给客户提供的付款期大大超过了同行业提供商业信用的期限,那么企业在向客户提供商品的同时,将与该商品交易金额等量的资金借给了客户。即企业在向客户提供商品之外,还将资金使用权转移给了客户。

表面看,企业将货物转移给客户,然后按照合同约定收回了合同款,如图 12-2 中两条箭头方向相反的实线所示。而实质是,企业与客户发生了两笔交易:一笔交易是企业销售商品给客户,收回了商品款,如图 12-2 中上半部分一实一虚两条箭头方向相反的线条所示;

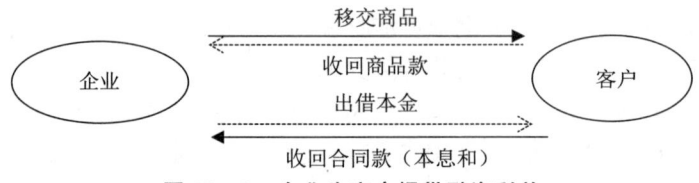

图 12-2 企业为客户提供融资利益

另一笔交易是,企业将收回的商品款作为本金借给了客户,之后连本带息从客户收回了款项,如图12-2下半部分一虚一实两条箭头方向相反的线条所示。

一笔合同包含了两笔交易,但是由于转移资金使用权的交易并不是一般工商企业的日常经济活动,所以这笔交易并不作为一个单项履约义务,从而由这笔交易带来的经济利益也不确认为收入。

于是我们应该把合同价款拆分为两部分,一部分是利息,作为企业的利息收益额;另一部分是本金,也就是真正的交易价格,作为企业的收入额。

将合同价款拆分为本金和利息的技术问题是:在终值确定、计息期确定的前提下,确定现值和折现率。而现值或折现率必须先确定两者之一,才能确定另外一个。于是就有两种分割方法。

方法一:如果销售方通常在正常信用期销售商品,那么正常信用期的交易价格既是销售收入额,同时也是现值和本金。如此,以合同价款为终值,再根据计息期,就能确定还款期限内的折现率。然后再以现值和折现率计算还款期限内各年的利息。简而言之,这种方法先确定现值再确定折现率。

方法二:如果销售方通常超过正常信用期销售商品,这时就可以分析确定其销售过程所伴随的金融业务的收益率即折现率,进而根据终值、计息期和折现率确定现值。该现值就是销售商品收入额。根据现值和折现率进一步计算各年的利息收益。简而言之,这种方法先确定折现率再确定现值。

【例12-1】 甲公司2021年初采用分期收款方式销售商品给乙公司,合同总金额为2 000万元(不考虑增值税),分四年于每年年底收款,每年收款500万元。

如果甲公司多数情况下在正常信用期内收款,那么采用第一种方式计算收入。假设在正常信用期内收款,平均销售价格为1 700万元。

本例中,可视作甲公司在2021年初以1 700万元价格销售商品,以销售额为本金出借给乙公司,然后于后续四年每年年底收回500万元,本息和共计2 000万元。这个例子的数学模型是,连续四年、每年收到500万元的普通年金的现值为1 700万元。我们采用插值法计算出折现率为6.85%。

计算每年的利息收益见表12-1。

表12-1 利息收益计算表

单位:万元

时间	收款额 (A_n)	利息收益 ($B_n = D_{n-1} \times 6.85\%$)	收到的本金 ($C_n = A_n - B_n$)	本金余额 ($D_n = D_{n-1} - C_n$)
2021年初	—			$D_0 = 1\ 700$
2021年末	500.00	116.45	383.55	1 316.45
2022年末	500.00	90.18	409.82	906.63
2023年末	500.00	62.10	437.90	468.73
2024年末	500.00	31.27*	468.73	0.00
合计	2 000.00	300.00	1 700.00	—

*:经过尾差调整。

如果甲公司一般情况下采用超过正常信用期的方式收款,假设甲公司出让资金使用权的平均收益率为6%。这时采用第二种方法计算收入额。以6%作为折现率,连续四年、每年年底收到500万元的普通年金的现值就是甲公司的销售收入额。

500×PVIFA(6%,4)=500×3.4651=1732.55(万元)

计算每年的利息收益见表12—2。

表12—2 利息收益计算表

单位:万元

时间	收款额 (A_n)	利息收益 ($B_n = D_{n-1} \times 6.00\%$)	收到的本金 ($C_n = A_n - B_n$)	本金余额 ($D_n = D_{n-1} - C_n$)
2021年初	—	—	—	$D_0 = 1\ 732.55$
2021年	500.00	103.95	396.05	1 336.50
2022年	500.00	80.19	419.81	916.69
2023年	500.00	55.00	445.00	471.69
2024年	500.00	28.31*	471.69	0.00
合计	2 000.00	267.45	1 732.55	—

*:经过尾差调整。

(2)客户给企业提供过长信用期导致的合同中存在重大融资成分

客户提前给企业付款,且提前期大大超过了同行业提供商业信用的期限。这样的交易,表面看,客户支付了合同价款,过了很长时期以后企业移交了商品。但交易的实质是,客户支付了合同价款,很长时期以后企业向客户偿还了本金且支付了利息,如图12—3上半部分一实一虚两个方向相反的箭头代表的业务;同时客户向企业支付了与本息和等额的现金,企业向客户移交了商品,如图12—3下半部分一虚一实两个方向相反的箭头代表的业务。所以出售商品的交易价格是合同价款与以合同价款作为本金计算的利息的总和。

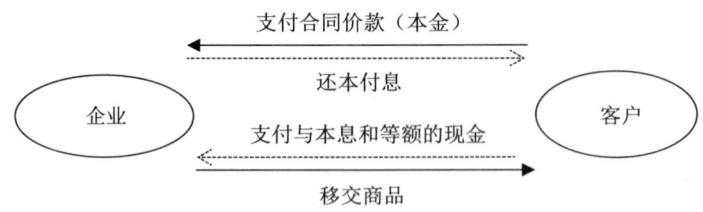

图12—3 客户为企业提供融资利益

此时,确定交易价格的技术问题是:在现值、计息期和利率一定的情况下,确定终值。现值(就是合同价款)、计息期(提前付款期)合同中已经确定,企业需要确定利率。利率的确定方式包括:以企业现有债权融资的平均资金成本作为利率,或者以企业增量带息负债的利率作为利率。

无论是企业融资给客户还是客户融资给企业,当合同中包含了重大融资成分的时候,交易价格是在合同价款的基础上估算出来的。这就使得收入的计量带有显著的估计因素。

(四)第四步:将交易价格分摊至各个单项履约义务

当合同中包含两项或多项履约义务时,需要将交易价格分摊至各单项履约义务,以使企业分摊至各单项履约义务的交易价格,能够反映其因向客户转让已承诺的相关商品而预期有权收取的对价金额。

1. 分摊的一般原则——单独售价法

单独售价,是指企业向客户单独销售商品的价格。单独售价法是指在合同开始日,按照各单项履约义务所承诺商品的单独售价的相对比例,将交易价格分摊至各单项履约义务。

2. 单独售价的确定方法

在确定各个履约义务中商品的单独售价时,将企业在类似环境下向类似客户单独销售某商品的价格,作为该商品的单独售价。合同或价目表上的标价可能是商品的单独售价,但不能默认其一定是该商品的单独售价。例如,企业为其销售的某产品制定了标准价格,但是在实务中经常以低于该标准价格的折扣价格对外销售,此时企业在估计该产品的单独售价时,应当考虑折扣因素。

单独售价无法直接观察的,企业要综合考虑其能够合理取得的全部相关信息,采用市场调整法、成本加成法、余值法等方法来合理估计单独售价。

(1)市场调整法

市场调整法是指企业根据某商品或类似商品的市场售价,考虑本企业的成本和毛利等进行适当调整后的金额确定其单独售价的方法。企业可以对其销售商品的市场进行评估,进而估计客户在该市场上购买本企业的商品所愿意支付的价格,也可以参考其竞争对手销售类似商品的价格,并在此基础上进行必要调整以反映本企业的成本及毛利。

(2)成本加成法

成本加成法是指企业根据某商品的预计成本加上其合理毛利后的金额确定其单独售价的方法。这里,"预计成本"应当与企业在定价时通常会考虑的成本因素一致,既包括直接成本,也包括间接成本。企业在确定"合理毛利"时,应当考虑的因素包括类似商品单独销售的毛利水平、行业内的历史毛利水平、行业平均售价、市场情况以及企业的利润目标等。

(3)余值法

余值法是指企业根据合同交易价格减去合同中其他商品可观察单独售价后的余额,确定某商品单独售价的方法。余值法的适用条件是:企业在商品近期售价波动幅度巨大,或者因未定价且未曾单独销售而使售价无法可靠确定。这里,"售价波动幅度巨大",是指企业在相同或相近的时间向不同客户出售同一种商品时的价格差异很大,从而导致企业无法从以往的交易或其他可观察的证据中识别出具有代表性的单独售价;"未定价且未曾单独销售",是指企业尚未对该商品进行定价,且该商品过往未曾单独出售过,即销售价格尚未确定。

例如,企业以 10 万元的价格向客户销售 A、B、C 三件可明确区分的商品,其中,A 商品和 B 商品经常单独对外销售,销售价格分别为 2.5 万元和 4.5 万元,C 商品为新产品,企业尚未对其定价且未曾单独销售,市场上也无类似商品出售。在这种情况下,企业采用余值法估计C商品的单独售价为3万元,即合同价格10万元减去A商品和B商品的单独售价之和后的余额。

(五)第五步:在履行各单项履约义务时分别确认收入

企业应当在履行了合同中的履约义务,即客户取得相关商品控制权时确认收入。企业将商品的控制权转移给客户,该转移可能在某一时段内(即履约义务履行过程中)发生,也可能在某一时点(即履约义务完成时)发生。控制权的转移如果是在某一时段内发生,那么在这个时段内确认相关收入;如果是在某一时点发生,那么在这个时点确认相关收入。由于两种类型的履约义务确认收入的时间不同,所以要加以明确区分。

1. 在某一时段内履行的履约义务

(1)在某一时段内履行的履约义务的判断条件

满足下列三个条件之一的,属于在某一时段内履行的履约义务。

①客户在企业履约的同时即取得并消耗企业履约所带来的经济利益。

企业在履约过程中是持续地向客户转移企业履约所带来的经济利益的,该履约义务属于在某一时段内履行的履约义务,企业应当在履行履约义务的期间确认收入。对于例如保洁服务的一些服务类的合同而言,可以通过直观的判断获知,企业在提供保洁服务的同时,客户即取得并消耗了企业履约所带来的经济利益。对于难以通过直观判断获知结论的情形,企业在进行判断时,可以假定在企业履约的过程中更换为其他企业继续履行剩余履约义务,当该继续履行合同的企业实质上无须重新执行企业累计至今已经完成的工作时,表明客户在企业履约的同时即取得并消耗了企业履约所带来的经济利益。

例如,甲公司承诺将客户的一批货物从A市运送到B市。假定该批货物在途经C市时,由乙运输公司接替甲公司继续提供该运输服务。由于A市到C市之间的运输服务是无须重新执行的,所以表明客户在甲公司履约的同时即取得并消耗了甲公司履约所带来的经济利益。因此,甲公司提供的运输服务属于在某一时段内履行的履约义务。

②客户能够控制企业履约过程中在建的商品。

企业在履约过程中在建的商品包括在产品、在建工程、尚未完成的研发项目、正在进行的服务等。由于客户控制了在建的商品,客户在企业提供商品的过程中获得其利益,因此,这样的履约义务属于在某一时段内履行的履约义务,企业应当在该履约义务履行的期间内确认收入。

比如,甲公司与客户签订合同,在客户拥有的土地上按照客户的设计要求为其建造厂房。在建造过程中客户有权修改厂房设计,并与甲公司重新协商设计变更后的合同价款。客户每月末按当月工程进度向甲公司支付工程款。如果客户终止合同,那么已建造完成的那部分厂房归客户所有。

本例中,甲公司为客户建造厂房,该厂房位于客户的土地上,客户终止合同时,已建造的厂房归客户所有。这些均表明客户在该厂房建造的过程中能够控制该商品。因此,甲公司提供的该建造服务属于在某一时段内履行的履约义务,甲公司应当在提供该服务的期间内确认收入。

③企业履约过程中所产出的商品具有不可替代用途,且该企业在整个合同期间内有权就累计至今已完成的履约部分收取款项。

这里，所谓"具有不可替代用途"，是指因合同限制或实际可行性限制，企业不能轻易地将商品用于其他用途。当企业产出的商品只能提供给某特定客户，而不能被轻易地用于其他用途（例如销售给其他客户）时，该商品就具有不可替代用途。在判断商品是否具有不可替代用途时，企业既应当考虑合同限制，也应当考虑实际可行性限制。

而"在整个合同期间内有权就累计至今已完成的履约部分收取款项"，是指在客户或其他方原因终止合同的情况下，企业有权就累计至今已完成的履约部分收取能够补偿其已发生成本并带来合理利润的款项，并且该权利具有法律约束力。

企业有权收取的该款项应当大致相当于累计至今已经转移给客户的商品的售价，即该金额应当能够补偿企业已经发生的成本并带来合理利润。企业有权收取的款项为保证金或仅是补偿企业已经发生的成本或可能损失的利润的，不满足这一条件。

例如，甲公司是一家造船企业，与乙公司签订了一份船舶建造合同，按照乙公司的具体要求设计和建造船舶。甲公司在自己的厂区内完成该船舶的建造，乙公司无法控制在建过程中的船舶。甲公司如果想把该船舶出售给其他客户，需要发生重大改造成本。

假设双方有以下两种不同的约定：

第一种，如果乙公司单方面解约，乙公司需弥补甲公司为建造该项船舶发生的建造成本并加上双方商定的合理利润，未建成的船舶由乙公司处置。在此种情境下，甲公司建造的船舶是根据乙公司的具体要求设计和建造的，不经过重大修改不能出售给其他客户，具有不可替代用途，且甲公司有权就累计至今已完成的履约部分收取款项。该款项能够弥补甲公司的建造成本并保证合理利润，这是一个在某一时段内履行的履约义务。

第二种，乙公司需支付甲公司相当于合同总价30％的违约金，且建造中的船舶归甲公司所有。在此种情境下，甲公司建造的船舶虽然具有不可替代用途，但是一旦乙公司违约，甲公司建造的船舶无论进度如何，都只能收回合同总价的30％，不一定能够就已经完成的部分收回成本并保证合理利润，所以不属于某一时段内履行的履约义务。

（2）履约进度的判定

在某一时段内履约的单项履约义务，相关收入是随着履约进度逐步确认的，所以判断履约义务的履行进度就变得非常重要。

履约进度的判定方法有产出法和投入法两种。

①产出法。产出法是站在客户角度，根据已转移给客户的商品对于客户的价值来确定履约进度的方法。通常通过实际测量的完工进度、评估已实现的结果、已达到的里程碑、时间进度、已完工或已交付的产品等产出指标来确定履约进度。

②投入法。投入法是站在企业角度，根据企业履行履约义务的投入来确定履约进度的方法。通常通过投入的材料数量、花费的人工工时或机器工时、发生的成本和时间等投入指标来确定履约进度。

实务中，通常按照累计实际发生的成本占预计总成本的比例（即投入法中的成本法）确定履约进度。累计实际发生的成本包括企业向客户转移商品过程中所发生的直接成本和间接成本，如直接人工、直接材料、分包成本以及其他与合同相关的成本。

当企业从事的工作或发生的投入是在整个履约期间内平均发生时，即履约进度呈直线完成，那么企业也可以按照直线法确认收入，比如提供保洁服务所取得的收入。

相比产出法,投入法所需要的投入指标企业更容易获得。但是,由于投入指标与企业向客户转移商品控制权之间未必存在直接的对应关系,企业在采用投入法确定履约进度时,应当扣除那些虽然已经发生、但是尚未导致向客户转移商品的投入。比如企业为客户提供安装大楼门窗的服务。如果企业已经将门窗买来但是尚未安装,那么购买门窗的成本在计算履约进度时就不能算在已经发生的成本之内。否则,履约进度就高估了。

随着时间推移,履约义务通常都在向前推进。所以,无论采用产出法还是投入法,在每一资产负债表日,企业都要对正在履约的单项履约义务的履约进度进行估计。这种做法就像与固定资产折旧相关的会计估计需要在每个资产负债表日重新做出一样。

为保证会计信息的可比性,对于每一项在某一时段内履行的履约义务,在每一个资产负债表日,企业只能采用产出法和投入法中的一种方法来确定其履约进度,并加以一贯运用。对于类似情况下的类似履约义务,企业应当采用相同的指标,比如均采用产出法中的工作量法,或者均采用投入法中的成本法等来确定履约进度。

2. 在某一时点完成的履约义务

当不满足在某一时段履行履约义务的判断条件时,就属于在某一时点履行的履约义务。这时企业应当在客户取得相关商品控制权的时点确认收入。

以下列出的 5 种迹象说明客户取得了商品控制权。

①企业就该商品享有现时收款权利,即客户就该商品负有现时付款义务;

②企业已将该商品的法定所有权转移给客户,即客户已拥有该商品的法定所有权;

③企业已将该商品实物转移给客户,即客户已占有该商品实物;

④企业已将该商品所有权上的主要风险和报酬转移给客户,即客户已取得该商品所有权上的主要风险和报酬;

⑤客户已接受该商品。

四、收入的账务处理

(一)报表项目和会计科目设置

1. 利润表项目和相关会计科目

与收入有关的经济活动报告在利润表的"营业收入"和"营业成本"项目中。与收入相关的经济活动都是企业的日常经营活动,是影响企业损益的最重要的因素,所以相关的两个项目报告在利润表的最前列。

(1)"营业收入"项目与"主营业务收入""其他业务收入"科目

"营业收入"项目在利润表中报告企业当期面向客户产生的经济利益的流入。

"主营业务收入"科目记录企业主要经营活动带来的收入。

"其他业务收入"科目记录企业其他经营活动带来的收入。

(2)"营业成本"项目与"主营业务成本""其他业务成本"科目

"营业成本"项目报告企业当期面向客户产生经济利益流入的同时,与之配比的经济利益的流出。

"主营业务成本"科目记录企业主要经营活动带来收入的同时,与之相配比付出的经济利益。

"其他业务成本"科目记录企业其他经营活动带来收入的同时，与之相配比付出的经济利益。

2. 资产负债表项目与相关科目

(1)"应收账款"项目与"应收账款"科目

资产负债表的"应收账款"项目报告企业从客户那里应收取款项的权利在资产负债表日的余额。该权利仅取决于时间的流逝因素，即按照企业与客户的约定，应收账款在约定时间会收回。对应于"应收账款"项目设置"应收账款"会计科目，在该科目下根据客户设置明细科目。

(2)"合同资产"项目与"合同资产"科目和"合同结算——收入结转"科目

资产负债表的"合同资产"项目报告企业的一项权利在资产负债表日的余额。该权利是企业因向客户转让商品而有权取得对价的权利，但是该权利不包括仅取决于时间流逝因素的权利，即合同资产是企业面向客户的应收账款之外的债权。

对应于"合同资产"项目，设置"合同资产"会计科目。在该科目下根据合同以及履约义务设置明细科目。

也可以不设"合同资产"会计科目，而设置"合同结算——收入结转"二级科目来记录与"合同资产"科目相同的内容。在该二级科目下根据合同以及履约义务设置明细科目。

(3)"存货"项目与"合同履约成本"科目

资产负债表的"存货"项目报告在资产负债表日企业的存货的余额。

设置"合同履约成本"会计科目，记录在某一时段内履行的履约义务所发生的成本。发生履约成本时记在该科目的借方，确认收入结转成本时记在该科目的贷方，该科目期末有借方余额，反映企业已经发生履约成本，但是由于没有推进履约进度从而不能随收入结转的金额。该科目根据合同以及履约义务设置明细科目。

存货是这样的经济资源：它们最终都要转移给客户，并从客户那里取得收入。取得存货时以历史成本计量。"合同履约成本"科目记录的正是企业履行在某一时段内履行的履约义务时，为了取得收入而占用的经济资源的成本，其性质与"生产成本"相似，所以该科目的期末余额报告在"存货"项目下。

(4)"合同负债"项目与"合同负债"科目

资产负债表的"合同负债"项目报告面向客户的负债在资产负债表日的余额。该负债是企业根据合同已经向客户收取了现金或者已经获得了无条件向客户收取款项的权利，从而根据合同承担着向客户转让商品的义务。

对应"合同负债"项目设置"合同负债"会计科目。在该科目下根据合同以及履约义务设置明细科目。

也可以不设"合同负债"会计科目，设置"合同结算——价款结算"二级科目来记录与"合同负债"科目相同的内容。在该二级科目下根据合同以及履约义务设置明细科目。

(二) 常见业务账务处理举例

以下分别就在某一时点内履行的履约义务和在某一时段履行的履约义务，举例说明如何进行账务处理。

1. 在某一时点履行的履约义务的账务处理

对于在某一时点履行的履约义务,随着企业与客户对合同义务的履行,在某一时点,商品控制权转移给了客户,企业因向客户转让商品而有权取得的对价很可能收回,该履约义务的收入一次性全部实现,这时确认该履约义务带来的收入,同时结转有关成本。读者在学习基础会计课程以及本书中"应收账款"一节所遇到的销售业务,都是在某一时点履行的履约义务。

相关会计分录如下:

借:银行存款(或:应收账款、合同负债)
　　贷:主营业务收入(或:其他业务收入)
　　　　应交税费——应交增值税(销项税额)

结转成本时,会计分录如下:

借:主营业务成本
　　贷:库存商品

2. 在某一时段内履行的履约义务的账务处理

如果某一单项履约义务是在某一时段内履行的履约义务,那么与商品有关的控制权逐渐发生转移。为了保证会计信息的及时性,需要在每一个资产负债表日,就该履约义务已经完成的部分确认收入并结转相关成本,以完整反映当期的业绩。在资产负债表日确认收入时,由于收入的金额取决于履约义务的总收入和履约进度两个因素,所以要先根据产出法或者投入法中的某一种方法计算履约进度。

下面以投入法中的成本法为例。

截至资产负债表日的履约进度＝履行该履约义务已经发生的履约成本/
　　　　　　　　　　　　　　　估计履行全部履约义务发生的总成本

当期实现的收入＝该履约义务分摊的交易价格×截至资产负债表日的履约进度
　　　　　　　　－以前期间累计确认的收入

当期结转的合同履约成本＝估计履行该履约义务发生的总成本×截至资产负债表日的
　　　　　　　　　　　　履约进度－以前期间累计结转的成本

需要注意的是,在计算每一期收入时,不能简单用本期末履约进度减去上期末履约进度来计算当期收入。原因是本期末履约义务的交易价格以及估计的履约总成本可能与上期末的不同。

【例12-2】 甲公司于第一年十二月初接受一项设备安装任务,安装期为4个月,合同价款为660 000元,至年底已预收安装费350 000元,已经发生合同履约成本315 000元,其中140 000元为材料消耗,其余为安装人员薪酬,估计次年还会发生合同履约成本135 000元。第二年前三个月,甲公司陆续发生合同履约成本130 000元(假定都是人工成本),至三月底履约义务履行结束时收回余款310 000元。假定资产负债表日甲公司采用投入法中的成本法确定履约进度,按照年度报送财务报表。本例题没有考虑增值税。

这是一笔面向客户的合同。整个合同只有一个在某一时段内履约的单项履约义务。

甲公司从第一年的十二月初至第二年三月底发生的经济活动,用会计等式模板描述在表12-3中。

表 12-3　会计等式模板描述

单位:万元

资产负债表要素	资产			=	负债		+	所有者权益
资产负债表项目	货币资金	存货		=	合同负债	应付职工薪酬	+	未分配利润
资产负债表科目	银行存款	原材料	合同履约成本	=	合同负债	应付职工薪酬	+	利润分配
资产负债表明细科目	略	略	××合同	=	××合同	略	+	未分配利润
第一年十二月初预收合同款	+35			=	+35		+	
第一年十二月份发生合同履约成本		-14	+31.5	=		+17.5	+	
第一年底实现合同收入结转履约成本				=	-46.2		+	+46.2（主营业务收入）
			-31.5	=			+	-31.5（主营业务成本）
第二年前三个月发生合同履约成本			+13	=		+13	+	
第二年三月底合同结束时确认剩余合同收入,结转剩余合同履约成本	+31			=	+11.2		+	+19.8（主营业务收入）
			-13	=			+	-13（主营业务成本）
累计发生额	+66	-14	0	=	0	+30.5	+	+21.5

表 12-3 最后一行显示,甲公司履行履约义务,最终得到现金 66 万元,扣除 14 万元材料成本和 30.5 万元人工成本,获得毛利 21.5 万元。毛利在两个会计期间的分布是第一个期间 14.7 万元,第二个期间 6.8 万元。

(1)第一年十二月初预收合同款时,见表 12-3,编制会计分录如下:

借:银行存款　　　　　　　　　　　350 000
　　贷:合同负债——××合同　　　　　　350 000

(2)第一年十二月份发生合同履约成本时,见表 12-3,编制会计分录如下:

借:合同履约成本——××合同　　　315 000
　　贷:原材料　　　　　　　　　　　　140 000
　　　　应付职工薪酬　　　　　　　　　175 000

(3)第一年底,合同总收入估计为 66 万元,合同总成本估计为 45 万元,估计合同毛利 21 万元。按照投入法中的成本法确定履约进度。

履约进度=31.5/(31.5+13.5)=70%
第一年应确认的收入金额=66×70%=46.2(万)
当期应结转的合同履约成本金额=45×70%=31.5(万)

确认合同收入时,见表12-3,编制会计分录如下:

借:合同负债——××合同　　462 000
　　贷:主营业务收入　　　　　　462 000

此时"合同负债——××合同"科目余额为借方11.2万元,表示应向该客户收取款项,在资产负债表中报告在"应收账款"项目下,但是仍然在"合同负债"科目中记录,不需转入"应收账款"科目。

结转相应的合同履约成本,编制会计分录如下:

借:主营业务成本　　　　　　315 000
　　贷:合同履约成本——××合同　315 000

(4)第二年前三个月发生合同履约成本,见表12-3,编制会计分录如下:

借:合同履约成本——××合同　130 000
　　贷:应付职工薪酬　　　　　　130 000

(5)第二年三月底合同结束时,收回余款31万元,确认该合同剩余的收入198 000元,同时结转合同履约成本130 000元。见表12-3,编制会计分录如下:

借:银行存款　　　　　　　　310 000
　　贷:合同负债——××合同　　112 000
　　　　主营业务收入　　　　　　198 000
借:主营业务成本　　　　　　130 000
　　贷:合同履约成本——××合同　130 000

【例12-3】 甲建筑公司与乙公司2019年1月1日签订并开始执行一项办公楼的建造合同。合同约定,该办公楼不含税造价为6 300万元,增值税税率为9%,包含增值税在内的造价为6 867万元,工程期限为1年半,甲公司负责工程的施工及全面管理,乙公司按照第三方工程监理公司确认的工程完工量,每半年与甲公司结算一次。工程预计2020年6月30日竣工。假定甲公司与乙公司结算时产生增值税纳税义务,甲公司每半年对外报送一次财务报表。甲公司采用成本法估计履约进度。甲公司在签订合同时估计合同总成本为4 000万元。

从2019年1月1日到2019年6月30日,工程陆续发生成本1 500万元。2019年6月30日,甲公司收到乙公司的结算单,结算款不含税金额为2 000万,含税金额为2 180万元。

2019年7月初甲公司收到第一笔结算款,金额为2 000万元。从2019年7月1日到2019年12月31日,工程又陆续发生成本1 700万元。12月底,甲公司收到乙公司的结算单,结算款不含税金额为2 000万元,含税金额为2 180万元。2019年12月31日,由于原材料价格上涨,估计完成该项履约义务的总成本上涨到4 100万元。

2020年1月,甲公司实际收到结算款2 100万元。从2020年1月1日到2020年6月30日,工程又陆续发生成本950万元。2020年6月30日,甲公司收到乙公司的结算单,结算款不含税金额为2 300万元,含税金额为2 507万元。

2020年7月中旬,乙公司支付了剩余结算款2 767万元。

站在甲公司角度,该建造工程整体构成一个单项履约义务,并属于在某一时段内履行的履约义务。

会计等式模板描述如表12-4。

第十二章 收入费用和利润

表12-4 会计等式模板(合同资产与合同负债模式)

单位:万元

资产负债表要素	资产						=	负债		+	所有者权益
资产负债表项目	货币资金	应收账款	存货			合同资产	=	合同负债	应交税费	+	未分配利润
资产负债表科目	银行存款	应收账款	原材料	合同履约成本		合同资产	=	合同负债	应交税费	+	利润分配
2019年1月1日~6月30日发生合同履约成本			-1 500	+1 500			=			+	
2019年6月30日确认收入结转合同履约成本		+2 180		-1 500		+2 362.5	=		+180	+	+2 362.5（主营业务收入） -1 500（主营业务成本）
2019年上半年度结算合同进度款						-2 000	=	+2 000		+	
合同资产与合同负债相抵							=	-2 000		+	
2019年6月30日余额		2 180		0		362.5	=	0	180	+	862.5
2019年7月1日收到第一笔进度款	+2 000	-2 000					=			+	
2019年7月1日~12月31日发生合同履约成本			-1 700	+1 700			=			+	
2019年12月31日确认收入并结转合同履约成本		+2 180		-1 700		+2 551.5	=		+180	+	+2 551.5（主营业务收入） -1 700（主营业务成本）
结算2019年下半年度合同进度款						-2 000	=	+2 000		+	
合同资产与合同负债相抵消							=	-2 000		+	
2019年12月31日余额	2 000	2 360	-3 200	0		914	=	0	360	+	1 714
2020年初收到第二笔进度款	+2 100	-2 100					=			+	
2020年1月1日~6月30日发生合同履约成本			-950	+950			=			+	

表12-4 续表

资产负债表要素	资产					=	负债		+	所有者权益
资产负债表项目	货币资金	应收账款	存货		合同资产	=	合同负债	应交税费	+	未分配利润
资产负债表科目	银行存款	应收账款	原材料	合同履约成本	合同资产	=	合同负债	应交税费	+	利润分配
2020年6月30日确认收入并结转合同履约成本				−950	+1 386	=			+	+1 386（主营业务收入） −950（主营业务成本）
2020年6月30日结算剩余合同进度款	4 100	2 507				=	2 300	207	+	2 150
合同资产与合同负债相互抵消					−2 300	=	−2 300		+	
2020年6月30日余额	2 767	2 767	−4 150	0	0	=	0	567	+	2 150
2020年7月中旬收到剩余进度款	+2 767	−2 767				=			+	
合同全部履行完毕之后余额	6 867	0	−4 150	0	0	=	0	567	+	2 150

表12-5 会计等式模板（合同结算模式）

单位：万元

资产负债表要素	资产					=	负债			+	所有者权益
资产负债表项目	货币资金	应收账款	存货		合同结算	=	合同负债	合同结算	应交税费	+	未分配利润
资产负债表科目	银行存款	应收账款	原材料	合同履约成本	合同结算——收入结转	=	合同负债	合同结算——价款结算	应交税费	+	利润分配
2019年1月1日～6月30日发生合同履约成本			−1 500	+1 500		=				+	
2019年6月30日确认收入结转合同履约成本				−1 500	+2 362.5	=				+	+2 362.5（主营业务收入） −1 500（主营业务成本）
2019年上半年度结算合同进度款		+2 180				=		+2 000	+180	+	

表12-5续表

资产负债表要素	资产						=	负债		+	所有者权益
资产负债表项目	货币资金	应收款	存货		合同资产			合同负债	应交税费		未分配利润
资产负债表科目	银行存款	应收账款	原材料	合同履约成本	合同结算—收入结转			合同结算—价款结算	应交税费		利润分配
2019年6月30日余额		2 180	−1 500	0	2 362.5	=		2 000	180	+	862.5
2019年7月收到第一笔进度款	+2 000	−2 000				=				+	
2019年7月1日~12月31日发生合同履约成本			−1 700	+1 700		=				+	
2019年12月31日确认收入并结转合同履约成本				−1 700	+2 551.5	=				+	+2 551.5（主营业务收入） −1 700（主营业务成本）
结算2019年下半年合同进度款		+2 180				=		+2 000	+180	+	
2019年12月31日余额	2 000	2 360	−3 200	0	4 914	=		4 000	360	+	1 714
2020年初收到第二笔进度款	+2 100	−2 100				=				+	
2020年1月1日~6月30日发生合同履约成本			−950	+950		=				+	
2020年6月30日确认收入并结转合同履约成本				−950	+1 386	=				+	+1 386（主营业务收入） −950（主营业务成本）
2020年6月30日结算剩余进度款		+2 507				=		+2 300	+207	+	
合同结算的两个明细科目相抵消					−6 300	=		−6 300		+	
2020年6月30日余额	4 100	2 767	−4 150	0	0	=		0	567	+	2 150
2020年7月中旬收到剩余进度款	+2 767	−2 767				=				+	
合同全部履行完毕之后余额	6 867	0	−4 150	0	0	=		0	567	+	2 150

从表12—4看到,甲公司最终获得现金6 867万元,扣除其中要拿去交增值税的567万元,合同收入带来的现金为6 300万元。甲公司为履行合同付出成本4 150万元,于是两者相减,合同获得毛利总额为2 150万元。在三个期间的分布是862.5万元、851.5万元和436万元。

在三个期间内,由于企业履约进度快于客户开具结算单的速度,所以在第一个期末和第二个期末分别有362.5万元和914万元的合同资产。在第三个期间客户将前期914万元和当期1 386万元应结算金额一次结算完毕,到第三个期末没有合同资产。

在三个期间内,由于客户实际付款速度慢于结算速度,所以在三个期末分别有应收账款2 180万元、2 360万元和2 767万元。一直到第四个会计期间,客户实际支付了2 767万元银行存款,双方债权债务关系才了结。

(1)2019年1月1日至6月30日实际发生履约成本时,编制会计分录如下:

借:合同履约成本　　　　　　　　15 000 000
　　贷:原材料、应付职工薪酬等　　　　15 000 000

实务中需针对每一笔成本支出编制分录,这里简化起见合成了一笔。

(2)2019年6月30日甲公司确认收入和结转相应成本并入账。

截至2019年6月30日,

履约进度=履行该履约义务已经发生的成本/履行该履约义务预计发生的总成本
　　　　=15 000 000÷40 000 000=37.5%

截至2019年6月30日,

该履约义务已经实现的收入=63 000 000×37.5%=23 625 000(元)

与已经实现的收入相配比,

应结转的合同履约成本=40 000 000×37.5%=15 000 000(元)

将收入入账,编制会计分录如下:

借:合同资产(或:合同结算——收入结转)　23 625 000
　　贷:主营业务收入　　　　　　　　　　23 625 000

结转履约成本,编制会计分录如下:

借:主营业务成本　　　　　　　　15 000 000
　　贷:合同履约成本　　　　　　　　15 000 000

(3)2019年6月30日,甲公司根据乙公司的结算单开出发票,编制会计分录如下:

借:应收账款——乙公司　　　　　　21 800 000
　　贷:合同负债(或:合同结算——价款结算)　20 000 000
　　　　应交税费——应交增值税(销项税额)　　1 800 000

(4)如果采用"合同资产"和"合同负债"会计科目来做账,期末需将两科目余额相抵,通过相抵后余额的方向,来确定在资产负债表日该项履约义务的履行结果究竟是形成了合同资产还是合同负债。编制会计分录如下:

借:合同负债　　20 000 000
　　贷:合同资产　　20 000 000

本例中,相抵后剩余合同资产362.5(2 362.5-2 000)万元,这表明甲公司已经完成履约义务362.5万元,但是由于客户并未承诺付款,所以形成了一项合同资产。假设客户此前已经就该362.5万元承诺了付款,那么此时形成的就不是合同资产,而是应收账款了。假设客户在企业履约的同时已经支付了该362.5万元款项,那么此时形成的就不是合同资产,而是银行存款了。

(5) 2019年7月初甲公司收到上半年度合同结算款,编制会计分录如下:

借:银行存款　　　　　　　　　　20 000 000
　　贷:应收账款——乙公司　　　　　20 000 000

(6) 2019年7月1日至12月31日实际发生履约成本时,编制会计分录如下:

借:合同履约成本　　　　　　　　17 000 000
　　贷:原材料、应付职工薪酬等　　　17 000 000

实务中需针对每一笔成本支出编制分录,这里简化起见合成了一笔。

(7) 2019年12月31日,甲公司确认后半年实现的收入并结转相应的成本。

注意:由于原材料价格上涨,此时估计完成履约义务的总成本上涨到了4 100万元,所以在采用成本法估计履约进度时要采用新的估计总成本4 100万元。而上半年估计履约进度时采用的总成本是4 000万元,现在看来上半年对履约进度估计有误。而会计估计有偏差是正常的,所以无须纠正上半年对履约进度的错误估计。

截至2019年12月31日,

履约进度 = 履行该履约义务已经发生的成本/履行该履约义务预计发生的总成本
　　　　 = 32 000 000 ÷ 41 000 000 = 78%

截至2019年12月31日,

该履约义务累计已经实现的收入 = 63 000 000 × 78% = 49 140 000(元)

从7月1日至12月31日实现的收入 = 49 140 000 − 23 625 000 = 25 515 000(元)

与已经实现的收入相配比,

应结转的合同履约成本 = 41 000 000 × 78% − 15 000 000 = 17 000 000(元)

将收入入账,编制会计分录如下:

借:合同资产(或:合同结算——收入结转)　25 515 000
　　贷:主营业务收入　　　　　　　　　　　25 515 000

结转相应的合同履约成本,编制会计分录如下:

借:主营业务成本　　　　　　　　17 000 000
　　贷:合同履约成本　　　　　　　　17 000 000

(8) 2019年12月31日,甲公司根据乙公司的结算单开出发票,编制会计分录如下:

借:应收账款——乙公司　　　　　　　　　　　　　　21 800 000
　　贷:合同负债(或:合同结算——价款结算)　　　　20 000 000
　　　　应交税费——应交增值税(销项税额)　　　　　1 800 000

(9) 2019年12月31日,将此时"合同资产"和"合同负债"的余额相抵,编制会计分录为:

借:合同负债　　　　　　　20 000 000
　　贷:合同资产　　　　　　20 000 000

相抵后,剩余合同资产914万元。对外报告时,在资产负债表中报告"合同资产"914万元。它表明截至资产负债表日,甲公司已经履行义务但是客户尚未承诺付款的金额为914万元。

(10)2020年1月初甲公司收到2019年后半年度合同结算款,编制会计分录如下:

借:银行存款　　　　　　　　　21 000 000
　　贷:应收账款——乙公司　　　　　21 000 000

(11)2020年1月1日至6月30日实际发生履约成本时,编制会计分录如下:

借:合同履约成本　　　　　　　9 500 000
　　贷:原材料、应付职工薪酬等　　　9 500 000

实务中需针对每一笔成本支出编制分录,这里简化起见合成了一笔。

(12)2020年6月30日,甲公司确认剩余的收入,结转剩余的成本。

由于当日该工程已竣工决算,其履约进度为100%。

合同收入=63 000 000-23 625 000-25 515 000=13 860 000(元)

确认合同收入,编制会计分录如下:

借:合同资产(或:合同结算——收入结转)　　13 860 000
　　贷:主营业务收入　　　　　　　　　13 860 000

结转履约成本,编制会计分录如下:

借:主营业务成本　　　　　　　9 500 000
　　贷:合同履约成本　　　　　　　　9 500 000

(13)2020年6月30日,甲公司根据乙公司的结算单开出发票,编制会计分录如下:

借:应收账款——乙公司　　　　25 070 000
　　贷:合同负债(或:合同结算——价款结算)　23 000 000
　　　　应交税费——应交增值税(销项税额)　　2 070 000

(14)合同资产与合同负债相抵消,编制会计分录如下:

借:合同负债　　　　　　　　　23 000 000
　　贷:合同资产　　　　　　　　　23 000 000

(15)2020年7月中旬,甲公司收回剩余的合同价款,编制会计分录如下:

借:银行存款　　　　　　　　　27 670 000
　　贷:应收账款——乙公司　　　　27 670 000

上述业务还有另一种记账方法。

采用"合同结算"会计科目,下设"收入结转"和"价款结算"两个明细科目来分别记录与"合同资产"科目和"合同负债"科目相同的内容。

会计等式模板描述如表12-5。

第二种记账方法与第一种记账方法相比,在报表项目层面完全相同。所不同的是,采用了不同的会计科目,期末在科目层面抵消的方法也有所不同。

第二种记账方法以"合同结算——收入结转"和"合同结算——价款结算"科目来分别替代第一种记账方法中的"合同资产"和"合同负债"科目。每期期末直接通过"合同结算"一级科目的余额(其实就是"收入结转"的借方余额与"价款结算"的贷方余额之差)的方向来报告合同资产或合同负债。两个明细科目持续记录各期业务,从而能连续地为企业内部人员提供应结算款项金额("收入结转"明细科目余额)和已结算款项金额("价款结算"明细科目余额)。这也是第二种记账方法的优势所在。比如第一期期末,"收入结转"明细科目显示应结算款项为 2 362.5 万元,"价款结算"明细科目显示已结算款项为 2 000 万元,"合同结算"一级科目有借方余额 362.5 万元,报告为合同资产。第二期期末,"收入结转"明细科目显示应结算款项为 4 914 万元,"价款结算"明细科目显示已结算款项为 4 000 万元,"合同结算"一级科目有借方余额 914 万元,报告为合同资产。当履约结束时,"收入结转"明细科目显示应结算款项为 6 300 万元,"价款结算"明细科目显示已结算款项为 6 300 万元,"合同结算"一级科目余额为零。显示双方应结算的均已经结算完毕。编制会计分录将两个明细科目余额相互抵消。

会计分录如下:
借:合同结算——价款结算　　　　63 000 000
　　贷:合同结算——收入结转　　　　63 000 000

(三)特殊业务账务处理举例

1. 合同价款中含有重大融资成分

【例 12-4】 承例 12-1。甲公司 2021 年初采用分期收款方式销售商品给乙公司,合同总金额为 2 000 万元(不考虑增值税),分四年于每年年底收款,每年收款 500 万元。甲公司在正常信用期内收款的交易中,商品的售价为 1 700 万元,甲公司计算出在该笔交易中,利息收益率为 6.85%。

甲公司应收款项属于长期应收款,通过资产负债表的"长期应收款"项目来列报,同时设置"长期应收款"科目来记录增减变动情况。这是一个资产类科目,增加长期应收款时,记入借方,减少长期应收款时,记在贷方,期末余额为应收未收的长期应收款。

"长期应收款"科目记录的金额应该为债权的本金额,即销售收入额,此例中为 1 700 万元。但是由于客户乙公司对此项长期应付款的本金额的确定方式可能不同于甲公司,比如客户的平均借款利率为 6%,以此作为折现率折算出的本金就是 1 732.55 万元,于是双方分别记录在"长期应收款"和"长期应付款"科目的金额就对不上。如果双方都以合同总额 2 000 万元作为债权债务的初始金额,以后每年客户还款后降低 500 万元,各自冲减账面金额 500 万元,就不会存在双方由于折算现值的方式不同而对不上账的问题。

对销售方甲公司而言,"长期应收款"若以合同金额来记录,显然把未来才会产生的融资收益也当作目前的本金记录下来了。为此设置备抵科目"未实现融资收益"对"长期应收款"多记的部分予以冲减。

在资产负债表上,"长期应收款"项目以"长期应收款"科目的借方余额冲减"未实现融资收益"科目的贷方余额列报。

例 12-4 的经济活动用会计等式模板描述在表 12-6 中。

(1)2021 年初确认销售收入时,"长期应收款"项目增加 1 700 万元,同时"未分配利润"项目增加 1 700 万元;所有者权益变动表上,"未分配利润"项目增加 1 700 万元;利润表中有"营业收入"1 700 万元。见表 12-6"2021 年初确认收入"行。

表 12－6　会计等式模板描述

单位：万元

资产负债表要素	资产			=	负债	+	所有者权益	
资产负债表项目	货币资金	长期应收款		=		+	未分配利润	
资产负债表科目	银行存款	长期应收款	未实现融资收益	=		+	利润分配	
资产负债表明细科目	略	乙公司	略	=		+	未分配利润	
							主营业务收入	财务费用
2021 年初确认收入		＋2 000	－300	=		+	＋1 700	
2021 年底收回款项	＋500	－500	＋116.45	=		+		＋116.45
2022 年底收回款项	＋500	－500	＋90.18	=		+		＋90.18
2023 年底收回款项	＋500	－500	＋62.10	=		+		＋62.10
2024 年底收回款项	＋500	－500	＋31.27	=		+		＋31.27
累计发生额	＋2 000	0	0	=		+	＋1 700	＋300

在编制会计分录时，"长期应收款"项目增加 1 700 万元，通过借记"长期应收款"科目 2 000 万元、贷记"未实现融资收益"300 万元来实现。

编制会计分录如下：

借：长期应收款　　　　　20 000 000
　　贷：主营业务收入　　　17 000 000
　　　　未实现融资收益　　 3 000 000

(2) 从 2021 年底开始，每年收回 500 万元合同款，其中一部分是当年产生的利息收益，另一部分是本金。

2021 年底"货币资金"项目增加 500 万元，"未分配利润"项目增加 116.45 万元，"长期应收款"项目减少 383.55 万元；利润表中有"财务费用"－116.45 万元（以负号列报代表财务收益）；当期现金流量表报告现金流入 500 万元。见表 12－6 的"2021 年底收回款项"行。

编制会计分录时，"长期应收款"项目减少 383.55 万元，通过贷记"长期应收款"科目 500 万元，借记"未实现融资收益"116.45 万元来实现。

编制会计分录如下：

借：银行存款　　　　　　5 000 000
　　未实现融资收益　　　1 164 500
　　贷：长期应收款　　　　5 000 000
　　　　财务费用　　　　　1 164 500

(3) 2022 年底之后，每年的情况见表 12－6。

从最终结果看，连续四年共收回货币资金 2 000 万元，其中 1 700 万元是销售收入，300

万元是利息收益。见表 12－6 最后一行"累计发生额"行。

2. 主要责任人或代理人的销售

企业在向客户销售商品时,有些情况下承担着主要责任人角色,有些情况下承担着代理人角色。"主要责任人"是指企业在向客户转让商品前控制该商品。比如航空公司向乘客销售飞机票,航空公司就属于主要责任人。"代理人"是指企业在向客户转让商品前不控制该商品,面向客户提供商品的承诺是安排他人来完成的。比如,某订票平台向客户销售飞机票,该平台就属于代理人而不是主要责任人。主要责任人能得到商品上大部分经济利益,代理人只能得到一部分。

无论是作为主要责任人还是代理人,企业均应当在履约义务履行时确认收入。企业为主要责任人的,应当按照其自行向客户提供商品而有权收取的对价总额确认收入;企业为代理人的,应当按照其因安排他人向客户提供特定商品而有权收取的佣金或手续费的金额确认收入,该金额可能是按照既定的佣金金额或比例确定,也可能是按照已收或应收对价总额扣除应支付给提供该特定商品的其他方的价款后的净额确定。

【例 12－5】 甲、乙公司均为增值税一般纳税人,甲公司于 2020 年 11 月委托乙公司为自己销售 A 商品 1 000 件,每件 A 商品的成本为 80 元,适用增值税率为 13%。合同约定乙公司应按每件含税售价 113 元对外销售,甲公司按含税售价的 5% 向乙公司支付手续费。2020 年 12 月初,甲公司将 A 商品发给乙公司。截至 2020 年 12 月,乙公司对外实际销售 600 件,开出的增值税专用发票上注明交易总额为 67 800 元,其中金额为 60 000 元,税额为 7 800 元,客户已经付款。12 月底,甲公司收到乙公司开具的代销清单,并向乙公司开具一张相同金额的增值税专用发票,同时结清双方欠款。

此例中有两个不同的主体,我们分别分析。针对所转让的商品,从合同看,甲公司有能力主导该商品的销售并且能够获得几乎全部经济利益,所以甲公司拥有该商品的控制权,属于主要责任人。而乙公司面向客户销售的商品是由甲公司来主导的,乙公司只能获得商品少部分经济利益,属于代理人。甲、乙公司业务处理比较复杂,以下分解为多个步骤来阐述。

甲公司和乙公司的经济活动用会计等式模板描述的结果分别见表 12－7 和表 12－8。

第一步:甲公司向乙公司发出商品。

甲公司发出商品给乙公司,只转移商品实物,不转移商品的控制权,不向乙公司开具发票。甲公司的存货从库存商品变成委托代销商品,见表 12－7"发出委托代销商品"行。

甲公司编制会计分录如下:

借:委托代销商品——A 商品　　　80 000
　　贷:库存商品——A 商品　　　　　　80 000

第二步:乙公司从甲公司接受商品。

由于没有商品的控制权,乙公司取得甲公司的商品时不确认资产,也不形成负债,只在备查账中进行记录。但是,实务中为了加强管理,乙公司往往设置一对旨在满足内部管理需要的科目——"受托代销商品"和"受托代销商品款",金额以售价计算。前者暂且视同资产科目,后者暂且视同负债科目。由于并不真正存在资产和负债,期末在编制资产负债表时,这两个科目的余额同时"隐身",不予以列报。见表 12－8"接受代销商品",注意表中仅列出

表 12－7　甲公司经济活动的会计等式模板描述

单位：元

资产负债表要素	资产				=	负债	+	所有者权益
资产负债表项目	货币资金	应收账款	存货		=	应交税费	+	未分配利润
资产负债表科目	银行存款	应收账款	库存商品	委托代销商品	=	应交税费	+	利润分配
资产负债表明细科目	略	乙公司	A商品	A商品	=	应交增值税	+	未分配利润
2020年11月发出委托代销商品			－80 000	＋80 000	=		+	
2020年12月底收到代销清单，确认收入，结转成本，确认销售费用		＋60 000			=		+	＋60 000（主营业务收入）
			－48 000		=		+	－48 000（主营业务成本）
		－3 390			=		+	－3 390（销售费用）
2020年12月底开出增值税专用发票		＋7 800			=	＋7 800	+	
2020年底收到款项	＋64 410	－64 410			=		+	

表 12－8　乙公司经济活动的会计等式模板描述

单位：元

资产负债表要素	资产		=	负债		+	所有者权益
资产负债表项目	货币资金	—	=	—	应付账款	应交税费	+	未分配利润
资产负债表科目	银行存款	受托代销商品	=	受托代销商品款	应付账款	应交税费	+	利润分配
资产负债表明细科目	略	A商品	=	A商品	甲公司	应交增值税	+	未分配利润
2020年11月接受代销商品		＋113 000	=	＋113 000			+	
2020年12月销售商品给第三方	＋67 800		=		＋60 000	＋7 800	+	
		－67 800	=	－67 800			+	
2020年底收到甲公司开具的增值税专用发票，确认进项税额			=		＋7 800	－7 800	+	
2020年底确认手续费收入			=		－3 390		+	＋3 390（主营业务收入）
2020年底支付款项给甲公司	－64 410		=		－64 410		+	
累计发生额	＋3 900	＋45 200	=	＋45 200	0	0	+	＋3 390

这两个科目名称,它们并没有对应的报表项目名称。

乙公司编制会计分录如下:

借:受托代销商品——A商品　　　113 000
　　贷:受托代销商品款——A商品　　113 000

第三步:乙公司向客户销售商品,同时开具增值税专用发票,并且向甲公司开具代销清单。

乙公司自身并非商品的控制者,只是代理甲公司销售,所以不能确认销售商品收入,但是要根据所开具的发票确认增值税销项税额。见表12-8"销售商品给第三方"行。

乙公司编制会计分录如下:

借:银行存款　　　　　　　　　　　　60 000
　　贷:应付账款——甲公司　　　　　　60 000
借:银行存款　　　　　　　　　　　　 7 800
　　贷:应交税费——应交增值税(销项税额)　7 800

同时在"受托代销商品"和"受托代销商品款"科目冲销已经出售的部分。

借:受托代销商品款——A商品　　67 800
　　贷:受托代销商品——A商品　　　67 800

第四步:甲公司收到代销清单,向乙公司开具增值税专用发票。

甲公司收到的代销清单说明商品的控制权已经转移给客户,于是要确认销售收入,同时结转销售成本,并且确认因支付手续费给乙公司而形成的销售费用。见表12-7"收到代销清单,确认收入,结转成本,确认销售费用"行。

甲公司编制会计分录如下:

借:应收账款——乙公司　　　　　60 000
　　贷:主营业务收入　　　　　　　　60 000
借:主营业务成本　　　　　　　　48 000
　　贷:委托代销商品——A商品　　　48 000
借:销售费用　　　　　　　　　　 3 390
　　贷:应收账款——乙公司　　　　　3 390

另外甲公司还要向乙公司开具增值税专用发票,见表12-7"开出增值税专用发票"行。

甲公司编制会计分录如下:

借:应收账款——乙公司　　　　　　　7 800
　　贷:应交税费——应交增值税(销项税额)　7 800

第五步:乙公司收到增值税专用发票。

乙公司收到甲公司开具的增值税专用发票后,借此确认增值税进项税额,抵扣其此前确认的销项税额,见表12-8"收到增值税专用发票"行。

乙公司编制会计分录如下:

借:应交税费——应交增值税(进项税额)　7 800
　　贷:应付账款——甲公司　　　　　　7 800

收到甲公司开具的发票还说明甲公司认可了乙公司的销售行为,乙公司能够确认手续费收入,见表12-8"确认手续费收入"行。

乙公司编制会计分录如下:

借:应付账款——甲公司　　　3 390
　　贷:主营业务收入　　　　　　　　3 390

第六步:乙公司将款项支付给甲公司,见表12-8"支付款项"行。

乙公司编制会计分录如下:

借:应付账款——甲公司　　　64 410
　　贷:银行存款　　　　　　　　　　64 410

第七步:甲公司收到款项。见表12-7"收到款项"行。

甲公司编制会计分录如下:

借:银行存款　　　　　　　　64 410
　　贷:应收账款——乙公司　　　　　64 410

从表12-8看,到2020年底,乙公司增加了现金3 390元,这正是实现的手续费收入。而"受托代销商品"和"受托代销商品款"科目余额均为45 200元,这个金额仅在科目层面有意义,对外报告时相互抵消。

五、收入的报告

面向客户取得收入的业务,企业采用如下方式列报。

在利润表的"营业收入"项目报告当期取得的收入,在"营业成本"项目报告当期为了取得这些收入所结转的成本。

在资产负债表的"应收账款"项目报告在资产负债表日企业对客户无条件(即仅随时间流逝)收款的权利的余额;在"合同资产"项目报告在资产负债表日企业因履行了履约义务从而形成的对客户收款的权利的余额,该权利取决于时间流逝之外的其他因素;"存货"项目报告企业将要向客户提供的商品在资产负债表日的余额;在"合同负债"项目报告企业根据合同已经获得了向客户收取对价的权利,从而根据合同承担着向客户转让商品的义务在资产负债表日的余额。同一份合同,期末"合同资产"与"合同负债"余额相抵后报告在"合同资产"或者"合同负债"项目。

企业还要在报表附注中披露收入确认和计量所采用的会计政策,包括对于收入确认的时点和金额具有重大影响的判断以及这些判断的变更,包括确定履约进度的方法及采用该方法的原因、评估客户取得所转让商品控制权时点的相关判断,在确定交易价格、估计计入交易价格的可变对价、分摊交易价格以及计量预期将退还给客户的款项等类似义务时所采用的方法、输入值和假设等。

企业还要在报表附注中披露与合同相关的信息。

第二节　费用

一、费用的性质

费用有狭义和广义之分。广义的费用泛指企业各种日常活动发生的所有耗费,如材料费用、人工费用等。狭义的费用仅指利润表中由本期营业收入予以抵扣的那部分费用。本章所讲的费用就是狭义的费用。《基本会计准则》对费用的定义是：费用是企业在日常活动中发生的、会导致所有者权益减少的、与向所有者分配利润无关的经济利益的总流出。

引起所有者权益减少的因素有以下四种，其中费用是最重要的一种。

①企业与所有者之间的资本交易，包括所有者撤资和向所有者派发红利；

②由于资本市场等企业外部因素所产生的其他综合收益，包括以公允价值计量的其他债权投资和其他权益工具投资期末公允价值的下跌；

③计入当期损益的损失；

④费用。

费用是由企业日常经营管理活动产生的，它是企业获取收入所必然付出的代价，是与收入对应的概念。费用计入损益，费用的发生减少了当期利润，同时减少了资产负债表的"未分配利润"项目的金额。

二、费用的分类

费用包括营业成本、税金及附加、期间费用和所得税费用。

1. 营业成本是指为了获取当期营业收入所直接付出的代价。

2. 税金及附加是指企业当期面向客户转让商品的过程中所承担的消费税，以及当期承担的以增值税和消费税为计税基础而缴纳的城市维护建设税和教育费附加。除此以外还包括房产税、车船税、土地使用税、资源税和印花税。

3. 期间费用是指企业当期发生的、不能带来未来收益的支出。期间费用包括管理费用、销售费用、研发费用和财务费用。

（1）管理费用

管理费用是组织和管理生产经营活动而发生的费用，包括企业在筹建期间内发生的开办费；行政管理部门发生的办公费、职工薪酬、物料消耗、低值易耗品摊销、固定资产折旧费、维修费、差旅费等；董事会费（包括董事会成员津贴、会议费和差旅费等）；聘请中介机构费、咨询费、诉讼费、业务招待费、排污费；技术转让费；矿产资源补偿费等。

（2）销售费用

销售费用是指企业在销售商品和材料、提供劳务的过程中发生的各种费用，包括企业在销售商品过程中发生的包装费、运输费、装卸费、保险费；商品售后维修费；展览费和广告费；专设销售机构的职工薪酬、固定资产折旧费、维修费、业务费等。

（3）研发费用

研发费用是指企业在研发过程中处于研究阶段的支出以及开发阶段不满足资本化条件的支出。

（4）财务费用

财务费用是指企业向债权人筹集资本而发生的筹资费用，包括利息支出、手续费等，另外还包括客户在折扣期内付款而享有的现金折扣。

4. 所得税费用是指就企业经营所得承担纳税义务而形成的费用。所得税费用包括当期所得税和递延所得税两部分。

(1) 当期所得税

第十章的第四节"面向税务部门的负债",阐述了应交所得税负债的会计问题。当企业在某个期间确认应交所得税负债时,同时形成了当期所得税费用。当期所得税费用和当期应交所得税负债是同一问题的两个方面,它们的确认和计量相生相伴。

(2) 递延所得税

递延所得税是在当期所得税的基础上,根据资产负债表观确认形成的所得税费用。它与递延所得税负债、递延所得税资产的确认与终止确认密切相关。本书对这一内容不做阐述。

三、费用的确认

费用应按照权责发生制下的配比原则以及谨慎原则确认,还有少数项目是根据资产负债表观确认的。

权责发生制要求,凡应属于本期发生的费用,不论其款项是否支付,均确认为本期费用;反之,不属于本期发生的费用,即使其款项已在本期支付,也不确认为本期费用。权责发生制说明当期费用的确认与当期现金流出无关,而决定"应属于本期发生的费用"和"不属于本期发生的费用"的是配比原则。配比原则要求当期所确认的费用与当期所确认的收入存在因果关系,即当期所确认的费用应是当期获取收入所必然发生的耗费。

1. 营业成本的确认

营业成本严格按照配比原则确认。

2. 税金及附加的确认

税金及附加的确认取决于消费税、城市维护建设税、教育费附加、房产税等纳税义务形成后对应的应交税费的确认。

3. 期间费用的确认

企业当期发生的日常性支出如果不会带来未来收益,则无论是否会带来当期收益,按照"不多确认资产、不少确认费用"的谨慎原则,确认为当期的期间费用。如果该费用与销售活动有关,就确认为销售费用;与举债有关,就确认为财务费用;与研发活动有关,就确认为研发费用;与以上三种活动都没有关系,就确认为管理费用。

4. 所得税费用的确认

如前文所述,当期所得税费用包括当期所得税和递延所得税两部分。

当期所得税的确认与"应交税费——应交所得税"负债的确认一致。当形成"应交税费——应交所得税"负债时,确认当期所得税。在我国纳税实务中,所得税"按季(月)都预缴,年终汇算清缴",所以所得税费用按季(月)度确认,金额为上年平均每月(季)度应缴数。

本书不阐述递延所得税的确认和计量问题。

四、费用的报告

除了"主营业务成本"科目和"其他业务成本"科目的当期发生额的合计数在利润表中列报为"营业成本",利润表其他费用类项目均按照费用类一级科目的借方发生额(如果有贷方发生额,予以扣除)列报在同一名称的报表项目下。

第三节 利润

利润,即净利润,是一个会计期间内收入和利得与费用和损失相抵后的结果。如果剔除利得和损失这些非经常性因素,可以把"收入"看作企业经营管理活动为企业全部利益相关者制造的蛋糕,把"费用"看作股东以外其他利益相关者从这个蛋糕分享的部分,而这个蛋糕剩余的部分——净利润则留给了股东。所以净利润的经济意义,是一个会计期间内企业经营管理活动为股东创造的价值。

一、五个特别项目

计算利润时,有五个因素在本章第一节和第二节均没有阐述,因为它们既不是严格的收入,也不是严格的费用。这五个因素分别是信用减值损失与资产减值损失、投资收益、公允价值变动损益、资产处置收益以及其他收益。

(一)信用减值损失与资产减值损失

信用减值损失是企业持有的应收账款、应收票据、预付账款以及其他应收款等资产,在资产负债表日因估计债务人不能履行还款义务,根据谨慎原则提前确认的损失。资产减值损失是企业持有上述资产之外的资产,在资产负债表日发现资产预期收益小于此时资产的账面价值时,根据谨慎原则确认的一种损失。信用减值损失和资产减值损失性质相同:一方面,损失并未真实发生,只是人们以所测算的未来收益为依据发现的潜在损失;另一方面,损失的金额是估计的,将来实际发生的损失金额与现在的估计数很可能不同。信用减值损失和资产减值损失的确认,分别在第三章、第四章、第五章和第六章阐述过。

(二)投资收益

投资收益是企业对外投资过程中产生的收益或损失,包括对外进行股权投资和债权投资过程中收到现金股利或利息而形成的收益(不包括从联营企业和合营企业收到的现金股利)以及处置对外投资相关资产,如交易性金融资产、债权投资、其他债权投资和长期股权投资而形成的处置所得与资产账面价值的差额。

对合营企业、联营企业的长期股权投资,被投资企业产生的净利润属于投资企业的份额,也是投资收益。这种投资收益一方面与上述其他形式产生的投资收益一起列报在"投资收益"项目下,另一方面单独在"其中:对联营企业和合营企业的投资收益"下列报,以区别于上述会产生现金流入的投资收益。

投资收益的确认,已经在第八章和第九章详细阐述过。

(三)公允价值变动损益

公允价值变动损益是企业持有交易性金融资产和以公允价值模式计量的投资性房地产这两种资产,期末资产的公允价值相比之前的账面价值发生变化而产生的收益或损失。其确认不同于典型的收入或费用的确认,已经分别在第七章、第八章阐述过。

(四)资产处置收益

资产处置收益是企业通过出售、对外投资等方式将所持有的固定资产、无形资产处置掉所带来的损益。其结果可能是收益,也可能是损失。资产处置收益不同于固定资产、无形资产报废所带来的损失。前者是企业经营活动的组成部分,后者是自然因素形成,报告在"营业外支出"项目,已经分别在第五章和第六章阐述过。

(五)其他收益

其他收益是企业接受与日常活动相关的政府补助给当期带来的收益。这一问题与政府补助相关,本书没有阐述。

二、利润的报告

净利润是收入和利得与费用和损失相抵后的结果。为了通过利润表提供更丰富、相关性更强的信息,在利润表中区分营业利润、利润总额和净利润三个层次报告。

营业利润＝营业收入－营业成本－税金及附加－销售费用－管理费用
　　　　－研发费用－财务费用＋其他收益＋投资收益(－投资损失)
　　　　＋公允价值变动收益(－公允价值变动损失)－信用减值损失
　　　　－资产减值损失＋资产处置收益(－资产处置损失)

利润总额＝营业利润＋营业外收入－营业外支出

净利润＝利润总额－所得税费用

【本章小结】

本章介绍了利润表中与损益有关的三个要素:收入、费用和利润。

收入是本章的重点。本章详细阐述了收入的性质、收入确认的标准、收入确认和计量的五步法模型、常见业务和特殊业务的账务处理举例以及与收入有关的经济活动的报告,并重点阐述了以下概念:商业实质、商品控制权和单项履约义务,阐述了在某一时段内履行的单项履约义务的判定条件,以及"合同履约成本""合同资产"和"合同负债"会计科目的使用。

本章介绍了费用的性质、分类,总结了不同类别费用的确认条件。

本章最后总结了利润表中收入和费用之外的其他损益项目,并介绍了三个利润层次。

【思考题】

1. 什么是合同？什么是面向客户的合同？
2. 什么是收入？收入确认的一般原则是什么？
3. 按照《收入准则》的规定,面向客户的合同收入的确认条件有哪些？
4. 什么是商业实质？什么是商品控制权？
5. 收入确认和计量包括哪五步？
6. 什么是单项履约义务？如何识别合同中的单项履约义务？
7. 影响交易价格的因素有哪些？
8. 在某一时段内履行的履约义务有什么特点？如何确定合同的履约进度？
9. 在某一时点履行的履约义务有什么特点？
10. "合同履约成本"科目与"生产成本"科目有什么异同？"合同资产"科目与"应收账

款"科目有什么异同?

11. 什么是费用?有人常常把收入和资产相混淆,费用和负债相混淆,你能分得清楚吗?

12. 利润表中的费用项目包括哪些?

13. 什么是利润?为什么在利润表中,利润要分为营业利润、利润总额和净利润三个层次报告?

【练习题】

(一)单项选择题

1. 下列不属于企业日常活动的是( )。
   A. 产品制造企业制造并销售商品
   B. 咨询公司提供咨询服务
   C. 软件开发公司销售自己开发的软件
   D. 产品制造企业出售办公大楼

2. 当单独售价无法直接观察时,企业要综合考虑其能够合理取得的全部相关信息,但是不能采用以下方法来合理估计单独售价( )。
   A. 市场调整法   B. 成本加成法   C. 余值法   D. 现值

3. 下列关于合同中存在重大融资成分处理的叙述不正确的是( )。
   A. 企业采用合同对价作为交易价格
   B. 企业应当按照假定客户在取得商品控制权时合同价款的现值或终值来确定交易价格
   C. 企业通过某种方法确定了交易价格之后,交易价格与合同对价之间的差额应当在合同期内采用实际利率法计算各期的利息收益或利息费用
   D. 企业应当按照假定客户在取得商品控制权时以现金支付的金额确定交易价格

4. 某企业于2020年9月接受一项产品安装任务,安装期6个月,合同价款10万元,年度预收款项4万元,余款在安装完成时收回。当年实际发生履约成本3万元,预计还将发生履约成本2万元。按照投入法的成本法计算履约进度,则该企业2020年度收入的金额为( )万元。
   A. 6   B. 4   C. 10   D. 0

5. 某企业于2019年11月接受一项产品安装任务,预计安装期16个月,是在某一时段内履行的履约义务。该企业采用成本法确定履约进度。2019年底已确认收入10万元。至2020年12月31日累计发生履约成本152万元,预计还将发生履约成本8万元。合同总收入200万元,则该企业2020年度确认的收入为( )万元。
   A. 160   B. 200   C. 180   D. 182

6. 某企业2021年3月份发生的费用有:计提车间用固定资产折旧费10万元,发生车间管理人员工资40万元,支付广告费用30万元,发生短期借款利息费用20万元,承担行政管理人员"五险一金"10万元。则该企业当期的期间费用总额为( )万元。

A. 50   B. 60   C. 100   D. 110

7. 下列各项中,经批准计入营业外支出的是( )。
   A. 计算差错造成的存货盘亏
   B. 管理不善造成的存货盘亏
   C. 管理不善造成的固定资产盘亏
   D. 出售原材料结转的成本

8. 下列各项中,应列为管理费用处理的是( )。
   A. 自然灾害造成的流动资产净损失
   B. 筹建期间内发生的开办费
   C. 固定资产盘盈净收益
   D. 广告费

(二)多项选择题

1. 按我国企业会计准则规定,下列项目中不应确认为收入的有( )。
   A. 销售商品收取的增值税
   B. 出售飞机票时代收的保险费
   C. 旅行社代客户购买景点门票收取的款项
   D. 销售商品代垫的运杂费
   E. 销售商品的价款

2. 收入的特征表现为( )。
   A. 收入从日常活动中产生,而不是从偶发的交易或事项中产生
   B. 收入可能表现为资产的增加
   C. 收入可能表现所有者权益的增加
   D. 收入包括代收的增值税
   E. 收入可能表现为负债的减少

3. 企业向客户承诺转让的商品同时满足下列哪些条件,才应当作为可明确区分的商品( )。
   A. 客户能够从商品本身受益
   B. 客户能够从该商品与其他易于获得资源一起使用中受益
   C. 企业向客户转让该商品的承诺与合同中其他承诺可单独区分
   D. 企业向客户转让该商品的承诺与合同中其他承诺不可单独区分

4. 下列哪些情况下看似多个履约义务,其实是一个单项履约义务( )。
   A. 企业需提供重大的服务以将该商品与合同中承诺的其他商品进行整合,形成合同约定的某个或某些组合产出转让给客户
   B. 该商品将对合同中承诺的其他商品予以重大修改或定制
   C. 该商品与合同中承诺的其他商品具有高度关联性
   D. 提供了一系列实质相同且转让模式相同的、可明确区分的商品

5. 依据《收入准则》的规定,在确定交易价格时,企业应当考虑的因素有( )。
   A. 可变对价   B. 合同中存在重大融资成分

C. 非现金对价　　　　　　　　D. 应付客户对价

6. 在判断客户是否已经取得商品控制权时,企业应当考虑的迹象有( )。
   A. 客户就该商品负有现实付款义务
   B. 客户已经拥有该商品的法定所有权
   C. 客户已经实际占有该商品
   D. 客户已经取得该商品所有权上的主要风险和报酬

(三)计算及账务处理题

1. 某房地产公司出售一栋办公楼,同时为办公楼提供三年期保洁和维修服务。合同价款总额为3 000万元。如果单独出售办公楼,售价为2 500万元;如果单独提供保洁和维修服务,年平均价格为200万元。

   要求:分别计算该合同中出售办公楼与每年提供保洁和维修服务所带来的收入的金额。

2. 某建筑公司与客户签订了一项总金额为1 900万元的建造合同,工程已于2018年7月开工,预计2020年6月完工。2018年末客户提出变动部分设计,经双方协商,客户同意追加投资100万元。该合同的其他有关资料如下:

单位:万元

项　　目	2018年	2019年	2020年
实际发生履约成本	300	900	400
累计发生履约成本	300	1 200	1 600
预计合同上将要发生履约成本	1 200	400	0
预计合同总收入	1 900	2 000	2 000
已结算合同价款	240	1 000	760
实际收到合同价款	200	800	1 000

假定该公司采用投入法中的成本法确定履约进度。

要求:(1)计算2018年、2019年末的履约进度;

(2)计算2018年、2019年和2020年确认的合同收入以及结转的履约成本,用会计等式模板描述上述业务并编制会计分录。

3. 甲公司自2018年4月1日起为乙公司开发一款系统软件。合同约定工期为两年,合同总收入为10万元,2018年4月1日乙公司支付项目价款5万元,余款于软件开发完成时支付。4月1日,甲公司收到乙公司支付的该项目价款5万元。该项目预计总成本为4万元。其他相关资料如下:

时　　间	收款金额	累计发生履约成本	履约进度
2018年4月1日	50 000		
2018年12月31日		1.6	40%
2019年12月31日		3.4	85%
2020年4月1日		4.1	100%

该项目于2020年4月1日完成并交付给乙公司,但余款尚未收到。假定为该项目发生

的履约成本均用银行存款支付。

要求:用会计等式模板描述甲公司2018—2020年与开发此项目有关的业务并编制会计分录。

4. 甲公司2019年1月1日售出大型设备一套,合同约定采用分期收款方式,从销售当年末分5年收款,每年1 000万元,合计5 000万元。不考虑增值税。假定甲公司在正常信用期内销售该商品的不含增值税售价是4 000万元。测算出该合同的实际利率为7.93%。

要求:(1)编制每年利息收益计算表;

(2)用会计等式模板描述上述业务并编制相应会计分录。

5. 甲公司于2019年7月1日与乙公司签订一份合同,甲公司承诺为乙公司建造一栋办公楼,总造价5亿元,工期1年半,预计在2020年末完工。甲公司按照投入法中的成本法确定履约进度。

(1)2019年发生履约成本1.2亿元,假设全部用银行存款支付;

(2)2019年末预计履约总成本4亿元,按照履约进度计算收入额;

(3)2019年末进行合同结算,结算合同价款1.3亿元,实际收到1.15万元;

(4)2020年发生履约成本2.8亿元,全部用银行存款支付;

(5)2020年11月合同全部履行完毕,确认剩余收入,结转剩余成本;

(6)2020年11月,结算合同价款3.7亿元;

(7)2020年12月,收回剩余合同款3.85亿元。

要求:上述业务用会计等式模板描述并编制相应会计分录。

(四)财务报表题

1."你的"公司在最近一个会计年度内实现了多少营业收入?相比上年情况怎样?位列前五位的客户是哪些公司?

2."你的"公司典型的营业收入属于在某一时段内履行的履约义务还是在某一时点履行的履约义务?

3."你的"公司在最近一个会计年度内发生了多少营业成本?毛利率是多少?相比上年,毛利率提高还是降低了?

4."你的"公司销售费用是多少?做出同比利润表,看看销售费用占营业收入比例相比上年提升还是下降了?

5."你的"公司税金及附加是多少?做出同比利润表,看看税金及附加占营业收入比例相比上年提升还是下降了?

6."你的"公司管理费用是多少?做出同比利润表,看看管理费用占营业收入比例相比上年提升还是下降了?

7."你的"公司研发费用是多少?期末有多少开发支出?

8."你的"公司财务费用是多少?做出同比利润表,看看财务管理费用占营业收入比例相比上年提升还是下降了?与短期借款、长期借款以及应付债券联系起来,分析财务费用变化的原因。

9."你的"公司所得税费用是多少?所得税费用与利润总额的数量关系与该公司所得税的应税比率一致吗?

10."你的"公司净利润是多少?相比上年情况怎样?

第十三章 财务报告

【学习目标】

通过学习本章,你应该:

1. 从确认、计量和报告的角度重新审视资产负债表;
2. 掌握所有者权益变动表的内容与编制;
3. 从确认、计量和报告的角度重新审视利润表;
4. 认识现金流量表的作用,理解三种类型现金流量的含义,理解现金流量表各项目的含义,掌握现金流量表的编制,了解间接法报告经营活动现金净流量;
5. 了解财务报表附注的意义,能从财务报表附注中获取信息。

【引 子】

2020年初,一场突如其来的新冠肺炎疫情给社会经济生活带来严重影响。一些企业陷入经营困境:一方面要支付员工工资、经营场所的租金、供应商的欠款、增值税等流转税及附加、到期的银行借款利息和本金,另一方面却无法开展正常商业活动,无法从客户那里得到现金。如果企业规模大,财务实力雄厚,持有较多的货币资金,尚能维持一个时期。如果是小微企业,很快就难以为继了。

2020年1月31日中国人民银行等五部委联合发出《关于进一步强化金融支持防控新型冠状病毒感染肺炎疫情的通知》。根据通知要求,对受疫情影响严重到期还款困难的企业,可予以展期或续贷。通过适当下调贷款利率、增加信用贷款和中长期贷款等方式,支持相关企业战胜疫情灾害影响。2020年2月10日,国家税务总局发布了《关于支持新型冠状病毒感染的肺炎疫情防控有关税收政策的公告》(国家税务总局公告2020年第4号),公布了企业免征增值税的条件。政府公布的以上政策,可以在一定程度上减缓企业的偿债压力和纳税负担。国内疫情基本得到控制之后,各地政府陆续发放消费券,鼓励民众到服务行业消费,以缓解这些企业的资金压力。

在新冠肺炎疫情这一特殊时期,"现金为王"这句话更加凸显其分量。

本书从第三章到第十一章,侧重阐述了交易或事项发生以后,资产负债表项目所受到的影响,具体解释了这些项目在什么时候确认,如何计量,如何进行账务处理,如何在资产负债表、所有者权益变动表和利润表中列报。

本书第十二章侧重阐述了那些影响损益的交易和事项,详细解释了损益项目——重点是收入项目——在什么时候确认,如何计量,如何进行账务处理,如何在利润表中列报。

本章从整体上继续审视资产负债表和利润表,并分别介绍所有者权益变动表和现金流量表的结构、编制方法和对外部使用者的意义。本章的节次安排不同于实务中四张报表通常的排列顺序,而是基于四张报表之间的逻辑关系,按照资产负债表、所有者权益变动表、利润表和现金流量表的顺序排列,以加强读者对报表体系内在联系的认识。

第一节　资产负债表

资产负债表是反映企业在某个特定时点资产、负债和所有者权益等财务状况的报表。它像一张照片,捕捉到了资产负债表日那些满足了资产确认条件的经济资源、满足了负债确认条件的义务和责任以及企业的股东所享有的净权益。下面我们从确认、计量与报告角度,再次审视资产负债表。

按照《财务报表列报准则》的要求,资产负债表要按照比较式列报,既要报告当期期末数,还要报告当期期初数。当期期末数来自各资产负债表科目的期末余额,当期期初数来自上期报表的期末数。

一、资产的确认、计量与报告

(一)资产的确认

资产的确认条件是:第一,与该资源有关的经济利益很可能流入企业;第二,该资源的成本或者价值能够可靠地计量。

资产的确认条件决定了企业某些重要的经济资源,由于成本或者价值不能可靠计量,不能在财务报表中报告为资产。杰出的经理人对他们所担纲的公司贡献卓著,但他们的价值不会出现在公司的资产负债表上。再比如,某著名飞机制造公司的销售合约已经签到了十几年以后。这些合约因尚未履行,带来的经济利益不能可靠计量,也不能出现在资产负债表上。除此以外,网站的点击量、营销网络、企业文化等重要的经济资源,都不能确认为资产,不能在财务报表中报告。

(二)资产的计量

资产的计量有五种属性,分别是历史成本、重置成本、可变现净值、现值和公允价值。几乎所有的资产在取得时都采用历史成本计量属性,以保证会计信息的可靠性。而到了资产负债表日,在资产负债表中报告的资产也大多沿用历史成本,但是有少数例外。

1. **资产负债表日一些资产采用公允价值计量**

资产负债表日,采用公允价值计量的资产包括交易性金融资产、其他债权投资、其他权益工具投资和符合企业会计准则规定的投资性房地产。

以公允价值计量资产,能在一定程度上反映资产预期未来带来的经济利益,提高会计信息的相关性,也能在一定程度上提示风险。

2. 一些资产以可变现净值或现值计量

可变现净值和现值均代表着资产未来带来的经济利益。在资产负债表日,大部分资产仍然以历史成本计量。但是如果有的资产有减值迹象,经过减值测试后发现预计未来带来的经济利益,比如存货的可变现净值、长期资产的可变现净值和现值中较高者(即可收回金额),低于目前资产的账面价值,那么就要实施资产减值程序,将该资产的账面价值调低到与预计未来经济利益相等的金额。

实施资产减值程序的效果是资产带来的损失被提前确认了,于是资产未来使用时带来的经济利益就往往大于或等于调整后资产的账面价值。即使发生损失,损失的金额也不那么大。这样做是为了保证会计信息的谨慎性,及时向股东和债权人揭示风险。

无论采用公允价值计量,还是采用可变现净值或现值计量,都不如采用历史成本可靠。

(三)资产的报告

资产分为流动资产和非流动资产两大类,按照由强到弱的顺序列报在资产负债表上,并且重要资产的期初、期末余额和本期增减变动额在财务报表附注中详细披露。

二、负债的确认、计量与报告

(一)负债的确认

负债的确认条件是:第一,与该义务有关的经济利益很可能流出企业;第二,未来流出的经济利益的金额能够可靠地计量。

负债的确认条件决定了企业的某些义务和责任因不满足负债的确认条件而没有在资产负债表中列报出来。比如一个存在环境污染隐患的企业将来可能会承担巨额赔偿损失,如果这笔赔偿目前无法可靠计量,没有满足负债的第二个确认条件,就不能作为负债出现在资产负债表上。类似的情况还有企业承担的担保义务、未决诉讼,等等。

(二)负债的计量

理论上,除了可变现净值以外,负债与资产一样,有其余相同的四种计量属性,只不过负债的计量属性没有资产的容易理解。

《基本会计准则》规定,在历史成本计量下,负债按照其因承担现时义务而实际收到的款项或者资产的金额,或者承担现时义务的合同金额,或者按照日常活动中为偿还负债预期需要支付的现金或者现金等价物的金额计量;在重置成本计量下,负债按照现在偿付该项债务所需支付的现金或者现金等价物的金额计量;在现值计量下,负债按照预计期限内需要偿还的未来净现金流出量的折现金额计量;在公允价值计量下,负债按照有序交易中转移债务所需支付的金额计量。

负债一般采用历史成本计量。

(三)负债的报告

负债分为流动负债和非流动负债大类,按照流动性由强到弱的顺序列报。重要的负债项目的期初、期末余额和本期增减变动额,在财务报表附注中详细披露。

三、所有者权益的确认、计量与报告

所有者权益是企业的资产在满足了债权人权益之后的剩余权益,所以在资产负债表上,所有者权益的确认与计量取决于资产和负债的确认与计量。而所有者权益的报告,则是按照《公司法》要求对所有者权益分类后按项目报告的。

由于隐形资产和隐性负债的存在,以及历史成本的大量采用,所有者权益的内在价值与资产负债表中所有者权益的报告金额差别很大。股东利用资产负债表评估所有者权益的内在价值时,首先要通过财务报表附注以及其他渠道调查企业的隐形资产和隐性负债的性质,估算其金额,还要评估那些因采用历史成本而可能被低估的资产,比如一栋楼盘因附近修了地铁而升值,可是该楼盘仍然采用当初的建造成本报告,等等。

如果公司的股票上市,并且交投活跃,理论上认为,公司股票的市场价值体现了所有者权益的价值,因为交投活跃的股票充分反映了众多投资者对公司未来价值的预期。但事实上由于证券市场信息不完全对称,股票的价格很可能被低估或高估。投资者如果分析利用包括资产负债表在内的财务报表数据,并通过其他渠道充分了解公司情况,在此基础上测算股票的内在价值,就可能发现被市场高估或低估的股票,从而找到投资机会。

第二节 所有者权益变动表

所有者权益变动表,是反映一个期间内所有者权益增减变动情况的报表。该报表不仅描述了所有者权益的六个项目"实收资本(股本)""其他权益工具""资本公积""其他综合收益""盈余公积"和"未分配利润"的增减变化,而且说明了变化的原因。

所有者权益变动表,是连接资产负债表和利润表的桥梁。

一、所有者权益变动表的结构

所有者权益变动表是一个二维结构的报表,见表1-8。

(一)纵向结构

表中纵向看,主要有六栏,包括"实收资本(股本)""其他权益工具""资本公积""其他综合收益""盈余公积"和"未分配利润"。表1-8中,该股份有限公司由于属于安全生产责任重大的公司,还有"专项储备"。

(二)横向结构

横向看,所有者权益变动表主要包括各项所有者权益的期初数、本期变化数和期末数三个部分。从表1-8看,该表的最上端还报告了"上年期末余额"以及"会计政策变更""前期差错更正"等内容。这是用于描述追溯调整和追溯重述的,将在第十五章"会计政策、会计估计变更和差错更正"展开讲述。

所有者权益变动表与资产负债报表存在勾稽关系,如本书第一章第五节所描述的。所有者权益变动表的本年年初数和本年年末数,应该分别与资产负债表所有者权益部分的年初数和年末数保持一致。

所有者权益的变化原因,主要分为四个方面。这是所有者权益变动表报告的核心内容。

1. 综合收益总额

综合收益总额反映当期综合收益对所有者权益的影响,包括净利润和其他综合收益两部分。其中净利润产生的影响报告在"未分配利润"栏;其他综合收益产生的影响报告在"其他综合收益"栏。

2. 股东投入资本或减少资本

反映当期普通股股东投入或减少的资本,以及其他权益工具比如优先股和永续债的持有人投入的资本。受影响的项目有"实收资本(或股本)""其他权益工具",通常还包括"资本公积"。

3. 利润分配

反映当期利润分配事项对所有者权益的影响。利润分配包括提取法定(或任意)盈余公积,分配现金股利、派发股票股利。无论哪一种利润分配,都会减少"未分配利润"项目。如果提取盈余公积,"盈余公积"项目会等额增加;如果分配现金股利,负债类的"应付股利"项目会同时增加;如果派发股票股利,"股本"会同时增加。

4. 所有者权益内部结转

反映当期所有者权益内部结转事项。这些事项不会改变所有者权益总额,但是会改变所有者权益的结构,使得两个所有者权益项目发生此消彼长的变化。

这类事项包括:

①资本公积转增实收资本(或股本)。这使得"资本公积"减少,"实收资本(或股本)"增加;

②盈余公积转增实收资本(或股本)。这使得"盈余公积"减少,"实收资本(或股本)"增加;

③盈余公积弥补亏损。这使得"盈余公积"减少,"未分配利润"增加;

④其他综合收益结转留存收益。这使得"其他综合收益"减少(或增加),"盈余公积"和"未分配利润"分别按照10%和90%的比例增加(或减少)。比如处置其他权益工具投资时,就会发生这种情况。

表1-8中所有者权益的增减变动,除了上述四个原因外,还有专项储备。这是火力发电企业等对安全生产要求高的企业所特有的所有者权益项目。

所有者权益变动表要报告当年度和上年度两个会计期间的数据,以便进行比较。

二、所有者权益变动表的编制

所有者权益变动表的"上年数"根据上一年度所有者权益变动表的"本年数"填列。

所有者权益变动表是动态报表,理论上看,表中列报的金额均来自各所有者权益科目当期的发生额。

引起所有者权益变动表的"实收资本(或股本)""其他权益工具""资本公积""其他综合收益"和"盈余公积"五个项目变化的交易或事项不多。这五个项目所对应的五个会计科目所记录的交易或事项的笔数少,性质单一,所以当这五个项目发生变化时,报表中列报的金额直接来自这五个科目的本期借方或贷方发生额。

引起"未分配利润"项目变化的除了净利润以外,还包括利润分配、亏损弥补等。"未分配利润"项目对应的会计科目是"利润分配"。为了方便编制所有者权益变动表,在"利润分配"科目下设置了若干二级科目,其中"提取法定盈余公积""提取任意盈余公积""应付现金股利或利润""转作股本的股利"等二级科目,分别记录各类利润分配事项;"盈余公积补亏"二级科目记录以盈余公积弥补的亏损;"未分配利润"二级科目用以记录当期净利润。所有者权益变动表里的金额,就是相应二级科目的借方或者贷方发生额。

第三节 利润表

利润表包含三个组成部分:损益表、其他综合收益和综合收益总额。其中损益表反映了企业的获利能力,评价企业管理层的业绩,预测企业未来的获利能力。其他综合收益中有一部分将来会重分类进损益,这个信息对企业的股票市价是有影响的,所以其他综合收益放到利润表中与当期损益一并报告。综合收益总额是损益表中的净利润与其他综合收益的总和。

如第一章第五节所述,利润表与所有者权益变动表存在勾稽关系:"净利润""其他综合收益"以及"综合收益总额"分别与所有者权益变动表中"综合收益总额"行的"未分配利润"列、"其他综合收益"列以及"所有者权益合计"列的报告金额一致。

第十二章重点阐述了影响损益的交易和事项发生以后,如何在利润表的损益表中反映出来。本节再次从收入、费用的确认、计量和报告角度审视利润表。

一、利润的确认

确认利润的主要原则是权责发生制。

利润的重要构成因素是收入和费用,利润的确认主要受收入和费用确认的影响。而收入和费用的确认要遵循权责发生制原则。权责发生制又称应计制,是指在确认收入和费用时,以"本期应该取得经济利益"作为收入确认的标准,以"本期应该付出经济利益"作为费用的确认标准,而与本期是否实际取得经济利益和实际付出经济利益无关。权责发生制体现了收入确认的实现原则和费用确认的配比原则。

收入确认的实现原则是指,如果企业作为销售方已经于本期完成了合同规定的提供商品或劳务的义务,同时购进方也已经完成了合同规定的付款义务,或者虽然购进方尚未完成付款义务,但是销售方合理判定购进方将来很可能完成付款义务,那么就意味着收入实现了,尽管此时并未实际收到现金。

总之,收入的实现原则以"本期应该取得经济利益"作为收入确认的标准。

收入不是天上掉下来的馅饼,取得收入必然要发生相应的耗费,这些耗费就是费用。费用是原因,收入是结果。费用的确认要遵循配比原则。配比原则是指,费用是为了取得当期收入而在当期应该付出的经济利益,而不论当期是否实际付出经济利益。遵循配比原则确认的费用,包括营业成本、税金及附加、销售费用、财务费用、管理费用中的折旧费和摊销费等。遵循配比原则,收入与费用的差额——利润,才能科学地体现经营管理活动的结果。

还有一些费用,比如研发费用、管理费用中的董事会费、审计费等,并非基于配比原则而确认。相关的支出不会带来当期收益,但是也不会带来未来收益。基于谨慎性,相关支出费用化形成了上述费用。

以权责发生制为原则确认收入和费用,其好处是能够科学地反映管理层的经营业绩,其不利之处是由于收入和费用的确认需要大量的会计估计和判断,容易被管理层所操控。另外,由于收入和费用并不同步产生现金流入和流出,利润表只反映了企业通过管理层的经营当期为股东增加的财富,它并不能体现企业的支付能力。

二、利润的计量

利润的计量主要取决于收入和费用的计量。收入按照对外销售商品、提供劳务,从客户那里取得的经济利益来计量,这种计量方式接近于公允价值。而费用通常按照所付出经济资源的历史成本计量,比如固定资产折旧费、无形资产摊销费等。收入和费用所采用的计量属性不同,导致收入和费用的差额一方面来自企业经营管理活动,另一方面来自物价变动。如果企业所处的经济环境物价变动比较剧烈,或者金额较大的费用受到多年前取得的资产的历史成本的影响,那么物价变动对利润的影响就比较显著。

三、利润的报告

(一)收入的报告

在利润表中,收入在"营业收入"项目下报告。营业收入包括主营业务收入和其他业务收入两部分。"营业收入"项目中报告的金额为当期"主营业务收入"和"其他业务收入"两个科目贷方发生额之和。

(二)费用的报告

费用的报告有两种方式,一种以功能报告,另一种以性质报告。以功能报告费用,就是按照费用所服务的领域分类报告,包括为了取得营业收入而发生的营业成本、税金及附加,为了销售商品而发生的销售费用,为了进行管理活动而发生的管理费用,为了开展研发活动而发生的研发费用以及为了筹资而发生的财务费用,等等。以性质报告费用,就是按照耗费资源的性质分类报告,包括人工费用、折旧费用、摊销费用、维修费用、租金费用、分销费用等。

《财务报表列报准则》规定,费用按照功能分类,对应的项目为"营业成本""税金及附加""管理费用""销售费用""研发费用"和"财务费用"。外部信息使用者如果需要人工费、折旧费、摊销费等反映费用性质的信息,可以在财务报表附注所披露的应付职工薪酬、固定资产、无形资产等项目中得到。

(三)利润的分层报告

为了提供更加丰富的信息,在利润表中,利润是分层报告的,包括营业利润、利润总额和净利润三个层次。

四、其他综合收益与综合收益总额的报告

按照现行会计规范,利润表除了报告企业实现的净利润之外,还要报告资本市场等外部因素形成的所有者权益,这就是其他综合收益。其他综合收益与管理层进行管理的有效性无关,与企业所处的宏观环境有关,比如资本市场和房地产市场的价格、利率、人的平均寿命,等等。

其他综合收益在利润表中以"其他综合收益"项目来报告,该项目的金额与所有者权益变动表中"综合收益总额"行的"其他综合收益"列的金额完全一致,都表示当期形成的其他综合收益。如表1—9的利润表中"其他综合收益的税后净额",与表1—8的所有者权益变动表中"综合收益总额"行的"其他综合收益"列的金额一致,都为－1 690千元。所有者权益变动表仅报告了其他综合收益变动额,而哪些原因引起了其他综合收益变动,则由利润表来详细报告。

在利润表中,其他综合收益分为两类。

一类是以后能重分类进损益的其他综合收益,多数其他综合收益都属于这一类。比如其他债权投资公允价值的变动;非投资性房地产转换为以公允价值计量的投资性房地产时,公允价值高于非投资性房地产原账面价值的差额;采用权益法进行后续计量的长期股权投资,被投资企业发生了上述产生其他综合收益的事项,投资企业因此而产生了其他综合收益;等等。当相关的资产被处置时,原先持有该资产时由于非管理因素产生的其他综合收益就变现了,就成为利润表中报告的损益项目。

另一类是以后不能重分类进损益的其他综合收益,比如处置其他权益工具投资时,持有该资产期间产生的其他综合收益,就不能转为处置当期的损益,而是分别按照10%和90%的比例转入资产负债表的"盈余公积"项目和"未分配利润"项目。

净利润与其他综合收益加总,就是综合收益总额。

综合收益总额＝净利润＋其他综合收益

综合收益总额反映了股东因素之外的其他因素引起所有者权益变化的金额。利润表中的综合收益总额应该与所有者权益变动表中"综合收益总额"行的"所有者权益合计"列的金额一致,在表1—8和表1—9中,此数为2 407 311千元。

表1—9称作"综合收益表",可能更为恰当。

第四节 现金流量表

一、现金流量表的含义

现金流量表是反映企业一定会计期间内现金及现金等价物流入、流出情况的报表。

《企业会计准则第31号——现金流量表》(以下简称《现金流量表准则》)规定,"现金,是指企业库存现金以及可以随时用于支付的存款。现金等价物,是指企业持有的期限短、流动性强、易于转换为已知金额现金、价值变动风险很小的投资。"现金等价物通常指在证券市场上购入的三个月内到期的国债。

在多数情况下,企业没有现金等价物。所以现金流量表中的"现金"与资产负债表中的"货币资金"是等同的,现金流量表反映了两个资产负债表日货币资金的增减变动情况。现金流量表中"期初现金和现金等价物余额"与"期末现金和现金等价物余额",就是资产负债表"货币资金"项目的期初数与期末数。这时,现金流量表也可以称作"货币资金变动表"。

二、现金流量表的作用

利润表已经报告了企业的经营业绩,之所以还要编制现金流量表,是因为利润表中收入和费用的确认,遵循权责发生制原则,以管理层付出的努力而非现金流入或流出为标准。利润表报告了一个极佳的利润,并不一定意味着该企业有充足的现金支付能力。假如销货款的回笼并没有像企业在确认收入时那般乐观,或者企业为了保证生产供应而大量预付购货款,或者为了扩大生产经营规模进行投资,都使得企业在利润可观的情况下,现金不充足,支付能力不够。

现金流量表能够清晰地反映企业现金流入和流出的原因,即现金从哪里来,到哪里去,能够反映企业产生现金的能力。如果企业将商品销售出去而没有及时收回货款,进行投资而没能取得相应的现金回报,这些资金周转不畅通的情况,通过现金流量表大致能反映出来。

现金流量表根据现金运转规律对现金流量进行了分类,所以通过现金流量表能够在一定程度上预测企业未来现金流量。

三、现金流量的分类

现金流量表中的现金流量主要包括三类,分别是筹资活动产生的现金流量、投资活动产生的现金流量和经营活动产生的现金流量。如果企业有外币现金,还包括汇率变动对现金和现金等价物的影响。

(一)筹资活动产生的现金流量

筹资活动,是指导致企业资本及债务规模和构成发生变化的活动。发生这类活动时,企业在与股东以及提供带息债务资本的债权人即银行、社会公众打交道。当企业向这些利益相关者筹集资本时,产生现金流入。在后续期间,当向股东支付股利或者向银行、社会公众支付利息、偿还本金时,产生现金流出。一个会计期间内,筹资活动的现金流入与现金流出的差额,就是筹资活动产生的现金净流量。

由于企业是在货币市场和资本市场上筹集资本,企业筹资活动产生的现金流量受到货币市场和资本市场变化的影响。如果政府实行紧缩的货币政策,市场利率就会上升,企业在筹集本金不变的情况下,支付的利息就会增加。企业如果从正处于牛市的资本市场筹集资本,相比熊市,不仅筹集资本更加顺利,而且每发行一股股票所筹集的资金可能会更多。

筹资活动产生的现金流入,特别是向股东筹集资本产生的现金流入,是企业现金流动的起点,也是企业一切经济活动的开端。

(二)投资活动产生的现金流量

投资活动,是指企业长期资产的购建和不包括在现金等价物范围的投资及其处置活动。投资活动包括了对内投资和对外投资两类活动。

1. 对内投资活动

对内投资活动是指固定资产、无形资产、投资性房地产等长期资产的购建和处置活动。购建这些长期资产时,产生现金流出;若干年后处置这些资产时,产生现金流入。对一项长期资产而言,购置发生的现金流出,通常远远大于处置产生的现金流入。也就是说,对内投资活动是"花钱的"。在一个会计期间内,对内投资活动产生的现金流入与现金流出的差额,称作"对内投资活动产生的现金净流量"①。

对内投资活动现金流量的运动规律与企业所处的生命周期有关。在企业发展初期和扩张过程中,由于购建长期资产而产生大量现金流出。虽然在这个阶段,每个会计期间同时有少数长期资产因处置而产生现金流入,但总体上,现金流出远远大于现金流入,所以当期对内投资活动现金净流量是负数。在企业进入萎缩衰退期后,不再购建长期资产,而当期处置这些资产又会产生现金流入,所以当期投资活动现金净流量是个正数。

对内投资活动是现金的主要去向,资本密集型企业尤其如此。

2. 对外投资活动

对外投资活动,是指购置和处置交易性金融资产、债权投资、其他债权投资、其他权益工具投资和长期股权投资。购置这些资产时产生现金流出;处置这些资产时产生现金流入。对外投资形成的资产性质复杂,所以这类活动的现金流转规律与企业所处的生命周期没有明显关系。从当期的现金流量也不容易直接预测未来的现金流量。

多数企业除了长期股权投资的购置和处置,没有其他对外投资活动。

(三)经营活动产生的现金流量

经营活动是指筹资活动、投资活动以外的活动。

企业发生经营活动时,主要是与客户、供应商、员工以及政府打交道。当企业向客户收取货款时,产生经营活动现金流入;当企业向供应商支付货款、向员工支付薪酬以及向政府缴税时,产生经营活动现金流出。经营活动现金流入减去现金流出,称作"经营活动产生的现金净流量"。

"经营活动产生的现金净流量"是现金流量表最重要的指标。这不仅仅因为经营活动发生频度远远大于投资活动和筹资活动,更重要的是,面向客户销售商品、提供劳务产生的现金流入是整个企业现金流转的终点。销售商品提供劳务产生的现金流入扣除工资、购货款、税费等日常现金支出后的剩余,要用于补偿购建固定资产等对内投资活动产生的现金流出,还要用于支付筹集资本所付出的代价,包括利息和现金股利。虽然企业可以通过再筹资来满足长期资产购建、利息和现金股利支付所需要的现金,但再筹资本身又需要企业未来支付现金。所以经营活动产生的现金净流量是企业一切现金支付最终的来源,它反映了企业的造血能力。

现金流量表按照现金流量不同流转规律将其区分为筹资活动、投资活动和经营活动三类,以增加报表信息的预测性,提高报表的使用价值。

读者从下面的例子去体会现金流量表和利润表在反映经济活动时各自具备的特点,体会在企业不同发展阶段,筹资活动、投资活动和经营活动所产生的现金净流量的特点,同时进一步思考为什么"经营活动现金净流量"是现金流量表最重要的指标。

【例13—1】 某人使用自有资金10.5万,借款10万,购买一辆价值18.5万元的出租车

---

① 在现金流量表中不单独报告"对内投资活动产生的现金净流量",只报告"投资活动产生的现金净流量"。读者可以通过相关报表项目自行计算取得"对内投资活动产生的现金净流量"。

来运营。借款分五年付清,每年利率10%,每年偿还本金2万。出租车预计使用5年,预计净残值0.5万元,采用平均年限法计提折旧。每年运营的收入全部收现,金额为18万元,司机的工资、汽油费、保养费以及各种税费等每年12万元。五年后出租车报废,处置净所得为0.5万元。

本例反映了该会计主体从筹集资本开始到处置资产偿还债务为止的经营的全过程。表13-1的利润表简表遵循权责发生制原则,反映了股东每年的获利情况以及五年后赚取的利润总额情况。该股东五年共赚取利润9万元。表13-2的现金流量表简表反映了该会计主体每年现金的增减变化情况和变化原因,与利润表每年反映的交易和事项内容相同,但是角度不同。现金流量表显示该会计主体五年内现金累计增加19.5万元。扣除股东自己投资的10.5万元,股东净赚9万元现金。这与利润表所显示的股东五年累计获利情况是一致的。这说明,尽管利润表和现金流量表每年反映交易和事项的角度不同,但是在企业整个生命周期内,两张报表所累积反映的股东财富的增长是一致的。

表 13-1 五年利润表简表

单位:万元

项　　目	第一年	第二年	第三年	第四年	第五年	合计
收入	18.0	18.0	18.0	18.0	18.0	90.0
费用	16.6	16.4	16.2	16.0	15.8	81.0
(1)营业费用	12.0	12.0	12.0	12.0	12.0	60.0
(2)财务费用	1.0	0.8	0.6	0.4	0.2	3.0
(3)折旧费用	3.6	3.6	3.6	3.6	3.6	18.0
利润	1.4	1.6	1.8	2.0	2.2	9.0

表13-2的现金流量表简表显示,在企业经营的第一年,筹资活动产生大量现金流入,随后四年里每年支付利息和一定金额的本金。在企业经营的第一年,投资活动产生大量现金流出,随后没有发生投资活动现金流入和流出,直到终止经营,投资活动才产生少量现金流入。从第一年到第五年,稳定的经营活动产生了稳定的现金净流量。

企业要健康发展,从经营活动获取足够的现金净流量是根本。

此例中,纵观五年,经营活动产生的现金净流量为每年6万元,总计30万元,在弥补了投资活动产生的现金净流出量18万元、支付了筹资活动产生的利息总额3万元后,给股东净剩余9万元。如果经营活动产生的现金净流量不足够多,无法将投资活动产生的现金流出收回来,那么在长期资产报废后重置这些资产就有困难,就无法维持原有的经营规模;如果经营活动产生的现金净流量不足够多,不够支付债务的利息和本金,就可能被债权人申请破产;如果情况更糟糕,如新冠肺炎疫情肆虐期间,经营活动现金净流量是负数,即经营活动产生的现金流入不足以维持日常开支,发不出工资、付不了货款、交不了税,那么企业很快就会陷入困境。如果在出现以上这些不利局面之前企业就有大量的现金结余,或者出现这些不利局面之后由于与银行关系良好,能够再筹资,那么这些现金使企业得以喘息。但是如果经营活动现金净流量没有根本改观,总有一天,当现金耗尽时,企

表 13-2 五年现金流量表简表

单位:万元

项　　目	第一年	第二年	第三年	第四年	第五年	合计
一、经营活动产生的现金流量						
经营活动现金流入	18.0	18.0	18.0	18.0	18.0	90.0
经营活动现金流出	12.0	12.0	12.0	12.0	12.0	60.0
经营活动现金净流量	6.0	6.0	6.0	6.0	6.0	30.0
二、投资活动产生的现金流量						
投资活动现金流入	0.0	0.0	0.0	0.0	0.5	0.5
投资活动现金流出	18.5	0.0	0.0	0.0	0.0	18.5
投资活动现金净流量	−18.5	0.0	0.0	0.0	0.5	−18
三、筹资活动产生的现金流量						
筹资活动现金流入	20.5	0.0	0.0	0.0	0.0	20.5
筹资活动现金流出	3.0	2.8	2.6	2.4	2.2	13
筹资活动现金净流量	17.5	−2.8	−2.6	−2.4	−2.2	7.5
四、现金净增加额	5.0	3.2	3.4	3.6	4.3	19.5

业会再次陷入困境。

(四)三类活动现金净流量情况示意图

表 13-3 描述了三类活动产生的现金净流量的正负情形。

表 13-3 三类活动现金净流量情况示意图

现金流量类型	Ⅰ	Ⅱ	Ⅲ	Ⅳ	Ⅴ	Ⅵ	Ⅶ	Ⅷ
经营活动产生的现金净流量	正数	正数	正数	正数	负数	负数	负数	负数
投资活动产生的现金净流量	正数	正数	负数	负数	正数	正数	负数	负数
筹资活动产生的现金净流量	正数	负数	正数	负数	正数	负数	正数	负数

从第Ⅰ到第Ⅳ四种情形,经营活动现金净流量是正数,企业处于正常运营状态。而其中第Ⅲ和第Ⅳ种情形,投资活动现金净流量都是负数,更为常见。从第Ⅴ到第Ⅷ四种情形,经营活动现金净流量是负数,企业运营情况不乐观。如果这种状况持续下去,企业最终会陷入经营困境。

四、经营活动现金净流量的报告方式

经营活动现金净流量作为现金流量表最重要的指标,有两种报告方式。

(一)直接法

直接法直接报告当期经营活动产生的现金流入、现金流出和现金净流量情况。如例

13—1中,每年经营活动产生现金流入18万元,现金流出12万元,现金净流量6万元。直接法的好处是简洁、明了,而且便于预测未来经营活动现金流入、流出情况。

(二)间接法

间接法以当期利润表的净利润为起点,经过一定的调整,计算得到当期经营活动产生的现金净流量。

间接法的目的并不在于报告经营活动现金净流量的金额,而在于解释财务报表体系中反映当期经营情况的两个最重要的指标——"净利润"和"经营活动现金净流量",两者之间差异究竟何在。这种方法的作用在于,当企业盈利情况不错而经营活动现金净流量情况不好时,便于找到改善经营活动现金净流量的途径;或者当企业经营活动现金净流量情况不错,而净利润情况不乐观时,找到提高净利润的途径。

以当期净利润为起点,调整到当期经营活动的现金净流量,调整的思路如下。

第一步:从净利润调整到当期经营活动产生的净利润。

净利润是由当期经营活动、投资活动和筹资活动产生的损益以及信用减值损失和资产减值损失共同构成的。投资活动产生的损益包括固定资产、无形资产等资产的处置损益,固定资产、无形资产等资产的报废损失,对外投资产生的投资收益和公允价值变动损益等。筹资活动产生的损益仅有财务费用。从净利润中减去当期投资活动、筹资活动产生的收益(加损失),加上信用减值损失和资产减值损失之后,就是当期经营活动产生的净利润。

第二步:将当期经营活动产生的净利润调整为当期经营活动收现收入与付现费用的差额。

当期经营活动产生的净利润是以权责发生制为基础确认的。在经营活动净利润基础上,继续剔除那些非收现收入和非付现费用的影响后,就是当期收现收入与付现费用的差额。非收现收入是指当期销售当期没有收到现金的收入,相关金额记在"应收账款""应收票据""合同负债"等科目的借方。当期非付现费用包括销货成本、人工成本、折旧费、摊销费、税费等,这些金额记在"存货""应付职工薪酬""累计折旧""累计摊销""应交税费"等科目的贷方。

第三步:在第二步基础上,把那些不能带来当期收入的经营活动现金流入和不能产生当期费用的经营活动现金流出囊括进来,就得到当期经营活动现金净流量。

不能带来当期收入的经营活动现金流入包括当期预收的销货款和当期收回的应收款,这些金额记在"应收账款""应收票据""合同负债"等科目的贷方。不能产生当期费用的经营活动现金流出包括:①当期支付的购货款,该金额记在"应付账款""预付账款"等科目的借方;②当期支付的职工薪酬,该金额记在"应付职工薪酬"科目的借方;③当期支付的税费,该金额记在"应交税费"科目的借方。

如例13—1中,第一年净利润1.4万元,加上筹资活动带来的费用即利息费用1万元,再加上折旧费这一非付现费用3.6万元,就是当年经营活动现金净流量6万元。请读者通过间接法计算表13—1中后续四年各年经营活动的现金净流量。

《现金流量表准则》把上述需要调整的项目进行了整理,使得调整数据可以直接从相关报表项目或者会计科目得到。表13—4是间接法的表格样式。

表 13－4　以间接法报告经营活动现金净流量

将净利润调节为经营活动现金流量：	本期金额	上期金额
净利润		
加：资产减值准备		
固定资产折旧、油气资产折耗、生产性生物资产折旧		
无形资产摊销		
递延收益摊销		
长期待摊费用摊销		
处置固定资产、无形资产和其他长期资产的损失（收益以"－"号填列）		
固定资产报废损失（收益以"－"号填列）		
公允价值变动损失（收益以"－"号填列）		
财务费用（收益以"－"号填列）		
投资损失（收益以"－"号填列）		
递延所得税资产减少（增加以"－"号填列）		
递延所得税负债增加（减少以"－"号填列）		
存货的减少（增加以"－"号填列）		
经营性应收项目的减少（增加以"－"号填列）		
经营性应付项目的增加（减少以"－"号填列）		
经营活动产生的现金流量净额		

采用直接法和间接法两种方法报告经营活动现金净流量，金额应该相同。

《现金流量表准则》规定，现金流量表的主表以直接法报告，如表 1－10；在财务报表附注中以间接法再次报告经营活动现金净流量，如表 13－4。

五、现金流量表主表各项目的含义

在现金流量表主表中，经营活动、投资活动和筹资活动三类活动产生的现金流量均以直接法报告。

（一）经营活动产生的现金流量

1. 经营活动产生的现金流入

（1）销售商品、提供劳务收到的现金

本项目反映企业当期销售商品、提供劳务从客户那里实际收到的现金，包括收到的销货款或劳务款以及增值税销项税额。其中既包括当期销售商品、提供劳务当期收到的现金，也包括上期销售商品、提供劳务当期收到的现金，还包括当期收到以后期间才向客户销售商品、提供劳务的现金。

表 3－2、表 3－7、表 3－8、表 3－13、表 10－15、表 12－3、表 12－4 和表 12－5 中收到的现金都是销售商品、提供劳务收到的现金。

（2）收到的税费返还

本项目反映企业当期从税务部门收到的各项税费先征后返的现金,如增值税、消费税、关税等的返还。

(3)收到的其他与经营活动有关的现金

本项目是杂项,反映除上述项目外,企业当期收到的其他与经营活动有关的现金,如罚款收到的现金,经营性对外租出固定资产收到的租金,出租投资性房地产收到的租金,流动资产损失中由个人赔偿的现金,除税费返还外的其他政府补助收入等。如果这些项目单项金额较大,应单独列项反映。

2. 经营活动产生的现金流出

(1)购买商品、接受劳务支付的现金

本项目反映当期购买材料、商品、接受劳务支付给供应商的货款以及与货款一并支付的增值税进项税额。既包括本期购买商品、接受劳务本期支付的现金,也包括前期购买商品接受劳务本期支付的现金,还包括本期预付的下个会计期间的商品款或劳务款。

表3-19、表4-5、表4-6、表10-1、表10-2和表10-3中支付的现金,都是购买商品接受劳务支付的现金。

(2)支付给职工以及为职工支付的现金

本项目反映当期企业支付给职工的工资、奖金、津贴、补贴以及为职工支付的各种保险、住房公积金、工会经费、职工教育经费、辞退福利等。

注意:支付给在建工程人员、研发人员的工资、奖金、津贴、补贴以及为这些人员所支付的各种保险费、住房公积金、工会经费、职工教育经费、辞退福利等,属于投资活动产生的现金流出,不在本项目报告。

表10-5中支付的除在建工程人员和研发人员以外人员的工资,属于支付给职工以及为职工支付的现金。

(3)支付的各项税费

本项目反映企业当期支付给税务部门的各项税费,包括企业所得税、增值税、消费税、教育费附加等。

表10-6、表10-8中支付的现金属于支付的各项税费。

(4)支付的其他与经营活动有关的现金

本项目反映除上述各项外,企业当期支付的其他与经营活动有关的现金。包括支付的罚款、各种租金等。如果其中某一项目金额较大,要单独设项目列报。

表3-1、表3-5和表3-20中支付的现金属于这一类。

(二)投资活动产生的现金流量

1. 投资活动产生的现金流入

(1)收回投资收到的现金

本项目反映企业当期出售、转让或到期收回除现金等价物以外的交易性金融资产、其他债权投资、其他权益工具投资、债权投资、长期股权投资等收到的现金。

表8-2、表8-6、表8-7以及表9-11的"处置资产"行所表示的现金流入就是收回投资收到的现金。

(2)取得投资收益收到的现金

本项目反映企业当期因持有权益性投资而取得的现金股利或利润,以及因持有债权性投资而取得的利息。

表8—2中2020年11月5日收到的现金股利600元,表8—5中每年年初收到的票面利息5 000元,表8—6中年初收到的票面利息5 000元,均为取得投资收益收到的现金。

(3)处置固定资产、无形资产和其他长期资产收回的现金净额

本项目反映企业当期出售固定资产、无形资产、投资性房地产和其他长期资产所取得的现金,减去为处置这些资产而支付的有关费用后的净额。如果处置上述长期资产所收回的现金净额为负数,在"支付的其他与投资活动有关的现金流出"项目中反映。

表5—15、表6—7、表7—6、表7—12和表7—13中收到的现金,均属于处置固定资产、无形资产和其他长期资产收回的现金净额。其中表5—15中收到的现金净额是0.26(0.66—0.4)万元。

(4)处置其他营业单位收到的现金净额

本项目反映企业当期处置其他营业单位收到的现金减去相关处置费用后的净额。

(5)收到的其他与投资活动有关的现金

本项目反映除上述项目外,当期其他与投资活动有关的现金流入。如果其中某单个项目金额较大,应单独列项反映。

表8—2中2020年4月8日收到的现金股利1 000元,就是收到的其他与投资活动有关的现金。

2. 投资活动产生的现金流出

(1)购建固定资产、无形资产和其他长期资产支付的现金

本项目反映企业当期购买、建造固定资产、无形资产、投资性房地产以及其他长期资产所支付的现金,包括购买机器设备所支付的现金、建造工程支付的现金、支付在建工程人员、研发人员的薪酬等。

表3—4、表5—6、表5—7、表5—8、表5—13、表6—1、表6—3、表7—1和表7—4中支付的现金属于购建固定资产、无形资产和其他长期资产支付的现金。

另外,表10—5中支付给在建工程人员和研发人员的工资也属于这一类。

(2)投资所支付的现金

本项目反映当期对外投资所支付的现金,包括取得现金等价物以外的交易性金融资产、债权投资、其他债权投资、其他权益工具投资以及长期股权投资等所支付的买价、佣金和手续费等。

表8—2中为了取得交易性金融资产而支付的320 500元,表8—5和表8—6第一年年初购入债券所支付的97 530元,表9—7和表9—9中为取得长期股权投资所支付的现金等,都属于投资所支付的现金。

(3)取得其他营业单位支付的现金净额

本项目反映企业当期取得其他营业单位所支付的对价中以现金支付的部分。

(4)支付的其他与投资活动有关的现金

本项目反映除上述项目外,当期支付的其他与投资活动有关的现金,如取得对外投资时在成本中包含的已经宣告而尚未发放的股利、已到付息日尚未领取的利息。某单个项目金

额较大,应单独列项反映。

表 8-2 中"购入交易性金融资产"行表示的为现金股利和相关税费发生的现金流出 2 000元,就属于支付的其他与投资活动有关的现金,其余 320 500 元属于"投资所支付的现金"。

(三)筹资活动产生的现金流量

1. 筹资活动产生的现金流入

(1)吸收投资收到的现金

本项目反映企业当期向股东发行股票筹集资金实际收到的款项净额。企业所支付的审计、咨询等费用,在"支付的其他与筹资活动有关的现金"项目反映。

表 11-1、表 11-3 中收到的现金属于吸收投资收到的现金。

(2)借款收到的现金

本项目反映企业当期向银行举借各种短期、长期借款或者向社会公众发行债券而收到的款项净额。

表 10-10 中"取得借款"行表示的现金流入 998 000 元,表 10-14 中"发行债券"行表示的现金流入 302 310 元,均属于借款收到的现金。

(3)收到的其他与筹资活动有关的现金

2. 筹资活动产生的现金流出

(1)偿还债务所支付的现金

本项目反映企业当期偿还的债务本金。债务包括长短期借款和应付债券。

表 10-10 中"到期支付名义利息"行表示的现金流出 1 000 000 元,表 10-14 中"支付面值"行表示的现金流出 300 000 元,就是偿还债务所支付的现金。

(2)分配股利、利润或偿付利息支付的现金

本项目反映企业当期支付的现金股利、支付给其他投资单位的利润或用现金支付的借款利息、债券利息。

表 10-16 中支付的现金属于分配利润支付的现金。

表 10-10 中"第一次支付名义利息"行和"第二次支付名义利息"行,共有现金支出 30 000 元,属于偿付利息支付的现金。

(3)支付的其他与筹资活动有关的现金

本项目反映除上述项目外,当期其他与筹资活动有关的现金,包括为了发行股票、债券由企业支付的审计、咨询费用;融资租赁固定资产各期支付的租金;具有融资性质的分期付款方式购建固定资产各期支付的现金等。

六、现金流量表主表的编制方法

现金流量表既要报告本期发生额,也要报告上期发生额,上期发生额按照上一年度现金流量表的"本期发生额"填列。

现金流量表主表的编制方法有期末直接汇总法和期末倒挤法两种方法。

(一)期末直接汇总法

在这种方法下,平时发生与现金和现金等价物增减变动有关的交易时,除了由出纳登记现金日记账、银行存款日记账、其他货币资金日记账以及由会计人员登记相关分类账以外,

还要设置现金台账,按照现金流量表项目予以记录。

表13-5是现金台账的样式,看上去就像横向报告的现金流量表。

表13-5 现金台账样式

日期	摘要	经营活动现金流量									投资活动现金流量	筹资活动现金流量
		销售商品、提供商劳务收到的现金	收到的税费返还	收到的其他与经营活动有关的现金	现金流入合计	购买商品、接受劳务支付的现金	支付的各项税费	支付的其他与经营活动有关的现金	支付给职工以及为职工支付的现金	现金流出小计	经营活动产生的现金净流量	(略)	(略)
2020.1.3	向客户销售商品收到现金	***											
2020.1.5	向供应商支付购货款					***							

期末,把台账所有数据分项目汇总后,就得到现金流量表数据。

根据现金台账期末直接汇总得到现金流量表数据的方法,要求记录台账的会计人员,熟悉每笔现金收付业务的性质,并能准确地将这些业务记录在所对应的报表项目中。以下这些现金收付业务对应的报表项目容易混淆,应特别注意。

(1)对外投资期间取得的现金股利、利息,属于"取得投资收益收到的现金",不属于"收回投资收到的现金"。

(2)支付给在建工程人员、研发人员的工资、奖金、津贴和补贴,以及为这些人员支付的保险费、住房公积金、工会经费、职工教育经费、辞退福利等其他职工薪酬,属于投资活动中"购建固定资产、无形资产和其他长期资产支付的现金",不属于经营活动中"支付给职工以及为职工支付的现金"。

(3)在固定资产、无形资产和其他长期资产购建过程中支付的符合资本化条件的利息,因为支付利息的活动是筹资活动,所以属于"分配股利、利润或偿付利息支付的现金",不属于投资活动的"购建固定资产、无形资产和其他长期资产支付的现金",尽管这些利息增加了长期资产的购建成本。

(4)分期付款具有融资性质购入固定资产,各期支付的款项,属于筹资活动中"支付的其他与筹资活动有关的现金",不属于投资活动中"购建固定资产、无形资产和其他长期资产支付的现金"。

(二)期末倒挤法

由于会计人员采用复式记账方法记录经济活动,一笔金额会同时记录在四张报表中具有对应关系的两个或两个以上的项目里。于是,在现金流量表的有关项目体现货币资金增减变化的同时,其他有对应关系的资产负债表项目或利润表项目也等额地发生变化。比如现金流量表中"销售商品、提供劳务收到的现金"项目的金额,就同时反映在利润表的"营业收入"项目以及资产负债表的"应收账款""应收票据""合同负债"项目里。

期末,根据利润表和资产负债表的期初期末变动额,倒挤算出现金流量表各项目的金额,这种方法就是期末倒挤法。

下面先从会计科目层次,分析与货币资金科目增减变化所对应的损益类科目和资产负债表科目,然后再从财务报表项目层次,分析现金流量表项目与利润表项目和资产利润表项目之间的关系。

当期销售商品、提供劳务收到的现金,前文已经述及,既包括当期销售当期收到的现金,也包括前期销售当期收到的现金,还包括以后销售当期预收的现金,另外包括与销货款同时收到的销项税额。其金额一方面记录在"库存现金""银行存款""其他货币资金"等货币资金科目的借方,另一方面记录在"营业收入""应收账款""应收票据""合同负债""应交税费——应交增值税(销项税额)"等科目的贷方。

用公式表示如下:

有关货币资金科目的借方记录的销售商品提供劳务收到的现金
＝"营业收入"科目贷方发生额中的现销金额(代表当期销售商品当期产生的现金流入)
　＋"应收账款""应收票据"科目的贷方发生额总额(代表以前销售商品当期产生的现金流入)
　＋"合同负债"科目贷方发生额总额(代表以后销售商品而当期产生的现金流入)
　＋"应交税费——应交增值税(销项税额)"明细科目贷方发生额中因现销产生的销项税额

等式(1)

考虑到,记录在"营业收入"科目贷方的赊销额同时登记在"应收账款""应收票据"科目的借方;记录在"营业收入"科目贷方的以前预收款当期销售的金额同时登记在"合同负债"的借方;记录在"应收账款""应收票据"科目借方的销项税额,同时记录在"应交税费——应交增值税(销项税额)"科目的贷方,于是,在等式(1)里同时加上和减去这些金额,就变成等式(2):

有关货币资金科目的借方记录的销售商品提供劳务收到的现金
＝"营业收入"科目贷方发生额中的现销部分(因当期销售商品而当期产生的现金流入)
　＋"应收账款""应收票据"科目的贷方发生额总额(因以前销售商品而当期产生的现金流入)
　＋"合同负债"科目贷方发生额总额(因以后销售商品而当期产生的现金流入)
　＋"应交税费——应交增值税(销项税额)"明细科目贷方发生额中因现销产生的销项税额
　＋["营业收入"科目贷方发生额中的赊销部分(当期产生收入时无现金流入)
　－"应收账款""应收票据"科目借方发生额中的收入部分(当期产生收入时无现金流入)]
　＋["营业收入"科目贷方发生额中前期预收货款当期销售的部分(当期产生收入时无现金流入)
　－"合同负债"科目借方发生额中的收入部分(当期产生收入时无现金流入)]
　＋["应交税费——应交增值税(销项税额)"明细科目贷方发生额中赊销产生的销项税额
　－"应收账款""应收票据"科目借方发生额中的销项税额部分]
　＋["应交税费——应交增值税(销项税额)"明细科目贷方发生额中预收货款销售产生的销项税额－"合同负债"科目借方发生额中的销项税额部分]

等式(2)

将等式(2)整理后得到等式(3):

有关货币资金科目的借方记录的销售商品提供劳务收到的现金
="营业收入"科目贷方发生额总额
  -"应收账款""应收票据"科目借方发生额总额
  +"应收账款""应收票据"科目贷方发生额总额
  -"合同负债"科目借方发生额总额
  +"合同负债"科目贷方发生额总额
  +"应交税费——应交增值税(销项税额)"明细科目贷方发生额总额
等式(3)

进一步整理后得到等式(4):
有关货币资金科目的借方记录的销售商品提供劳务收到的现金
="营业收入"科目贷方发生额总额
  +"应收账款""应收票据"科目期初余额与期末余额之差
  +"合同负债"科目期末余额与期初余额之差
  +"应交税费——应交增值税(销项税额)"明细科目贷方发生额总额
等式(4)

从财务报表项目层面看:
现金流量表中"销售商品、提供劳务收到的现金"项目的金额
= 利润表中"营业收入"项目的金额
  + 资产负债表中"应收账款""应收票据"项目的减少额
  (或:-资产负债表中"应收账款""应收票据"项目的增加额)
  +资产负债表"合同负债"项目的增加额
  (或:-资产负债表中"合同负债"项目的减少额)
  +"应交税费——应交增值税(销项税额)"明细科目贷方发生额
等式(5)

现金流量表中其他项目也遵循上述思路,从货币资金以外的资产负债表项目和利润表项目倒挤计算求得,必要时从会计科目中寻取数据。

虽然期末倒挤法作为一种编制现金流量表的方法并不常用,但是它所体现出来的现金流量表项目与资产负债表项目、利润表项目之间的对应关系,却在财务报表分析中很有价值。假如当期现金流量表中"销售商品提供劳务收到的现金"与当期利润表中"营业收入"的金额相差很大,利用等式(5)就能找到其中的原因:究竟是当期赊销产生的应收账款没有收回,还是当期预收了大量款项。

第五节 财务报表附注

财务报表附注是对在资产负债表、利润表、现金流量表和所有者权益变动表等报表中列报项目的文字描述或明细资料,以及对未能在这些报表中列报项目的说明等。财务报表附注主要包括以下内容。

一、财务报表附注对财务报表编制基础进行了特别声明

财务报表的编制基础是持续经营。持续经营假设是财务报表的核心假设。只有假设企业是持续经营的,在可以预见的未来不会面临清算,会计分期假设才有意义,币值稳定假设才有必要。持续经营假设不仅为资本的存量,而且为资本的增量提供了计量基础。因为在可以预见的未来,企业将持续经营下去,按照原先的用途使用资产,按照原先的承诺偿还债务,所以资产、负债就要以历史成本计量,以保证会计信息的可靠性。而利润表中的费用,则是以所消耗资产的历史成本计量。一旦持续经营假设不存在,大量资产和负债以历史成本计量就失去了意义,进而以持续经营假设为基础的企业会计准则体系,就不能再作为企业会计处理的准绳。

企业要在财务报表附注中对企业满足持续经营假设进行特别声明。

二、财务报表附注披露了企业采用的会计政策和会计估计

"会计政策"和"会计估计"的概念,本书第十五章将会做详细讲解。这里读者可以笼统地将其称作"会计处理方法"。

对同一交易和事项,采用不同的会计处理方法,报表中的数据就有差别。比如在第四章阐述的存货发出的计价方法,在第五章阐述的与折旧有关的会计估计,在第六章阐述的与摊销有关的会计估计,在第七章阐述的投资性房地产的后续计量方法,在第九章阐述的长期股权投资的后续计量方法,等等,都说明采用不同的会计处理方法,相同的业务会在报表中呈现不同的结果。

企业会计准则要求企业必须详细披露所采用的会计处理方法,如果对同样的交易和事项变更了会计处理方法,还要解释变更的理由以及对报表数据的影响,必要时还要对报表中的前期数据进行追溯调整。

企业外部人要解读报表数据,必须细致地了解每个报表项目背后企业所使用的会计处理方法。

三、财务报表附注披露了重要项目的具体说明

财务报表对一个项目的报告只有两个要素:项目名称与金额。这个项目所包含明细项目的情况要靠财务报表附注予以披露。例如,表13-6披露了某公司2019年末长期股权投资的构成。

表13-6 长期股权投资构成

单位:千元 币种:人民币

项 目	期末余额			期初余额		
	账面余额	减值准备	账面价值	账面余额	减值准备	账面价值
对子公司投资	54 011 419	750 100	53 261 319	47 383 425		47 383 425
对联营企业、合营企业投资	16 463 857		16 463 857	15 682 574		15 682 574
合 计	70 475 276	750 100	69 725 176	63 065 999		63 065 999

四、财务报表附注披露了其他重要情况

财务报表附注要披露或有和承诺事项,这些事项有可能成为未来的负债。

财务报表附注要披露在资产负债表日后、对外报送财务报表之前发生的重大事项。这些事项对外部人来说非常重要,但是由于是在资产负债表日后发生,不属于财务报表的报告期间,不能在财务报表中反映。比如企业并购事项、发行股票或债券事项、重大债务重组事项,等等。

财务报表附注要披露企业的关联方关系和关联交易。关联方是与企业因股权或管理权从而与企业有特殊关系的企业和个人。企业与关联方之间的交易很可能因交易价格不公允而导致利益向外输送或向内输送。利益向外输送会侵犯所有者权益,利益向内输送会导致财务报表不能反映管理层的真实业绩。

总之,财务报表附注对外部人详细解读报表数据,具有无可替代的作用。

以资产负债表、利润表、现金流量表、所有者权益变动表四张主表以及财务报表附注共同构成的财务报告体系,反映了企业的财务状况、经营成果和现金流量信息,对外部人进行投资决策提供了重要依据。但是也应该看到,财务报表具有相当的局限性。

首先,财务报表只对那些能够用货币量化的资源、债务加以反映,还有大量不能用货币量化的资源、债务被排除在财务报表之外,成为会计的"盲区"。

其次,财务报表的编制以持续经营假设为基础。如果企业连续多年亏损,导致这一假设遭到严重损害,那么以这一假设为基础所采用的历史成本计量体系就会轰然坍塌,财务报表将无意义。

再次,财务报表中大量资产、负债采用历史成本计量,如果币值发生较大波动,那么不仅资产负债表中的资产、负债和所有者权益各自将成为不同度量工具度量的混合体,而且利润表中的利润有一部分不是经营管理活动创造的,而是由物价波动带来的。

最后,会计分期使得利润表要素必然采用权责发生制确认,以科学衡量每一会计期间管理层的经营成果。在权责发生制下,没有现金流入流出等客观标准作为收入、费用确认的依据,而要依赖会计估计和判断。这不仅使得一些会计数据成为"精确的估计数",而且为管理层调节利润带来了空间。

但是无论如何,财务报告体系提供的信息在外部人所能得到的信息当中,由于用货币度量,从而对企业经营管理活动反映的内容最为全面;由于主要采用历史成本计量属性,而且信息是通过相互牵制的内部控制流程生成的,从而最为可靠;由于采用"一分钱两面看"的复式记账法反映经济活动的结果,信息之间因存在严密的逻辑关系而能够相互印证,从而最为系统,财务报告成为企业外部人进行投资决策最为倚重的信息来源。

【本章小结】

本章与第一章相呼应,重新回到会计信息的载体——财务报表上。

资产负债表和利润表每个项目的含义以及每个项目的数据来源,已经在本书从第三章一直到第十二章里做了详细介绍,本章从确认、计量与报告的高度再次审视了资产负债表和利润表。

本章介绍了所有者权益变动表的结构、每个项目的含义以及编制方法。

现金流量表是本章占据篇幅最多的内容。本章介绍了现金流量表的含义、现金流量表与资产负债表的勾稽关系,现金流量表中"经营活动产生的现金流量""投资活动产生的现金流量"以及"筹资活动产生的现金流量"的含义,揭示了现金流量表中各个项目的含义,重点介绍了现金流量表的编制。本章还介绍了如何采用间接法报告经营活动现金净流量。

最后介绍了财务报表附注。

【思考题】

1. 从确认与计量两方面说明资产负债表如何反映企业的财务状况?
2. 所有者权益变动表从哪些方面反映了企业所有者权益的变动?
3. 从确认和计量两方面说明利润表如何反映企业的获利能力。
4. 现金流量分为哪几类?为什么说"经营活动现金净流量"是现金流量表中最重要的项目?
5. 认识现金流量表主表各项目的含义。
6. 如何采用期末直接汇总法编制现金流量表?
7. 如何采用期末倒挤法编制现金流量表?
8. 财务报表使用者能够从财务报表附注中获取哪些重要信息?

【练习题】

(一)单项选择题

1. 某企业"应付账款"科目期末贷方余额 40 000 元,其中:"应付甲公司账款"明细科目贷方余额 35 000 元,"应付乙公司账款"明细科目贷方余额 5 000 元。"预付账款"科目期末贷方余额 30 000 元,其中:"预付 A 工厂账款"明细科目贷方余额 50 000 元,"预付 B 工厂账款"明细科目借方余额 20 000 元。该企业期末资产负债表中"应付账款"项目的金额为( )元。

　　A. 90 000　　　　B. 30 000　　　　C. 40 000　　　　D. 70 000

2. 某企业既有在某一时点履行的履约义务,也有在某一时段履行的履约义务。为了加强成本控制,存货的账务处理采用计划成本法。期末,"材料采购"科目有借方余额 25 000 元,"材料成本差异"科目有贷方余额 1 500 元,"原材料"科目有借方余额 100 000 元,"生产成本"科目有借方余额 200 000 元,"合同履约成本"科目有借方余额 150 000 元,"库存商品"科目有借方余额 50 000 元,"存货跌价准备"科目有贷方余额 10 000 元。该企业期末资产负债表中"存货"项目的金额为( )元。

　　A. 525 000　　　B. 515 000　　　C. 513 500　　　D. 523 500

3. 期末结账后,资产负债表的"未分配利润"项目,应根据( )填列。

　　A."利润分配"科目余额　　　　B."本年利润"科目余额

C. "其他综合收益"科目余额 D. "盈余公积"科目余额

4. 某企业2020年12月31日"固定资产"科目余额为2 000万元，"累计折旧"科目余额为800万元，"固定资产减值准备"科目余额为100万元，"在建工程"科目余额为200万元。该企业2020年12月31日资产负债表中"固定资产"项目的金额为（ ）万元。

　　A. 1 200　　　　B. 90　　　　C. 1 100　　　　D. 2 200

5. 某企业2020年营业收入为1 000万元，营业成本为600万元，销售费用为20万元，管理费用为30万元，研发费用为20万，财务费用为10万元，投资收益为40万元，信用减值损失为30万元，资产减值损失为40万元，资产处置收益为20万元，公允价值变动损益为60万元（收益），营业外收入为25万元，营业外支出为15万元。该企业2020年的营业利润为（ ）万元。

　　A. 370　　　　B. 330　　　　C. 320　　　　D. 390

6. 引起现金流量净额变动的项目是（ ）。

　　A. 将现金存入银行　　　　　　　B. 用银行存款购买1个月到期的国债
　　C. 用固定资产抵偿债务　　　　　D. 用银行存款清偿20万元的债务

7. 支付在建工程人员的工资属于（ ）活动产生的现金流量。

　　A. 筹资活动　　B. 经营活动　　C. 汇率变动　　D. 投资活动

8. 某企业2020年利润表中"营业收入"项目为1 000万元，"应交税费——应交增值税（销项税额）"明细科目贷方发生额为130万元，2020年"应收账款"项目的年初数为150万元，"应收账款"项目的年末数为120万元，不考虑坏账。根据上述资料，该企业2020年"销售商品提供劳务收到的现金"为（ ）万元。

　　A. 1 188　　　　B. 1 178　　　　C. 1 212　　　　D. 1 600

（二）多项选择题

1. 根据现行会计制度的规定，下列各项中，属于企业经营活动产生的现金流量的有（ ）。

　　A. 收到的出口退税款
　　B. 收到长期股权投资的现金股利
　　C. 转让无形资产所有权取得的收入
　　D. 出租无形资产使用权取得的收入
　　E. 用银行存款购入准备在三个月内到期的国债投资

2. 下列交易或事项产生的现金流量中，属于投资活动产生的现金流量的有（ ）。

　　A. 为购建固定资产支付的耕地占用税
　　B. 为购建固定资产支付的已资本化的利息费用
　　C. 因火灾造成固定资产损失而收到的保险赔款
　　D. 最后一次支付分期付款购入固定资产的价款
　　E. 用银行存款偿还短期借款

3. 下列各项中，属于现金流量表中投资活动产生的现金流量的有（ ）。

　　A. 购建固定资产支付的现金
　　B. 转让无形资产所有权收到的现金
　　C. 购买三个月内到期的国债支付的现金

D. 收到分派的现金股利

E. 计提固定资产折旧

4. 甲公司当期发生的交易或事项中,会引起现金流量表中筹资活动产生的现金流量发生增减变动的有( )。

A. 支付短期借款利息

B. 向投资者分派现金股利300万元

C. 收到被投资企业分来的现金股利500万元

D. 发行股票时由证券商支付的股票印刷费用

E. 出售固定资产取得价款

5. 现金流量表中的"支付给职工以及为职工支付的现金"项目包括( )。

A. 支付的在建工程人员的工资

B. 支付的生产工人的工资

C. 支付的行政管理人员的工资

D. 支付的车间管理人员的工资

6. 将净利润调节为经营活动产生的现金流量时,下列各调整项目中,属于调增项目的有( )。

A. 投资收益

B. 长期待摊费用的增加

C. 固定资产报废损失

D. 经营性应收项目增加

(三)计算及账务处理题

某企业2020年初成立。发生经济活动如下:

(1) 接受现金投资1 000元,存入银行;

(2) 现购固定资产500元;

(3) 现购存货200元;

(4) 赊购存货250元;

(5) 当期支付应付款180元;

(6) 现销商品,收入100元,销售成本80元;

(7) 赊销商品,收入200元,销售成本170元;

(8) 当期收回赊销款150元;

(9) 当期职工工资20元,未付;

(10) 当期固定资产计提折旧20元。

要求:分别编制资产负债表、所有者权益变动表、利润表以及现金流量表。

(四)财务报表题

1. "你的"资产负债表中期初期末各项所有者权益的余额与所有者权益变动表中期初期末各项所有者权益的余额一致吗?

2. "你的"所有者权益变动表中引起"未分配利润变化"项目的各种原因里,净利润产生的变化额是多少?这一金额与利润表中的"净利润"项目一致吗?

3. "你的"所有者权益变动表中"其他综合收益"项目期初期末余额的变动额是多少?这一金额与利润表中的"其他综合收益"项目一致吗?

4. "你的"资产负债表中"货币资金"项目期初期末余额分别与现金流量表中"现金及现金等价物期初余额"项目和"现金及现金等价物期末余额"项目一致吗?

5. "你的"现金流量表主表中"经营活动产生的现金净流量"与报表附注中用间接法报告的"经营活动现金净流量"项目一致吗?

6. "你的"现金流量表主表中,"经营活动现金净流量""投资活动现金净流量"和"筹资活动现金净流量"项目分别是正数还是负数?上年情况怎样?如何解读这些数字的正负号?

第十四章

资产负债表日后事项

【学习目标】

通过学习本章,你应该:

1. 了解资产负债表日后事项的含义;
2. 掌握资产负债表日后调整事项的会计处理;
3. 掌握资产负债表日后非调整事项的会计处理。

【引 子】

元旦刚过,某公司财务总监王先生精神焕发地来到办公室。让他神清气爽的不仅是度过了一个愉快舒适的假期,更重要的是财务数据显示公司上一年度圆满实现了董事会制定的利润目标。下午,销售部门传来消息:公司新发展的一个大客户去年12月底购进的货要退回。王总一听,心里"咯噔"一下。按照《企业会计准则第29号——资产负债表日后事项》的规定,报告期实现的销售,若在报告期报表批准对外报送之前退回,要调整报告期报表金额。而一旦这位大客户退货,就意味着上年利润目标无法实现。于是王总马上联系销售部经理紧急商讨此事。

新的会计年度开始了。会计人员遵照各项具体会计准则的确认和计量要求,对新的一年里发生的交易和事项进行确认、计量和账务处理。此时上一年度财产清查工作已经结束,与上一年度有关的期末账项调整、资产减值测试以及相应账务处理工作已经完成,上一年度损益类账户和资产负债表账户已经结清,与上一年度财务报表各项目有关的数据已经确定下来。上一年度财务报表再经过审计人员的审计和董事会批准后就可以报告给股东了。

新的会计年度已经开始,但是上一年度的财务报告尚未批准对外报出这一特殊时期,称作"资产负债表日后事项涵盖期间"。这个期间所发生的交易和事项的性质比较复杂。有的属于新的会计年度发生的交易和事项,有的则是上一期或更早期间已经发生的交易和事项的后续结果。

本章对这一特殊时期发生的交易和事项进行分析,按照《企业会计准则第29号——资产负债表日后事项》(以下简称《资产负债表日后事项准则》)的要求,阐述各类交易和事项的账务处理与报告方法。

第一节　资产负债表日后事项相关概念

一、资产负债表日

资产负债表日是企业财务报表所反映的交易和事项的截止日。资产负债表正是反映了截至这一天经营活动结束时企业资产、负债和所有者权益的状态,而利润表、所有者权益变动表和现金流量表则反映了从上一个资产负债表日次日起到这一个资产负债表日止所发生的交易和事项对这三张报表产生的影响。

资产负债表日的另一个意义是,当期损益类账户及各资产、负债和所有者权益账户都已经在这一日结账,资产负债表账户的期末余额已经结转至下期,成为下期的期初余额。

二、财务报告批准报出日

财务报告批准报出日是指对财务报告的内容负有法律责任的单位或个人批准财务报告对外公布的日期。对于设置董事会的公司制企业,财务报告批准报出日是指董事会批准财务报告报出的日期。对于其他企业,财务报告批准报出日一般是指经理(厂长)会议或类似机构批准财务报告报出的日期。

三、当期和报告期

资产负债表日后事项涵盖期间内,既要对新的一年发生的交易事项进行确认、计量和账务处理,还要对尚未对外报送的上期财务报告进行补充处理。为了便于表述,我们把新的一年称作"当期",把即将报送的财务报告所覆盖的上一年度称作"报告期"。

四、资产负债表日后事项

资产负债表日后事项,是指自资产负债表日次日起至财务报告批准报出日止之间发生的、需要在报告期财务报告中予以调整或者说明的有利或不利的事项。"有利或不利的事项"是指资产负债表日后对企业报告期财务状况、经营成果等具有一定影响(既包括有利影响也包括不利影响)的事项。如果某些事项的发生对企业报告期并无任何影响,那么就不属于《资产负债表日后事项准则》所规定的资产负债表日后事项。

自资产负债表日次日起至财务报告批准报出日这一段时间,即"资产负债表日后事项涵盖期间",发生的交易和事项有三类。以下分别说明。

(一)资产负债表日后调整事项

资产负债表日后调整事项是指对资产负债表日已经存在的情况提供了新的或进一步证据的事项。

资产负债表日及所属会计期间已经存在某种情况,但当时并不知道其存在或者不能知道确切结果,如果资产负债表日后至财务报告批准报出日之间发生的事项能够证实该情况的存在或者明确了结果,那么该事项就属于资产负债表日后调整事项。之所以把这类事项称作"调整事项",是因为这类事项在报告期财务报告对外批准报出之前,提供了与资产负债表日及其所属期间不一样的证据:要么说明某种原以为不存在的情况事实上存在,要么明确了某种原先不确切的结果。这就意味着原先在报告期财务报表中列示的数据需要根据新的或进一步的证据进行调整。

资产负债表日后调整事项的特征是:事由在资产负债表日及以前已经存在,资产负债表日后至财务报告批准报出日之间只是得到了新的或进一步的证据。

企业发生的资产负债表日后调整事项,通常包括下列四类。

1. 资产负债表日后诉讼案件结案,法院判决证实了被告企业在资产负债表日已经存在的现时义务,被告企业需要调整原先确认的与该诉讼案件相关的预计负债,或确认一项新负债。

【例14-1】甲公司因产品质量问题被消费者起诉。2020年12月31日法院尚未判决,考虑到消费者胜诉的可能性较大,甲公司为此确认了500万元预计负债。2021年2月20日,在甲公司2020年度财务报告对外报出之前,法院判决消费者胜诉,要求甲公司支付赔偿款700万元。

本例中,甲公司在2020年12月31日根据当时的判断已经确认了500万元预计负债。2021年2月20日法院的判决结果为甲公司预计负债的存在提供了进一步的证据。此时,按照2020年12月31日存在状况编制的财务报表所提供的信息——500万元的预计负债——已不能真实反映企业的实际情况,应据此对财务报表相关项目进行调整,调整后的结果是"其他应付款700万元"。

2. 资产负债表日后取得确凿证据,表明某项资产在资产负债表日发生了减值或者需要调整该项资产原先的减值金额。需要注意的是,新的证据必须证明在资产负债表日某项资产发生减值了,或者减值的金额与资产负债日已经计量的金额不一致。如果只是证明在资产负债表日后发生了减值,不属于资产负债表日后调整事项。

【例14-2】甲公司在2021年3月初得到确凿证据,2020年度报表中反映的一笔应收账款10万元,由于债务人乙公司在2020年圣诞节前发生了火灾,很可能全部无法收回。2020年底,甲公司对该笔债权已经计提了1万元坏账准备。2021年3月初,甲公司2020年度的财务报表尚未对外报出。

2020年12月底,甲公司根据当时得到的证据,对乙公司的应收账款计提了1万元坏账准备。2021年初得到的乙公司圣诞节发生火灾造成损失的证据表明,2020年底对乙公司的债权应该计提10万元坏账准备。由于2020年度的财务报表尚未对外报出,于是需要修订原2020年度财务报表的数据,增加计提坏账准备9万元。此例中,如果乙公司的火灾发生在2021年的元宵节,火灾带来的损失并不改变2020年底甲公司对乙公司还款能力的判断,就不属于资产负债表日后调整事项,而属于当期事项。

3. 资产负债表日后进一步确定了资产负债表日前购入资产的成本或售出资产的收入。如果企业在资产负债表日前出售,在资产负债表日后客户退货,那么就需要调整报告期财务报表的收入金额。

【例14-3】甲公司2020年12月销售A商品给乙公司。发票总金额为226万元,其中金额为200万元,税额为26万元。这批商品的成本为160万元。甲公司将商品发给乙公司以后,确认了营业收入,结转了营业成本。按照合同约定,款项在2021年1月收回。乙公司收到货物后认为该商品不符合合同要求,2021年初提出退货。甲公司同意乙公司退货。双方于2021年1月15日办理完退货手续。这时甲公司2020年度的财务报表尚未对外报出。

2020年12月,甲公司销售A商品给乙公司,并且确认了营业收入,结转了营业成本,于是在2020年度的财务报表中反映了这笔销售业务。但是在2021年1月发生了销售退回。这表明当时基于销售收入已经实现这一判断所进行的会计处理是错误的,由于此时2020年度报表尚未对外报出,就要在原2020年度财务报表中,冲销掉这笔销售业务带来的影响。

4. 资产负债表日后发现了财务报表舞弊或差错。

【例14—4】 甲公司在2021年1月初发现2020年度一项管理用固定资产多计提折旧10万元。此时2020年度的财务报表尚未对外报出。

2021年初,甲公司发现2020年度多计提折旧10万元,而此时2020年度财务报表尚未对外报出,于是就在原2020年度报表中冲减折旧10万元。

(二)资产负债表日后非调整事项

资产负债表日后非调整事项是在资产负债表日后至财务报告批准报出日之间新发生的重大交易和事项。对这类交易事项在当期确认、计量进行账务处理,并在当期的财务报表中列示,与报告期财务报表无关。从逻辑上看,在编制报告期财务报表时对这类交易和事项本不该理会。但是由于其性质重大,严重影响了外部信息使用者对企业财务状况和经营成果的预期,所以要及时告知外部人。告知的方式是在报告期财务报表附注中予以披露。

资产负债表日后非调整事项通常包括下列事项:
①资产负债表日后发生重大诉讼、仲裁、承诺;
②资产负债表日后资产价格、税收政策、外汇汇率等发生重大变化;
③资产负债表日后因自然灾害导致资产发生重大损失;
④资产负债表日后发行股票和债券以及其他巨额举债;
⑤资产负债表日后资本公积转增资本;
⑥资产负债表日后发生巨额亏损;
⑦资产负债表日后发生企业合并或处置子公司;
⑧资产负债表日后,企业利润分配方案中拟分配的以及经审议批准宣告发放的股利或利润。

【例14—5】 2021年2月27日,甲公司与银行签订了5 000万元的贷款合同用于生产项目的技术改造,贷款期限自2021年3月1日起至2023年12月31日止。此时2020年年度报告尚未对外报出。

本例中,甲公司向银行贷款的事项发生在2021年2月27日,与公司2020年度无关,不影响2020年度财务报表的金额。但是,由于该事项属于重要事项,对公司以后期间财务状况和经营成果将产生重大影响,因此,需要在2020年度财务报表附注中披露,以提高会计信息的及时性。

(三)其他在资产负债表日后至财务报告批准报出之前新发生的交易和事项

此类事项包括资产负债表日后发生的工资支出、董事会经费、审计费等。因为这类事项不属于重大事项,并不会改变外部会计信息的使用者对企业未来财务状况和经营成果的预期,所以既不属于资产负债表日后调整事项,也不属于日后非调整事项。

此类事项发生时在当期进行账务处理,并在当期的财务报表中予以反映。

在以上三类交易和事项中,第一类"资产负债表日后调整事项"和第二类"资产负债表日后非调整事项"属于《资产负债表日后事项准则》规定的"资产负债表日后事项"。

(四)上述三类事项的区别

要判断资产负债表日后发生的某一事项究竟属于上述三类事项中的哪一类,首先要判断该事项表明的情况在资产负债表日及其所属会计期间是否已经存在。若该情况在资产负债表日或之前已经存在,则属于调整事项;如果不存在,那么继续判断该交易或事项是否会对企业产生重大有利影响或者重大不利影响;如果产生重大有利或不利影响,就属于非调整事项,反之,就属于当期一般事项。

第二节 资产负债表日后调整事项的会计处理

一、资产负债表日后调整事项处理的一般原则

从资产负债表日次日起到财务报告批准报出日这段时间,是财务报表的调整期和改错期。如果在这段时间内发生了资产负债表日后调整事项,说明原先记录在会计科目中用以编制报表的数据有问题——要么反映的内容与日后事项涵盖期间得到的新的证据不一致,要么有错误,于是就要加以调整或者予以改正,最终在财务报表中反映调整或改正后的数据。

调整事项的基本处理原则是:视同新的或更进一步的证据在资产负债表日或之前就已经取得一样。

二、资产负债表日后调整事项处理的程序

对调整事项要进行以下两方面的处理:

第一,调整报告期的财务报表。

调整报告期财务报表相关项目的金额,包括:①报告期资产负债表的期末数或期初数;②报告期利润表的当期数或者上期数;③报告期所有者权益变动表的当期数或者上期数。

第二,调整当期资产负债表账户。

发生调整事项后不仅需要调整报告期财务报表的数据,还需要调整当期资产负债表科目,以避免报告期有问题的数据,持续影响当期及以后会计期间。

由于报告期各资产负债表科目已经结账,所以只能调整当期资产负债表科目。在调整时涉及损益的事项,不是通过一般损益类科目来调整,而是通过暂记科目"以前年度损益调整"科目来调整。调整完毕后,该科目余额立即转入"利润分配——未分配利润"科目。调整的结果是,好似该调整在报告期就已经完成一样,即调整了当期有关科目以后,这些科目的余额与假设报告期就调整完毕持续到现在的余额一致。

三、资产负债表日后调整事项处理举例

以下分别说明各类资产负债表日后调整事项的处理。

为了简化所得税会计处理带来的一系列问题,本章以两个假设为前提:一是假设企业以利润总额为依据计算应交所得税;二是假设资产负债表日后调整事项发生时,报告期的所得税尚未汇算清缴。于是调整事项带来的损益变化,均影响报告期应交的所得税,不影响递延所得税资产或者递延所得税负债。另外假定所得税率为25%。

1. 资产负债表日后诉讼案件结案,法院判决证实了企业在资产负债表日已经存在现时义务,需要调整原先确认的与该诉讼案件相关的预计负债,或确认一项新负债。

【例14—6】 承例14—1。2021年2月,甲司根据法院判决,确认其他应付款700万元,而此前甲公司就此事项确认预计负债500万元。于是甲公司作为资产负债表日后调整事项来处理。

表14—1用会计等式模板描述了应调整的报告期财务报表项目和当期资产负债表科目。

表14—1 会计等式模板描述

单位:万元

资产负债表要素	资产	=	负	债		+	所有者权益	
资产负债表项目		=	预计负债	其他应付款	应交税费	+	盈余公积	未分配利润
资产负债表科目		=	预计负债	其他应付款	应交税费	+	盈余公积	利润分配
资产负债表二级科目		=	未决诉讼	略	应交所得税	+	法定盈余公积	未分配利润
调整负债		=	−500	+700		+		−200（营业外支出）
调整所得税		=			−200×25%	+		+200×25%（所得税费用）
调整法定盈余公积		=				+	−200×75%×10%	+200×75%×10%
合计调整数		=	−500	+700	−200×25%	+	−200×75%×10%	−200×75%×90%

第一步:调整报告期2020年度的财务报表。

根据表14—1的"合计调整数"行,调整2020年度资产负债表期末数如下:调减"预计负债"项目500万元,调增"其他应付款"项目700万元,调减"应交税费"项目50(200×25%)万元,调减"盈余公积"项目15(200×75×10%)万元,调减"未分配利润"项目135(200×75%×90%)万元。

根据表14—1,调整2020年度利润表当年数如下:调增"营业外支出"200万元,调减"利润总额"200万元,调减"所得税费用"50(200×25%)万元,调减"净利润"150(200×75%)万元。

根据表14—1,调整2020年度所有者权益变动表当期数如下:"综合收益总额"行的"未分配利润"列调减150(200×75%)万元;"提取盈余公积"行,调减"盈余公积"列15(200×75%×10%)万元,调增"未分配利润"列15(200×75%×10%)万元;"期末余额"行,调减"盈余公积"列15(200×75%×10%)万元,调减"未分配利润"列135(200×75%×90%)万元。

调整后,2020年度的资产负债表、所有者权益变动表和利润表之间的勾稽关系仍然保持。

实务中,以上调整在工作底稿中完成。"调整报告期资产负债表的工作底稿"见表14—2。

表14－2 调整报告期资产负债表的工作底稿

单位：万元

资产	调整前	调整数	调整后	负债和股东权益	调整前	调整数	调整后
流动资产：				流动负债：			
货币资金	5 000		5 000	短期借款	2 500		2 500
交易性金融资产	1 000		1 000	交易性金融负债	300		300
应收票据	500		500	应付票据	500		500
应收账款	7 600		7 600	应付账款	500		500
预付款项	100		100	合同负债	1 000		1 000
应收利息	100		100	应付职工薪酬	600		600
应收股利				应交税费	2 500	－50	2 450
其他应收款	200		200	应付利息			
存货	2 900		2 900	应付股利			
一年内到期的非流动资产	600		600	其他应付款	400	＋700	1 100
其他流动资产				一年内到期的非流动负债			
流动资产合计	18 000		18 000	其他流动负债			
非流动资产：				流动负债合计	8 300		8 950
其他权益工具投资	2 000		2 000	非流动负债：			
债权投资	1 000		1 000	长期借款	3 000		3 000
长期应收款	1 500		1 500	应付债券	2 000		2 000
长期股权投资	5 500		5 500	长期应付款	1 000		1 000
投资性房地产				专项应付款			
固定资产	6 000		6 000	预计负债	1 200	－500	700
在建工程	2 000		2 000	递延所得税负债			
工程物资				其他非流动负债			
固定资产清理				非流动负债合计	7 200		6 700
生产性生物资产				负债合计	15 500		15 650
油气资产				股东权益：			
无形资产	8 000		8 000	股本	20 000		20 000
开发支出	1 000		1 000	资本公积	5 000		5 000
商誉				减：库存股			
长期待摊费用				盈余公积	3 000	－15	2 985
递延所得税资产	500		500	未分配利润	2 000	－135	1 865
其他非流动资产				股东权益合计	30 000		29 850
非流动资产合计	27 500		27 500				
资产总计	45 500	0	45 500	负债和股东权益总计	45 500	0	45 500

会计主管： 审核： 制单：

根据表14-2的"调整后"数据就可以编制资产负债表。

通过编制"调整报告期利润表的工作底稿"和"调整报告期所有者权益变动表工作底稿",得到调整后的利润表数据和所有者权益变动表数据。

调整完报告期财务报表后,尽管报告期对外报送的财务报表的数据是恰当的,但是由于报告期期末已经结账的各资产负债表科目的余额成为当期期初各资产负债表科目余额,如果不调整当期资产负债表科目余额,就会使得报告期期末不准确的资产负债表科目余额,持续影响当期及以后各期的期末余额。

第二步:根据表14-1调整2021年资产负债表科目余额。

调整当期资产负债表科目余额,要通过编制会计分录并过账来完成。在编制这类会计分录时,涉及报告期损益的,因为在报告期期末都转到了"利润分配——未分配利润"科目,所以理应调整该科目。但是因为一笔日后调整事项通常会涉及多个损益类科目,所以应设置一级科目——"以前年度损益调整"来记录被调整的损益,并根据被影响的损益类科目,在此科目下设置二级科目。待损益调整事项在"以前年度损益调整"科目归集完毕后,再转入"利润分配——未分配利润"科目。显然,"以前年度损益调整"科目是暂记科目,科目调整结束后,该科目余额为零。

本例调整资产负债表科目余额的会计分录如下:

(1)调整预计负债

借:以前年度损益调整——调整营业外支出　　2 000 000
　　预计负债　　　　　　　　　　　　　　　5 000 000
　　贷:其他应付款　　　　　　　　　　　　　　　　7 000 000

(2)调整应交税费

借:应交税费——应交所得税　　　　　　　500 000
　　贷:以前年度损益调整——调整所得税费用　　　500 000

(3)"以前年度损益调整"科目余额转入"利润分配——未分配利润"

借:利润分配——未分配利润　　　　　　　1 500 000
　　以前年度损益调整——调整所得税费用　　500 000
　　贷:以前年度损益调整——调整营业外支出　　　2 000 000

(4)调整法定盈余公积

借:盈余公积——法定盈余公积　　　　　　150 000
　　贷:利润分配——未分配利润　　　　　　　　　　150 000

以上会计分录过账以后,所有的调整工作处理完毕。

上述调账和调表是两个彼此独立的过程,不存在先后关系。这与期末编制报表时一定要以分类账数据为基础不同。

2. 资产负债表日后取得确凿证据,表明某项资产在资产负债表日发生了减值或者需要调整该项资产原先确认的减值金额。

这一事项是指在资产负债表日,根据当时的资料判断某项资产可能发生了损失或减值,因而按照当时的最佳估计金额反映在财务报表中。但在资产负债表日次日至财务报告批准报出日之间,所取得的确凿证据证明事实与原先估计有出入,则应对资产负债表日所作的估计予以修正。

【例14－7】 承例14－2。甲公司在2021年初得到确凿证据证明应增加2020年的坏账准备9万元，由此增加了2020年的信用减值损失，进而影响到所得税的缴纳和盈余公积的提取，从而带来利润总额、净利润以及盈余公积等一系列变化。

表14－3用会计等式模板描述了甲公司应调整的报告期报表项目和当期资产负债表科目。

表14－3 会计等式模板描述

单位：万元

资产负债表要素	资产		=	负债	+	所有者权益	
资产负债表项目	应收账款		=	应交税费	+	盈余公积	未分配利润
资产负债表科目	应收账款	坏账准备	=	应交税费	+	盈余公积	利润分配
资产负债表二级科目	略	略	=	应交所得税	+	法定盈余公积	未分配利润
调整坏账准备		－9	=		+		－9（信用减值损失）
调整所得税			=	－9×25%	+		＋9×25%（所得税费用）
调整法定盈余公积			=		+	－9×75%×10%	＋9×75%×10%
合计调整数		－9	=	－9×25%	+	－9×75%×10%	－9×75%×90%

第一步：调整报告期2020年度的财务报表。

根据表14－3的"合计调整数"行，调整资产负债表期末数如下：调减"应收账款"项目9万元，调减"应交税费"项目2.25（9×25%）万元，调减"盈余公积"项目0.675（9×75%×10%）万元，调减"未分配利润"项目6.075（9×75%×90%）万元。

根据表14－3，调整利润表当期数如下：调增"资产减值损失"项目9万元，调减"利润总额"项目9万元，调减"所得税费用"项目2.25（9×25%）万元，调减"净利润"项目6.75（9×75%）万元。

根据表14－3，调整所有者权益变动表当期数如下："综合收益总额"行的"未分配利润"列调减6.75（9×75%）万元；"提取盈余公积"行，调减"盈余公积"列0.675（9×75%×10%）万元，调增"未分配利润"列0.675（9×75%×10%）万元；"期末余额"行，调减"盈余公积"列0.675（9×75%×10%）万元，调减"未分配利润"列6.075（9×75%×90%）万元。

调整报表通过编制工作底稿来完成。

调整后，资产负债表、所有者权益变动表和利润表之间的勾稽关系仍然保持。

第二步：调整当期2021年度的资产负债表科目余额。

根据表14－3，编制调整分录如下：

(1) 调整坏账准备

借：以前年度损益调整——调整信用减值损失　　90 000
　　贷：坏账准备　　　　　　　　　　　　　　　　　　　90 000

(2) 调整应交税费

借：应交税费——应交所得税　　　　　　　　　22 500
　　贷：以前年度损益调整——调整所得税费用　　　　　22 500

(3)"以前年度损益调整"转入"利润分配——未分配利润"

借:以前年度损益调整——调整所得税费用　　22 500
　　利润分配——未分配利润　　　　　　　　67 500
　　贷:以前年度损益调整——调整信用减值损失　　90 000

(4)调整法定盈余公积

借:盈余公积——法定盈余公积　　6 750
　　贷:利润分配——未分配利润　　6 750

以上会计分录过账后,所有的调整工作完成。

3. 资产负债表日后进一步确定了资产负债表日前购入资产的成本或出售资产的收入。

资产负债表所属期间或以前期间所售商品在资产负债表日后退回的,作为资产负债表日后调整事项处理。

【例14-8】 承例14-3。甲公司2021年1月15日办理完退货手续以后,应调整2020年度财务报表相关项目和2021年度资产负债表科目余额。

用会计等式模板描述的结果见表14-4。

表14-4　会计等式模板描述

单位:万元

资产负债表要素	资产		=	负债		+	所有者权益	
资产负债表项目	应收账款	存货	=	应交税费		+	盈余公积	未分配利润
资产负债表科目	应收账款	库存商品	=	应交税费		+	盈余公积	利润分配
资产负债表二级科目	乙公司	A商品	=	应交增值税	应交所得税	+	法定盈余公积	未分配利润
调整营业收入	-226		=	-26		+		-200(营业收入)
调整营业成本		+160	=			+		+160(营业成本)
调整所得税			=		-40×25%	+		+40×25%(所得税费用)
调整盈余公积			=			+	-40×75%×10%	+40×75%×10%
合计调整数	-226	+160	=	-26	-40×25%	+	-40×75%×10%	-40×75%×90%

第一步:调整报告期2020年的财务报表。

根据表14-4的"合计调整数"行,调整资产负债表期末余额如下:调减"应收账款"项目226万元,调增"存货"项目160万元,调减"应交税费"项目36万元,调减"盈余公积"项目3(40×75%×10%)万元,调减"未分配利润"项目27(40×75%×90%)万元。

根据表14-4,调整利润表当期数如下:调减"营业收入"项目200万元,调减"营业成本"项目160万元,调减"利润总额"项目40万元,调减"所得税费用"项目10(40×25%)万元,调减"净利润"项目30(40×75%)万元。

根据表14-4,调整所有者权益变动表当期数如下:"综合收益总额"行的"未分配利润"列调减30(40×75%)万元;"提取盈余公积"行,调减"盈余公积"列3(40×75%×10%)万元,调增"未分配利润"列3(40×75%×10%)万元;"期末余额"行,调减"盈余公积"列3(40×75%×10%)万元,调减"未分配利润"列27(40×75%×90%)万元。

调整报表的工作通过工作底稿来完成。调整后资产负债表、所有者权益变动表和利润表之间的勾稽关系仍然存在。

第二步:根据表14—4,调整当期2021年的资产负债表科目余额。编制调整分录如下:

(1)调减应收账款

借:以前年度损益调整——调整营业收入　　　　　　2 000 000
　　应交税费——应交增值税(销项税额)　　　　　　260 000
　　贷:应收账款　　　　　　　　　　　　　　　　　　　　2 260 000

(2)调增存货

借:库存商品——A商品　　　　　　　　　　　　　　1 600 000
　　贷:以前年度损益调整——调整营业成本　　　　　　　1 600 000

(3)调整应交税费

借:应交税费——应交所得税　　　　　　　　　　　100 000
　　贷:以前年度损益调整——调整所得税费用　　　　　　100 000

(4)"以前年度损益调整"科目的余额转入"利润分配——未分配利润"

借:利润分配——未分配利润　　　　　　　　　　　300 000
　　以前年度损益调整——调整所得税费用　　　　　100 000
　　　　　　　　　　——调整营业成本　　　　　　1 600 000
　　贷:以前年度损益调整——调整营业收入　　　　　　　2 000 000

(5)调整法定盈余公积

借:盈余公积——法定盈余公积　　　　　　　　　　30 000
　　贷:利润分配——未分配利润　　　　　　　　　　　　　30 000

4. 资产负债表日后发现了财务报表舞弊或差错。

这一事项是指资产负债表日后发现报告期或以前期间存在的财务报表舞弊或差错。企业发生这一事项后,应当将其作为资产负债表日后调整事项,调整报告期财务报告相关项目和当期资产负债表相关科目。

【例14—9】 承例14—4。甲公司在2021年1月应调整尚未报出的2020年度财务报表,并调整2021年度资产负债表科目余额。

表14—5用会计等式模板描述了应调整的账务报表项目和会计科目。

表14—5　会计等式模板描述

单位:万元

资产负债表要素	资产		=	负债	+	所有者权益	
资产负债表项目	固定资产		=	应交税费	+	盈余公积	未分配利润
资产负债表科目	固定资产	累计折旧	=	应交税费	+	盈余公积	利润分配
资产负债表二级科目	略	略	=	应交所得税	+	法定盈余公积	未分配利润
调整折旧		+10	=		+		+10(管理费用)
调整所得税			=	+10×25%	+		−10×25%(所得税费用)
调整盈余公积			=		+	+10×75%×10%	−10×75%×10%
合计调整数	+10		=	+10×25%	+	+10×75%×10%	+10×75%×90%

第一步:调整2020年度财务报表项目。

根据表14-5的"合计调整数"行,调整2020年资产负债表期末数如下:调增"固定资产"项目10万元,调增"应交税费"项目2.5(10×25%)万元,调增"盈余公积"项目0.75(10×75%×10%)万元,调增"未分配利润"项目6.75(10×75%×90%)万元。

根据表14-5,调整2020年利润表当期数如下:调减"管理费用"项目10万元,调增"利润总额"项目10万元,调增"所得税费用"项目2.5(10×25%)万元,调增"净利润"项目7.5(10×75%)万元。

根据表14-5,调整2020年度所有者权益变动表当期数如下:"综合收益总额"行的"未分配利润"列调增7.5(10×75%)万元;"提取盈余公积"行,调增"盈余公积"列0.75(10×75%×10%)万元,调减"未分配利润"列0.75(10×75%×10%)万元;"期末余额"行,调增"盈余公积"列0.75(10×75%×10%)万元,调增"未分配利润"列6.75(10×75%×90%)万元。

调整报表的工作通过工作底稿来完成。调整后资产负债表、所有者权益变动表和利润表之间的勾稽关系仍然存在。

第二步:根据表14-5调整2021年度资产负债表科目余额,编制调整分录如下:

(1)调整折旧

借:累计折旧　　　　　　　　　　　　　　　　　100 000
　　贷:以前年度损益调整——调整管理费用　　　　100 000

(2)调整应交税费

借:以前年度损益调整——调整所得税费用　　　　 25 000
　　贷:应交税费　　　　　　　　　　　　　　　　 25 000

(3)"以前年度损益调整"科目余额转入"利润分配——未分配利润"科目

借:以前年度损益调整——调整管理费用　　　　　100 000
　　贷:以前年度损益调整——调整所得税费用　　　 25 000
　　　　利润分配——未分配利润　　　　　　　　　 75 000

(4)调整法定盈余公积

借:利润分配——未分配利润　　　　　　　　　　　7 500
　　贷:盈余公积——法定盈余公积　　　　　　　　 7 500

以上会计分录过账以后,调表、调账工作处理完毕。

第三节　资产负债表日后非调整事项的会计处理

资产负债表日后非调整事项是指在资产负债表日后至财务报告批准报出日之前发生的重大交易和事项,与资产负债表日状况无关。这类交易和事项发生以后,对报告期财务报表不构成影响。

资产负债表日后非调整事项,需要在报告期财务报告的附注中披露。按照《资产负债表日后事项准则》的要求,需要披露每项重要的资产负债表日后非调整事项的性质、内容,及其对财务状况和经营成果的影响。无法做出估计的,应当说明原因。

以下是某公司在2019年度报告中披露的资产负债表日后非调整事项。

本公司2020年第一次临时股东大会审议通过了《关于拟注册发行债务融资工具的议案》，同意公司注册债务融资工具，额度合计不超过人民币180亿元（含），其中拟注册超短期融资券的规模不超过人民币100亿元（含），短期融资券的规模不超过人民币30亿元（含），中期票据的规模不超过人民币50亿元（含）。

中国银行间市场交易商协会于2020年4月7日召开了2020年第37次注册会议，同意接受公司超短期融资券、短期融资券及中期票据的注册，并分别出具《接受注册通知书》。

根据公司资金计划安排和银行间市场情况，2020年4月15日至2020年4月16日，公司发行了2020年度第一期超短期融资券，实际发行总额人民币30亿元。

【本章小结】

本章介绍了从资产负债表日次日起至财务报告批准报出日之间发生的交易和事项。这些交易和事项有的影响了报告期的报表，属于资产负债表日后调整事项；有的虽然不影响报告期的报表，但是对当期产生重大影响，对财务报表使用者进行决策意义重大，属于资产负债表日后非调整事项；有的是当期发生的非重大事项，按照通常会计处理程序处理即可。这三类交易和事项，前两类被《资产负债表日后事项准则》所规范。

本章重点讲述了资产负债表日后调整事项的会计处理。其会计处理的基本原则是：视同资产负债表日后事项所反映的事件在资产负债表日及之前就已经发生，一方面对已经生成的报告期财务报表相关项目进行调整，另一方面调整当期资产负债表相关科目的余额。

资产负债表日后非调整事项在报告期财务报表附注中披露即可。

【思考题】

1. 什么是资产负债表日后事项？包括哪几类？
2. 资产负债表日后调整事项的会计处理原则是什么？如何进行调整？
3. 为什么资产负债表日后调整事项不会影响报告期的现金流量表？
4. 为什么在对资产负债表日后调整事项进行会计处理时，不涉及当期的损益类科目？
5. 如果发生资产负债表日后非调整事项，该如何处理？
6. 为什么对当期发生的正常业务，在资产负债表日后事项涵盖期间内不予以特别关注？
7. 如果在资产负债表日后发生了引发企业资产价值减损的事件，属于资产负债表日后调整事项吗？
8. 资产负债表日后调整事项与或有事项有关系吗？

【练习题】

(一)单项选择题

1. 甲公司2021年1月10日向乙公司销售一批商品并确认收入实现，2021年2月20

日,乙公司因产品质量原因将上述商品退货。甲公司2020年财务会计报告批准报出日为2021年4月30日。甲公司对此项退货业务正确的处理方法是( )。

    A. 作为2020年资产负债表日后事项中的调整事项处理

    B. 作为2020年资产负债表日后事项中的非调整事项处理

    C. 冲减2021年1月份相关收入、成本和税金等相关项目

    D. 冲减2021年2月份相关收入、成本和税金等相关项目

2. 2021年3月10日,甲公司发现2020年一项重大会计差错,在2020年度财务会计报告批准报出前,甲公司应( )。

    A. 不需调整,只将其作为2021年3月份的业务进行处理

    B. 调整2020年财务报表期初数和上年数

    C. 调整2021年财务报表期初数和上年数

    D. 调整2020年财务报表期末数和本年数

3. 甲公司2020年2月2日应收B企业账款500万元,双方约定在当年的12月2日偿还,但12月20日B企业宣告破产无法偿付欠款,则在甲公司当年12月31日的资产负债表上,对这笔500万元款项( )。

    A. 应作为非调整事项处理

    B. 应作为调整事项处理

    C. 不需要反映

    D. 作为2020年发生的业务反映

4. 下列属于资产负债表日后事项中"调整事项"的是( )。

    A. 资产负债表日后发生的销货并退回的事项

    B. 在资产负债表日后事项期间,外汇汇率发生较大变动

    C. 已确定将要支付赔偿额大于该赔偿在资产负债表日的估计金额

    D. 发行债券

5. "以前年度损益调整"科目用来记录( )。

    A. 本年度发现的以前年度非重大差错涉及损益调整的事项

    B. 资产负债表日后事项中的非调整事项涉及损益调整的事项

    C. 本年度发现的以前年度重大差错涉及损益调整的事项

    D. 本年度发现的以前年度重大差错涉及利润分配调整的事项

6. 下列哪个项目,在"以前年度损益调整"科目的借方反映( )。

    A. 调整以前年度损益而需调增的管理费用

    B. 调整以前年度损益而相应减少的所得税费用

    C. 调整以前年度损益而相应增加的主营业务收入

    D. 调增本期管理费用

7. 下列各项资产负债表日后事项中,属于资产负债表日后调整事项的是( )。

    A. 日后税收政策发生重大变化

    B. 外汇汇率或税收政策发生重大变化

    C. 日后发生巨额亏损

D. 了结资产负债表日已发生的诉讼事项

8. 某上市公司2020年度财务报告批准报出日为2021年4月10日。公司在2021年1月1日—4月10日发生的下列事项中,属于资产负债表日后调整事项的是( )。

   A. 公司在一起历时半年的诉讼中败诉,支付赔偿金50万元,公司在上年末已确认预计负债30万元
   B. 因遭受水灾上年购入的存货发生毁损100万元
   C. 公司董事会提出2020年度利润分配方案为每10股送3股股票股利
   D. 公司支付2020年度财务会计报告审计费40万元

9. 某企业2020年度的财务报告于2021年4月10日批准报出,2021年1月10日,因产品质量原因,客户将2020年12月10日购入的一批大额商品退回。下列说法中正确的是( )。

   A. 冲减2021年度会计报表主营业务收入等相关项目
   B. 冲减2020年度会计报表主营业务收入等相关项目
   C. 不做会计处理
   D. 在2021年度财务会计报告报出时,冲减利润表中主营业务收入项目的上年数等相关项目

10. 资产负债表日次日起至财务报告批准报出日之间发生的调整事项在进行调整处理时,下列不能调整的项目是( )。

    A. 货币资金项目 B. 非货币性资产项目
    C. 负债项目 D. 留存收益项目

(二)多项选择题

1. 下列于年度资产负债表日次日起至财务报告批准报出日之间发生的事项中,属于资产负债表日后事项的有( )。

   A. 支付生产工人工资
   B. 固定资产和投资发生严重减值
   C. 股票和债券的发行
   D. 火灾造成重大损失
   E. 外汇汇率发生重大变化

2. 在下列资产负债表日后事项涵盖期间内发生的事项中,属于调整事项的有( )。

   A. 在资产负债表日或以前提起的诉讼,以不同于资产负债表中报告的金额结案
   B. 新的证据表明,在资产负债表日对在一段时间内履约的单项履约义务的履约进度的估计存在重大错误
   C. 对外巨额举债
   D. 资产负债表日后出现的情况引起的固定资产或投资上的减值
   E. 发生重大诉讼

(三)计算及账务处理题

1. 甲公司为一般纳税企业,适用的增值税税率13%,适用的所得税税率25%,甲公司按净利润的10%提取法定盈余公积,甲公司2020年度的财务报告于2021年4月30日批准报

出。自 2021 年 1 月 1 日至 4 月 30 日财务报告批准报出日前发生如下事项：

(1)1 月 30 日接到通知，某一债务企业乙公司宣告破产，其所欠应收账款 100 万元确定只能收回 60%。甲公司在 2020 年 12 月 31 日以前已被告知该债务企业资不抵债，面临破产，并已经计提坏账准备 10 万元；

(2)3 月 4 日收到丙公司一批 100 万元退货的产品以及退回的增值税发票联、抵扣联。该产品系甲公司 2020 年 12 月销售给丙公司的产品，成本 80 万元，丙公司验收货物时发现不符合合同要求需要退货。甲公司收到丙公司的通知后希望再与丙公司协商，因此甲公司编制 2020 年 12 月 31 日资产负债表时，仍确认了收入，将此应收账款 113 万元（含增值税）列入资产负债应收账款科目，对此项未到期应收账款年末没有计提坏账准备；

(3)3 月 20 日，甲公司发现在 2020 年 12 月 31 日计算 A 库存产品的可变现净值时发生差错，该库存产品的成本为 1 500 万元，预计可变现净值应为 1 200 万元。

2020 年 12 月 31 日，甲公司误将 A 库存产品的可变现净值预计为 1 000 万元；

(4)甲公司与丁公司签订供销合同，合同规定甲公司在 2020 年 11 月供应给丁公司一批货物，由于甲公司未能按照合同发货，致使丁公司发生重大经济损失。丁公司通过法律要求甲公司赔偿经济损失 100 万元，该诉讼案在 12 月 31 日尚未判决，甲公司已确认预计负债 40 万元。2021 年 3 月 25 日，经法院一审判决，甲公司需要赔偿丁公司经济损失 60 万元，甲公司不再上诉，并且赔偿款已经支付。

要求：(1)指出上述事项中哪些属于资产负债表日后调整事项，哪些属于非调整事项，注明序号即可；

(2)对资产负债表日后调整事项，用会计等式模板描述受影响的报表项目和科目；

(3)指出需要调整的报告期报表项目及金额；

(4)编制调整当期资产负债表科目余额的会计分录。

(四)财务报表题

"你的"公司报表中披露了哪些资产负债表日后非调整事项？

第十五章

会计政策、会计估计变更和差错更正

【学习目标】

通过学习本章,你应该:

1. 理解什么是会计政策,什么是会计政策变更;
2. 掌握会计政策变更的追溯调整法;
3. 掌握会计政策变更的未来适用法;
4. 理解什么是会计估计,什么是会计估计变更;
5. 掌握会计估计变更的未来适用法;
6. 理解什么是会计差错,掌握前期差错的更正方法。

【引　子】

小王从名牌大学会计专业毕业以后,就职于一家民营企业。该公司老板正在筹划将公司在创业板上市,要求公司内部业务流程和会计处理规范化。小王仔细研究了公司过去多年的财务报告和账簿记录,发现两年前公司漏提了一项重要的固定资产一年的折旧,金额巨大。小王在学校的时候就学习过,前期重要会计差错的更正程序是比较复杂的。为了确保会计处理正确,他仔细研读了相关会计准则,又与大学同学和会计部门的其他人员进行讨论,之后才着手更正了这笔差错。小王研读的准则就是《企业会计准则第28号——会计政策、会计估计变更和差错更正》。

第一节　会计政策与会计政策变更

一、会计政策概述

(一)会计政策的定义

《企业会计准则第28号——会计政策、会计估计变更和差错更正》(以下简称《会计政策、会计估计变更和差错更正准则》）规定，会计政策，是指企业在会计确认、计量和报告中所采用的原则、基础和会计处理方法。

确认、计量、财务处理和报告是企业编制财务报告的逻辑过程。其中确认、计量和报告由企业会计准则制定统一标准，企业遵照执行。

《基本会计准则》规定了资产、负债、收入和费用这四大财务报表要素确认的基本标准，各项具体会计准则规定了这些报表要素各具体项目的确认标准。比如《基本会计准则》规定了资产的确认标准为：资产所代表的经济利益能够流入；资产的成本能够可靠计量。《存货准则》作为具体会计准则明确了存货的定义，于是当确认一项资产为存货而非其他类别的资产时，就不仅要满足资产的定义，还要满足存货的定义。

《基本会计准则》规定了五种计量属性，包括历史成本、重置成本、可变现净值、现值和公允价值。各类具体会计准则明确了各个报表项目初始以及后续采用的计量属性。比如《投资性房地产准则》规定投资性房地产在初始计量时采用历史成本，在后续计量时采用成本模式或者公允价值模式。

《基本会计准则》和《财务报表列报准则》《合并财务报表准则》两项具体会计准则，规定了财务报表对外报送的基本原则、要求、报表种类、项目名称、项目内容等。

（二）会计政策的特点

第一，会计政策具有选择性。企业的会计政策是在企业会计准则允许的会计原则、计量基础和会计处理方法中做出具体选择。由于经济业务的复杂性和多样化，某些经济业务在符合会计原则和计量基础的要求下，可以有多种会计处理方法。例如，确定发出存货的实际成本时就有先进先出法、加权平均法、移动加权平均法和个别计价法。企业根据自己的具体情况从中选择合适的会计处理方法。

第二，会计政策具有强制性。在我国，《基本会计准则》属于行政法规。会计政策所包括的具体会计原则、计量基础和具体会计处理方法由《基本会计准则》规定，具有一定的强制性。企业必须在以《基本会计准则》为指导制定的具体会计准则允许的范围内选择适合本企业实际情况的会计政策，即企业在发生某项经济业务时，必须从允许的会计原则、计量基础和会计处理方法中选择出适合本企业特点的会计政策，不能超越企业会计准则规定的范围，否则就属于会计差错。

第三，会计政策具有层次性。会计政策包括会计原则、计量基础和会计处理方法三个层次。其中，会计原则是指导企业会计处理的具体原则。例如，《存货准则》规定，存货的确认条件是与该存货有关的经济利益很可能流入企业，该存货的成本能够可靠地计量，这就是存货的具体确认原则。计量基础是将会计原则体现在会计核算上而采用的基础。例如，《投资性房地产准则》中涉及的公允价值就是计量基础。会计处理方法是按照会计原则和计量基础的要求，企业在会计处理中采用或者选择的、适合于本企业的具体会计处理方法。例如，某企业按照《存货准则》的规定，对发出存货选用了先进先出法。会计原则、计量基础和会计处理方法三者之间是一个具有逻辑性的、密不可分的整体。通过这个整体，会计政策得以应用和落实。

(三)与损益相关的会计政策

企业会计政策遍布各项具体会计准则。其中与损益相关的会计策主要包括以下方面：

(1)发出存货成本的计量，是指企业确定发出存货的成本时，采用先进先出法还是采用其他计量方法。

(2)长期股权投资的后续计量，是指企业取得长期股权投资后，对被投资单位的长期股权投资的计量采用成本法还是权益法。

(3)投资性房地产的后续计量，是指企业在资产负债表日对投资性房地产进行后续计量时，采用成本模式还是公允价值模式。

(4)固定资产的初始计量，是指对取得的固定资产进行计量时，以购买价款为基础，还是以购买价款的现值为基础。

(5)研发费是否资本化，是指企业因研发项目发生的支出究竟是资本化，计入长期资产的成本，还是费用化，计入当期损益。

(6)面向客户的收入的确认，是指面向客户销售商品提供劳务，在满足什么条件时确认收入。2021年修订的《收入准则》规定，当企业与客户之间的合同如果同时满足下列条件时，企业应当在客户取得相关商品控制权时确认收入：①合同各方已批准该合同并承诺将履行各自义务；②该合同明确了合同各方与所转让商品或提供劳务相关的权利和义务；③该合同有明确的与所转让商品相关的支付条款；④该合同具有商业实质，即履行该合同将改变企业未来现金流量的风险、时间分布或金额；⑤企业因向客户转让商品而有权取得的对价很可能收回。

(7)政府补助的确认，是指企业得到政府补助时，是按照总额法确认因政府补助获得的收益，还是按照净额法冲减相关资产的成本或者费用。

(8)非货币性资产交换的计量，是指非货币性资产交换事项中对换入资产的计量，是以换出资产的公允价值为基础，还是以换出资产的账面价值为基础。

(9)借款费用的确认，是指发生的借款费用究竟资本化还是费用化。

(10)其他。

二、会计政策更变

按照会计信息可比性要求，企业采用的会计政策，在每一会计期间和前后各期应当保持一致，不得随意变更。根据《会计政策、会计估计变更和差错更正准则》，满足下列条件之一的，可以变更会计政策：

第一，法律、行政法规或者国家统一的会计制度等要求变更。这种情况是指，按照法律、行政法规以及国家统一的会计制度的规定，要求企业采用新的会计政策。在这种情况下，企业应当按照法律、行政法规以及国家统一的会计制度的规定改变原会计政策，执行新的会计政策。比如，2017年7月发布的《收入准则》，对2006年发布的收入和建造合同准则进行了统一修订。从2018年起，上市公司以及非上市公司就要分阶段遵照新的《收入准则》来处理面向客户的合同所产生的收入。

第二，会计政策变更能够提供更可靠、更相关的会计信息。由于经济环境和企业内部其他客观情况的改变,企业原采用的会计政策所提供的会计信息,已不能恰当地反映企业的财务状况、经营成果和现金流量等情况。在这种情况下,应改变原有会计政策,按变更后新的会计政策进行会计处理,以便对外提供更可靠、更相关的会计信息。例如,企业一直采用成本模式对投资性房地产进行后续计量,如果能够从房地产交易市场上持续地取得同类或类似房地产的市场价格及其他相关信息,从而能够对投资性房地产的公允价值作出合理的估计,此时,企业可以将投资性房地产的后续计量方法由成本模式变更为公允价值模式。

下列两种情况不属于会计政策变更。

第一,本期发生的交易或者事项与以前相比具有本质差别而采用新的会计政策。这是因为,会计政策是特定类型的交易或事项的确认、计量和报告方法,如果新发生的交易或事项与以前期间发生的交易或事项有本质区别,那么,企业实际上是为新的交易或事项选择了适当的会计政策,并没有改变原有的会计政策。例如,企业以往取得的股权作为长期股权投资,采用成本法或者权益法进行后续计量。企业当期取得的股票用于在证券市场上获取利得。那么新取得的股权在资产负债表日以公允价值计量且公允价值变动计入当期损益,不属于会计政策变更。因为后一种资产属于交易性金融资产,不属于长期股权投资。

第二,对初次发生的或不重要的交易或者事项采用新的会计政策。对初次发生的某类交易或事项采用适当的会计政策,并未改变原有的会计政策。如果交易或者事项不重要,改变会计政策不足以影响外部人的投资决策,那么也不属于会计政策变更。例如,企业原先在生产经营过程中使用少量的低值易耗品,因价值较低,故企业在领用低值易耗品时一次计入费用。该企业于近期投产新产品,所需低值易耗品比较多且价值较大,企业对领用的低值易耗品处理方法改为五五摊销法。该企业低值易耗品的耗费在企业生产经营中所占的费用比例并不大,改变低值易耗品处理方法后,对损益的影响也不大,属于不重要的事项。会计政策在这种情况下的改变不属于会计政策变更。

三、会计政策变更的处理方法

根据会计政策变更的原因和企业的具体情况,会计政策变更有两种可供选择的处理方法:追溯调整法和未来适用法。

(一)追溯调整法

追溯调整法,是指对某项交易或事项变更会计政策,视同该项交易或事项初次发生时即采用变更后的会计政策,并以此对财务报表相关项目进行调整的方法。

1. 追溯调整法的工作目标

追溯调整法的工作目标有两个。

第一,调整会计政策变更日的资产负债表科目余额。调整的目的是保证从变更会计政策之日起,相关资产负债表科目的余额以变更后会计政策应有数为起点,从而保证后续资产负债表日相关科目的余额持续地以变更后会计政策应有余额反映。

第二,调整变更会计政策后对外报送的财务报表相关项目金额。

调整变更会计政策后对外报送的财务报表,既包括调整变更当期的财务报表,也包括调整变更日尚未对外报出的上期财务报表。调整的目的是将从以前期间对外报送的财务报表复制过来的原会计政策下的金额,调整为变更会计政策后的金额。

2. 追溯调整法的步骤

实施追溯调整法,要完成以下四个步骤。

第一步:计算会计政策变更产生的累积差异;

第二步:调整会计政策变更日的资产负债表科目余额;

第三步:调整会计政策变更后对外报送的财务报表相关期间相关项目的金额;

第四步:在报表附注中披露会计政策变更。

以下举例说明。

本章假设企业所得税法认定的应纳税所得额的标准与企业会计准则认定利润总额的标准一致,即凡影响损益的事项必然影响应纳税所得额,而且纳税义务的变化会影响资产负债表的"应交税费"项目。

本章假设所得税率为25%,按照10%提取法定盈余公积。

【例15-1】 甲公司2016年底取得某投资性房地产,取得成本为1 000万元,采用成本模式进行后续计量,折旧年限为50年,预计净残值为0,采用平均年限法从2017年开始计提折旧。

2020年1月15日变更会计政策,将后续计量方法从成本模式改为公允价值模式。而此时2019年度报表尚未对外报出。2017年底、2018年底、2019年底该项投资性房地产的公允价值分别为1 010万、1 050万和980万。

甲公司于2020年1月15日变更会计政策,会计人员对此要完成两个任务,一是按照变更后的会计政策调整当日的资产负债表科目余额,使得后续各资产负债表科目余额以变更会计政策后为起点;二是对即将报出的2019年度的财务报表进行调整。这两项工作需要通过以下四个步骤完成。

第一步:计算会计政策变更产生的累积差异。

对"会计政策变更产生的累积差异",要从以下三个方面理解。

一是要计算会计政策变更产生的累积差异,必须明确在原会计政策下财务报表项目和会计科目如何受到影响,在新会计政策下这些报表项目和会计科目又如何受到影响,进而找到两者的差异。

二是根据复式记账原则,对某类交易或者事项变更会计政策,必然影响某个资产或者负债项目的金额,同时必然影响所有者权益中留存收益或者其他综合收益的金额。

三是会计政策变更产生的累积影响具有时点性质。不同时点会计政策变更产生的累积影响金额不同。为了满足调整资产负债表科目和财务报表项目的需要,我们应明确在以下这些时点会计政策变更所产生的累积影响:①报告期上期期初;②报告期上期期末;③报告期当期期末;④会计政策变更日。

表15-1用会计等式模板描述了例15-1以成本模式计量该投资性房地产的结果。

表 15－1　投资性房地产采用成本模式的会计等式模板描述

单位:万元

资产负债表要素	资产			=	负债	+	所有者权益
资产负债表项目	货币资金	投资性房地产		=		+	未分配利润
资产负债表科目	银行存款	投资性房地产	投资性房地产累计折旧或摊销	=		+	利润分配
资产负债表二级科目	略	略	略	=		+	未分配利润
2016 年底购入	－1 000	＋1 000		=		+	
2017 年末计提折旧			－20	=		+	－20(其他业务成本)
2017 年末余额	－1 000	1 000	－20	=		+	－20
2018 年末计提折旧			－20	=		+	－20(其他业务成本)
2018 年末余额	－1 000	1 000	－40	=		+	－40
2019 年末计提折旧			－20	=		+	－20(其他业务成本)
2019 年末余额	－1 000	1 000	－60	=		+	－60
2020 年 1 月 15 日余额	－1 000	1 000	－60	=		+	－60

表 15－2 用会计等式模板描述了例 15－1 用公允价值模式计量该投资性房地产的结果。

表 15－2　投资性房地产采用公允价值模式的会计等式模板描述

单位:万元

资产负债表要素	资产			=	负债	+	所有者权益
资产负债表项目	货币资金	投资性房地产		=		+	未分配利润
资产负债表科目	银行存款	投资性房地产		=		+	利润分配
资产负债表二级科目	略	成本	公允价值变动	=		+	未分配利润
2016 年底购入	－1 000	＋1 000		=		+	
2017 年末调整			＋10	=		+	＋10(公允价值变动损益)
2017 年末余额	－1 000	1 000	10	=		+	10
2018 年末调整			＋40	=		+	＋40(公允价值变动损益)
2018 年末余额	－1 000	1 000	50	=		+	50
2019 年末调整			－70	=		+	－70(公允价值变动损益)
2019 年末余额	－1 000	1 000	－20	=		+	－20
2020 年 1 月 15 日余额	－1 000	1 000	－20	=		+	－20

表 15－3 在表 15－1 和表 15－2 的基础上用会计等式模板描述了例 15－1 两种模式处理的差异。

表 15－3　投资性房地产采用两种模式的差异

单位：万元

资产负债表要素	资产			=	负债	+	所有者权益		
资产负债表项目	投资性房地产			=		+	未分配利润		
资产负债表科目	成本模式	公允价值模式	差异	=		+	成本模式	公允价值模式	差异
	投资性房地产累计折旧与摊销	投资性房地产公允价值变动					利润分配	利润分配	
2017年度差异	－20	＋10	30	=		+	－20（其他业务成本）	＋10（公允价值变动损益）	30
2017年末累积差异	－20	10	30	=		+	－20	10	30
2018年度新增差异	－20	＋40	60	=		+	－20（其他业务成本）	＋40（公允价值变动损益）	60
2018年末累积差异	－40	50	90	=		+	－40	50	90
2019年度新增差异	－20	－70	－50	=		+	－20（其他业务成本）	－70（公允价值变动损益）	－50
2019年末累积差异	－60	－20	40	=		+	－60	－20	40
2020年1月15日累积差异	－60	－20	40	=		+	－60	－20	40

会计政策变更影响损益，于是影响应交税费和利润分配。表 15－4 在表 15－3 的基础上，用会计等式模板描述了会计政策变更对"投资性房地产""应交税费""盈余公积"和"未分配利润"产生的累积差异。

表 15－4　会计政策变更的累积差异

单位：万元

资产负债表要素	资产		=	负债	+	所有者权益	
资产负债表项目	投资性房地产		=	应交税费	+	盈余公积	未分配利润
资产负债表科目	投资性房地产累计折旧与摊销	投资性房地产	=	应交税费	+	盈余公积	利润分配
资产负债表二级科目	略	公允价值变动	=	应交所得税	+	法定盈余公积	未分配利润
2017年度的差异	－20	＋10	=	30×25％	+	30×75％×10％	30×75％×90％
2017年末累积差异	－20	10	=	30×25％	+	30×75％×10％	30×75％×90％
2018年度新增差异	－20	＋40	=	60×25％	+	60×75％×10％	60×75％×90％
2018年末累积差异	－40	50	=	90×25％	+	90×75％×10％	90×75％×90％
2019年度新增差异	－20	－70	=	－50×25％	+	－50×75％×10％	－50×75％×90％
2019年末累积差异	－60	－20	=	40×25％	+	40×75％×10％	40×75％×90％
2020年1月15日累积差异	－60	－20	=	40×25％	+	40×75％×10％	40×75％×90％

第二步：调整 2020 年 1 月 15 日资产负债表科目余额。

对会计科目的调整，通过编制会计分录并过账来完成。参照表 15－4 的"2020 年 1 月 15 日累积差异"行，编制调整分录如下：

借：投资性房地产累计折旧与摊销　　　60
　　贷：投资性房地产——公允价值变动　　　20
　　　　应交税费——应交所得税　　　　　　10
　　　　盈余公积——法定盈余公积　　　　　 3
　　　　利润分配——未分配利润　　　　　　27

调整以后相关资产负债表科目的余额，与 2017 年对投资性房地产采用公允价值模式进行后续计量，持续到 2020 年 1 月 15 日的余额一样。

第三步：调整 2019 年度财务报表。

2019 年度的四张主要财务报表，除了现金流量表以外，其余的三张主要报表都要调整。

(1) 调整 2019 年度资产负债表

2019 年资产负债表的期初数，来自 2018 年末资产负债表的期末数，这是成本模式下的金额，需要调整。参照表 15－4 的"2018 年末累积差异"行，调整的项目有："投资性房地产"调增 90 万元，"应交税费"调增 22.5(90×25%)万元，"盈余公积"调增 6.75(90×75%×10%)万元，"未分配利润"调增 60.75(90×75%×90%)万元。

2019 年资产负债表的期末数，来自 2019 年末各资产负债表科目的余额，这也是成本模式下的金额，需要调整。参照表 15－4 的"2019 年末累积差异"行，调整的项目有："投资性房地产"项目调增 40 万元，"应交税费"项目调增 10(40×25%)万元，"盈余公积"项目调增 3(40×75%×10%)万元，"未分配利润"项目调增 27(40×75%×90%)万元。

调整报表数据是通过工作底稿来完成的。调整 2019 年资产负债表的示意图见表 15－5。

表 15－5　调整 2019 年资产负债表示意图

单位：万元

资产			=	负债			+	所有者权益		
项目	期初余额	期末年末	=	项目	期初余额	期末余额	+	项目	期初余额	期末余额
投资性房地产	调增 90	调增 40	=	应缴税费	调增 22.5	调增 10	+	盈余公积	调增 6.75	调增 3
								未分配利润	调增 60.75	调增 27

外部人看到的是调整后 2019 年度的数据，所以如果对比 2019 年资产负债表的期初数和 2018 年资产负债表的期末数，会发现同一个时点本该一致的金额不一致了，这个问题我们后续解决。

(2) 调整 2019 年度利润表

2019 年度利润表的"上期发生额"列，数据来自 2018 年度利润表的"本期发生额"列，这是成本模式下的数，需要调整。参照表 15－3 的"2018 年度新增差异"行，调减"营业成本"项目 20 万元，调增"公允价值变动损益"项目 40 万元，调增"营业利润"项目 60 万元，调增"利润总额"项目 60 万元，调增"所得税费用"项目 15(60×25%)万元，调增"净利润"项目 45(60

×75％)万元。

2019年度利润表的"本期发生额"列,数据来自2019年度各损益类科目当期发生额,这是成本模式下的数,需要调整。参照表15－3的"2019年度新增差异"行,调减"营业成本"项目20万元,调减"公允价值变动损益"项目70万元,调减"营业利润"项目50万元,调减"利润总额"项目50万元,调减"所得税费用"项目12.5(50×25％)万元,调减"净利润"项目37.5(50×75％)万元。

调整2019年度利润表见表15－6。

表15－6 调整2019年度利润表

单位:万元

项　　目	上年发生数	本年发生数
减:营业成本	调减20	调减20
加:公允价值变动损益	调增40	调减70
营业利润	调增60	调减50
利润总额	调增60	调减50
减:所得税费用	调增15	调减12.5
净利润	调增45	调减37.5

外部人看到的是调整后2019年度利润表的数据,如果对比2019年利润表的上年发生额和2018年利润表的本期发生额,会发现同一期间本该一致的金额不一致了。接下来我们解决这个问题。

(3)调整2019年度所有者权益变动表

由于外部人拿到的资产负债表和利润表,与上一个报告期的报表时间相重合的部分金额不一致,为了帮助外部人把前后报告期的报表数据进行对比,要在报表附注中分别说明会计政策变更对资产负债表和利润表的哪些项目做了怎样的调整。

另外,还要在所有者权益变动表中做如下处理。

《会计政策、会计估计变更和差错更正准则》在所有者权益变动表的"本年年初余额"行之前增加了三行,分别是"上年年末余额""会计政策变更"和"前期差错更正"。"上年年末余额"行填写的是上年报表的"本年年末余额"数,是变更会计政策前的数。"会计政策变更"行填写这个时点会计政策变更对留存收益的累积影响。于是"本年年初余额"行填写的就是变更会计政策后的本年年初余额。这样做的目的,是帮助外部人将以前期间报送的旧政策下的数据与现在报送的新政策下的数据连接起来,保证会计信息的可比性。《会计政策、会计估计变更和差错更正准则》中提到的"会计政策变更累积影响数",也特指会计政策变更对留存收益造成的累积差异。

所有者权益变动表的结构是四张报表中最复杂的:首先,既列报期初期末的余额,还列报当期的发生额;其次属于二维结构,既要关注行,也要关注列。比如"净利润"列报在"综合收益总额"行的"未分配利润"列;提取盈余公积列报在"提取盈余公积"行的"盈余公积"列和"未分配利润"列。所以会计政策变更后调整所有者权益变动表,要比调整其他报表复杂。

①调整2019年度所有者权益变动表的"上年金额"

"上年金额"的所有数据均来自2018年度所有者权益变动表的"本年金额",这是成本模式下的数。

首先"上年年末余额"(这是2017年末同时也是2018年初的数)仍然填列一年前就对外报送的2018年所有者权益变动表"本年金额"的"本年年初余额"的数。这是成本模式下的数。

在"会计政策变更"行填列截至2018年初会计政策变更对留存收益产生的累积影响。根据表15-4的"2017年末累积差异"行,"盈余公积"列填写2.25(30×75%×10%)万元(之所以"填写"而非"调增"或"调减",是因为这一行原本是空的),"未分配利润"列填写20.25(30×75%×90%)万元。

在"本年年初余额"行,在原来成本模式的基础上,"盈余公积"列调增2.25(30×75%×10%)万元,"未分配利润"列调增20.25(30×75%×90%)万元。

在"综合收益总额"行,"未分配利润"列在原来数据基础上调增45(60×75%)万元(见表15-4的"2018年度新增差异"行)。

在"提取盈余公积"行,"盈余公积"列调增4.5(60×75%×10%)万元,"未分配利润"列调减4.5(60×75%×10%)万元。

在"本年年末余额"行,"盈余公积"列调增6.75(90×75%×10%)万元,"未分配利润"列调增60.75(90×75%×90%)万元(见表15-4的"2018年末累积差异"行)。

调整所有者权益变动上年金额的示意图见表15-7。

表15-7 所有者权益变动表

2019年度

上年金额

单位:万元

项　目	股本	资本公积	其他综合收益	盈余公积	未分配利润	所有者权益合计
一、上年年末余额						
会计政策变更				填写2.25	填写20.25	
前期差错更正						
二、本年年初余额				调增2.25	调增20.25	
三、本年度增减变动额						
(一)综合收益总额					调增45	
(二)所有者投入资本或减少资本						
(三)利润分配						
1.提取盈余公积				调增4.5	调减4.5	
2.对股东的分配						
(四)所有者权益内部结转						
1.资本公积转增股本						
2.盈余公积转增股本						
3.其他综合收益结转留存收益						
4.盈余公积补亏						
四、本年年末余额				调增6.75	调增60.75	

②调整2019年度所有者权益变动表的"本年金额"

"本年金额"的所有数据均来自2019年度所有者权益科目的期初余额、本期发生额和期末余额,这些数据是成本模式下的,所以需要调整。

首先"上年年末余额"仍然复制2018年所有者权益变动表"本年金额"的"本年年末余额"的数。这是成本模式下的数。

在"会计政策变更"行填写截至2019年初会计政策变更对留存收益产生的累积影响,"盈余公积"列填写6.75($90\times75\%\times10\%$)万元,"未分配利润"列填写60.75($90\times75\%\times90\%$)万元(见表15-4的"2018年末累积差异"行)。

在"本年年初余额"行,在原来成本模式的金额基础上,"盈余公积"列调增6.75($90\times75\%\times10\%$)万元,"未分配利润"列调增60.75($90\times75\%\times90\%$)万元。

"综合收益总额"行,"未分配利润"列在原来数据基础上调减37.5($50\times75\%$)万元(见表15-4的"2019年度新增差异"行)。

"提取盈余公积"行,"盈余公积"列调减3.75($50\times75\%\times10\%$)万元,"未分配利润"列调增3.75($50\times75\%\times10\%$)万元。

在"本年年末余额"行,"盈余公积"列调增3($40\times75\%\times10\%$)万元,"未分配利润"列调增27($40\times75\%\times90\%$)万元(见表15-4的"2019年末累积差异"行)。

调整所有者权益变动表本年金额的示意图见表15-8。

表15-8 所有者权益变动表
2019年度
本年金额　　　　　　　　　　　　　　　　　　　　　　　　　　　单位:万元

项目	股本	资本公积	其他综合收益	盈余公积	未分配利润	所有者权益合计
一、上年年末余额						
会计政策变更				填写6.75	填写60.75	
前期差错更正						
二、本年年初余额				调增6.75	调增60.75	
三、本年度增减变动额						
(一)综合收益总额					调减37.5	
(二)所有者投入资本或减少资本						
(三)利润分配						
1.提取盈余公积				调减3.75	调增3.75	
2.对股东的分配						
(四)所有者权益内部结转						
1.资本公积转增股本						
2.盈余公积转增股本						
3.其他综合收益结转留存收益						
4.盈余公积补亏						
四、本年年末余额				调增3	调增27	

第四步:在2019年度财务报表附注中披露会计政策变更情况。

在2019年度财务报表附注中披露变更会计政策的原因,变更会计政策对报告期损益产生的影响。

(二)未来适用法

未来适用法,是指将变更后的会计政策应用于变更日及以后发生的交易或者事项。

承例15—1。企业在2020年初变更投资性房地产的会计政策,从成本模式变更为公允价值模式,假设采用未来适用法。2020年初成本模式的期初余额为940万元,2020年末投资性房地产公允价值假设为1010万,那么与940万元的差额70万元,就为2020年度的公允价值变动损益。

与追溯调整法相比较,采用未来适用法,2020年度实现的公允价值变动损益不仅包含了当年度真正的公允价值变动数30(1 010－980)万元,而且包含了会计政策变更累积影响数40(980－940)万元。

会计政策变更采用未来适用法,处理方法简单,但是变更前后会计信息的可比性差。

(三)会计政策变更处理方法的选择依据

变更会计政策以后,由于追溯调整法能够保证报告期报表在比较期内会计信息计算口径的前后一致,并且在所有者权益变动中列报了会计政策变更对留存收益产生的累积差异,能够帮助投资者将会计政策变更前后的报表数据对比分析,所以经过这种方法处理的会计信息质量比较高,也是《会计政策、会计估计变更和差错更正准则》规定的基准处理方法。

但是,下列情况例外。

第一,根据法律、行政法规或者国家统一的会计制度等要求变更会计政策的,应当按照相关规定采用追溯调整法或者未来适用法。比如财政部2017年2月发布了修订的《企业会计准则第16号——政府补助》,规定企业对2017年1月1日存在的政府补助采用未来适用法。即企业从2017年1月1日开始改变政府补助的会计处理方法,此次会计政策变更采用未来适用法。

第二,如果在当期期初确定会计政策变更对以前各期累积影响数不切实可行的,应当采用未来适用法处理。即如果无法确定以前各期的累积影响数,导致追溯调整不可行的,采用未来适用法。

比如某企业处置了部分对某子公司的长期股权投资,使得对该被投资企业不再具有控制权,只能对其施加重大影响,从而对剩余的长期股权投资从成本法改为权益法。由于发生了不可抗力,对该子公司的会计核算资料缺失,对剩余的长期股权投资按照从投资日起追溯采用权益法不切实可行,就只能采用未来适用法。

但是如果仅仅列报前期的累积影响数无法确定,而列报当期的累积影响数可以确定,那么就采用不完全追溯调整法,从可追溯调整的最早期间期初开始应用变更后的会计政策来计算会计政策变更累积影响数。比如,如果某企业生产某种商品已经多年,现在将该商品发出的计价方法从加权平均法变更为先进先出法。由于企业办公场所几次搬迁,资料不幸丢失,仅仅能获得最近一年该商品的明细数据,那么就从最近一年起计算会计政策变更产生的累积差异。

第二节 会计估计与会计估计变更

一、会计估计

会计估计,是指企业对结果不确定的交易或者事项以最近可利用的信息为基础所作的判断。重要的会计估计包括以下方面:

①存货可变现净值的确定;
②采用公允价值模式下的投资性房地产公允价值的确定;
③固定资产的预计使用寿命、预计净残值和折旧方法的确定;
④使用寿命有限的无形资产的预计使用寿命、预计净残值和摊销方法的确定;
⑤长期资产现值的确定;
⑥合同履约进度的确定;
⑦其他。

会计估计具有如下特点:

第一,会计信息的及时性和谨慎性使得会计估计不可避免。

任何企业都在持续不断地经营,企业的外部人等不到企业清算,就要了解企业的财务状况、经营成果和现金流量。为了满足外部信息使用者对信息的及时性要求,必须人为假定在某个时点企业的经营告一段落,这就是会计分期假设。于是就不得不对企业持续进行的经营活动在某个特定时点的状况做一个估计。比如一台能用若干年的设备,到了年底究竟消耗了多少;一批正在加工的服装,到了期末只有部分完工,完工服装和未完工服装的成本各自为多少;一个正在履行的为期若干年的单项履约义务,到了期末究竟能带来多少合同收入;等等。会计估计是保证会计信息及时性所不得不开展的工作。

会计信息的谨慎性也使得会计估计不可避免。遵循会计信息谨慎原则,在发生不确定的交易和事项时,不得高估资产和低估负债,不得高估收入和低估费用。在资产负债表日,如果根据某种迹象表明某项资产未来带来的经济利益金额低于其历史成本,那么就要把资产的价值调低到与未来的经济利益等值的金额;如果根据某种迹象表明企业可能会流出经济利益,那么就要确认一项负债,即预计负债。可是资产未来带来的经济利益究竟是多少?预计负债将来又会流出多少经济利益?这些数据只能估计。

第二,会计估计只影响金额,不影响确认标准和计量属性。

会计估计不同于会计政策。会计政策关乎财务报表项目的确认标准、资产和负债采用的计量属性等财务报告的重大方面,而会计估计只解决结果不确定的交易和事项其金额的估计问题。

第三,进行会计估计,往往以最近可利用的信息或资料为基础。比如确定存货的可变现净值,要以存货的市场状况为依据,具体包括价格持续下跌,产品更新换代而原有库存原材料已不适应新产品的需要,消费者偏好发生改变,等等。再比如确定固定资产折旧年限,要以当前资产的使用状况和所生产的产品的市场情况为依据。

二、会计估计变更

会计估计变更,是指由于资产和负债的当前状况及预期经济利益和义务发生了变化,从而对资产或负债的账面价值或者资产的定期消耗金额进行调整。

会计估计依赖于最近可以利用的信息或资料。由于这些信息资料不断发生变化,所以会计估计也要不断变更。企业会计准则赋予了企业会计估计变更权。遵照准则的规定,企业至少每年应进行一次会计估计。如果发现与原先估计不相符,就要进行变更,以反映最新情况。比如,《固定资产准则》规定,企业至少应当于每年年度终了,对固定资产的使用寿命、预计净残值和折旧方法进行复核。使用寿命预计数与原先估计数有差异的,应当调整固定资产使用寿命。预计净残值预计数与原先估计数有差异的,应当调整预计净残值。与固定资产有关的经济利益预期实现方式有重大改变的,应当改变固定资产折旧方法。

会计估计变更,并不意味着以前期间会计估计是错误的,只是由于情况发生变化,或者掌握了新的信息,积累了更多的经验,使得变更后的会计估计能够更好地反映企业的财务状况和经营成果。

会计估计变更会影响变更当期的损益,所以如果企业的所有权和经营权分离,那么经营者经营业绩不佳时,就有改变会计估计以美化利润表的动机。例如,在经济处于下滑时期,某些重资产型企业就通过延长固定资产使用年限来粉饰利润表。

三、会计估计变更的处理方法

《会计政策、会计估计变更和差错更正准则》要求企业变更会计估计采用未来适用法,即仅在会计估计变更当期及以后期间采用新的会计估计,不以新的会计估计调整变更前期的结果,同时要求在财务报表附注中披露会计估计变更对当期净利润的影响。

【例15-2】 甲公司2018年12月20日购入一台管理用设备,原值为100万元,原估计使用年限为10年,预计净残值为4万元,按双倍余额递减法计提折旧。该企业所得税率为25%。由于固定资产所含经济利益预期实现方式的改变和技术因素的原因,已不能继续按原定的折旧方法、折旧年限计提折旧。甲公司于2021年1月1日将设备的折旧方法改为平均年限法,将设备的折旧年限由原来的10年改为8年,预计净残值仍为4万元。

甲公司2018年12月20日购入该设备后,从2019年1月起计提折旧。

2019年按照双倍余额递减法,

计提折旧额=100×20%=20(万元)

2020年按照双倍余额递减法,

计提折旧额=(100-20)×20%=16(万元)

所以,

2021年1月1日设备的账面净值=100-20-16=64(万元)

2021年如果继续采用双倍余额递减法,

计提折旧额=64×20%=12.8(万元)

2021年将折旧方法从双倍余额递减法变更为平均年限法。2021年按照平均年限法,

计提折旧额＝(64－4)÷(8－2)＝10(万元)

企业在 2021 年按照平均年限法计提的 10 万元折旧额进行账务处理,并在 2021 年的资产负债表"固定资产"项目中报告 54 万元,利润表的"管理费用"项目中报告 10 万元,在财务报表附注中披露当年折旧方法变更对净利润的影响数为 2.1 万元。

会计估计变更采用未来适用法,不对以前期间进行追溯调整,是因为会计估计原本就是根据最新资料对不确定交易或事项的结果所作的估计,新的会计估计追溯以前结果没有意义。会计估计变更对净利润的影响数应当在变更期财务报表附注中披露,这样可以帮助外部人对比企业当期和前期的经营成果,从而对当期经营成果改善或恶化的原因有清楚的认识。如果某些企业试图通过变更会计估计来粉饰业绩,那么准则对"充分披露会计估计变更对当期净利润的影响"这一要求,就可以帮助外部人识别企业的粉饰行为,从而在一定程度上遏制不恰当的会计估计变更。

四、应当正确划分会计政策变更和会计估计变更

企业应当正确划分会计政策变更和会计估计变更,并按不同的方法进行相关会计处理。如果难以判断会计政策变更和会计估计变更,应当将其作为会计估计变更处理。

第三节 会计差错更正

一、会计差错

会计差错是会计人员疏忽或者主观故意所犯的错误。

从会计差错发生的期间看,包括当期差错和前期差错。

(一)当期差错

当期差错是当期财务报表尚未对外报送前发现的差错。这些差错发生在编制记账凭证和登记分类账等环节。遵照《会计基础工作规范》,采用划线更正法、红字冲销法和补充登记法等方法予以更正。

(二)前期差错

《会计政策、会计估计变更和差错更正准则》规范的是前期差错。准则规定,前期差错是对前期财务报表造成省略漏报或错报。造成错误的原因是没有或者错误运用两种信息,一是编报前期财务报表时预期能够取得并加以考虑的可靠信息;二是前期财务报告批准报出时能够取得的可靠信息。前期差错通常包括计算错误、运用会计科目错误、选择会计政策错误、疏忽或曲解事实、舞弊、存货和固定资产等资产的盘盈等。

前期差错具有以下特点。

第一,前期差错是前期财务报表的差错。

以前期间的会计差错,不仅反映在以前会计期间的记账凭证、分类账中,并且随着财务报表编制,体现在以前会计期间的财务报表中,而这些财务报表已经向外部人报告了。这种错误的性质与当期差错不同。当期差错发现以后加以修订,不会体现在财务报表中。所以订正前期差错时,必须在发现错误的当期财务报表中予以重点列示和披露,以帮助外部人对

比当期和前期数据。

第二,前期差错的犯错时间跨度以资产负债表日后事项涵盖期间结束为终点。

前期财务报表的差错,既包括发生错误的当年度没有正确进行会计处理造成的差错,还包括当年度结束后,在财务报告批准报出前的资产负债表日后事项涵盖期间内没有及时订正的差错。比如,某个前期的资产负债表日就某项未决诉讼确认了预计负债,依据当时取得的资料,这样进行会计处理符合相关的企业会计准则的要求。如果在该期间财务报告批准报出前相关诉讼结案,那么应该将该预计负债调整为普通负债,同时根据结案金额调整负债金额。如果没有调整,就属于前期差错。换而言之,在资产负债表日后事项涵盖期间这个修正期,如果没有根据新的或进一步的证据修正有关报表项目或金额,也属于前期差错。

第三,重要资产的盘盈属于前期差错。

资产盘盈,说明取得资产时没有进行相应的会计处理,最终导致账实不符。

资产盘盈是一种特殊的前期差错。通常而言,前期差错发生错误的期间和发现错误的期间都很明确,而资产盘盈却无从了解究竟在哪个期间发生了差错。所以在颁布 CAS2006 之前,资产盘盈的处理方法是调高资产的同时增加当期损益。这种方式为调节利润留下了很大空间。而 CAS2006 规定资产盘盈为前期差错,在调高资产的同时增加期初留存收益,不会影响当期损益。

二、前期会计差错的更正

前期会计差错的更正比较复杂。在处理前期会计差错时,首先判断是重要差错还是非重要差错。前期差错所影响的财务报表项目的金额和性质,是判断该前期差错是否具有重要性的决定性因素。一般来说,前期差错所影响的财务报表项目的金额越大、性质越严重,其重要性水平越高。

(一)前期非重要差错的更正

前期非重要差错,虽然导致前期财务报表出现差错,但是因为错误不重要,可以视同当期差错进行处理,不影响以前期间数据。

【例 15-3】 甲公司在 2020 年 12 月 31 日发现,管理部门在 2019 年漏提了一台空调的折旧,金额为 1 000 元。对该企业而言,此项差错为非重要差错。

2020 年 12 月 31 日,更正该项差错的会计分录如下:

借:管理费用　　　　 1 000
　　贷:累计折旧 　　　　 1 000

订正该笔差错后,2020 年度管理费用增加了 1 000 元。而这笔金额本应记在 2019 年度利润表中,由于金额小,就记在了 2020 年度,影响了 2020 年度的利润表。

(二)前期重要差错的更正

前期重要差错的更正方法是追溯重述法。追溯重述法,是指在发现前期差错时,视同该项前期差错从未发生过,从而对财务报表相关项目进行更正的方法。

追溯重述法的工作目标与追溯调整法完全相同。既要调整发现差错以后对外报送的财务报表的前期项目和金额,又要调整发现差错时有关资产负债表科目余额,还要在财务报表附注中披露。

【例 15—4】 B公司2021年7月发现,某项固定资产2019年、2020年连续两年均漏提折旧,折旧额分别为150 000元和120 000元,此错误为重要错误。该公司适用所得税税率为25%,按净利润的10%提取法定盈余公积。假定影响损益的事项均影响应交税费。

2021年7月发现差错时,2019年度和2020年度的财务报表均已对外报出,两笔差错均属于重要的前期差错,累积金额为270 000元。B公司更正该差错的工作包括两部分,一是在2021年7月更正资产负债表账户余额,以保证之后相关资产负债表科目余额是正确的;二是在编制2021年度财务报表时,调整相关报表项目的前期数据,并在财务报表附注中披露。

上述两项工作靠以下四个步骤来完成。

第一步:计算更正前期差错产生的累积影响。

本例中,在解释如何计算更正前期差错产生的累计影响前,先用会计等式模板描述了补提2019年度折旧15万元所产生的一系列影响,见表15—9。其目的是帮助读者理解本例中报表项目调整的方法。从表15—9看出,如果发现漏提15万元的差错发生在2020年初,那么要编制对外报送的2019年度报表时,应做如下调整:资产负债表的"固定资产"项目调减15万元,"应交税费"项目调减3.75(15×25%)万元,"盈余公积"项目调减1.125(15×75%×10%)万元,"未分配利润"项目调减10.125(15×75%×90%)万元;在所有者权益变动表的"综合收益总额"行的"未分配利润"列,调减11.25(15×75%)万元。在"提取盈余公积"行,"盈余公积"列调减1.125(15×75%×10%)万元,"未分配利润"列调增1.125(15×75%×10%)万元。在"本年年末余额"行,"盈余公积"列调减1.125(15×75%×10%)万元,"未分配利润"列调减10.125(15×75%×90%)万元;利润表的"管理费用"项目调增15万元,"营业利润"项目调减15万元,"所得税费用"项目调减3.75(15×25%)万元,"净利润"项目调减11.25(15×75%)万元。

表 15—9 会计等式模板描述

单位:万元

资产负债表要素	资产		=	负债	+	所有者权益	
资产负债表项目	固定资产		=	应交税费	+	盈余公积	未分配利润
资产负债表科目	固定资产	累计折旧	=	应交税费	+	盈余公积	利润分配
资产负债表二级科目	略	略	=	应交所得税	+	法定盈余公积	未分配利润
补提折旧		−15	=		+		−15(管理费用)
调整所得税			=	−15×25%	+		+15×25%(所得税费用)
调整提取盈余公积			=		+	−15×75%×10%	+15×75%×10%
最终调整结果	−15		=	−15×25%	+	−15×75%×10%	−15×75%×90%

表15—10用会计等式模板描述了例15—4中从2019年度开始到2021年7月发现累计27万元的差错,各个时点和期间因为更正差错受到的影响。

表 15－10　会计等式模板描述

单位：万元

资产负债表要素	资产		=	负债	+	所有者权益	
资产负债表项目	固定资产		=	应交税费	+	盈余公积	未分配利润
资产负债表科目	固定资产	累计折旧	=	应交税费	+	盈余公积	利润分配
资产负债表二级科目	略	略	=	应交所得税	+	法定盈余公积	未分配利润
对2019年度的影响		－15	=	－15×25%	+	－15×75%×10%	－15×75%×90%
对2019年末的累积影响		－15	=	－15×25%	+	－15×75%×10%	－15×75%×90%
对2020年度的影响		－12	=	－12×25%	+	－12×75%×10%	－12×75%×90%
对2020年末的累积影响		－27	=	－27×25%	+	－27×75%×10%	－27×75%×90%
对截至2021年7月的累积影响		－27	=	－27×25%	+	－27×75%×10%	－27×75%×90%

第二步：调整2021年7月发现差错时资产负债表有关科目余额。

更正前期差错，属于对具体经济活动的账务处理结果的调整，要借助"以前年度损益调整"这一暂记科目。参照表15－10的"对截至2021年7月的累积影响"行，编制调整分录如下：

（1）补提折旧

借：以前年度损益调整——调整管理费用　　　　270 000
　　贷：累计折旧　　　　　　　　　　　　　　　　　　270 000

（2）调整应交所得税

借：应交税费——应交所得税　　　　　　　　　　67 500
　　贷：以前年度损益调整——调整所得税费用　　　　67 500

（3）"以前年度损益调整"科目余额转入利润分配

借：利润分配——未分配利润　　　　　　　　　　202 500
　　以前年度损益调整——调整所得税费用　　　　67 500
　　贷：以前年度损益调整——调整管理费用　　　　　270 000

（4）调整盈余公积

借：盈余公积——法定盈余公积　　　　　　　　　20 250
　　贷：利润分配——未分配利润　　　　　　　　　　　20 250

第三步：调整2021年度财务报表相关项目的前期金额。

（1）调整2021年度资产负债表

由于2021年度发现了差错且在账面上予以更正，所以2021年末相应资产负债表科目的期末余额是更正后的数。以这个数填报2021年末资产负债表的期末数，这些数都是正确的，无须更正。

需要调整的是2021年资产负债表的期初数。2021年资产负债表的期初数是从2020年度资产负债表的期末数复制而来，所以其中与固定资产有关的数据是错误的。参照表15－10的"对2020年末的累积影响"行，调减"固定资产"项目27万元，调减"应交税费"项目

6.75(27×25%)万元,调减"盈余公积"项目 2.025(27×75%×10%)万元,调减"未分配利润"项目 18.225(27×75%×90%)万元。

(2)调整 2021 年度利润表

2021 年度利润表的本期数是正确的,无须调整。

需要调整的是 2021 年度利润表的上期数。这是从 2020 年利润表的本期数复制而来,所以其中与"管理费用"项目有关的数据是错误的。参照表 15-10 的"对 2020 年度的影响"行,调增"管理费用"项目 12 万元,调减"营业利润"项目 12 万元,调减"所得税费用"项目 3(12×25%)万元,调减"净利润"项目 9(12×75%)万元。

(3)调整 2021 年度所有者权益变动表

①调整所有者权益变动表的上期数

2021 年所有者权益变动表的上期数是从 2020 年度所有者权益变动表的当期数复制而来,所以其中留存收益数据是错误的。

参照表 15-10 的"对 2019 年末的累积影响"行,在所有者权益变动表的"前期差错更正"行,"盈余公积"列填写 -1.125(-15×75%×10%)万元,"未分配利润"列填写 -10.125(-15×75%×90%)万元。

在"本年年初初余额"行,"盈余公积"列调减 1.125(15×75%×10%)万元,"未分配利润"列调减 10.125(15×75%×90%)万元。

在"综合收益总额"行的"未分配利润"列,调减 9(12×75%)万元。

在"提取盈余公积"行,"盈余公积"列调减 0.9(12×75%×10%)万元,"未分配利润"列调增 0.9(12×75%×10%)万元。

在"本年年末余额"行,"盈余公积"列调减 2.025(27×75%×10%)万元,"未分配利润"列调减 18.225(27×75%×90%)万元。

②调整所有者权益变动表的当期数

在"前期差错更正"行,"盈余公积"列填写 -2.025(-27×75%×10%)万元,"未分配利润"列填写 -18.225(-27×75%×90%)万元。

在"本年年初余额"行,"盈余公积"列调减 2.025(27×75%×10%)万元,"未分配利润"列调减 18.225(27×75%×90%)万元。

由于当期发生数都是正确的,所以其他行次无须调整。

第四步:在报表附注中披露。

企业应当在报表附注中披露与前期差错更正有关的下列信息:

①前期差错的性质;

②各个列报前期财务报表中受影响的项目名称和更正金额;

③无法进行追溯重述的,说明该事实和原因以及对前期差错开始进行更正的时点、具体更正情况。

【本章小结】

本章阐述了会计政策变更、会计估计变更和会计差错更正的会计处理方法。

会计政策影响了确认、计量和报告等与财务报告有关的重大方面。会计政策变更的基准处理方法为追溯调整法,以保证会计信息前后期间的可比性。按照此方法,好似新的会计政策从一开始就在采用一样。具体做法是,一方面要调整会计政策变更当日的资产负债表科目余额,调整数为截至当日会计政策变更的累积影响数;另一方面要调整变更会计政策之后对外报送的财务报表的前期金额,好像在相关时点和期间采用新会计政策予以处理一样。如果会计政策变更的累积影响数无法取得,采用未来适用法。

会计估计是对企业发生的不确定的交易或者事项按照最近可以取得的资料所进行的估计。会计估计变更是不可避免的,采用未来适用法进行会计处理。

会计差错区分为当期差错和前期差错。前期差错又区分为重要差错和非重要差错。前期非重要差错视同当期差错,通过直接调整当期有关资产负债表科目和损益类科目金额来更正。对前期重要差错采用追溯重述法予以更正,对发现差错以后对外报送的财务报表的前期数据进行调整,并调整发现差错时的资产负债表科目余额。

【思考题】

1. 什么是会计政策?什么是会计政策变更?会计政策变更的会计处理有哪两种方法?分别适用于什么条件?

2. 什么是会计估计?什么是会计估计变更?对会计估计变更,如何进行会计处理?充分披露会计估计变更有什么意义?

3. 什么是前期重要差错?如何进行会计处理?

【练习题】

(一)单项选择题

1. 关于会计政策,下列说法中正确的是( )。
    A. 会计政策,是指企业在会计确认、计量和报告中所采用的原则、基础和会计处理方法
    B. 会计政策,是指企业在会计确认、计量中所采用的所有会计处理方法
    C. 企业采用的会计政策,在每一会计期间和前后各期必须保持一致,不得变更
    D. 企业必须对相同或者相似的交易或者事项采用相同的会计政策进行处理

2. 按照企业会计准则的规定,关于会计政策变更累积影响数,下列说法中正确的是( )。
    A. 是指按照变更后的会计政策对以前各期追溯计算的列报前期最早期初留存收益应有金额与现有金额的差额
    B. 是指按照变更后的会计政策对上期追溯计算的上期期初留存收益应有金额与现有金额之间的差额
    C. 是指按照变更后的会计政策对各期追溯计算的本期期初留存收益应有金额与现有金额之间的差额
    D. 是指按照变更后的会计政策对以前各期追溯计算的列报前期最早期初未分配利

润应有金额与现有金额之间的差额

3. 关于会计估计变更的会计处理方法,下列说法中正确的是( )。
   A. 企业对会计估计变更应当采用未来适用法处理
   B. 企业对会计估计变更应当采用追溯调整法处理
   C. 企业对会计估计变更,既可以采用追溯调整法处理,也可以采用未来适用法处理
   D. 企业对会计估计变更,既不能采用追溯调整法处理,也不能采用未来适用法处理

4. 下列各项中,不属于会计政策变更的是( )。
   A. 缩短固定资产预计可使用年限
   B. 存货的期末计量从成本法改为成本与可变现净值孰低法
   C. 交易性金融资产的期末计量从成本与市价孰低法改为以公允价值计量且公允价值变动计入当期损益
   D. 投资性房地产后续计量由成本计量模式改为公允价值计量模式

5. 在下列事项中,属于会计政策变更的是( )。
   A. 某一已使用机器设备的使用年限由6年改为4年
   B. 坏账准备的计提比例由应收账款余额的5%改为10%
   C. 某一固定资产改扩建后将其使用年限由5年延长至8年
   D. 投资性房地产后续计量由成本计量模式改为公允价值计量模式

6. 下列项目属于会计政策的是( )。
   A. 存货期末计价方法
   B. 无形资产的受益期限
   C. 坏账计提比例
   D. 固定资产预计使用年限

7. 2017年12月31日新增设备一台。其原值为93万元,预计使用年限为5年,预计净残值为3万元,采用双倍余额递减法计提折旧。从2020年起,该企业将该固定资产的折旧方法改为平均年限法,设备的预计使用年限由5年改为4年,设备的预计净残值由3万元改为1.8万元。该设备2020年的折旧额为( )万元。
   A. 15.24   B. 15.84   C. 13.40   D. 20.08

8. 甲公司于2016年12月31日购入并使用一台机床。该机床入账价值为84 000元,估计使用年限为8年,预计净残值4 000元,按平均年限法计提折旧。2020年初由于新技术发展,将原估计使用年限改为5年,净残值改为2 000元,所得税税率为25%,则该估计变更对2020年净利润的影响金额是( )元。
   A. -8 040   B. -12 000   C. 8 040   D. 12 000

9. 我国境内某上市公司发生的下列交易或事项中,属于会计政策变更的是( )。
   A. 因固定资产改良将其折旧年限由8年延长至10年
   B. 期末对挂账期达到一年的应收账款计提坏账的比例从5%提高到10%
   C. 年末将某无形资产的摊销方法从直线法改为双倍余额递减法
   D. 投资性房地产后续计量由成本计量模式改为公允价值计量模式

10. 甲股份有限公司2020年实现净利润500万元。该公司2020年发生和发现的下列

交易或事项中,会影响2020年资产负债表的期初未分配利润的是( )。

  A. 发现2019年少计财务费用300万元

  B. 发现2019年少提折旧费用0.10万元

  C. 为2019年售出的设备提供售后服务发生支出50万元

  D. 因客户资信状况明显改善将应收账款坏账准备计提比例由20%改为5%

11. 下列关于会计估计变更的说法中,不正确的是( )。

  A. 会计估计变更应采用未来适用法

  B. 如果会计估计的变更仅影响变更当期,有关估计变更的影响应于当期确认

  C. 如果会计估计的变更既影响变更当期又影响未来期间,有关估计变更的影响在当期及以后期间确认

  D. 会计估计变更应采用追溯调整法进行会计处理

12. 在采用追溯调整法时,下列不应考虑的因素是( )。

  A. 会计政策变更后的法定盈余公积金

  B. 会计政策变更后资产和负债的变化

  C. 会计政策变更导致损益变化而带来的所得税费用的变动

  D. 会计政策变更导致损益变化而应调整向股东分配的利润或股利

13. 对本期发生的属于本期的会计差错,采取的会计处理方法是( )。

  A. 不作任何处理

  B. 调整前期财务报表相关项目

  C. 更正本期财务报表相关项目

  D. 更正本期的记账凭证和相关分类账记录

(二)多项选择题

1. 关于会计政策变更的会计处理方法,下列说法中正确的有( )。

  A. 企业根据法律、行政法规或者国家统一的会计制度等要求变更会计政策的,应当按照国家相关会计规定执行

  B. 会计政策变更能够提供更可靠、更相关的会计信息的,应当采用追溯调整法处理,将会计政策变更累积影响数调整列报前期最早期初留存收益,其他相关项目的期初余额和列报前期披露的其他比较数据也应当一并调整,但确定该项会计政策变更累积影响数不切实可行的除外

  C. 在当期期初确定会计政策变更对以前各期累积影响数不切实可行的,应当采用未来适用法处理

  D. 确定会计政策变更对列报前期影响数不切实可行的,只能采用未来适用法进行会计处理

  E. 会计政策变更一定采用追溯调整法处理

2. 关于会计政策变更的追溯调整法和未来适用法,下列说法中正确的有( )。

  A. 追溯调整法,是指对某项交易或事项变更会计政策,视同该项交易或事项初次发生时即采用变更后的会计政策,并以此对财务报表相关项目进行调整的方法

  B. 未来适用法,是指将变更后的会计政策应用于变更日及以后发生的交易或者事

项,或者在会计估计变更当期和未来期间确认会计估计变更影响数的方法

C. 采用追溯调整法,会计政策变更当期不受新旧政策变化的影响

D. 未来适用法一定不会影响变更当期期初的留存收益

E. 追溯调整法,应对前期已经对外报出的财务报表数据进行调整

3. 关于会计政策及会计政策变更,下列说法中正确的有( )。

A. 企业采用的会计政策,在每一会计期间和前后各期应当保持一致,不得随意变更

B. 当法律、行政法规或者国家统一的会计制度等要求变更时,企业应当按要求变更会计政策

C. 当会计政策变更能够提供更可靠、更相关的会计信息时,企业可以变更会计政策

D. 企业采用的会计政策,可以根据企业的实际情况随意变更

E. 企业采用的会计政策永远不得变更

4. 关于会计估计变更,下列说法中正确的有( )。

A. 会计估计变更,是指由于资产和负债的当前状况及预期经济利益和义务发生了变化,从而对资产或负债的账面价值或者资产的定期消耗金额进行调整

B. 会计估计变更仅影响变更当期的,其影响数应当在变更当期予以确认

C. 会计估计变更既影响变更当期又影响未来期间的,其影响数应当在变更当期和未来期间予以确认

D. 会计估计变更既影响变更当期又影响未来期间的,其影响数应当在变更当期予以确认

E. 会计估计变更既影响变更当期又影响未来期间的,其影响数应当在变更当期期初予以确认

5. 关于前期差错,下列说法中正确的有( )。

A. 企业应当采用追溯重述法更正重要的前期差错,但确定前期差错累积影响数不切实可行的除外

B. 企业应当采用追溯重述法更正所有的前期差错

C. 追溯重述法,是指在发现前期差错时,视同该项前期差错从未发生过,从而对财务报表相关项目进行更正的方法

D. 确定前期差错影响数不切实可行的,可以从可追溯重述的最早期间开始调整留存收益的期初余额,财务报表其他相关项目的期初余额也应当一并调整

(三)计算及账务处理题

1. 甲股份有限公司2020年度实现净利润100万元,适用的所得税税率为25%,按净利润的10%计提法定盈余公积。有关事项如下:

(1)由于技术进步,自2020年1月1日起将一套办公自动化设备的使用年限改为5年。该套设备系2016年末购入从2017年初开始计提折旧,原价为81万元,预计使用年限为8年,预计净残值为1万元,采用平均年限法计提折旧;

(2)2020年底发现如下差错:

①2020年2月份购入一批管理用低值易耗品,价款6 000元,误记为固定资产,至年底已提折旧600元计入管理费用。甲公司对低值易耗品采用领用时一次摊销的方法,至年底

该批低值易耗品已被管理部门领用50%；

②2019年3月3日购入的一项专利权，价款15万元，摊销期为15年，每年1万元，但2020年未予摊销。

要求：(1)计算2020年该套办公自动化设备应计提的折旧额，以及上述会计估计变更对2020年度所得税费用和净利润的影响额，并列出计算过程；

(2)编制上述会计差错更正相关的会计分录。

2. 甲公司原持有B公司60%的股权，其账面余额为6 000万元，未计提减值准备。2020年12月6日，甲公司将其持有的对B公司长期股权投资中的1/3出售给某企业，出售取得价款3 600万元，当日被投资单位可辨认净资产公允价值总额为16 000万元。甲公司原取得B公司60%股权时，B公司可辨认净资产公允价值总额为9 000万元（假定公允价值与账面价值相同）。自甲公司取得对B公司长期股权投资后至部分处置投资前，B公司实现净利润5 000万元。假定B公司一直未进行利润分配。除所实现净损益外，B公司未发生计入其他综合收益的交易或事项。假定甲公司按净利润的10%提取盈余公积。

在出售20%的股权后，甲公司对B公司的持股比例为40%，在被投资单位董事会中派有代表，但不能对B公司生产经营决策实施控制。对B公司长期股权投资由成本法改为权益法核算。

要求：(1)编制出售20%长期股权投资的会计分录；

(2)用会计等式模板描述相关时点和期间会计政策变更的影响数，编制由成本法转为权益法的追溯调整分录，并说明如何调整2020年度财务报表的相关项目。

3. 甲公司2019年度的财务报告于2020年4月20日批准报出。甲公司按净利润的10%提取法定盈余公积。2020年3月20日，甲公司发现2018年和2019年行政管理部门的固定资产分别少提折旧200万元和100万元（属于重要差错）。所得税率为25%。

要求：(1)用会计等式模板描述更正上述差错相关时点和期间的影响数；

(2)对更正上述差错进行账务处理，并说明如何调整2019年度财务报表的相关项目。

(四)财务报表题

查阅"你的"公司的财务报表附注，看看最近一个会计年度是否发生会计政策变更？是否发现前期重要差错？是否发生会计估计变更？

参考文献

[1] 周其仁.市场里的企业:一个人力资本与非人力资本的特别合约[J].经济研究,1996,6.

[2] 陈毓圭.论财务制度、会计准则会计制度和税法诸关系[J].会计研究,1999,2.

[3] 谢德仁.企业剩余索取权分享安排与剩余计量[M].上海:上海人民出版社,三联书店上海分店,2001.

[4] 陆正飞,黄慧馨,李琦.会计学[M].3版.北京:北京大学出版社,2016.

[5] 谢德仁.会计规则制定权合约安排的范式与变迁——兼及会计准则性质的研究[J].会计研究,1997,9.

[6] 郭道扬.会计史研究(第三卷)[M].北京:中国财政经济出版社,2008.

[7] 陆正飞.财务报告与分析[M].2版.北京:北京大学出版社,2014.

[8] 中国注册会计师协会.会计(2020年度注册会计师全国统一考试辅导教材)[M].北京:中国财政经济出版社,2020.

[9] 姜国华.财务报表分析与证券投资[M].北京:北京大学出版社,2008.

[10] 张新民.从报表看企业[M].2版.北京:中国人民大学出版社,2014.

[11] 林恩·M·弗雷泽,艾琳·奥米斯顿.财务报表解析[M].8版.王立彦等,译.北京:北京大学出版社,2010.

[12] 于富生,黎来芳,张敏.成本会计学[M].8版.北京:中国人民大学出版社,2018.